A SIMBÓLICA MAÇÔNICA

CB132492

Otávio Santana Vieira:.

173

Otávio Santana Vieira
Biblioteca Particular

JULES BOUCHER
(J.B.)

A SIMBÓLICA MAÇÔNICA

OU A ARTE REAL REEDITADA E CORRIGIDA DE ACORDO COM AS REGRAS DA SIMBÓLICA ESOTÉRICA E TRADICIONAL

Ilustrada com 125 figuras
e XI pranchas
por
LUŸS RABUI

Tradução
de
FREDERICO OZANAM PESSOA DE BARROS

Editora
Pensamento
SÃO PAULO

Título original: *La Symbolique Maçonique.*

Copyright © 1948, 1979 Dervy-Livres, Paris.

Copyright da edição brasileira © 1984 Editora Pensamento-Cultrix Ltda.

15ª edição 2012.

Todos os direitos reservados. Nenhuma parte deste livro pode ser reproduzida ou usada de qualquer forma ou por qualquer meio, eletrônico ou mecânico, inclusive fotocópias, gravações ou sistema de armazenamento em banco de dados, sem permissão por escrito, exceto nos casos de trechos curtos citados em resenhas críticas ou artigos de revistas.

Direitos de tradução para a língua portuguesa
adquiridos com exclusividade pela
EDITORA PENSAMENTO-CULTRIX LTDA.
Rua Dr. Mário Vicente, 368 – 04270-000 – São Paulo, SP
Fone: (11) 2066-9000 – Fax: (11) 2066-9008
E-mail: atendimento@editorapensamento.com.br
http://www.editorapensamento.com.br
que se reserva a propriedade literária desta tradução.
Foi feito o depósito legal.

SUMÁRIO

PREFÁCIO 9

INTRODUÇÃO

I. SÍMBOLOS E SIMBOLISMO 11
II. FORMA PARTICULAR DA INICIAÇÃO MAÇÔNICA 14
III. VALOR TRADICIONAL E MÍSTICO DA INICIAÇÃO MAÇÔNICA 15

CAPÍTULO I
OS INSTRUMENTOS

1. ESQUADRO E COMPASSO 19
2. MALHO E CINZEL 27
3. PERPENDICULAR E NÍVEL 32
4. A RÉGUA E A ALAVANCA 35
5. A TROLHA 37
6. QUADROS DE RECAPITULAÇÃO DO SIMBOLISMO DOS UTENSÍLIOS 38

CAPÍTULO II
O APRENDIZ

1. O GABINETE DE REFLEXÃO 44
   O pão e a bilha de água 44
   O enxofre, o sal e o mercúrio 46
   A bandeirola: "Vigilância e Perseverança" 47
   Os ossos, a caveira, a foice e a ampulheta 48
   V.I.T.R.I.O.L.(O) 48
   As três perguntas 48
   O testamento 49
2. OS METAIS 50
3. PREPARAÇÃO FÍSICA DO RECIPIENDÁRIO 52
4. A VENDA 56
5. AS TRÊS VIAGENS E OS QUATRO ELEMENTOS 56
   Saber, querer, ousar e calar-se 60
   Nota sobre o tetramorfo 61
6. A TAÇA E A BEBIDA AMARGA 65
   Nota a respeito da "Tábua de Esmeralda" 67
   Nota sobre a "cor verde" 68
7. O JURAMENTO 68

8. A ESPADA FLAMEJANTE 72
O arco de aço 75
9. OS TRÊS PONTOS 75
As abreviaturas 77
O alfabeto maçônico 79
Os anagramas 81
10. A ERA MAÇÔNICA 81

CAPÍTULO III
A OFICINA

1. O TEMPLO E A LOJA 97
Os templos na Antiguidade 99
A Loja de São João 100
2. A ABÓBADA ESTRELADA 102
3. O DELTA LUMINOSO E OS TRIÂNGULOS 104
4. O QUADRADO OBLONGO 110
5. OS TRÊS PILARES: SABEDORIA, FORÇA E BELEZA 113
Nota sobre as Sephiroth 117
6. OS OFICIAIS E SEUS LUGARES 118
7. A CIRCULAÇÃO NO TEMPLO 125
8. OS CANDELABROS 129
9. AS FUMIGAÇÕES 132
10. O LIVRO SOBRE O ALTAR 134

CAPÍTULO IV
O QUADRO DO APRENDIZ

1. O TEMPLO DE SALOMÃO E AS DUAS COLUNAS 149
O Templo 149
As duas colunas 152
Jachin e Boaz, os nomes das duas colunas 156
O lugar das colunas 156
As cores das colunas 158
2. AS ROMÃS, OS LÍRIOS E AS CORRENTES 160
As romãs 160
Os lírios 161
As correntes 163
3. OS TRÊS DEGRAUS 164
4. O PISO MOSAICO 165
Nota sobre o jogo de xadrez 167
5. AS TRÊS JANELAS 171

6. A PEDRA BRUTA, A PEDRA CÚBICA E A PEDRA CÚBICA PONTIAGUDA 173
A pedra bruta 173
A pedra cúbica 174
A pedra cúbica pontiaguda 179
Nota sobre os dados dos antigos 182
Nota a respeito do "Machado" 183
7. A BORDA DENTADA E A CADEIA DE UNIÃO 185
8. A PRANCHA DE TRAÇAR 190
Nota sobre os quadrados mágicos 190
9. AS DUAS LUMINÁRIAS: O SOL E A LUA 192
10. A PORTA DO TEMPLO 196

CAPÍTULO V
OS RITOS MAÇÔNICOS

1. OS RITOS E AS OBEDIÊNCIAS 205
O Grande Oriente da França 205
A Grande Loja da França 206
A Grande Loja Mista: "O Direito Humano" 207
A Grande Loja Nacional Independente 207
2. A HIERARQUIA 208
Os graus do Escocismo e as cores 212
3. A REGULARIDADE MAÇÔNICA 215
4. DEUS, O GRANDE ARQUITETO DO UNIVERSO 217

CAPÍTULO VI
O COMPANHEIRO

1. AS CORPORAÇÕES OBREIRAS E SEUS DIFERENTES RITOS 223
As cores das corporações obreiras 226
O bastão dos companheiros 226
Os brincos 227
O "Tour de France" 227
Estado atual das corporações obreiras 227
"Sumário das práticas ímpias, sacrílegas e supersticiosas que são executadas pelos companheiros seleiros, sapateiros, canteiros, cuteleiros e chapeleiros, quando recebem os chamados Companheiros do Dever. 230
2. O GRAU DE COMPANHEIRO 235
3. A ESTRELA FLAMEJANTE 239
O "Ankh" egípcio 240
O número de ouro 242

4. A LETRA "G" 253
A letra "E" do Templo de Delfos 258
5. O "QUADRO" DO COMPANHEIRO 260

CAPÍTULO VII
O MESTRE

1. A ARTE REAL 268
2. A LENDA DE HIRAM 271
3. A ACÁCIA 282
4. A CÂMARA DO MEIO 289
5. HIRAM RESSUSCITA 293
6. O "CHAPÉU" DOS MESTRES 295
7. OS "FILHOS DA VIÚVA" 296
8. O "QUADRO" DO MESTRE 300
9. O GRAU DO MESTRE IDEAL 304

CAPÍTULO VIII
OS "ADORNOS" DO MAÇOM

1. O AVENTAL 311
2. OS CORDÕES 321
3. AS JÓIAS 328
4. AS LUVAS BRANCAS 330

CAPÍTULO IX
AS ATITUDES E OS GESTOS

1. AS MARCHAS 335
2. OS SINAIS 342
3. OS TOQUES 349
4. AS ACOLADAS 351
5. AS BATERIAS 352
6. A CADEIA DE UNIÃO 355

CAPÍTULO X
AS PALAVRAS

1. AS DIVISAS 364
2. AS ACLAMAÇÕES 365
Liberdade, Eqüidade, Amizade 366

3. PALAVRAS SAGRADAS E PALAVRAS DE PASSE 369
4. DICIONÁRIO DAS PALAVRAS SAGRADAS E DAS PALAVRAS DE PASSE 370

APÊNDICE

LENDA DOS TRÊS MAGOS QUE VISITARAM A GRANDE ABÓBADA E DESCOBRIRAM O CENTRO DA IDÉIA 379

ÍNDICES

ÍNDICE DOS AUTORES CITADOS E DE SUAS OBRAS 385
ÍNDICE DAS ILUSTRAÇÕES 395
ÍNDICE DAS PRANCHAS 400

PREFÁCIO

Parece-me oportuno publicar um compêndio do *Simbolismo Maçônico* que, por um lado, seja útil aos Maçons e, por outro, seja acessível aos profanos.

As obras dos Léo Taxil, Paul Rosen, Marques-Rivière e de *tutti quanti* esforçaram-se por caluniar a Ordem Maçônica e conseguiram fixar no espírito do público uma espécie de clichê que está muito longe da verdade.

Para os autores católicos, a Maçonaria continua a ser a "Sinagoga de Satã" e devemos ser gratos por não acusarem ainda os Maçons de praticarem a evocação do anjo decaído!

Para outros, a Maçonaria é uma *"maffia"* que alimenta perigosos projetos políticos e não recua diante do assassinato, se isso for do interesse de seus desígnios.

Para outros, ainda, a Maçonaria não passa de uma cooperativa, uma "sociedade de socorros mútuos".

Os anti-semitas afirmam que ela é um instrumento nas mãos de Israel, enquanto Max Doumic sustenta que ela é o órgão do imperialismo anglo-saxão.

Essas opiniões diversas e contraditórias são todas igualmente falsas.

A Franco-Maçonaria é uma associação que guarda bem vivas certas formas tradicionais dos ensinamentos secretos iniciáticos. O que nela domina é o *princípio de Tolerância*: tolerância em relação às doutrinas religiosas e políticas, pois ela está acima e fora das rivalidades que as dividem.

A Maçonaria abre o caminho à Iniciação – isto é, ao Conhecimento – e seus símbolos dão ao Maçom a possibilidade de acesso a ela.

Na verdade, pode ocorrer que certos homens, depois de terem sido iniciados, continuem profanos; mas tais exceções não devem fazer perder de vista o caráter transcendente da Maçonaria.

Tentamos divulgar e restabelecer o simbolismo maçônico. Não

pretendemos, de modo algum, dar uma interpretação definitiva e nisso não empenhamos nada a não ser nossa responsabilidade. Não se encontrará aqui o reflexo da doutrina desta ou daquela Obediência, mas apenas a opinião de um Maçom de boa fé.

Se nosso trabalho, agindo como um fermento, suscitar outros estudos, que o corrijam ou que o completem, ficaremos felizes com isso, e teremos então o sentimento de ter escrito uma obra útil.

Os Maçons talvez nos critiquem por termos entregue nossos "segredos" aos profanos. Que eles se tranqüilizem. Tais pretensos segredos já foram muitas vezes revelados, e aqueles que se divertiam com nossas "momices" serão obrigados, se lerem este livro, a mudar de opinião.

J. B.

INTRODUÇÃO

I. SÍMBOLOS E SIMBOLISMO

A palavra "símbolo" vem do grego *sumbolon,* sinal de reconhecimento formado pelas duas metades de um objeto quebrado que tornam a se juntar; por extensão, essa palavra significa uma representação analógica relacionada com o objeto considerado.

A propósito, é bom fazer aqui uma distinção entre as palavras *alegoria, emblema* e *símbolo.*

A *alegoria* (do grego, *allêgoria*) pode ser traduzida literalmente pelas palavras "falar" e "outro", isto é "falar de outro modo". Podemos citar como exemplos de alegorias o *apólogo* (*apo,* sobre, e *logos,* discurso) uma alegoria moral e a *parábola* (*parabolê,* comparação) uma alegoria religiosa.

O *emblema* (do latim *emblema,* ornamento que se usa) é a representação simples de uma idéia. O boi, por exemplo, é considerado o emblema da força.

O *símbolo* é mais amplo, mais extenso, e sua compreensão relaciona-se intimamente com os conhecimentos já adquiridos por quem o estuda[1].

O padre Auber[2], examinando o símbolo em sua aplicação especial à Sagrada Escritura, distingue quatro sentidos que podem estar ligados ao símbolo em geral: o sentido *literal,* o *alegórico,* o moral ou *tropológico* e, enfim, o *anagógico.*

O sentido *tropológico* (*tropos,* mudança; *logos,* discurso: mudar o rumo da conversa) distingue-se do sentido *anagógico* (*ana,* no alto; *ago,* conduzir: elevar o espírito às coisas do alto) por ter o primeiro um sentido moral e o segundo um sentido místico.

O padre Auber, examinando o símbolo na aplicação que dele faz a imaginação na interpretação simbólica faz as seguintes advertências:

1º) Jamais usar o sentido *acomodatício*[3] como algo dado por autores sagrados, mas como uma simples apropriação, feita por nós, da linguagem divina ao assunto que estamos tratando. 2º) Não alterar em nada, sob pretexto algum, o sentido literal ou espiritual, que só poderia ser explicado pela Igreja e de acordo com a definição do Concílio de Trento. 3º) Enfim, só usar interpretações acomodatícias quando não reprovadas pelos escritos dos doutores e dos mestres autorizados[4].

O padre Bertaud[5], por sua vez, pede que se respeitem as duas regras seguintes: 1º) Que a coisa estudada comporte realmente um simbolismo. 2º) Que, logo que nos encontremos diante de algo que de fato comporte um simbolismo, nos conformemos, para encontrar seu verdadeiro significado, com as regras da simbólica às quais tal coisa está ligada e às quais o autor se sujeitou em sua composição.

Tais limitações não foram observadas, muito pelo contrário, pelos autores religiosos. Huysmans, em seu livro *A Catedral,* observa "que os *simbolistas* não se limitaram a converter em cursos de catecismo tratados de botânica, de mineralogia, de história natural, e de outras ciências; alguns, entre os quais São Militão, acabaram aplicando seu processo de interpretação a tudo o que encontravam: uma cítara transformou-se, para eles, no peito dos homens devotos; os membros do corpo humano se metamorfosearam em emblemas: assim, a cabeça significava o Cristo; os cabelos, os santos; o nariz, a discrição; as narinas, o espírito de fé; o olho, a contemplação; a boca, a tentação; a saliva, a suavidade da vida interior; as orelhas, a obediência; os braços, o amor de Jesus, etc.; e esses escritores estenderam seu estilo de exegese aos objetos mais usuais, aos utensílios, até aos instrumentos que se encontravam ao alcance de qualquer um[6]".

São precisamente os abusos do simbolismo que, desvalorizando-o, causaram a sua rejeição. Contudo, seu uso, de acordo com as regras tradicionais, parecer ser o único meio de explicar o inefável.

"O símbolo, diz Jean C.-M. Travers[7], é como um sensível, com consistência própria, mas através do qual se pode perceber uma relação de significação. Antes de significar, ele já possui, em seu poder, sua natureza própria. Ele se apresenta primeiro como um ser conhecido por ele mesmo, depois apenas como um ser que tem uma relação de significação em outro termo."

O mesmo autor cita estas palavras de Brunetière: "O símbolo é imagem, é pensamento... Ele nos faz captar, entre o mundo e nós, algumas dessas afinidades secretas e dessas leis obscuras que podem muito bem ir além do alcance da ciência, mas que nem por isso são menos certas. Todo símbolo é, nesse sentido, uma espécie de revelação[8]".

O simbolismo é, com efeito, uma verdadeira ciência que tem suas regras precisas e cujos princípios emanam do mundo dos Arquéticos[9]. Na Maçonaria, o símbolo é constante e latente em todas as suas partes. É preciso, portanto, penetrar pacientemente seu significado.

Somente pelo estudo dos símbolos é que se pode chegar ao *esoterismo*[10]. Apenas considerando o *exoterismo* dos símbolos, isto é, interpretando-os num sentido quase literal, é que chegaremos a julgar os Ritos fora de uso ou caídos em desuso.

Damos aqui uma explicação e uma interpretação do simbolismo maçônico; mas não podemos ter a pretensão de possuir a qualidade de "Iniciado". Diríamos até que é preciso desconfiar prudentemente de todo indivíduo que se gaba ou se vangloria de ser um "Iniciado", ou, em outras palavras, de ser o único a estar de posse do Conhecimento e da Verdade.

"Iniciado" (de *initium,* começo) quer dizer simplesmente "colocado no caminho", e o Maçom sincero sabe, mesmo quando se tornou Companheiro e Mestre, que ele continua a ser um Aprendiz.

Henry Thiriet, lamentando a negligência na qual alguns deixavam o estudo do simbolismo, escrevia: "Não consigo entender, a não ser como uma enfermidade do espírito, que se possa negar seja o valor, seja a necessidade do simbolismo em nossa Ordem. Os que se obstinam nessa atitude não percebem que estão negando, ao mesmo tempo, o caráter filosófico[11] da Franco-Maçonaria e que, desse modo, privam-na de sua virtude essencial[12]".

O estudo aprofundado dos símbolos e, sobretudo, dos símbolos maçônicos pode levar muito longe. Nesta terra, tudo é símbolo; as próprias palavras, na realidade, não passam de símbolos das idéias.

Na vida corrente, são muitos os símbolos de deferência, de amizade, de alegria, de luto, etc. O homem que saúda tirando o chapéu ou inclinando a cabeça simboliza com isso a deferência que ele quer manifestar à pessoa saudada; o aperto de mão – que se transformou numa cortesia banal – é um símbolo de afetividade, de cordialidade, de devotamento, de lealdade; sua recusa é símbolo de inimizade. O brinde é um símbolo de amizade e de esperança em alguém ou em alguma coisa. Por que levantar a mão direita por ocasião de um juramento senão para simbolizar a sinceridade? O anel de casamento não simboliza, acaso, a aliança indefectível que deve unir os esposos? etc.

Todo mundo compreende esses símbolos simples e banalizados. Mas existem outros símbolos menos freqüentes, mais ocultos: filosóficos, religiosos, iniciáticos. Às vezes, sua casca é dura de ser quebrada, mas a semente, uma vez libertada, mostra-se tanto mais deliciosa!

II. FORMA PARTICULAR DA INICIAÇÃO MAÇÔNICA

Cada "iniciação" tem suas formas particulares e a Iniciação Maçônica, derivada das iniciações operativas e das associações de obreiros liga-se, por um lado, à *arte de construir*, e, por outro, com o mito de Hiram, aos "mistérios antigos".

Certos autores, mais imaginosos do que críticos, afirmaram, sem provas válidas, que a Maçonaria era a continuação da Ordem dos Templários; outros disseram que ela havia sido instituída pela misteriosa Fraternidade dos Rosa-Cruzes (*Fama Fraternitas*); outros ainda quiseram fazer remontar sua origem a tempos imemoriais; alguns chegaram até Adão, por eles transformado no primeiro franco-maçom!

Existe certo parentesco entre os símbolos e os ritos maçônicos e os das associações de obreiros. Esses últimos, por certo, são os primeiros, mas não se pode fixar, a não ser aproximadamente, a época em que a Franco-Maçonaria, de *operativa*, tornou-se *especulativa*. Voltaremos a este assunto ao tratar das "associações de obreiros".

A "Arte de construir" o Templo ideal: eis o objetivo proposto pela Maçonaria. Esse Templo é, primeiro, o Homem, e, depois a Sociedade. Na iniciação maçônica, o profano, ao "receber a luz", torna-se aprendiz-maçom; seu trabalho essencial consiste em "desbastar a pedra bruta" e para isso bastam-lhe dois utensílios: o *Cinzel* e o *Malho*. Quando sua habilidade se tiver desenvolvido, ele se tornará "companheiro" e aprenderá o uso de novos instrumentos. Mais tarde, terá acesso ao grau de "Mestre", que lhe dará o direito e o dever de ensinar a Ciência Maçônica aos Aprendizes e aos Companheiros.

Nos dois primeiros graus, o Maçom age sobre si mesmo: de "Pedra Bruta" ele se torna "Pedra Cúbica" e pode, então, integrar-se em seu lugar no edifício, ou melhor, no Templo ideal. Esse trabalho é de realização mais ou menos demorada; algumas pessoas jamais conseguirão "desbastar a Pedra Bruta", não por falta de capacidade, mas justamente porque não sentem necessidade disso. Estes, embora iniciados ritualmente, não chegaram a receber verdadeiramente a luz.

É sobre esses "Maçons", que não são maçons, que o público forma seu julgamento e, por isso, a Franco-Maçonaria, cuja verdadeira grandeza é desconhecida, é caluniada.

A forma particular da Iniciação maçônica é expressa pelos símbolos do Esquadro e do Compasso, cujo simbolismo examinaremos adiante.

Ragon, Oswald Wirth, Plantageneta, Bédarride, Marius Lepage, Mme. A. Gédalge, Ed. Gloton e muitos outros autores se esforçaram para fazer voltar ao primeiro lugar o estudo do simbolismo maçônico. Eles nos indicaram o caminho e se, às vezes, nós os criticamos, não desprezamos seus esforços reais e os serviços por eles prestados à Maçonaria.

III. VALOR TRADICIONAL E MÍSTICO DA INICIAÇÃO MAÇÔNICA

A Iniciação Maçônica é completa em si mesma, quando o Maçom, depois de ter galgado sucessivamente os degraus do *Aprendiz* e do *Companheiro,* chega ao grau de Mestre.

Mas o iniciado deve poder romper a *casca mental,* isto é, fugir do racionalismo esterilizante, para atingir a transcendência; somente depois de romper essa casca é que se torna possível o acesso à verdadeira iniciação.

Todos os símbolos *abrem portas,* sob a condição de não nos atermos apenas – como geralmente acontece – às definições morais.

São muitos os que se declaram "racionalistas" e que qualificam de "simbolistas" – com uma nuança pejorativa – aqueles que tomaram consciência do valor iniciático da Maçonaria.

Convém analisar o vocábulo "racionalismo" e examinar os limites por ele impostos. O *racionalista* (de *ratio,* razão) recusa-se a levar em consideração tudo o que vai além dos limites de seu entendimento. Sua concepção e seu conhecimento do mundo arriscam-se, por isso, a ser consideravelmente amesquinhados, à medida de sua inteligência e de seu saber. E essa posição intelectual prova ser realmente lamentável. Tal atitude de limitação, para ser lógica, suporia uma vasta cultura; desse modo, o racionalista comum só pode confiar naqueles que professam sua *fé* – pois existe uma fé – e que considera mais "sábios" do que ele próprio. Ele pode, portanto, ater-se às leis físicas e psicológicas conhecidas e deve rejeitar – como manchado de erro – tudo o que vai além dessas leis. Estranho amesquinhamento de sua concepção do Universo!

O racionalista faz alarde de ser "científico" e de que não passa de um "cientista"; ele admite que a "Ciência" faz conhecer as coisas tais como elas são, que ela resolve todos os problemas e que ela basta para satisfazer todos os desejos da inteligência humana. Para admitir um fato, a ciência exige que ele possa ser repetido à vontade; ela exige também que ele se enquadre em suas leis gerais. Ora, existe uma série de fenômenos que não satisfaz essas condições e cuja realidade não é, absolutamente, objetiva.

O racionalista fixa-se em sua concepção e dela faz um dogma, agindo assim como um fanático, exatamente como os fiéis de não importa que religião, de não importa qual Igreja, para os quais não existe salvação fora dos dados teológicos que lhes são próprios.

A Ciência não passa de uma crença que se apóia em hipóteses continuamente renovadas; é inútil e ilusório pedir a ela o que ela não pode dar: o conhecimento espiritual.

"O conhecimento ou a inteligência do divino, diz Jamblique (*De mysteriis*, II, 11), não basta para unir os fiéis a Deus; se assim fosse os filósofos, por suas especulações, realizariam a união com os deuses. É a execução perfeita e *superior* à *inteligência* de atos inefáveis, é a *força inexplicável dos símbolos* que fornece o conhecimento das coisas divinas."

Ora, a Franco-Maçonaria é uma verdadeira escola de iniciação e não, como a julgam comumente, uma associação fraterna com finalidades mais ou menos políticas.

A iniciação, tal como a concebiam as antigas "Sociedades de Mistérios" e tal como a praticam ainda as seitas mais ou menos evoluídas da África negra ou da Ásia misteriosa, a iniciação "abre portas" até então proibidas ao recipiendário. Além do mais, a transmissão ininterrupta dos "poderes" integra o impetrante ao Egrégoro[13] do grupo e o faz participar, apesar dele, da vida mística e profunda da própria essência dos símbolos.

Essa "iniciação" verdadeira é Una no tempo, no espaço, nos ritos, embora os costumes sociais ou étnicos daqueles que a praticam sejam diferentes. A Iniciação Maçônica torna palpável essa Unidade do Conhecimento através das seitas e dos ritos.

Será possível provar a filiação maçônica iniciática mediante fatos precisos? Será possível afirmar que essa filiação é inexistente?

René Guénon é muito categórico a respeito: "Não existem mais no mundo ocidental organizações iniciáticas capazes de reivindicar para si uma filiação tradicional autêntica senão as Associações de Obreiros e a Maçonaria[14]". Contudo, ele não fornece nenhum argumento, a não ser *especulativo*, para apoiar sua tese.

Albert Lantoine, o erudito historiador da Maçonaria, pouco suspeito de misticismo, diz a respeito da influência dos Rosa-Cruzes sobre a Maçonaria: "Para nós há mais do que pontos de contacto: há uma interpenetração que fez da velha maçonaria uma nova franco-maçonaria. Aliás, não podemos explicar por outro modo todo esse simbolismo místico... Portanto – e esse ponto é extremamente importante para os decifradores de símbolos – nós veríamos aí a explicação muito natural, muito simples desse ritualismo que, em lugar de se ter transmitido por sucessivas associações misteriosas, teria sido implantado por inovadores curiosos de reminiscências iniciáticas[15]".

Seja como for, assim como o movimento se prova caminhando, a Maçonaria prova seu valor iniciático com todo esse aparato simbólico que ela conserva e de que se utiliza.

NOTAS À INTRODUÇÃO

1. A esse respeito, é difícil compreender a explicação dada pelo dicionário Larousse: "O *símbolo* é constante, o *emblema* é variável. O *símbolo* é tido como de origem divina ou desconhecida; o *emblema* é inventado por alguém. O *símbolo* tem, com o objeto a que está ligado, uma analogia fácil de ser captada: assim, a tartaruga é o símbolo da lentidão; o *emblema*, pelo contrário, exige muitas vezes um esforço de inteligência para ser compreendido, porque, em geral, ele associa várias idéias diferentes: assim, uma pomba, fazendo seu ninho num capacete, é o emblema da paz que se segue à guerra.

   Existe aqui uma confusão manifesta entre as palavras *emblema* e *símbolo*; o que se diz de um reporta-se ao outro.
2. *Histoire et théorie du symbolisme religieux*, 1884, t. II, p. 50.
3. Chama-se *acomodatício* o sentido simbólico dado tarde demais e acidentalmente a um texto que não foi feito com vistas a essa aplicação.
4. *Op. cit.*, p. 55.
5. *Etudes de symbolisme dans le culte de la Vierge*, 1947, p. 11 e segs.
6. Plon, 1928, pp. 386-387.
7. *Valeur sociale de la liturgie d'après saint Thomas d'Aquin*, 1946, p. 125.
8. *Op. cit.*, p. 127.
9. Arquétipo, do grego *arché* e *tupos*, protótipo ideal das coisas, idéia que serve de modelo com relação a outras.
10. *Esoterismo* opõe-se a *Exoterismo;* podemos traduzir livremente esses dois termos por *ensino secreto* e *ensino público*. Hoje, aliás de forma abusiva, a tendência é fazer da palavra *esoterismo* sinônimo de *ocultismo*.
11. Diríamos "iniciático".
12. *Esquisse d'une Doctrine Positive de la Franc-Maçonnerie*, 1927, p. 64.

13. *Egrégoros* (do grego *egrêgorein*, vigiar); essa palavra designa, no *Livro de Henoch*, os anjos que haviam jurado *vigiar* sobre o monte Hermon e se traduz por *os vigilantes*. Chama-se de "egrégoro" uma *entidade*, um ser coletivo saído de uma assembléia. Cada Loja tem o seu egrégoro: cada Obediência tem o seu e a reunião de todos esses egrégoros forma a grande Egrégora Maçônica. (Pensamos que o costume de escrever egrégoro com dois *g* é errado e não tem nada a ver com a etimologia.)

14. *Aperçus sur l'Initiation*, 1946, p. 103.

15. *La Franc-Maçonnerie chez Elle*, 1925, p. 92.

I

OS INSTRUMENTOS

1. ESQUADRO E COMPASSO

No simbolismo maçônico, esses dois instrumentos[1] estão sempre associados.

O Esquadro (do latim *exquadra* e *exquadrare*, esquadrar) é um instrumento, diz Ragon[2], "cuja propriedade é tornar os corpos quadrados; com ele seria impossível fazer um corpo redondo. O Esquadro, pendurado no cordão do Venerável, significa que a vontade de um chefe de Loja só pode ter um sentido, o dos estatutos da Ordem, e que ela só deve agir de uma maneira: a do bem".

Fig. 1. O Esquadro.

Sem dúvida por assonância, dá-se geralmente ao Esquadro o sentido de *eqüidade*. O Esquadro é formado pela reunião da horizontal e da vertical (fig. 1). Para Oswald Wirth[3], ele simboliza o equilíbrio resultante da união do *ativo* com o *passivo*. Contudo, a dissimetria do Esquadro vai contra essa maneira de ver; o Tau grego (fig. 2) corresponderia melhor a essa definição.

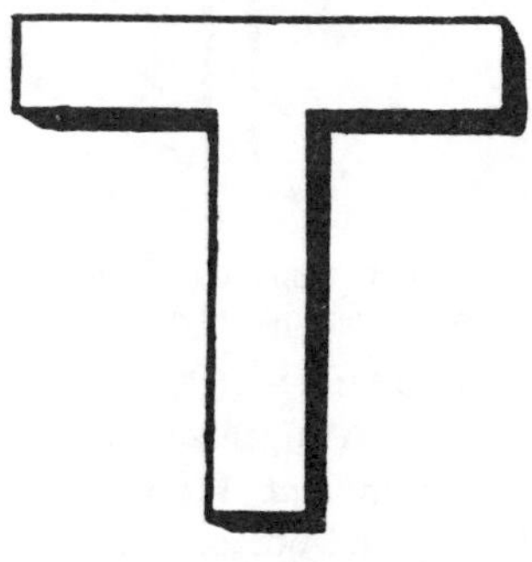

Fig. 2. O Tau grego.

O equilíbrio é um estado estático; ora, o Esquadro, por sua falta de simetria – se supusermos seus braços desiguais ou, ainda, se o fizermos repousar sobre um de seus lados – traduz, pelo contrário, um sentido ativo, dinâmico.

Oswald Wirth observa também[4] que a Cruz e o Quadrado podem ser considerados como formados por dois ou quatro Esquadros de braços desiguais, que seriam reunidos por seus vértices ou por suas extremidades (fig. 3a e 3b).

Fig. 3a. A Cruz formada por dois Esquadros

Fig. 3b. O Quadrado formado por quatro Esquadros.

Jean Kotska, em *Lucifer démasqué*[5], exclama, animado por uma extraordinária fúria antimaçônica: "Sim, verdadeiramente o Esquadro é a bandeira do rei dos infernos que avança. É o demoníaco Esquadro! É a Cruz quebrada, porque o Esquadro é a quarta parte da Cruz. Essa sigla infernal fala muito claro por si mesmo. Nos quatro pontos cardeais o demônio planta os quatro fragmentos da Cruz do Senhor que ele desmembrou (fig. 4). Eis o que quer dizer o famoso emblema da retidão!"

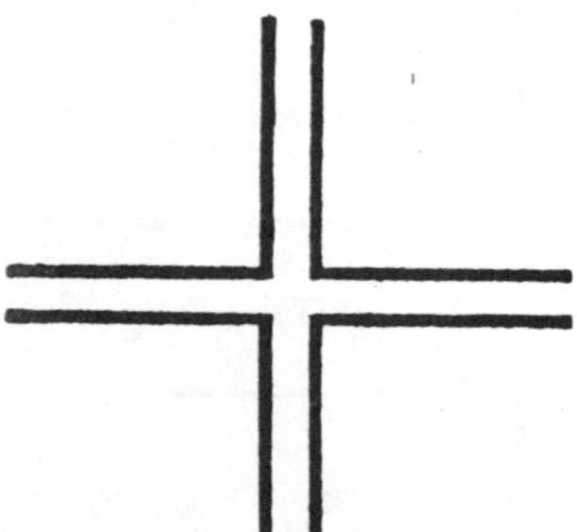

Fig. 4. *Gammadia*, Cruz formada por quatro Esquadros.

É interessante notar que na astrologia o ângulo de 90° (o Esquadro), entre dois planetas, chamado "quadrado" ou "quadratura", é considerado maléfico. O Esquadro refere-se, com efeito, à "Matéria" que ele simboliza, que ele retifica e ordena. A organização do Caos, do Tohu-Bohu não é feita sem dificuldades, sem *mal*. E, por outro lado, o "quadrado" astrológico, por mais "dissonante" que seja, está longe de ter sempre um alcance maléfico; muitas vezes ele indica superatividade, uma ruptura de equilíbrio.

Num sentido, o Esquadro representa a ação do Homem sobre a Matéria; noutro sentido, representa a ação do Homem sobre si mesmo.

Como está ligado à Matéria, o Esquadro é *passivo*, enquanto o Compasso, designando o Espírito, é *ativo*, como veremos adiante.

O Venerável usa o Esquadro como uma jóia pendurada em seu cordão (fig. 5); nesse Esquadro, os dois braços não são iguais, estão numa relação de três por quatro, como os dois lados do triângulo retângulo dos pitagóricos. Em geral, ele é adornado em seu anverso, o que implica um sentido bem definido. Sobre o peito do Venerável, o braço mais longo fica do lado *direito*; assinala-se assim a preponderância do *ativo* (lado direito) sobre o *passivo* (lado esquerdo).

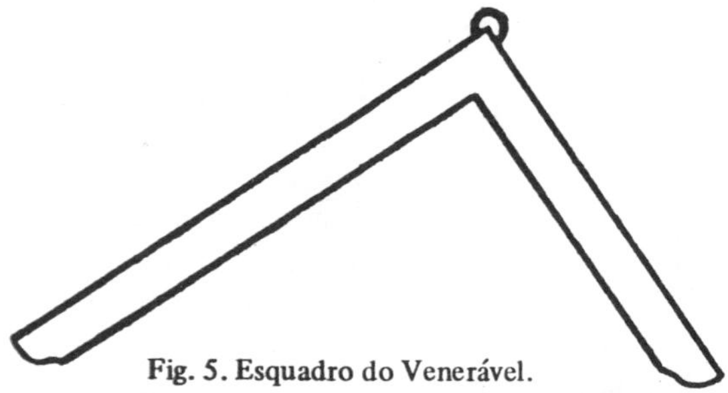

Fig. 5. Esquadro do Venerável.

A jóia dos Veneráveis honorários (antigos Veneráveis) é semelhante, mas tem algo mais: pendurado entre os dois braços do Esquadro, está a demonstração do teorema de Pitágoras[6] (fig. 6). Este simboliza nitidamente a ciência maçônica que aquele que o usa deve possuir.

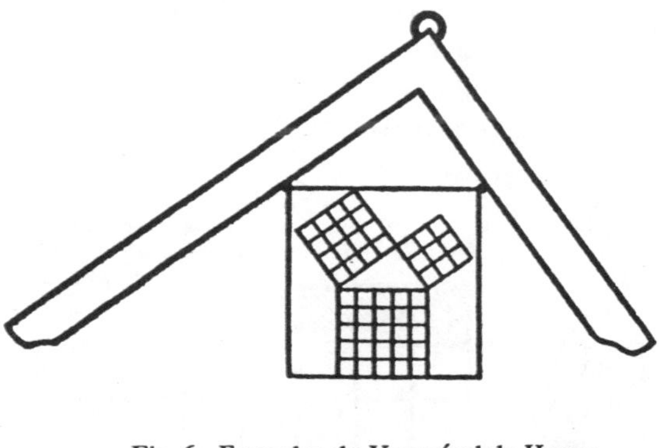

Fig. 6. Esquadro do Venerável de Honra.

Porque o papel do Venerável é criar Maçons perfeitos é que ele usa o Esquadro, sinal de retidão e instrumento indispensável para transformar a Pedra bruta em hexaedro perfeito (Pedra cúbica).

Os Maçons, convenientemente formados, estarão depois aptos a participar da construção do Templo ideal de que eles próprios serão as pedras perfeitas. Eles serão assim, ao mesmo tempo, passivos e ativos, constituídos e constituintes.

Observaremos, ainda, que o Esquadro é o *gamma* grego, de que falaremos ao tratar da letra G (fig. 7). As cruzes, formadas de quatro "gamma" (fig. 4) eram chamadas de *gammadiae* e figuravam outrora nas vestes e ornamentos eclesiásticos.

Fig. 7.
Gamma grego.

Na simbólica pitagórica, o Esquadro é o signo do "gnomo"[7]. Citaremos como exemplos, os *gnomos* formados pelos números ímpares 3, 5, 7, etc., que resultam sucessivamente da seqüência dos quadrados.

Os *gnomos* podem ser triangulares, quadrados, pentagonais, hexagonais, etc., reportando-se então aos números de igual nome. Para o nosso estudo, basta lembrar que o tipo do *gnomo* é o Esquadro.

Tais são os sentidos gerais do Esquadro, cujo simbolismo não tivemos, em absoluto, a pretensão de ter esgotado[8] (fig. 8).

*
* *

O *Compasso*[9] é, por certo, um dos instrumentos que o homem inventou depois de ele ter adquirido a noção de círculo. O compasso serve não só para traçar círculos como também para tomar e transferir medidas[10]. Ele se compõe essencialmente de dois braços articulados e ligados por um eixo (fig. 11).

"Com o Compasso, diz Ragon[11], descrevem-se círculos cujo centro ele indica nitidamente, assim como os raios e o diâmetro. Intelectualmente, o Compasso é a imagem do pensamento nos diversos círculos que ele percorre; o afastamento de seus braços e sua aproximação representam os diferentes modos do raciocínio que, de acordo com as circunstâncias, devem ser abundantes e *amplos,* ou precisos e *estreitos,* mas sempre claros e persuasivos."

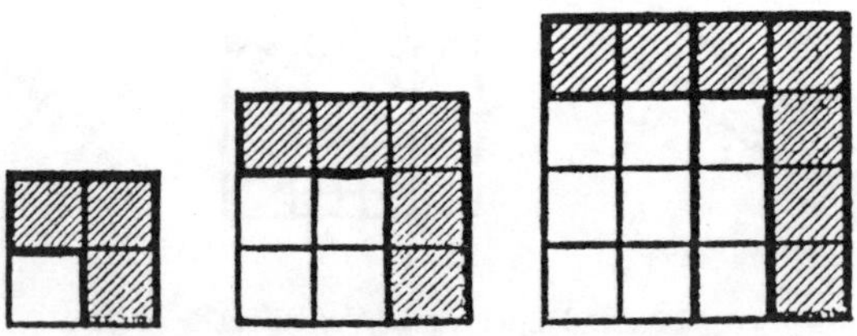

Fig. 8. *Gnomos* quadrados.

Wirth, por sua vez, nota que o Compasso "dá a sensação de um infinito-tempo limitado no espaço". Para Wirth, o Compasso é o símbolo do *Relativo.* Wirth acrescenta que o Compasso, "lembrando uma figura humana, tem uma cabeça e dois braços, que se afastam à vontade. Em seu mais amplo afastamento, eles medem o domínio que o gênio humano pode atingir, o conhecido, além do qual se estende a imensidão misteriosa do inexplorado, provisoriamente incognoscível[12]".

Enfim, Gédalge[13] explica que "o círculo centrado pelo ponto é a primeira figura que se pode traçar com a ajuda de um Compasso; essa figura, diz ela, é o emblema solar por excelência. Ela combina o Círculo (infinito) com o ponto (símbolo do início de toda manifestação)". E Gédalge acrescenta: "o absoluto e o Relativo estão, portanto, representados pela ação do Compasso, que é também a figura da dualidade (braços) e da união (a cabeça do Compasso)".

Fig. 9. Pentagrama.

* * *

O Esquadro é um instrumento *fixo* enquanto o Compasso é um instrumento *móvel.* Portanto, em relação ao Esquadro, *passivo,* o Compasso é *ativo.*

Fig. 10.

O VAU hebraico — O RESCH hebraico

Na figura do *Traité de l'Azoth,* de Basile Valentin (fig. 12), é o braço *direito* que segura o Compasso, enquanto o esquerdo segura o Esquadro. Essa obra data de 1659; isto é, é anterior à data admitida como o da criação da Franco-Maçonaria, data arbitrariamente fixada no ano de 1717[14].

Por suas pontas, o Compasso indica sua ascendência sobre a matéria, enquanto o afastamento de seus braços é inferior a 180°. Chegando a esse afastamento, ele se torna uma linha reta e não tem mais nenhuma possibilidade efetiva.

O Compasso, no grau de Mestre, deve ser aberto a 45°, isto é, a metade de um ângulo reto, a metade do ângulo formado pelo Esquadro. Nesse grau de abertura, o Compasso é estável e não corre o risco de se abrir inopinadamente durante o traçado. É por isso que o símbolo do Compasso tem uma abertura de 60°, na jóia do 5º grau (Rito Escocês) e uma abertura de 90° nas jóias dos graus 14º e 18º; enfim, encontramo-lo ainda associado ao Esquadro no grau 29º[15].

Fig. 11. O Compasso.

Se admitirmos que a abertura do Compasso indica as possibilidades do "Conhecimento", a abertura de 45° refere-se ao 8º, a de 60° ao 6º e a de 90° a 1/4. A Maçonaria, limitando a abertura do Compasso ao máximo de 90° indica, por esse modo, os limites que o homem não seria capaz de ultrapassar. O ângulo de 90° reproduz o Esquadro. Ora, o Esquadro, como sabemos, é o símbolo da Matéria; o Compasso é o símbolo do Espírito e de seu poder sobre a Matéria.

Aberto a 45°, o Compasso indica que a Matéria não está completamente dominada, enquanto que a abertura a 90° realiza integralmente o equilíbrio entre as duas forças; o Compasso transforma-se num "Esquadro justo".

Por ora, nos limitaremos apenas ao simbolismo dos três primeiros graus da Maçonaria – graus primordiais e perfeitos – nos quais o Compasso é aberto a 45°.

Na Loja, o Compasso e o Esquadro são colocados sobre o Altar[16] de três modos diferentes:

No 1º grau, o Esquadro é colocado em cima do Compasso (fig. 16).

No 2º grau, o Esquadro é entrecruzado com o Compasso (fig. 17).

No 3º grau, o Esquadro é colocado debaixo do Compasso (fig. 18).

Fig. 12. O "Rebis" de Basile Valentin.

Plantageneta, falando dessa "antiga tradição", diz[17]: "No grau de Aprendiz, o Esquadro cobre os dois braços do Compasso, indicando que nesse grau não se pode exigir mais do neófito além de *sinceridade* e *confiança*, conseqüências naturais da eqüidade e da retidão; no grau de Companheiro, um braço do Compasso cobre o Esquadro, o que nos permite considerar que o Misto não cumpre sua tarefa às cegas e que a moral do símbolo é *sinceridade* e *discernimento*; no grau de Mestre, enfim, o Esquadro aparece debaixo do Compasso, o que nos permite estabelecer como divisa do 3º grau *discernimento e justiça*".

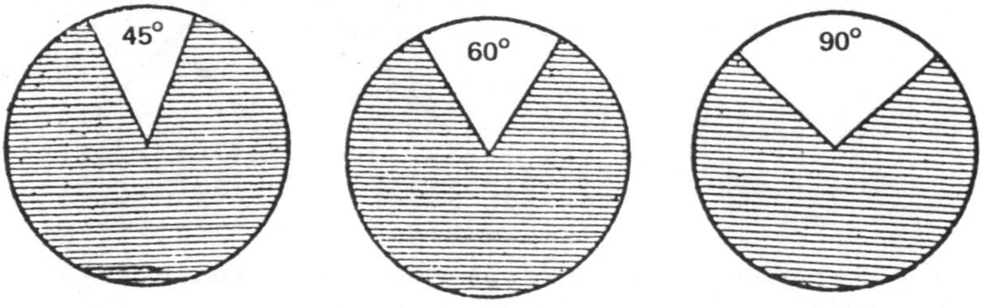

Fig. 13. Fig. 14. Fig. 15.

Os setores do conhecimento.

Como a maioria dos autores maçônicos, Plantageneta, propositadamente ou não, não se eleva até o *absoluto* dos símbolos; ele agarra-se a seu *sentido moral,* limitando assim, vergonhosamente, as possibilidades metafísicas do simbolismo.

O Compasso simboliza, repetimo-lo, o Espírito, e o Esquadro, a Matéria. Por conseqüência, podemos dizer: no 1º grau, a Matéria domina o Espírito; no 2º grau, essas duas forças se equilibram; enfim, no 3º grau, o Espírito sobrevoa a Matéria e a transcende.

Não nos esqueçamos de que o compasso aberto apenas a 45° indica que o domínio do Espírito sobre a Matéria é relativo.

O Esquadro e o Compasso entrecruzados podem, em certo sentido, relacionar-se com o Selo de Salomão[18]; mas este é uma figura *fechada,* enquanto que a nossa sigla é *aberta,* pois é formada por dois ângulos e não por dois triângulos (fig. 19), evocando assim, uma idéia do Infinito.

Fig. 16. O Esquadro sobre o Compasso.

Fig. 17. O Compasso e o Esquadro entrecruzados.

Fig. 18. O Compasso sobre o Esquadro.

O Espírito e a Matéria – esses dois "incognoscíveis" – também são representados por dois X ligados (fig. 20).

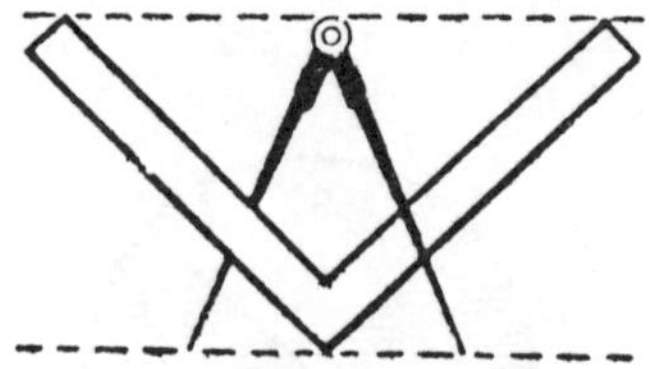

Fig. 19. O Esquadro e o Compasso "Selo de Salomão".

Fig. 20. Os dois X ligados.

É curioso e interessante comparar nosso símbolo com o imaginado pelos Sulpicianos no século XVII, que é, diz Mons. Barbier de Montault[19], "um M que sobrepõe a um A, dando o nome de *Maria*, enquanto os dois traços laterais encimados por um ponto formam as iniciais de *Jesus* e de *José*. A Sagrada Família está toda aqui (fig. 21)."

Alguns autores lêem a palavra sagrada hindu "AUM" no monograma da Virgem, mas nós deixamos a eles a responsabilidade dessa interpretação[20].

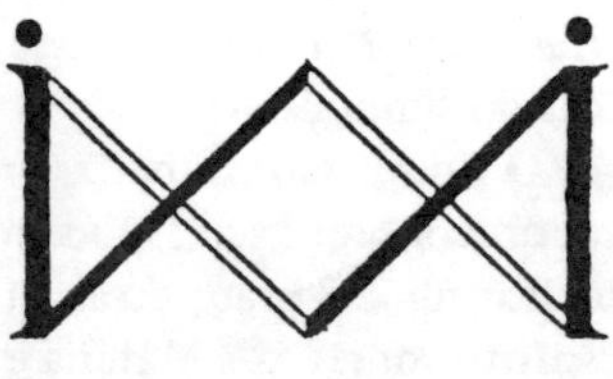

Fig. 21. O monograma da Virgem e da Sagrada Família.

No grau de Mestre, e mais geralmente por toda a Maçonaria, o Compasso deve ser colocado em cima do Esquadro, e não entrecruzado com ele. Podemos achar mais decorativa essa última posição, mas o gosto pelo decor não deve levar-nos a um contra-senso ou, pelo menos, a um sentido afastado da significação real do símbolo.

Todavia, na Loja do Aprendiz – grau ao qual os trabalhos são abertos mais freqüentemente – seria conveniente não omitir essa colocação do Esquadro sobre o Compasso.

Observaremos, ainda, que o Compasso é utilizado por ocasião dos ritos de iniciação ao 1º grau. No momento em que pronuncia o juramento que o liga à Maçonaria, o Recipiendário apóia sobre o peito uma das pontas do Compasso que ele segura com a mão esquerda, o que Ragon explica do seguinte modo: "A ponta do Compasso sobre o peito nu, sede da consciência, deve lembrar-lhe a vida passada, durante a qual seus objetivos e iniciativas nem sempre talvez se tenham regrado por esse *símbolo de exatidão* que, daí por diante, deverá dirigir seus pensamentos e suas ações[21]".

Ora, nesse grau, o Recipiendário é tido como alguém que simbolicamente, ainda ignora o uso do Compasso; este, representando o *Espírito*, quer significar que, acima do sentimento (do coração) convém colocar, não a razão, seca e fria, mas antes o *Espírito iniciático* em toda a sua transcendência.

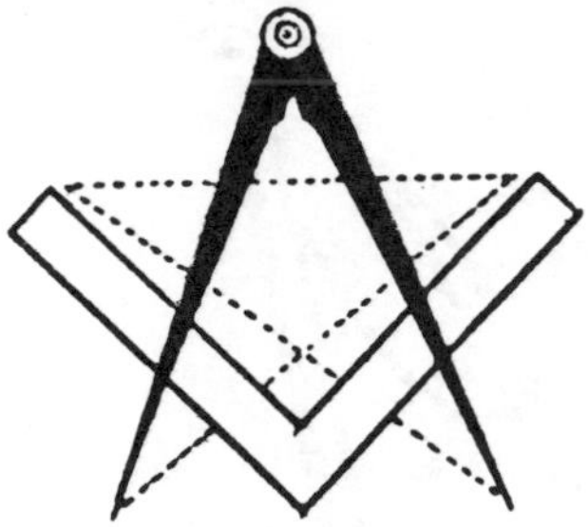

Fig. 22. O Pentagrama no Compasso e no Esquadro.

O raio definido pelo Compasso não vai do centro para a periferia mas, ao contrário, vai da periferia para terminar no centro e "penetra" o Recipiendário[22].

Podemos também "ver" o Pentagrama na associação do Esquadro e do Compasso (fig. 22). Esse "signo" dinâmico – se levarmos em conta os comentários que fizemos de seus constituintes – fala bastante por si mesmo, e não é preciso insistir mais nisso[23].

2. MALHO E CINZEL

Esses dois instrumentos, o Malho e o Cinzel, servem para o desbastamento da Pedra bruta. No plano analógico, eles estão relacionados particularmente com o grau de Aprendiz.

O Malho é também a insígnia essencial do Venerável e dos dois Vigilantes da Loja; deve, portanto, ser estudado também em função dessa atribuição.

Fig. 23.
O Malho e o Cinzel.

O Malho[24] e o Cinzel[25] representam, como o Compasso e o Esquadro, o *Ativo* e o *Passivo*.

"O Malho, diz Ragon,[26] emblema do trabalho e da força material, ajuda a derrubar os obstáculos e a superar as dificuldades. O Cinzel é o emblema da escultura, da arquitetura e das belas-artes: seu uso seria quase nulo sem o concurso do Malho. Do ponto de vista intelectual, eles concorrem para um mesmo objetivo; porque o Malho, emblema da lógica, sem a qual não podemos raciocinar corretamente, e que não pode ser dispensada por nenhuma ciência, precisa do Cinzel, que é a

Fig. 24. *Sucellos*, o deus com o martelo.

imagem da causticidade dos argumentos com os quais conseguimos destruir os sofismas do erro; de onde resulta que esses símbolos representam as belas-artes e várias profissões industriais; e a lógica, elementos próprios para tornar o homem independente."

"O Malho, diz por sua vez Plantageneta[27], é o símbolo da inteligência que age e persevera, que dirige o pensamento e anima a meditação daquele que, no silêncio de sua consciência, procura a verdade. Visto sob esse ângulo, ele é inseparável do Cinzel, que representa o discernimento, sem cuja intervenção qualquer esforço seria inútil, senão perigoso."

A mediocridade dos comentários de Ragon e de Plantageneta é por demais evidente e não pode deixar de ser percebida por quem quer que seja. Esses dois autores não sentiram tudo o que esses símbolos podiam conter dentro de si.

Oswald Wirth é mais claro e se aproxima mais da verdade quando diz[28]: "Dois instrumentos são inseparáveis (para talhar a Pedra bruta). O primeiro representa as soluções aprisionadas em nosso espírito: é o Cinzel de aço, que é aplicado sobre a Pedra, seguro pela mão esquerda, lado passivo, que corresponde à receptividade intelectual, ao discernimento especulativo. O outro representa a vontade que executa: é o Malho, insígnia do comando, que a mão direita, o lado ativo, brande, e está relacionado com a energia que age e com a determinação moral, cujo resultado é a realização prática".

*
* *

Mais adiante, Oswald Wirth entrevê uma origem germânica para o Malho; com efeito, Wirth escreve: "A importância que atribuímos ao Malho poderia estar ligada ao deus *Donar,* uma espécie de Júpiter tonante, de que todo chefe de família se tornava sacerdote no interior de sua casa, onde os ritos familiares só se realizavam com a ajuda de um Martelo[29]".

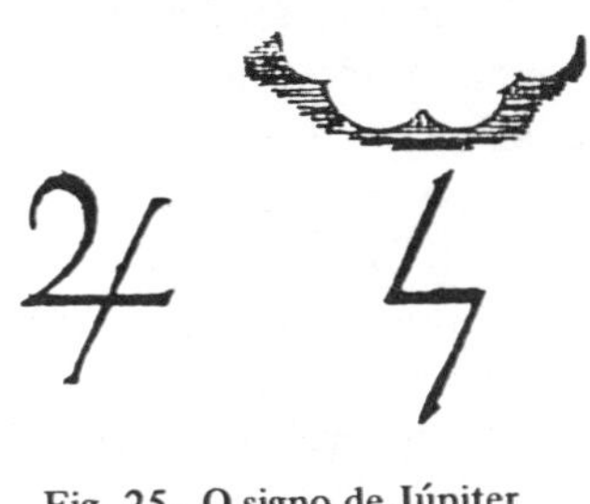

Fig. 25. O signo de Júpiter e o relâmpago.

Existe um deus, *Sucellos*[30], provavelmente de origem céltica, cujo atributo essencial é um Malho enorme. O nome desse deus parece "aquele que bate bem" ou "aquele que tem um bom martelo"[31].

Sabe-se também que o deus escandinavo *Thôr,* o deus do raio, munia-se de um martelo. Thôr é uma contração de Thonar (v. all. *Donar*) e quer dizer *Trovão*. Thôr era tido como um deus *benfazejo*, protetor e amigo dos agricultores, pois atribuía-se à tempestade uma influência salutar sobre a fertilidade da terra[32].

Sucellos e *Thôr* podem ser comparados ao *Zeus* grego (o *Júpiter* dos latinos) cujo signo hieroglífico é o ziguezague do relâmpago (fig. 25).

*
* *

A forma do Malho é a de um *Tau* grego. Costuma ser feito de *buxo*, madeira escolhida por causa de sua dureza. O padre Corblet observa que o buxo é o símbolo da *firmeza* e da *perseverança*[33].

Fazem-se também malhos de marfim, para serem oferecidos aos Veneráveis em certas circunstâncias. O marfim simboliza, geralmente, a *pureza*[34].

Muitas vezes os Malhos maçônicos são pintados de preto e se assemelham, assim, ao *ébano*. Contudo o ébano – madeira frágil – nunca foi usado para fazer instrumentos[35]. Por que não usar simplesmente martelos de buxo e deixar essa madeira em sua cor natural?

*
* *

Por ocasião da abertura dos Trabalhos de uma Loja, os dois Vigilantes circulam armados com o Malho. Este deve ser *segurado com a mão direita e carregado sobre o ombro esquerdo*. Nessa posição, os vigilantes fazem "o sinal do Esquadro".

É um erro segurar o Martelo com a mão esquerda e apoiá-lo no ombro esquerdo e fazer ao mesmo tempo o "sinal do aprendiz" com a mão direita[36].

Observaremos que, na Loja, os Irmãos *devem* colocar-se *sucessivamente* na Ordem, à medida que o Vigilante passa na frente deles, e não todos juntos, como comumente se faz.

Os Irmãos, nesse momento, devem estar voltados para o "Oriente" – para o Venerável – e desse modo não podem ver o sinal feito por alguém que esteja atrás deles.

Essa tradição permite identificar imediatamente qualquer profano que se tenha imiscuído na assembléia, e com seu Malho, empunhado com a mão direita, o Vigilante, se o julgasse útil, poderia infligir-lhe imediatamente uma sanção severa.

É evidente que hoje isso não passa de uma tradição; mas esta deveria ser integralmente respeitada.

Se os Vigilantes se colocam eles próprios na Ordem do Aprendiz, eles mostram o sinal que deve ser feito e sua caminhada é absolutamente inútil. Do mesmo modo, se todos os Irmãos se colocam simultaneamente na Ordem, é evidente que um profano imitará facilmente o seu gesto.

É por alterações desse tipo que os ritos, não sendo mais observados, se transformaram em vãos simulacros.

*
* *

O Malho simboliza a *vontade* ativa do Aprendiz. Não é uma massa metálica, pesada e brutal, pois a vontade não deve ser nem obstinação, nem teimosia: ela deve ser apenas *firme* e *perseverante*. Mas o homem não pode agir diretamente sobre a Matéria; o Cinzel servirá, então, de intermediário. Este deverá ser amolado freqüentemente: isto é, deverá rever continuamente os conhecimentos adquiridos; não deixá-los embotar. Esses "conhecimentos adquiridos" (com o cinzel empunhado pela esquerda) devem ser usados, de outro modo a intelectualidade se torna passiva (cinzel em desuso).

O Malho age de forma descontínua. Isso mostra que o esforço não pode ser perseguido sem interrupção e, por outro lado, que uma pressão contínua sobre o Cinzel tirar-lhe-ia toda a sua precisão.

Achamos que, com o que dissemos, deixamos entrever suficientemente o simbolismo do Malho e do Cinzel.

*
* *

Entre as mãos do Venerável e dos dois Vigilantes, o Malho significa o seu poder. Serve para provocar ondas sonoras rítmicas[37].

Observemos aqui que os dignitários são recebidos na Loja "ao bater dos Malhos"; isto é, são dados golpes de martelo, sucessiva e alternativamente, pelo Venerável, pelo primeiro e pelo segundo Vigilantes. Esse "ruído" monótono e regular realiza então o "silêncio integral" pois abafa qualquer som adventício.

3. PERPENDICULAR E NÍVEL

A *Perpendicular*[38] e o *Nível*[39] dão, respectivamente, a *Vertical* e a *Horizontal.* Encontramos ainda aí o *Ativo* e o *Passivo,* as duas polaridades universais, uma de movimento e de ação e outra de inércia e de repouso; o *Rajas* e o *Tamas* dos hindus; os dois "opostos", cujo jogo recíproco condiciona a vida do Universo, as alternâncias da *expiração* e da *inspiração* de Brahma, as duas sexualidades que fazem a vida.

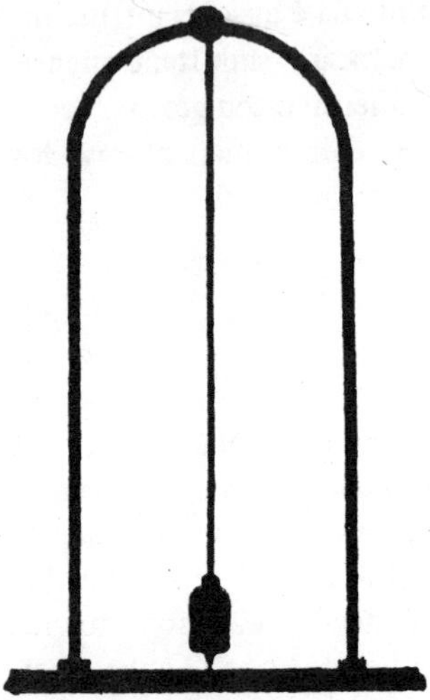

Fig. 26. A perpendicular.

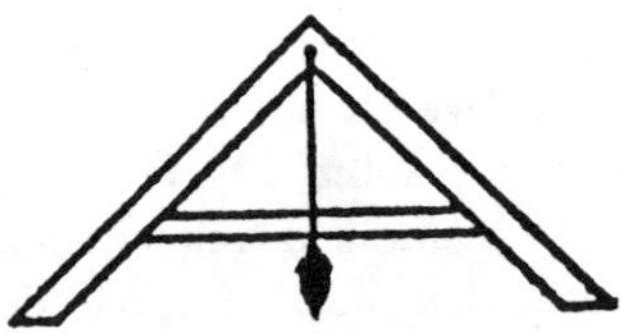

Fig. 27. O nível.

A *Perpendicular* é o *fio de prumo.* Na Maçonaria, ele é representado fixado no centro de um arco de abóbada. O Nível do maçom é um triângulo em cujo ápice está amarrado um fio de prumo. Preferimos a designação "tradicional" de *perpendicular* à de *fio de prumo.*

O *Nível,* no simbolismo maçônico, deve ser formado por um esquadro justo, isto é, um esquadro cujo ângulo, no ápice, deve ser de 90°.

A *Perpendicular* é o atributo do segundo Vigilante, ao passo que o *Nível* é o atributo do primeiro.

Ragon explica que "o *Nível* simboliza a igualdade social, base do direito natural; e que a *Perpendicular* significa que o Maçom deve possuir uma retidão de julgamento que nenhuma ligação de interesse ou de parentesco seja capaz de perturbar[40]".

Para Plantageneta[41] "O *Nível* é o símbolo da igualdade original; mas ele não implica, em nenhum sentido, o "nivelamento" dos valores: ele nos lembra que é preciso considerar todas as coisas com igual serenidade".

Wirth, enfim, vê[42] na "forma do *Nível* a evocação do signo alquímico do Enxofre[43], substância cuja combustão mantém o Fogo central de todo foco de atividade. O Primeiro Vigilante, diz ele, é o guardião desse ardor laborioso, que ele estimula apenas percebe qualquer diminuição de intensidade".

E acrescenta: "O segundo Vigilante contrasta com o primeiro por sua doçura. Ele compreende tudo e sabe desculpar o que é desculpável. Constrangido a confessar um erro, o iniciante dirige-se a ele com confiança, adivinhando que qualquer erro pode ser reparado sob a égide da *Perpendicular.* Esse instrumento determina a vertical, que incita o espírito a descer e a subir. Aprofundando, descobrimos nossos próprios defeitos e nos elevamos acima da platitude geral, desculpando os defeitos alheios".

Fig. 28. O enxofre.

Citaremos ainda Gédalge que, falando a respeito do *Fio de Prumo,* diz[44]: "Ele é o emblema da busca – em profundidade – da verdade, do aprumo, do equilíbrio; ele parece mostrar o caminho que leva à 'Câmara do Meio'. Com o Nível e o Esquadro, ele permite a construção correta das muralhas do Templo. Pode-se ver a 'Perpendicular', diz ela, esculpida debaixo do olho divino e acima do Demiurgo, Operário Ferreiro, Arquiteto dos deuses, Viswakarma, no Templo subterrâneo de Ellora (Índia)".

* * *

À primeira vista, podemos ser confundidos ao ver a *Perpendicular* (a *Vertical,* símbolo *ativo*) como um atributo do segundo Vigilante, e o *Nível* (a *Horizontal,* símbolo *passivo*) como um atributo do primeiro Vigilante.

Na realidade, o Nível indica a Horizontal, mas ele próprio está munido da Vertical: a Perpendicular. O Nível é, portanto, um instrumento mais completo do que a Perpendicular sozinha, e este é o motivo pelo qual ele é a insígnia do primeiro Vigilante, o único qualificado para tomar o lugar do Venerável em caso de ausência deste.

O *Nível* não é apenas a Horizontal, mas ainda a *Cruz,* reunião da Vertical com a Horizontal.

A *Perpendicular* dá a direção do centro da Terra, enquanto o *Nível* dá a linha reta em Esquadro em relação a um ponto dado com a Perpendicular.

A *Perpendicular* é o símbolo da profundidade do Conhecimento e de sua retidão; ela previne qualquer desvio oblíquo; o *Nível* mostra que o Conhecimento deve relacionar-se com o "plano terrestre", o único capaz de interessar diretamente à criatura humana. É partindo de fiadas sólidas e bem assentadas que o Maçom pode e deve trabalhar com vistas à própria elevação espiritual.

*
* *

Quanto à "Igualdade", entidade abstrata, à qual ainda se quer ligar o *Nível,* a Natureza inteira mostra que isso não passa de uma mistificação. Os homens não são iguais nem física, nem intelectualmente. Nas citações que fizemos, Ragon fala em "igualdade social", mas Plantageneta diz "que a igualdade não implica num nivelamento de valores". Esse último autor sentia muito bem o que havia de absurdo nessa noção demasiado absoluta de "igualdade".

Encontramos aí ainda essa limitação "moral" que se quer impor aos símbolos maçônicos. Precisamos enxergar mais longe e mais alto.

A moral é sempre relativa e particular; ela varia de acordo com os lugares, as épocas, os agrupamentos.

O Conhecimento, proporcionado pela Iniciação, que deve, na nossa opinião, tomar o lugar da moral, tende para o Absoluto.

Pascal escreveu: "A verdadeira moral zomba da moral". A Maçonaria não é uma escola de moral. Os verdadeiros Iniciados manifestam-se no plano profano e não na qualidade de Maçons, mas por um comportamento que, de algum modo, é uma "reverberação".

*
* *

Quando o Aprendiz se torna Companheiro, diz-se que *ele passa da Perpendicular para o Nível,* isto é, que, tendo aprofundado suficientemente os elementos do Conhecimento, ele se torna capaz de visualizar estes em suas relações com o Mundo, com o Cosmos. Essas relações são indicadas pelo Triângulo[45] que constitui a armadura do Nível.

4. A RÉGUA E A ALAVANCA

A importância do simbolismo da *Régua* é mais particularmente sublinhado no Rito Escocês, onde ela é encontrada em três das viagens do Recipiendário, candidato ao grau de Companheiro.

Há diferenças notáveis, entre os diferentes Ritos, a respeito da atribuição dos Utensílios nas cinco viagens que a iniciação ao 2º grau comporta. Eis o quadro comparativo:

VIAGENS	RITO ESCOCÊS	RITO FRANCÊS	DIREITO HUMANO
Primeira	Malho Cinzel	Malho Cinzel	Malho Cinzel
Segunda	Régua Compasso	Esquadro Compasso	Esquadro Compasso
Terceira	Régua Alavanca	Régua Alavanca	Régua Nível
Quarta	Régua Esquadro	Nível	Compasso Livro[46]
Quinta	Mãos livres	Trolha	Mãos livres

A concordância entre esses diversos Ritos só existe na primeira viagem, com o Malho e o Cinzel. Ragon, em seu *Rituel du Compagnon,* segue o Rito Escocês; Wirth faz o mesmo em seu *Livre du Compagnon* e não assinala as divergências dos Ritos Escocês e Francês.

Parece, aliás, que reina certa confusão na iniciação ao grau de Companheiro.

Para o Rito Escocês, a *Régua* é que deve ser o atributo essencial do Companheiro.

"A Régua, diz Ragon[47] simboliza o aperfeiçoamento; sem régua, a indústria seria uma aventura, as artes seriam defeituosas, as ciências só ofereceriam sistemas incoerentes, a lógica seria caprichosa e desordenada, a legislação seria arbitrária e opressiva, a música seria discordante, a filosofia não passaria de uma obscura metafísica e as ciências perderiam sua lucidez."

Gédalge define a Régua de seguinte modo[48] : "Símbolo da retidão, do método da lei. O deus egípcio Phtah empunha uma régua com a qual mede a cheia do Nilo. O próprio Phtah é representado pelo Nilômetro e a Régua aparece na mão de um dos dois assistentes de Viswakarma (altar das grutas de Ellora, Índia). Na Maçonaria, a Régua é bordada no avental do Experto, junto com o olho divino e a espada. O Aprendiz carrega-a ao ombro esquerdo quando se apresenta na Loja dos Companheiros. Unida ao Compasso, ela permite que se tracem todas as figuras da geometria; além do mais, podemos considerá-la como um símbolo do infinito (a reta sem começo nem fim); por último, ela é sobretudo um símbolo da Moralidade e do Dever de que o Franco-Maçom jamais se deve afastar".

Com efeito, o Aprendiz apresenta-se com uma *Régua lisa* que carrega no *ombro esquerdo* (lado passivo); ao se tornar Companheiro, ele deveria carregar uma *Régua graduada* sobre o *ombro direito* (lado ativo). A Régua graduada está dividida em vinte e quatro seções, e é então designada pelo nome de "Régua de vinte e quatro polegadas". Essas vinte e quatro divisões estão relacionadas com as vinte e quatro horas do dia, que devem ser todas convenientemente empregadas.

A Régua e o Esquadro permitem que se tracem apenas figuras retilíneas; a Régua e o Compasso, como Gédalge afirmou acima, criam a possibilidade de construir quase todas as figuras geométricas.

No Ritual de iniciação ao grau de Companheiro, parece que a teoria foi confundida com a prática. Antes de construir um edifício, é preciso traçar-lhe os planos, e a iniciação ao segundo grau deveria, no nosso entender, ser conduzida da seguinte maneira:

Na primeira viagem: *Malho* e *Cinzel,* lembrando ao Recipiendário o seu aprendizado. Para o simbolismo do Malho e do Cinzel, seguimos os rituais geralmente em uso; mas Plantageneta observa[49] que o Malho e o Cinzel não parecem pertencer ao grau do Aprendiz senão na França e que, em qualquer outro lugar, *o instrumento que está ligado ao desbastamento da Pedra bruta* é o buril, uma espécie de martelo com ponta, usado efetivamente pelos canteiros.

Na segunda viagem: *Régua* e *Compasso,* simbolizando os conhecimentos geométricos indispensáveis para o traçado dos planos dos edifícios.

Na terceira viagem: *Régua, Nível, Perpendicular* e *Alavanca,* instrumentos necessários para colocar corretamente no lugar as pedras da construção.

Na quarta viagem: *Régua* e *Esquadro,* instrumentos com que se verifica o trabalho realizado.

Na quinta viagem: a *Trolha,* que dá acabamento à obra.

Assim, todos os Instrumentos simbólicos retomariam seus lugares, seriam apresentados numa sucessão lógica e a iniciação ao segundo grau tomaria um sentido que deixou de possuir.

O Ritual do segundo grau deveria ser modificado; seria preciso fazer desaparecer sua incoerência e "primarismo"[50].

Terminadas as cinco viagens, entregar-se-ia ao Companheiro a *Régua graduada,* para simbolizar a medida e a precisão que devem norteá-lo em tudo.

*
* *

A *Régua* e a *Alavanca* são análogas, pois são formadas essencialmente pela linha reta. A Régua está ligada ao *Espírito* e a Alavanca à *Matéria.*

A Alavanca, como o Cinzel, é um intermediário "passivo". Ela só se torna "ativa" pela força daquele que a utiliza; por si mesmo, ela é "inerte". Ela está ligada, portanto, ao Conhecimento, que só se torna "iniciático" quando aquele que o possui é, ele próprio, *iniciável,* isto é, capaz de "compreender". A Alavanca transforma-se então na Força fecunda... e perigosa, e esse é o motivo pelo qual essa Força só se deve exteriorizar quando controlada pela Régua, o Nível e a Perpendicular[51].

5. A TROLHA

Wirth, adepto das analogias morfológicas fáceis, observa[52] que a *Trolha*[53], à qual se dá habitualmente uma forma triangular, corresponde ao ideograma alquímico do Enxofre[54]. No entanto, ele escreve: "Esse instrumento serve para amassar a argamassa destinada a realizar a unidade quando se cimentam as pedras do edifício. A Trolha reúne, ela realiza a fusão, ela unifica. É portanto, essencialmente, o emblema dos sentimentos de benevolência esclarecida, de fraternidade universal e de muita tolerância, distintivos do verdadeiro Maçom".

Fig. 29. A trolha.

"A *Trolha,* diz Plantageneta[55], é o símbolo do amor fraterno, que deve unir todos os Maçons e que é o único cimento que os operários podem usar para a edificação do Templo. Enquanto o Companheiro, mesmo conscienciosо, assíduo, zeloso, não se aperceber disso sua obra não está acabada e ele não é digno de nenhum aumento de salário."

O Rito Francês, judiciosamente, ligou a Trolha à quinta viagem da iniciação ao grau de Companheiro, porque, com efeito, nunca podemos dar um trabalho como completamente terminado. É lamentável que o Rito Escocês não possua esse símbolo em seu Ritual.

Acrescentemos, ainda, que a expressão "passar a Trolha" significa esquecer as injúrias e as injustiças.

6. QUADROS DE RECAPITULAÇÃO DO SIMBOLISMO DOS UTENSÍLIOS

Examinamos sumariamente os Utensílios em suas relações com o simbolismo maçônico. Resumimos de propósito: nossos comentários em benefício da clareza. A seguir, damos três quadros que permitirão que se tenha uma visão de conjunto.

I. *Os utensílios ativos e passivos*

ATIVOS (Espírito)	PASSIVOS (Matéria)
Compasso Malho Perpendicular Régua	Esquadro Cinzel Nível Alavanca
Neutro – Trolha	

II. *Sentidos gerais dos utensílios*

UTENSÍLIOS	SIGNIFICADO
Compasso	Medida na pesquisa.
Esquadro	Retidão na ação.
Malho	Vontade na aplicação.
Cinzel	Discernimento na investigação.
Perpendicular	Profundidade na observação.
Nível	Uso correto dos conhecimentos.
Régua	Precisão na execução.
Alavanca	Poder da vontade.
Trolha	Benevolência para com todos.

III. *Atributos dos três graus e dos oficiais*

ATRIBUTOS DE GRAU	GRAU
Esquadro	Venerável.
Esquadro sobre Compasso	Aprendiz.
Esquadro cruzado com Compasso	Companheiro.
Compasso sobre Esquadro	Mestre.
Malho	Venerável. Primeiro Vigilante. Segundo Vigilante.
Perpendicular	Segundo Vigilante.
Nível	Primeiro Vigilante.
Régua (com o olho e a espada)	Experto.

NOTAS AO CAPÍTULO I

1. Palavra derivada do latim *utensilia,* utensílio, de *uti,* servir.

2. *Cours philosophique et interprétatif des Initiations anciennes et modernes.* Edition sacrée, Nancy, 5842, p. 136.

3. *Le livre de l'Apprenti,* 1931, p. 171-172.

4. *Le Symbolisme hermétique*, 1931, p. 37.

5. 1895, p. 220. Jean Kotska é o pseudônimo de Jules Doinel, que foi Maçom e Patriarca da Igreja Gnóstica. Nessa obra, parece que ele se converteu de repente ao catolicismo; nela ele dá prova de um antimaçonismo tão pouco inteligente quanto o que é encontrado comumente por aí.

6. Sabemos que o teorema de Pitágoras consiste em demonstrar que o quadrado da hipotenusa de um triângulo retângulo é igual à soma dos quadrados dos dois lados.

7. *Gnomon* é uma palavra grega que tem sentidos muito diferentes. Como substantivo, significa: regulador ou régua, agulha do quadrante solar ou o próprio quadrante. Como adjetivo, quer dizer: que conhece, que compreende.

   Notar-se-á que a palavra *quadrante,* que vem precisamente de *quadrans,* quadrado, forma comum dos quadrantes solares, designa atualmente o *círculo* graduado dos relógios, de bolso ou de parede.

8. PARVUS, num artigo da revista *Initiation* (set. 1894, p. 256), intitulado: "Sobre o simbolismo do Esquadro na Franco-Maçonaria", põe na boca de Ragon o seguinte: "que o Pentagrama pode ser considerado como o misterioso e quíntuplo esquadro". Em nenhum lugar, na obra de Ragon, encontramos semelhante afirmação. Um exame, mesmo superficial, mostra a falsidade dessa alegação (fig. 9). Aliás, o mesmo autor escreve: "Que é o Esquadro, senão uma dupla cruz?" Melhor seria dizer que a Cruz, como vimos, é que poderia ser um duplo Esquadro! E esse artigo era uma tese para a admissão ao grau de bacharel na *Ordem Kabbalística da Rosa-Cruz* (essa *ordem*, criada e presidida por Stanislas de Guaïta e da qual Papus era secretário geral, conferia três graus com os títulos de bacharel, de licenciado e de doutor em Kabbala).

   Parvus, ainda, liga o Esquadro à letra hebraica *vav.* Ora, é evidente, considerando o alfabeto hebraico, que a letra *resch* seria mais adequada (fig. 10).

   Citamos esse exemplo porque é típico no tocante às interpretações realmente ilógicas e fantasistas que certos autores podem dar do simbolismo maçônico.

   É verdade que não poderíamos impor limites à exegese simbólica. Contudo, é prudente que nos apeguemos a um sentido lógico e que não nos afastemos dele. Caso contrário, acabaremos, forçosamente, nas elucubrações que fazem com que os espíritos "lógicos" rejeitem, e com razão, qualquer dissertação sobre o simbolismo.

9. Do latim *compassare,* medir com o passo; o verbo *compassar* e seu derivado *compassamento,* muito pouco usados, significam "tomar medidas com exatidão".

10. O instrumento denominado calibrador seria mais corretamente designado pelo nome de "compasso de corrediça".

11. *Rituel du Grade de Compagnon*, 1860, p. 21.

12. *Les mystères de l'art royal*, 1932, p. 172.

13. *Dictionnaire Rhéa*, 1921, art. "Compas".

14. WIRTH refere-se a essa gravura no *Symbolisme hermétique, op. cit.*, p. 99. Basile Valentin, adepto cuja personalidade continua misteriosa, situa-se, no tempo, no século XIV ou XV.

15. Ver *infra*, cap. V, "os Ritos Maçônicos".

16. O Altar é uma espécie de mesa colocada diante do "quadro" do Venerável.

17. *Causeries initiatiques pour le travail em chambre de Compagnon*, 1929, p. 124-125.

18. Estrela de seis pontas formada por dois triângulos equiláteros entrecruzados. Ver cap. VI, 3, "A Estrela Flamejante".

19. *Traité d'iconographie chrétienne*, 1890, t. II, p. 127.

20. Ver a respeito: *De l'Architecture naturelle ou Rapport de Petrus Tatemarianus sur l'établissement d'après les principes du Tantrisme, du Taoïsme, du Pythagorisme et de la Cabale, d'une "Règle d'Or" servant à la réalisation des Lois de l'Harmonie universelle et contribuant à l'accomplissement du Grand Oeuvre*, In-fº gd-jésus, Paris 1948.

    Essa obra é de um interesse imenso. Trata-se, verdadeiramente, de uma obra "colossal". Cuidadosamente editada pelo doutor Alexandre Rouhier (Editions Véga), que respeitou a *regra de ouro* nos mínimos detalhes da realização – formato, composição, número de exemplares, etc. – esse "monumento" projeta uma nova luz sobre arcanos antigos e sagrados.

21. *Cours philosophique et interprétatif des Initiations anciennes et modernes*, 1841, p. 104. Notar que a *Edition sacrée*, Nancy, 5842, é um extrato desta e se refere apenas ao grau de Aprendiz.

22. O simbolismo da "penetração" é um daqueles cujo valor metafísico e místico é certamente dos mais altos; mas, como não constitui um simbolismo essencialmente maçônico, não falaremos a esse respeito nesta obra.

23. Ver *infra*, cap. VI, 3, "A Estrela Flamejante".

24. *Malho*, (em francês *maillet*, da antiga palavra francesa *mail*) massa, martelo, derivada do latim *malleus*, com o mesmo sentido.

25. *Cinzel* do latim *cisellus*, derivado alterado do latim *coesellus*, de *coedere*, cortar.

26. *Cours philosophique*, 1841, *op. cit.*, p. 132.

27. *Causeries en Chambre de Compagnons, op. cit.*, p. 123.

28. *Le livre du Compagnon*, 1931, p. 36.

29. *Le livre du Compagnon, op. cit.*, p. 148.

30. Pronunciar *Sukellos.*

31. G. DOTTIN, *La religion des Celtes,* 1904, p. 22.

32. F. G. BERGMANN, *La fascination de Gulfi,* 1871, p. 253.

33. Padre CORBLET, *Vocabulaire des symboles,* 1877, p. 22.

34. Contudo, em Homero, o Chifre é comparado ao marfim. Os sonhos verídicos passam pela porta de Chifre, enquanto os sonhos mentirosos passam pela porta de Marfim. Ocorre aí uma inversão em relação ao simbolismo geralmente admitido. O chifre, quando de pouca espessura, é translúcido, enquanto que o marfim sempre é opaco; talvez devamos ver aí a razão das atribuições feitas por Homero.

O Chifre é o símbolo do poder e do domínio. Encontram-se "bastões de comando", vestígios pré-históricos, feitos de chifre de rena. Os Malhos de honra não perderiam, portanto, nada de seu valor se fossem feitos desse material.

O Marfim também é um símbolo de força. O trono do rei Salomão era feito de ouro e de marfim: poder material e poder espiritual.

35. Sabe-se que o *ébano* era tido como algo *que preservava do medo.* Com essa madeira faziam-se principalmente berços, para preservar as crianças do "medo excessivo".

36. Colocar-se na "Ordem do Aprendiz" é o mesmo que se colocar no lugar relativo a esse grau. Ver o cap. IX, 2, "Os Signos".

37. Ver cap. IX, 6, "As Baterias".

38. Do latim *perpendiculum,* raiz *pendere,* pendurar.

39. Faz-se derivar essa palavra do latim *libellum,* mas não se explica a mudança do *l* inicial em *n.* É interessante notar, sem dar a isso maior importância, que a neve, que nivela tudo, tem como raiz *nix, nivis.*

40. *Rituel de l'Apprenti Maçon,* 1860, p. 68.

41. *Causeries en Chambre de Compagnons,* p. 126.

42. *Le livre du Compagnon,* p. 164.

43. Os três "princípios" constituintes dos metais, na alquimia, são: o *Enxofre,* o *Mercúrio* e o *Sal.* Esses "princípios" não são os corpos comumente designados por esses nomes. O *Enxofre* é masculino e ativo; o *Mercúrio,* feminino e passivo.

44. *Dict. Rhéa,* art. *"Fil à plomb".*

45. Ver o cap. III, 3, "O Delta Luminoso e os Triângulos".

46. Esse livro é o *Règlement de l'Obédience.*

47. *Cours philosophique,* 1841, p. 133.

48. *Dict. Rhéa,* p. 133.

49. *Causeries en Chambre de Compagnons,* p. 122.

50. Ver o cap. VI, 2, "O Grau de Companheiro".

51. Sabe-se que existem três modalidades de Alavanca, de acordo com a posição do ponto de apoio. Lembremos que, numa Alavanca, considera-se: 1º) a Força; 2º) a Resistência; 3º) o Ponto de Apoio. O Ponto de Apoio pode encontrar-se entre a Força e a Resistência: é a Alavanca do primeiro tipo; a Resistência situada entre o Ponto de Apoio e a Força constitui a alavanca do segundo tipo; enfim, a Força colocada entre o Ponto de Apoio e a Resistência forma a alavanca do terceirc tipo. Esse ternário deve ser levado em consideração não só do ponto de vista "físico", mas ainda do duplo ponto de vista metafísico e iniciático.

52. *Le livre du Compagnon*, p. 140.

53. *Trolha*, do latim *trulla*, com o mesmo sentido.

54. Contudo, o Enxofre, por seu "rigor", não parece corresponder ao símbolo da Trolha. Aliás, vimos acima, que Wirth fazia corresponder o Enxofre ao Nível.

55. *Causeries en Loge de Compagnons*, p. 126.

II

O APRENDIZ

1. O GABINETE DE REFLEXÃO[1]

Antes de sua iniciação, o profano é introduzido no *Gabinete ou Câmara de Reflexão.* Trata-se de uma espécie de reduto, pintado interiormente de preto, no qual são colocados: *Ossos,* um *Crânio humano*; uma pequena mesa, um tamborete e uma escrivaninha; sobre a mesa, *pão,* uma *bilha de água,* uma taça de *sal* e uma outra contendo *Enxofre;* nas paredes figuram sentenças como estas:

"Se a curiosidade te trouxe, vai embora!"

"Se tua alma sentiu medo, não vás adiante!"

"Se perseverares, serás purificado pelos Elementos, sairás do abismo das Trevas, verás a Luz!"

Desenhos simbólicos ornam as paredes; um *Galo* encimando uma bandeirola com as palavras "Vigilância e Perseverança", uma *Foice,* uma *Ampulheta,* a palavra "Vitríolo" ou "Vitriolum". A iluminação é fornecida por uma lanterna ou por um archote.

É nesse "calabouço" que o profano deve responder por escrito às perguntas que lhe são feitas e redigir seu "testamento".

Vamos examinar cada um desses pontos em particular.

O Pão e a Bilha de Água

"O Pão e a Bilha de água, diz Gédalge[2], parecem comparar o Gabinete de Reflexão a um *in-pace* onde o profano deve se recolher, mas é também a imagem do Ovo no qual o germe se desenvolve e, por conseqüência, o Pão e a Água são os emblemas da simplicidade que deverá orientar a vida do

Prancha I. Os Símbolos do Gabinete de Reflexão.

futuro iniciado; enfim, o Pão é feito de *trigo,* cujo simbolismo está intimamente ligado ao de Ísis e de Deméter e que, em muitas religiões, representou e ainda representa a própria carne do Deus sacrificado. O Pão e a Água simbolizam os alimentos do corpo e do espírito: o alimento material e o espiritual, necessários ao homem."

Oswald Wirth, no mesmo sentido, escreve[3] : "O Pão e a Água constituem a reserva alimentar que, no fruto e no ovo, serve para alimentar o germe em vias de desenvolvimento".

O Pão e a Água encontram-se lá para lembrar que o alimento do corpo é indispensável, mas que ele não deve ser o objetivo da vida.

Notaremos que, na Escritura, o profeta Elias, o fundador mítico da Ordem eremítica dos Carmelos – cujo nome significa "a força de Deus" – adormecido sob uma árvore, recebe de um anjo um *Pão* e *Água* e que, tendo comido, subiu o monte Oreb. O profano também recebe, simbolicamente, as forças que lhe serão necessárias para suportar as provas a que será submetido.

A água geralmente é considerada o elemento indispensável à vida e o deus Sucellos, de que falamos há pouco, segura numa mão a *olla,* o vaso que contém Água; o conteúdo é figurado pelo continente (fig. 24).

O Pão, feito de trigo, simboliza a força moral e o alimento espiritual[4].

O Enxofre, o Sal e o Mercúrio

Os três princípios herméticos figuram no Gabinete de Reflexão. O *Enxofre,* símbolo do Espírito, e o *Sal,* símbolo da Sabedoria e da Ciência, cada um numa taça; o *Mercúrio,* sob a forma do *Galo,* atributo de Hermes.

Os três princípios *Enxofre, Mercúrio* e *Sal* dos herméticos encontravam-se, segundo eles, em todos os corpos: o Enxofre, princípio masculino; o Mercúrio, princípio feminino; o Sal, princípio neutro.

Fazendo queimar madeira verde, por exemplo, o vapor aquoso era o Mercúrio; o óleo inflamável, o Enxofre; as cinzas, o Sal.

No ovo, o Mercúrio era a clara; o Enxofre, a gema; e o Sal, a casca.

Num metal, o Enxofre era a alma, o "fixo", e o Mercúrio, o corpo, o "volátil". O Enxofre dava ao metal suas propriedades químicas e o Mercúrio suas propriedades físicas.

Nós dizemos "era", "dava", etc., porque se trata de antigas teorias; no entanto, esses dados, apesar de todos os progressos da Ciência, nada perderam de seu valor. Essas denominações singulares de Enxofre, Mercúrio e Sal aplicam-se, repetimo-lo, a "princípios" e não a corpos químicos determinados.

O Enxofre simboliza o ardor e o Sal, pelo contrário, a ponderação. Esses dois princípios aí estão para mostrar ao impetrante que ele não deve carecer de entusiasmo, mas deve saber moderá-lo.

O Mercúrio figura sob a forma do Galo; trata-se de um símbolo de ousadia e de vigilância. Entre os antigos, era comum o pensamento de que o Galo não temia coisa alguma, nem mesmo o leão. Ora, no simbolismo, o leão e o Sol são constantemente relacionados com o Ouro.

"Essa ave, diz Fulcanelli[5], que anuncia o nascer do dia e da luz, a aurora, exprime uma das qualidades do azougue secreto. Este é o motivo pelo qual o Galo, arauto do Sol, era consagrado ao deus Mercúrio e aparece nas torres das igrejas."

O costume de encimar as cruzes das torres das igrejas por um Galo foi geral em França, durante a Idade Média; existia também na Itália, pelo menos no século XIII. "O Galo, diz Kreuzer[6], lembra São Pedro e a Penitência; em segundo lugar, ele lembra as assembléias dos primeiros fiéis que se reuniam ao primeiro canto do Galo; em terceiro lugar, ele recomenda a vigilância aos leigos."

É verdadeiramente curioso e singular que nenhum autor antimaçom tenha ainda observado que os Franco-Maçons colocam "diabolicamente" o Galo nas criptas, enquanto a Igreja o coloca no ponto mais alto de seus edifícios! Contudo, haveria aí material para uma glosa que, não sendo nem sutil nem muito inteligente, nem por isso deixaria de ser menos fortemente apreciada por uma clientela especial.

Na Maçonaria, o *Galo* anuncia a Luz que o Recipiendário vai receber. Ele é o signo exotérico dessa Luz.

A Bandeirola: "Vigilância e Perseverança"

Essa bandeirola é comparada por Gédalge à "Estola Mística" ou "Nems", um dos emblemas da Abóbada Celeste. Encontramos esse símbolo na *arca da aliança* (o arco-íris da Bíblia), nos cintos ou estolas de Afrodite, de Íris, de Deméter, etc.[7].

A bandeirola, com sua inscrição, é um *filactério*[8]. É assim que são denominadas, em arqueologia, as bandeirolas enroladas em suas extremidades e ornadas de legendas.

As duas palavras "Vigilância e Perseverança" podem ser traduzidas, se levarmos em conta sua etimologia, por "Velar severamente".

Elas indicam ao futuro Maçom que desde agora ele deve ser atento e escrutar os diversos sentidos que os símbolos podem oferecer, mas cujo entendimento ele só conseguirá por inteiro com uma paciente perseverança.

Os Ossos, a Caveira, a Foice e a Ampulheta

Todos esses símbolos, emblemas dos Trapistas, referem-se a Saturno e, conseqüentemente, ao *Chumbo*, como metal. Eles emblematizam a morte do "profano" que vai renascer para a vida espiritual: transmutação do chumbo vil em ouro.

Não se trata, em absoluto, de *assustar* o "profano", mas de lhe ensinar a se despojar do "velho homem" para se preparar para um novo nascimento. Quando ele sair desse "túmulo" (que representa a "putrefação" alquímica), estará apto a começar o ciclo das transmutações.

V.I.T.R.I.O.L.(O)

As letras dessa palavra "VITRIOL(O)", atribuídas como divisa dos antigos Rosa-Cruzes, significam:

"Visita Interiora Terrae, Rectificandoque, Invenies Occultum Lapidem." (Visita o interior da Terra e, retificando, encontrarás a Pedra Oculta.) Trata-se de um convite à procura do Ego profundo, que nada mais é do que a própria alma humana, no silêncio e na meditação.

Às vezes, escreve-se VITRIOLUM, traduzindo-se as duas últimas letras por *Veram Medicinam*, a verdadeira medicina[9].

*
* *

Todo o simbolismo do Gabinete de Reflexão está relacionado com o Hermetismo. Trata-se da primeira fase da Grande Obra: a da "Putrefação", realizada não apenas no Ovo filosófico artificialmente criado pelo homem, mas pela Natureza operante, no casulo da crisálida adormecida, a *lyse*[10] de onde sairá a maravilhosa borboleta.

As Três Perguntas

Em outras épocas, as três perguntas feitas ao profano eram as seguintes: "O que é que o homem deve a Deus?", "O que é que o homem deve a si mesmo?", "O que é que o homem deve aos outros?"[11].

A Maçonaria, ao se modernizar, suprimiu de qualquer modo, na nossa opinião, a pergunta acerca do dever para com Deus e a substituiu por uma outra, mais limitativa, acerca do dever para com a Pátria. Essa supressão e esse acréscimo constituem um duplo erro. Sendo Universal, ou melhor, Ecumênica, isto é, espalhada por toda a terra, a Maçonaria não tem que se preocupar com "Pátrias". A pátria do Maçom é toda a Terra e não apenas o lugar em que ele nasceu ou a coletividade na qual ele se desenvolveu.

Quanto a Deus – é preciso ter coragem para dizê-lo – a Maçonaria, ao ceder à essa hipocrisia terminológica que corrompe e desvaloriza a inteligência humana, substituiu-o pela expressão: "O Grande Arquiteto do Universo"[12].

O homem deve sua existência a Deus. Deve, por isso, render-lhe o culto de latria?[13] O Franco-Maçom, deixando isso aos que se julgam dignos de fazê-lo, afirma, com Louis Claude de Saint-Martin[14], que o homem é o verdadeiro Templo e que ele possui em si mesmo os flabelos, o sacrificador, os perfumes e as oferendas, o altar e o fogo.

Não devemos confundir Ritos e Cultos. Os Ritos são necessários, não só para criar um ambiente particular, mas agem por uma espécie de impregnação do subconsciente, ao qual eles dão uma força e uma eficiência reais.

O homem deve a si mesmo, e antes de qualquer coisa, ser sincero. Isso é mais difícil do que parece à primeira vista. O homem se compraz em se revestir de diversas personalidades: como um ator de múltiplos papéis, sua atitude é diferente no tratamento de cada pessoa com quem ele se encontra ou com quem convive. Para alguns, a simplicidade não é mais possível; eles vivem num mundo artificial, de sua inteira criação. A sinceridade que – implicitamente – é exigida do Recipiendário obriga-o a mostrar-se tal como ele é[15] constitui até, digamo-lo, uma das condições primordiais que tornarão válida ou não a sua Iniciação.

Parece fácil responder à terceira pergunta: *"Que é que o homem deve aos outros?"* Contudo, o altruísmo incluído nesta pergunta é de uma aplicação bastante delicada. Sem dúvida, o Maçom tem deveres precisos para consigo próprio, mas ele tem outros, e mais imperiosos, para com os demais. Ele deve saber manejar a *Trolha* com conhecimento de causa e isso não é uma tarefa fácil. Ele deve ser "benevolente" sem por isso ir até a fraqueza, que desculpa indistintamente todas as faltas.

O Testamento

Ragon, em seu *Rituel de l'Apprenti Maçon,* não menciona o Testamento; ele enumera apenas as três perguntas.

Plantageneta considera que a redação das respostas às três perguntas constitui o Testamento; Wirth diz o mesmo no *Livre de l'Apprenti.*

Contudo, as fórmulas entregues aos "profanos" pedem o "Testamento" depois das três perguntas. Trata-se, então, de uma inovação moderna? Achamos que não.

O futuro iniciado vai morrer para a vida profana; parece, portanto, muito natural que se lhe peça para "fazer o seu Testamento". Todavia, devemos explicar que se trata de um *Testamento filosófico;* é muito comum os profanos optarem pela redação de um testamento puramente "civil".

"Testar" (do latim *testari*) é propriamente "testemunhar". O profano deve portanto *testemunhar* por escrito suas intenções filosóficas. Ele contrai, assim, uma espécie de obrigação prévia.

Seria conveniente, aliás, pedir ao profano que copie, ao mesmo tempo, a fórmula de seu juramento. É esse juramento escrito que, mais tarde, deveria ser queimado[16].

2. OS METAIS

Ao sair do *Gabinete de Reflexão*, o "profano" é "despojado de seus metais"; isto é, pede-se que ele entregue ao Irmão que o serve tudo o que possui sobre si, como dinheiro em moeda ou papel, jóias ou objetos metálicos.

Gédalge, numa explicação simplista e terra-a-terra diz[17]: "É para liberar o Recipiendário que ele é despojado de seus metais. É para ensinar-lhe que tudo se paga neste mundo e que não se pode esperar receber sem dar".

Gédalge acrescenta: "O despojamento dos metais simboliza, ainda, o abandono ao apego das idéias preconcebidas. O 'profano' deve esforçar-se para pensar por si mesmo e não se manter excessivamente apegado aos pensamentos que lhe haviam parecido os mais agradáveis até então".

Na Maçonaria, a expressão "Metais" possui os dois sentidos: o próprio e o figurado. No segundo sentido, significa o abandono voluntário de toda *paixão* no momento de entrar na Loja.

No que respeita ao sentido próprio, citaremos Leadbeater[18]:

"O candidato se vê despojado de todos os seus metais porque estes podem impedir a circulação das correntes (magnéticas). Sempre se deu uma importância capital a esta parte da preparação. A esse respeito, a vigilância dos Oficiais, na Maçonaria mista, deveria ser até superior à que se julga necessária na Maçonaria masculina, porque, com a complicação das roupas femininas, uma infração ao regulamento pode passar despercebida mais facilmente. A maioria dos alfinetes para cabelos devem, bem entendido, ser absolutamente proibidos; a mesma precaução aplica-se aos grampos e a diversos tipos de botões e ligas. Nossos irmãos hindus devem tomar cuidado com os bordados de seus *dhotis* e com os dos *saris* das mulheres. Ouvimos mulheres formulando objeções sentimentais em relação a tirar as alianças, e penso que na Índia encontram-se às vezes dificuldades semelhantes a propósito dos braceletes e de outros ornamentos.

"Conhecemos, continua ele, o caso de um homem que, por inadvertência, conservou durante toda a cerimônia um amuleto ou medalha de ouro cosida ao forro de sua roupa. Lembro-me de que, ao fim da cerimônia, alguém se lembrou desse detalhe, e a cerimônia, naturalmente, teve de ser repetida desde o começo.

"Não é preciso dizer que se deve cuidar igualmente de tirar óculos e *pince-nez*. Explicaram-nos que o ouro ou a prata colocadas por um dentista não apresentam nenhum inconveniente, porque já fazem parte da pessoa.

"No que respeita ao motivo dessa proibição rigorosa, de acordo com alguns autores, é o sentimento de que os metais, até certo ponto, são impuros, e essa opinião remonta, provavelmente, ao fim da idade da pedra, quando só era permitido o uso de uma faca de pedra para oferecer sacrifícios ou realizar o rito da circuncisão."

*
* *

Pode-se, é verdade, considerar de dois modos a Iniciação maçônica, seja do ponto de vista hermético, seja do ponto de vista mágico.

No primeiro caso, o "profano" deve ser *puro* porque representa a *prima materia*, a "matéria-prima dos Sábios"; no segundo caso, o "profano" deve ser *puro* magicamente, isto é, que nada deve poder atrapalhar os influxos no meio dos quais ele se verá colocado.

Na tradição oculta, alquímica e astrológica, cada um dos sete metais[19] correspondia a um planeta e, a cada um destes, podemos fazer corresponder um dos sete pecados capitais:

Ouro	Sol	Orgulho.
Prata	Lua	Preguiça.
Ferro	Marte	Cólera.
Mercúrio	Mercúrio	Inveja.
Estanho	Júpiter	Gula.
Cobre	Vênus.	Luxúria.
Chumbo	Saturno.	Avareza.

Essa é, portanto, a perfeição "simbólica" que é exigida do Recipiendário[20] no momento em que ele vai receber a Iniciação. Ele é convidado a dominar todas as suas paixões, em particular as da *posse*, a do poder, a da *vaidade*, etc., paixões que são inerentes, em graus diversos, ao homem comum.

Retirar os "metais-moedas" do aspirante é o mesmo que tirar dele o maior corruptor das consciências[21]; é provar materialmente a *renúncia* aos bens materiais; é mostrar que a verdadeira "libertação" só se pode realizar pela ascensão rumo ao Espírito; é igualmente dar provas da "simplicidade" e da "nudez" de que fala o Evangelho.

Além do mais, tira-se do Recipiendário, pelo mesmo gesto, as armas que ele poderia levar consigo, armas defensivas ou ofensivas, que traduzem o apego e a luta no mundo profano.

O despojamento dos metais corresponde à Pedra bruta que se vai dar ao novel Iniciado. Ele é recolocado "simbolicamente" no estado natural suprimindo-se o "metal", que caracteriza precisamente a "civilização" e tudo o que ela comporta de artificial.

3. PREPARAÇÃO FÍSICA DO RECIPIENDÁRIO

Depois de ter privado o Recipiendário de seus "metais", ele é despojado de uma parte de suas roupas. Ele se apresenta do seguinte modo:

> Braço e peito esquerdos descobertos,
> Perna e joelho direitos desnudos,
> Pé esquerdo descalço.

Plantageneta pensa[22] "que os pormenores dessa 'toalete' não só são próprios para dar ao Recipiendário a impressão desagradável de que ele é diminuído em sua dignidade humana, mas ainda que assim ridiculamente ataviado ele deve parecer grotesco". Ele diz, sem por certo ter compreendido o antiquíssimo simbolismo dessa pseudodesvalorização, que, "levando em conta a mentalidade moderna, seria melhor renunciar a esse costume, que corre o risco de diminuir o real valor iniciático da cerimônia de recepção[23]".

Para Oswald Wirth, mais simbolista e mais profundamente iniciático, "a região do coração é posta a descoberto como alusão à absoluta sinceridade do Recipiendário; a nudez do joelho pretende que, ao dobrá-lo, ele entre diretamente em contacto com um solo sagrado, que ele pisa, por sua vez, com o pé descalço".

"Mas por que, diz ainda Wirth[24], o outro pé continua calçado? Será indispensável executar mancando os primeiros passos que levam à Iniciação? Paira um mistério sobre o rito do pé descalço. Sem a perda de uma de suas sandálias, Jasão não teria empreendido a conquista do Tosão de Ouro[25]."

Wirth continua: "Eliphas Lévi sugere que a preparação física do Recipiendário ensina-lhe a levar em conta a alternância das ações mágicas. A toda corrente positiva intencionalmente desencadeada corresponde uma contracorrente negativa oculta; quando o profano se lança na ação, ele muitas vezes despreza a reação fatal que prevê o iniciado. Há muito que meditar sobre esses assuntos".

Oswald Wirth não precisa bem o seu pensamento e deixa o estudioso entregue às suas meditações!

Gédalge explica essa preparação física do Recipiendário por um simbolismo astrológico[26]; ela estabelece uma relação entre as partes descobertas do corpo e os signos do Zodíaco[27]:

"As partes do corpo do Recipiendário postas a nu: garganta, ombro, braço esquerdo, coração, joelho e perna direita, pé esquerdo, ou seja: Touro, Gêmeos (lado passivo), Leão, Capricórnio e Aquário (lado ativo), e, enfim, Peixes, constituem uma aplicação do Zodíaco fisiológico.

"Touro é o símbolo do trabalho, da perseverança e do desinteresse; é também o emblema da obediência e da força, e o significado desse signo é confirmado pelo devotamento ao Serviço e pelo Amor fraterno representados por Peixes (aqui, do lado passivo). Pelo contrário, os dois primeiros signos: Capricórnio e Aquário (joelho e perna) estão em atividade (lado direito); eles representam, astrologicamente, o Serviço Universal. O Leão (coração) encontra sua manifestação no Amor perfeito, criador da Harmonia universal. Enfim, por seu lado intelectual, o signo dos Gêmeos vem completar o conjunto desses símbolos e formar um contrapeso para os signos de Serviço. É a razão equilibrando a sensibilidade.

"Notar-se-á, acrescenta Gédalge, a presença de seis planetas nos signos estudados: Vênus, a Lua (Touro, garganta), Mercúrio (Gêmeos, ombro), o Sol (Leão, coração), Saturno (Capricórnio, joelho, Aquário, perna), Júpiter, Vênus (Peixes, pés). Pode-se observar a dupla presença de Vênus – símbolo da atração e do amor universal – e a ausência de Marte – símbolo da força bruta e da violência."

Em seu trabalho, Gédalge parece levar em conta os planetas ao mesmo tempo em sua casa e em ascendência. Se aceitamos as correspondências zodiacais indicadas por ele, podemos, por nossa vez, traçar o quadro seguinte:

Touro.	Garganta	Vênus.	Lua exaltada.
Gêmeos.	Braço	Mercúrio	
Leão	Coração	Sol	
Capricórnio	Joelho	Saturno.	Marte exaltado.
Aquário	Perna	Saturno.	
Peixes.	Pé	Júpiter	Vênus exaltada.

Constatamos então a presença dos *sete planetas* com a dupla presença de Vênus e de Saturno; e Marte não só está presente como está *em ascendência*!

Não que queiramos rejeitar o simbolismo astrológico, porque todos os simbolismos se sobrepõem; contudo, convém tomar cuidado com as interpretações por meio das quais o autor exige que os símbolos se "enquadrem" em sua tese.

* * *

De uma forma geral, o simbolismo da preparação física é interpretado da seguinte forma:

1º) O coração descoberto, em sinal de sinceridade e de franqueza.

2º) O joelho direito desnudo para marcar os sentimentos de humildade que devem ser os do Iniciado.

3º) O pé esquerdo descalço, em sinal de respeito.

Ora, essa preparação física do Recipiendário apresenta um caráter inibidor, isto é, de retenção, que convém assinalar.

1º) A atenção do Recipiendário é atraída para o *coração*, considerado como sede da afetividade. Ensina-se-lhe com isso que ele deverá tomar cuidado com os arroubos sentimentais, aos quais cedem muito facilmente a maioria dos homens.

2º) O *joelho direito* é aquele que se põe em terra na genuflexão, isto é, no ato de submissão a alguém. Desse modo, estando descoberto, o joelho torna-se particularmente sensível e isso incita o Recipiendário a realizar a genuflexão com circunspecção.

3º) O *pé esquerdo* é descalçado e sabemos que, de acordo com a expressão popular, toda "caminhada decidida" é feita começando-se com o pé esquerdo[28]. Neste caso, a partida está longe de ser assegurada; o pé esquerdo, descalço, entrava a caminhada e o Recipiendário é obrigado a se apoiar solidamente no pé direito, lado ativo: preponderância da "razão" sobre o "sentimentalismo".

Contrariamente à opinião de Plantageneta, acima citado, a "toalete", que ele considera "degradante", deveria ser cuidadosamente observada. O Rito Francês suprimiu a preparação física, e isso é uma concessão "profana" que pode abrir caminho para outras concessões; estas poderiam mesmo chegar até a supressão de todo o Ritual, provocando a perda completa do caráter iniciático da Maçonaria.

*
* *

A preparação do Recipiendário comporta, além do mais, uma *Corda*, em forma de nó corrediço, passada ao redor do pescoço. Essa corda simboliza tudo o que ainda prende o profano ao mundo de que ele está saindo.

Oswald Wirth assinala[29] que: "Na Maçonaria anglo-saxônica, o postulante ao grau de Companheiro apresenta-se ao contrário do Aprendiz: lado direito do peito descoberto, joelho esquerdo desnudo e pé direito descalço. Essa simetria, diz Wirth, é fruto da mais arbitrária fantasia. Além do mais, o próprio Mestre apresenta-se com o torso inteiramente nu e as duas pernas descobertas. Por outro lado, a *Corda* é enrolada duas vezes ao redor do braço direito do Companheiro e três vezes ao redor da cintura do Mestre. Os mais antigos Rituais franceses não fazem menção alguma dessas particularidades, que parecem ser uma 'adaptação' especial para os anglo-saxões".

Isso, no nosso modo de ver, é o mesmo que rejeitar depressa demais o que não se compreende. Mas como essas "particularidades" não existem na Maçonaria francesa, não iremos examiná-las aqui.

4. A VENDA

A preparação do Recipiendário comporta, além do mais, uma *Venda* que lhe cobre os olhos. Essa Venda lhe é tirada quando ele "recebe a Luz".

O desatamento da Venda concretiza o "choque iniciático" que o Iniciável deve sentir. Seria lamentável que a Venda simbólica continuasse ainda, após ser tirada, sobre os olhos espirituais do insondável.

Vendados os olhos, acentua-se a acuidade dos outros sentidos; o ouvido, sobretudo, se desenvolve. A Maçonaria quer significar com isso que o profano, *se não sabe ver,* está demasiado atento aos ruídos do mundo e às palavras dos outros. Além do mais, tendo então necessidade de um guia, ele agarra sem pensar o primeiro que aparece; assim são marcadas as concepções filosóficas de todas as ordens que resultam, não de uma livre escolha, mas do meio social no qual o profano está colocado.

A iniciação leva à *Iluminação.* Não devemos temer o uso desse termo, apesar do sentido pejorativo que comumente lhe é atribuído. *Iluminado* quer dizer "esclarecido por uma luz espiritual", e não mais ou menos desequilibrado.

É precisamente à *Iluminação* que a Iniciação Maçônica leva e é esse o rumo tomado por todas as formas de iniciação, sejam elas rituais ou não.

O simbolismo da Venda, que parece tão elementar, é um dos mais profundos de toda a Maçonaria.

Os "lobinhos"[30], os filhos de Maçons, são admitidos às provas com a cabeça coberta com um véu negro transparente porque, para eles, a Maçonaria já é conhecida em parte e eles não vêm diretamente do mundo profano.

5. AS TRÊS VIAGENS E OS QUATRO ELEMENTOS

"Segundo o rito antigo, diz Ragon[31], o aspirante viajava pelos subterrâneos e não pelo templo. No fim de suas caminhadas, ele encontrava a seguinte inscrição:

"Quem quer que tenha feito essas viagens, sozinho e sem medo, será purificado pelo fogo, pela água e pelo ar e, tendo podido vencer o terror da morte, com a alma preparada para receber a luz, terá o direito de sair do seio da terra e de ser admitido à revelação dos grandes mistérios."

"Ele tinha o direito de voltar sobre seus passos, se lhe faltasse coragem para ir mais longe."

Ragon não dá referência da inscrição por ele citada, o que é lamentável. Pode-se admitir que a iniciação aos mistérios da antiguidade comportava viagens e provas; mas, apesar da numerosa literatura relativa a esses "mistérios", temos muito poucas informações a esse respeito.

Devemos lamentar as fabulações ridículas às quais se entregaram autores que descrevem com muitos pormenores uma pretensa "iniciação egípcia", a cujo respeito, na realidade, nada sabemos de preciso e cujas raras representações iconográficas nos representam algumas cenas apenas[32].

Não faremos portanto, nenhuma comparação precisa entre a iniciação maçônica e a iniciação aos mistérios antigos. Contudo, a filiação é incontestável e é fácil seguir seus vestígios naquilo que sabemos dos mistérios de Baco, de Mitra, de Ceres, de Cibele (ou da "Boa Deusa"). Podemos constatar certa analogia, embora se em outros tempos as provas eram "físicas" e "reais", na Maçonaria moderna elas são puramente simbólicas.

Os mais antigos Rituais maçônicos levam em conta a purificação pelos quatro elementos: provável resíduo de uma simbolização totêmica do desenvolvimento da Vida, com a ajuda e através dessas entidades elementares primordiais.

O primeiro elemento é a *Terra*, o domínio subterrâneo onde se desenvolvem os germes e as sementes. Ela é representada pelo Gabinete de Reflexão onde está encerrado o Recipiendário. A primeira viagem refere-se ao *Ar*, a segunda à *Água*, a terceira ao *Fogo*.

Ragon, a esse respeito, dá a seguinte explicação[33]: "As três viagens simbolizam as viagens feitas pelos antigos filósofos, fundadores de mistérios, para adquirir novos conhecimentos. O número três indica os lugares em que as ciências foram cultivadas primitivamente; os sábios de todos os países viajavam até eles para estudá-los. Esses lugares eram a Pérsia, a Fenícia e o Egito. As purificações que acompanham tais viagens lembram que o homem nunca é suficientemente puro para chegar ao templo da filosofia".

É inútil sublinhar aqui como Ragon, com seus comentários, não só não dá nenhuma explicação válida, mas ainda pode falsear a opinião dos neófitos.

Eis, de acordo com Wirth[34], o simbolismo dessas três viagens:

"A primeira viagem é o emblema da vida humana. O tumulto das paixões, o choque de interesses diversos, a dificuldade dos empreendimentos, os obstáculos que os concorrentes interessados em nos prejudicar e sempre dispostos a nos desencorajar multiplicam sob nossos passos, tudo isso é figurado pela irregularidade do caminho que o Recipiendário percorreu e pelo ruído que se fez a seu redor.

"Para devolver ao Recipiendário sua segurança, submetem-no à purificação pela Água. Trata-se de uma espécie de batismo filosófico, que lava de toda impureza... Ao ruído ensurdecedor da primeira viagem seguiu-se um tinido de armas, emblema dos combates que o homem constantemente é forçado a travar.

"Para contemplar a Rainha dos Infernos, isto é, a verdade que se esconde dentro dele mesmo, o Iniciado deve saltar um tríplice cinturão de fogo. É a prova do *Fogo*... O Iniciado permanece no meio das chamas (paixões ambientes) sem ser queimado, mas ele se deixa penetrar pelo calor benfazejo que dele emana."

Os comentários dos autores maçônicos, sempre inclinados para um "moralismo" assaz benigno, quase que não variam.

Acrescentemos que, aos quatro elementos, costuma-se fazer corresponder os quatro períodos da vida humana: infância, adolescência, idade madura e velhice. Poderíamos ainda fazê-los corresponder aos quatro pontos cardeais, às quatro estações, às quatro idades do Mundo: idade do ouro, da prata, do bronze e do ferro, etc. Todas essas comparações são bastante banais e quase não ajudam para a compreensão dos símbolos[35].

Os escritores Maçons enganam-se em suas explicações porque não evitam a grave causa de confusão que consiste em se querer explicar uma pela outra a filosofia, a religião e a iniciação. Se é possível confrontar e comparar entre si as filosofias, as religiões, as iniciações, em contrapartida é impossível explicar a filosofia pela religião, ou a iniciação pela filosofia. Seus planos de pensamento não são os mesmos, sua linguagem é diferente e, em conseqüência, o resultado de tais tentativas leva a uma total incoerência.

As filosofias falam à razão; as religiões tocam o coração; a iniciação excita a parte espiritual do ser e permite o acesso à mais elevada compreensão metafísica do sentido da vida.

Pode-se admitir – sem grandes dificuldades – que o homem se compõe não só de um corpo e de uma alma, mas de quatro partes distintas, às quais daremos seus nomes latinos: *Spiritus, Animus, Mens, Corpus.* A cada uma dessas partes faremos corresponder um dos elementos na seguinte ordem: *Fogo, Água, Ar, Terra.*

Poderemos então montar o quadro analógico completo colocando em correspondência a *Iniciação*, a *Religião*, a *Filosofia* e a *Vida material*:

FOGO	SPIRITUS (Espírito)	INICIAÇÃO
ÁGUA	ANIMUS (Alma)	RELIGIÃO
AR	MENS (Mente)	FILOSOFIA
TERRA	CORPUS (Corpo)	VIDA MATERIAL

Encontram-se de novo aqui os dados da astrologia tradicional: ao elemento *Fogo* corresponde o ardor e o entusiasmo; o elemento *Água*, a sensibilidade e a emotividade; ao elemento *Ar*, a intelectualidade; ao elemento *Terra*, a materialidade[36].

Sabe-se que a maioria das religiões conferem a seus adeptos sua primeira iniciação por um "batismo de água" purificador.

Lemos, no Evangelho de São João: "Vi o Espírito descer do céu como uma pomba, e ele pairou sobre ele. E eu não o conhecia; mas aquele que me mandou *batizar com a água* me havia dito: 'Aquele sobre o qual vires o Espírito descer e pairar sobre ele, é ele que deve batizar com o Espírito Santo' (I, 32, 33)".

A Maçonaria não impõe nenhum dogma religioso ou filosófico. Nisso ela se mostra conseqüente com as mais antigas iniciações. Pouco lhe importam as religiões e as filosofias, já que ela se situa além e fora delas.

Na Iniciação maçônica, o Recipiendário primeiro *sai* da *Terra*. Em seguida, sucessivamente, ele é purificado pelo *Ar*, pela *Água* e pelo *Fogo*. Ele se alforria, por etapas, da *Vida material*, da *Filosofia* e da *Religião* e, chega, enfim, à *Iniciação pura*.

O Rito Francês submete o Recipiendário a uma *tríplice* purificação pela *Água*; a uma *dupla* purificação pelo *Ar* e a *uma* única purificação pelo *Fogo*. Ele parece dar assim, implicitamente, o número *quatro* ao elemento *Terra* e realizar a "Tetractys" pitagórica.

o	Fogo
o o	Ar
o o o	Água
o o o o	Terra

A Tetractys, que não se deve confundir com o número quatro, é a série dos quatro primeiros números cuja soma é igual a dez. Entre os pitagóricos, ela tinham um caráter sagrado, atestado pela fórmula: "Eu o juro por aquele que revelou à nossa alma Tetractys que tem em si a fonte e a raiz da eterna natureza".

Considerada em si mesma, a Tetractys, pelos números que a compõem, resume todos os ensinamentos relativos ao mundo criado:

1. Espírito criador.
2. Matéria.

3. União do Espírito e da Matéria.
4. Forma criada.

Na realidade, o Recipiendário não realiza *três*, mas *quatro* viagens. A primeira é aquela que o leva do Gabinete de Reflexão à porta do Templo. Ao chegar a essa porta, ele, *virtualmente, nasceu duas vezes.* Ao sair do Templo, estará ele verdadeiramente de posse desse novo nascimento simbólico? Só o Recipiendário é capaz de responder a essa pergunta, porque só ele é capaz de "querer" sinceramente que isso ocorra.

Fig. 30a. A Esfinge tetramorfa (perfil).

Que ele se lembre então da divisa inscrita, nas Iniciações antigas, sobre o pedestal de granito que sustentava a Esfinge tetramorfa[37], de garras de Leão, asas de Águia, corpo de Touro e rosto de Homem, divisa que deve ser – como foi, outrora, para os perfeitos Iniciados: os verdadeiros alquimistas e os grandes Rosa-Cruzes do século XVII – a divisa perfeita do Maçom:

Saber, Querer, Ousar e Calar-se

Saber com inteligência (Homem); Querer com ardor (Leão); Ousar com audácia (Águia); Calar-se com força (Touro).

Só por um ato *absoluto* e entusiasmado de sua vontade é que o profano de ontem se transformará num "nascido duas vezes", isto é, o Espírito pelo qual uma nova Vida irá desenrolar os pomposos ciclos de seus esplendores espirituais.

Será preciso, então, uma grande simplicidade. Lembremo-nos das palavras de Jesus, referidas por São Mateus (XVIII, 1 a 6):

"Na verdade eu vos digo que, se não mudardes e não vos tornardes como crianças não entrareis no reino dos céus. Aquele que se fizer humilde como esta criança é o maior no reino dos céus."

Oswaldo Wirth, com muita propriedade, diz a respeito da Iniciação maçônica: "As provas maçônicas, tais como são realizadas dentro das Lojas, podem parecer ridículas aos profanos, como todos os atos simbólicos considerados apenas em sua exterioridade. Por pobre que possa ser sua dramatização material, elas fazem alusão, em seu esoterismo, aos mistérios mais formidáveis da tradição iniciática. Quem se submete a elas *em espírito e em verdade* torna-se um verdadeiro Iniciado. Quanto àquele que as evita, continua *profano,* a despeito de todos os conhecimentos de que ele se possa gabar[38]".

Nota Sobre o Tetramorfo

O Tetramorfo (do grego *tetra,* quatro, e *morphé,* forma) é comumente chamado de "Esfinge" (grego, *sphigx,* animal fabuloso).

Encontramo-lo diversas vezes na Bíblia:

Ezequiel descreve assim sua visão: "Vi a semelhança de quatro seres vivos. Cada um tinha quatro faces e quatro asas. Eis qual era a semelhança de suas faces: uma face de *homem* na frente, uma face de *leão* à direita, uma face de *touro* à esquerda e uma face de *águia* em todos os quatro (cap. I, 5-14)".

São João, no *Apocalipse,* descreve quatro animais diferentes: "Diante do Trono, há como um mar semelhante ao cristal; e diante do Trono e ao redor do Trono, quatro animais cheios de olhos na frente e atrás. O primeiro animal assemelha-se a um *Leão,* o segundo a um jovem *Touro,* o terceiro tem como que o rosto de um *Homem,* o quarto assemelha-se a uma *Águia* que voa (cap. IV, 6 a 8)".

Na Bíblia do cônego Crampon (*Novo Testamento,* 1939, p. 311), encontra-se a seguinte nota: "*Os quatro animais* (literalmente *seres animados,* no sentido mais amplo da palavra) constituem a representação ideal de toda a criação viva. Eles apresentam a semelhança dos quatro seres vivos que, com direito, podem ser considerados como os que ocupam os primeiros lugares neste mundo".

O doutor Paul Carton (*La Science occulte et les Sciences occultes,* 1935, p. 85) explica do seguinte modo o simbolismo do Tetramorfo:

"Os flancos do Touro representam a matéria corpórea, a nutrição abdominal, a linfa, a inércia da *Água,* a virtude do domínio com seu contrário, o vício da sensualidade, numa palavra, o temperamento linfático.

"As asas da *Águia* representam a força vital, a nutrição torácica, o sangue, a mobilidade do Ar, o sentimento com seus exageros passionais, numa palavra, o temperamento sangüíneo.

"A cabeça do *Homem* representa o espírito imaterial com a sede do pensamento, do saber terrestre, a *Terra,* numa palavra, o temperamento nervoso.

"As garras e os membros do *Leão* representam o *Fogo* que devora, o vigor ativo e a energia unificadora que põe em ação os instintos e as resoluções voluntárias, com mais ou menos intensidade, numa palavra, o temperamento bilioso.

"A Sabedoria antiga, diz ele, havia tirado do enigma da Esfinge as quatro regras fundamentais da conduta humana: *saber* com a inteligência do cérebro humano; *querer* com o vigor do leão; *ousar* ou elevar-se com a força audaciosa das asas da águia; *calar-se* com a força maciça e concentrada do touro."

O doutor Paul Carton faz corresponder ao Leão o Fogo, à Águia o Ar, o que está conforme com a tradição; mas ele atribui a Água ao Touro e a Terra ao Homem, enquanto que, astrologicamente, a Terra é o elemento do Touro.

Eliphas Lévi (*Os Mistérios da Cabala,* 1920, p. 23) dá as correspondências seguintes:

ÁGUIA	:	o Ar, a inteligência, o espírito, a alma.
HOMEM	:	a Água, o conhecimento, a vida, a luz.
LEÃO	:	o Fogo, a força, a ação, o movimento.
TOURO	:	a Terra, o trabalho, a resistência, a forma.

Esse autor segue os dados correntes relativos às correspondências da Águia, do Leão e do Touro, e é necessariamente obrigado a atribuir o elemento Água ao Homem, sendo o único elemento que resta.

Fig. 30b. A Esfinge Tetramorfa (frente).

Contudo, o doutor Paul Carton parece ter razão, se nos reportarmos a Félix Lajard (*Recherches sur le Culte public et les Mystères de Mithra en Orient et en Occident*, 1867) que escreve, a respeito do segundo grau, o grau de Bromius ou Touro:

"Seria preciso encontrar um animal que, por sua constituição, seus costumes e todas as condições de existência, pudesse exprimir a idéia que se ligava ao estado da alma aliada ao princípio úmido. Por que razão esses padres tão sábios deram preferência ao Touro? É o que eu ignoro. Todas as minhas pesquisas, a esse respeito, não tiveram outro resultado além do de constatar a ausência ou a falta de documentos que teriam podido me ajudar a resolver esse problema. Mas, se examinarmos com atenção a constituição e os costumes do Touro, reconheceremos sem esforço que, depois dos animais aquáticos e dos animais anfíbios, esse quadrúpede oferece todas as condições necessárias para exprimir as idéias que os antigos atribuíam ao princípio úmido (p. 181)."

Para apoiar sua tese, Félix Lajard transcreve, em seguida, um trecho de suas *Recherches sur Vénus:*

"Primeira criatura saída das mãos de um Deus criador do mundo, o Touro, símbolo de vida, é chamado por um nome que significa ao mesmo tempo vida e touro. Como conseqüência imediata de uma doutrina que ensinava que os primeiros seres vivos haviam nascido na água, ele é, ao mesmo tempo, o símbolo do princípio úmido, do poder passivo da geração ou do sexo feminino. Mas seu papel não se limita a isso: é o representante simbólico da Lua e dessa grande matriz cósmica na qual se supunha que os *ferouhers,* isto é, as idéias típicas, emanadas da inteligência de um Deus supremo, eterno e invisível, haviam sido revestidas de uma forma material ou sensível" (p. 182).

*
* *

Santo Ireneu, em seu *Traité contre les Hérésies*, foi o primeiro a relacionar os quatro "animais" com os quatro Evangelistas:

O Homem com São Mateus;
O Leão com São Marcos;
O Touro com São Lucas;
A Águia com São João.

A iconografia cristã sempre fez uso desse simbolismo. Explica-se a escolha dessas atribuições pelas razões seguintes:

O Homem ou o Anjo representa Gabriel anunciando a encarnação do Salvador na humanidade, fato que é narrado, mais especialmente, por Mateus.

A Águia indica a sublime elevação da narração de São João.

O Leão de São Marcos é uma alusão ao deserto, onde, desde seu primeiro capítulo, vemos o Precursor pregar a penitência e o batismo de Cristo.

O Boi ou Touro lembra, em sua qualidade de vítima escolhida para os principais sacrifícios da antiga Lei, o sacerdócio, cujas funções são desempenhadas por Zacarias, no primeiro capítulo de São Lucas, quando ele é advertido pelo Anjo acerca do nascimento de João Batista.

Os quatro "Animais" dispostos em torno de Cristo devem ocupar, cada um, um lugar determinado:

O Anjo deve ocupar a direita, ao lado da cabeça de Cristo; a Águia deve ficar à esquerda; nos pés, na mesma ordem, o Leão e o Touro (padre Auber, *Hist. du Symbolisme religieux,* t. IV, p. 112-113).

*
* *

Dupuis, numa longa dissertação (*Origine de tous les Cultes ou Religion universelle,* 1835, t. VIII, p. 164 a 196), procura estabelecer que os quatro animais do Apocalipse correspondiam a quatro dos signos do zodíaco.

"Os quatro signos fixos, ou centros, eram, diz ele, o leão, o boi ou touro celeste, o homem do aquário ou o escorpião, substituído pela brilhante estrela do abutre, espécie de águia, a lira que sobe com esse signo e que determina sua ascensão.

"O céu está apoiado sobre quatro signos que correspondem às quatro divisões do contorno do céu, a saber: o meio do céu, o crepúsculo, a parte inferior do céu e o oriente, que formam uma espécie de cruz cujo ponto mais alto está situado no Zênite, o pé no Nadir, estendendo-se os dois braços para o Oriente e o Ocidente. Portanto, fazendo a volta do céu, a partir do ponto mais alto, encontramos a quatro distâncias iguais ou a seis horas uma da outra quatro figuras que são as do leão, a do boi, a de um homem e a da águia, ou os quatro animais celestes que dividem em quatro partes iguais o contorno do céu e o zodíaco."

As pesquisas de Dupuis, que vê em todas as fábulas uma origem astronômica ou astrológica, não nos devem fazer esquecer que se tal sentido muitas vezes é incontestável, não é menos verdade que tradições e lendas têm outros significados, ao mesmo tempo mais sutis e mais elevados, que cabe a nós descobrir.

6. A TAÇA E A BEBIDA AMARGA

Por ocasião da Iniciação ao primeiro grau, o Recipiendário recebe uma Taça na qual se colocou uma bebida que, doce a princípio, torna-se amarga depois, para voltar a ser doce no final.

Ragon, dirigindo-se ao novel Iniciado, depois da cerimônia, diz-lhe o seguinte[39]: "Irmão, a bebida que lhe foi dada é, por seu amargor, um emblema dos males da vida e dos obstáculos que precedem à Iniciação ou à descoberta da verdade. Que ela seja para você uma bebida do *Lethes* ou do olvido no que respeita às falsas máximas que aprendeu junto aos profanos. A segunda bebida é pura; você a achou mais doce. Que ela seja uma bebida de *Mnemosina* ou da *memória*, para as lições que irá receber da sabedoria".

Wirth, pelo contrário, exprime-se assim[40]: "Acabrunhado pela amargura, o justo é tentado a desesperar e corre o risco de sucumbir, esmagado pela ingratidão dos homens. Mas essa prova não poderia surpreender o Iniciado. Longe de se deixar abater e de rejeitar o cálice fatídico, ele deve agarrá-lo, decidido a esvaziá-lo até o fim. É então que o licor acre e ardente se transforma numa bebida reconfortante. O Iniciado bebe as águas do Letes. Esquece as injúrias, não sente mais suas penas e, persistindo em sua abnegação, encontra, em meio aos tormentos da vida, toda a sua serenidade de espírito".

Esses dois autores estão em desacordo no que concerne à atribuição da bebida doce ou amarga às águas do rio Letes[41]. Para Ragon, a bebida do Letes é *amarga;* para Wirth, é *doce.* Se essa analogia pode ser admitida, é preciso dar razão a Wirth contra Ragon; é evidente que se conserva muito melhor a lembrança de uma bebida amarga (Mnemosina) que a de uma bebida insípida (Letes).

Na cerimônia da Iniciação maçônica, três fases caracterizam a bebida. Essas três fases deveriam ser as seguintes:

1º *Insípida,* é a vida do profano na qual o Espírito não foi despertado.

2º *Amarga,* a vida do Iniciado, daquele que procura, daquele que é atormentado pelo desejo de "conhecer".

3º *Doce,* a vida do Adepto[42], daquele que, enfim, chegou à serenidade que a verdadeira Iniciação pode proporcionar[43].

Assim, simbolicamente, o Recipiendário seria instruído a respeito das três fases da Iniciação pela absorção das três bebidas. É preciso lamentar aqui a pobreza das explicações dos rituais e a identidade material que se atribui à primeira e à terceira bebida, que nada mais é do que água, muito simplesmente[44].

A bebida está ligada ao Cálice e o Cálice simbólico é encontrado em muitas lendas mitológicas e, particularmente, nas lendas célticas chamadas do "Ciclo de Artus".

A lenda do Graal é muito conhecida: O *Graal, Greal,* ou *Gral,* etc., é um vaso que serviu a Cristo quando ele celebrou a última Ceia, e foi nesse mesmo vaso que José de Arimatéia recolheu o precioso sangue que corria de suas chagas. Esse vaso era feito de uma única pedra preciosa, uma enorme esmeralda[45]; ele possuía propriedades maravilhosas. Levado à Bretanha por José de Arimatéia, perdeu-se depois e sua busca constitui o ciclo dos romances do Graal.

"O Graal, diz Fulcanelli[46], é sem dúvida o mistério mais elevado da cavalaria mística e da Maçonaria, que é uma degenerescência da cavalaria mística; ele é o véu do *Fogo criador,* o *Deus absconditus* na palavra INRI, gravada sobre a cabeça de Jesus na cruz. Os egípcios também possuíam esse atributo: Serápis muitas vezes é representado com o mesmo objeto sobre sua cabeça, objeto que, nas margens do Nilo, chama-se *Gardal.* Era nesse *Gardal* que os sacerdotes conservavam o *fogo material,* do mesmo modo como as sacerdotizas nele conservavam o *fogo celeste* de Phtah. Ora, esse deus Fogo, esse deus Amor encarna-se eternamente em cada ser, já que tudo o que existe no universo tem sua centelha vital. Ele é o *Cordeiro imolado desde o começo do mundo,* que a Igreja Católica oferece a seus fiéis sob as espécies da Eucaristia fechada no Cibório, como o Sacramento do Amor. O cibório, assim como o Graal e as crateras sagradas de todas as religiões, representa o órgão feminino da geração e corresponde ao vaso cosmogônico de Platão, à taça de Hermes e de Salomão, à urna dos antigos mistérios. O *Gardal* dos egípcios é, portanto, a chave do *Graal.* Em suma, trata-se da mesma palavra. Com efeito, de deformação em deformação, *Gardal* tornou-se *Graal.* O sangue que ferve no cálice sagrado é a fermentação ígnea da vida ou do misto gerador. Não poderíamos senão deplorar a cegueira daqueles que se obstinariam em ver nesse símbolo, despojado de seus véus até a nudez, apenas uma profanação do divino. O Pão e o Vinho do Sacrifício místico correspondem ao espírito ou ao fogo na matéria que, por sua união, produzem a vida."

Julius Evola, na revista *Etudes Traditionnelles*[47] afirma: "Quem considera na história do Graal apenas a lenda cristã, ou o folclore céltico pagão, ou a criação poética de uma cavalaria sublimada, não captará nessa literatura senão o lado exterior, acidental e insignificante". E acrescenta: "Na literatura cavalheiresca, o Graal é, na verdade, um objeto sobrenatural, cujas virtudes principais são as seguintes: ele *alimenta* (dom de vida); ele *ilumina* (iluminação espiritual); ele torna invencível".

A Taça utilizada na Maçonaria deveria, portanto, ser feita de cristal ou de vidro de cor verde. Trata-se de um símbolo de transição entre o mundo profano e o mundo das realidades transcendentais. A bebida *doce* que ela contém em último lugar é a bebida *divina* que confere a *imortalidade*. É a *Amrîta* ou o *Somâ* na Índia védica; o *Haoma* da Pérsia; a *Ambrosia* ou *Néctar* entre os gregos; o *Oinos* ou *Vinho*, que se encontra ao mesmo tempo entre os gregos e os cristãos[48].

O rito do Cálice é uma das últimas preparações para a Iniciação maçônica. Iniciadores e Recipiendários nem sempre compreendem todo o valor e o alto alcance iniciático desse símbolo. Os comentários dos rituais, neste caso como nos demais, tornam insípido o sentido real do símbolo.

É imediatamente depois da realização do rito do Cálice que o Recipiendário pronuncia seu *juramento* e que lhe é concedida a luz.

Nota a Respeito da "Tábua de Esmeralda"

O texto a respeito da *Tábua de Esmeralda*, muito conhecida pelos discípulos de Hermes, pode não ser conhecido por alguns leitores. Eis, portanto, a versão mais exata dessas palavras célebres:

"É verdade, sem mentira, certa e mui verdadeira;

"O que está embaixo é como o que está no alto, e o que está no alto é como o que está embaixo; por essas coisas se fazem os milagres de uma única coisa. E como todas as coisas são e provêm do UM, pela mediação do UM, assim todas as coisas são nascidas dessa coisa única por adaptação.

"O Sol é seu pai; a Lua, a mãe. O vento carregou-o em seu ventre. A terra é sua matriz e seu receptáculo. O Pai de tudo, o Télemo[49] do mundo universal, está aqui. Sua força ou poder continua inteiro, se se converte em terra. Separarás a terra do fogo, o sutil do espesso, suavemente, com grande indústria. Ele sobe da terra e desce do céu, e recebe a força das coisas superiores e das coisas inferiores. Terás por esse meio a glória do mundo, e toda incerteza fugirá de ti.

"Ela é a força, forte de toda força, porque ela vencerá toda coisa sutil e penetrará em toda coisa sólida. Assim o mundo foi criado. Dessa força sairão admiráveis adaptações, cujo meio é dado aqui.

"Este é o motivo pelo qual fui chamado de Hermes Trismegisto, por possuir as três partes da filosofia universal.

"O que eu disse da Obra solar está completo."

A *Tábua de Esmeralda* está reproduzida numa rocha, com tradução latina, numa das belas gravuras que ilustram o *Amphitheatrum Sapientiae Aeternae,* de Khunrath (1610)[50]. Joannes Grasseus, sob o pseudônimo de Hortulanus, fez dela um Comentário, no século XV, traduzido por J. Giraud de Tournus, no *Miroir d'Alquimie,* Paris, Sevestre, 1613[51].

Nota Sobre a "Cor Verde"

A cor verde é a cor da esmeralda e, por conseqüência, a cor do Graal.

Na linguagem popular, essa é a cor da *esperança.* Contudo, muitas vezes o verde glauco foi considerado uma cor nefasta, e muitas pessoas ainda hoje têm medo de usar o verde que, dizem elas, lhes dá azar.

Na simbólica dos Elementos, o verde está ligado à Água; o vermelho, ao Fogo; o azul, ao Ar e o negro, à Terra.

Nos três reinos, o negro corresponde aos Minerais, o verde aos Vegetais e o vermelho aos Animais.

O verde é uma cor complementar do vermelho e, na Magia, é a cor atribuída ao plano "astral" ou intermediário entre o plano físico e os planos superiores.

O caráter de "transição" da Taça é assim confirmado por sua cor que, além do mais, reporta-se à Água.

Se o verde é também a cor dos corpos em decomposição, ele é ao mesmo tempo, e pela mesma razão, símbolo de regeneração, pois a Vida nasce da Morte.

Nos contos populares, o verde era a cor das fadas e estas se magoavam, diz-se, quando alguém usava a sua cor.

Na liturgia católica, o verde é usado nos ornamentos sacerdotais do segundo ao sexto domingo depois da Epifania e em todos os domingos depois de Pentecostes; isto é, na expectativa, na esperança das duas festas maiores: a Páscoa e o Natal.

7. O JURAMENTO

Em cada um dos sucessivos graus aos quais o Maçom é admitido ele faz um novo juramento; mas o mais importante é o juramento solenemente proferido por ocasião da iniciação ao grau de aprendiz, momento em que o profano se torna Maçom. Ele se compromete, então, duas vezes: uma primeira vez, ele pronuncia um juramento sobre a "taça das libações"; uma segunda vez, depois de se ter submetido às provas, ele articula o juramento definitivo.

"Não se trata de um juramento vulgar, diz Ragon[52], tal como é exigido no mundo profano; trata-se de um juramento antigo e sagrado. Ele é pronunciado sem constrangimento. Suas expressões são enérgicas, pois quem presta esse juramento, ainda com os olhos cobertos por uma venda, está prestes a passar da barbárie para a civilização. Nos antigos mistérios, acrescenta ele, impressionava-se com esse expediente o espírito do Iniciado, para obrigá-lo, por medo dos suplícios, a tomar a resolução de honrar seu juramento[53]."

O Juramento (em francês *serment,* do latim *sacramentum,* sagrado) é encontrado em todas as tradições humanas. Trata-se de uma afirmação particular, de uma promessa solene. O juramento sempre deveria possuir três partes: uma *invocação,* uma *promessa,* uma *imprecação.*

A *invocação* era um apelo, na maioria das vezes, à divindade, mas às vezes também às forças do demônio, às entidades perigosas, como garantia do juramento.

A *promessa* constitui o objeto do juramento. Enuncia-se o mais claramente possível aquilo a que se quer comprometer.

Enfim, a *imprecação* enumera o ou os castigos aos quais o Recipiendário concorda em ser submetido caso não honre a promessa feita[54].

O Juramento compromete de forma definitiva aquele que o pronuncia, e não é possível voltar atrás, sem se tornar perjuro, no compromisso contraído.

Não se deve confundir o Juramento com o *Pacto,* uma simples convenção que pode ser rompida depois da inobservância de uma de suas cláusulas ou denunciado em determinadas circunstâncias, a menos que tenha sido referendado por um juramento[55].

Os autores antimaçons não deixaram de falar em *pacto* ao se referir ao juramento maçônico. Agindo assim, eles pretendem fazer com que o leitor chegue naturalmente a fazer a aproximação entre esse juramento e o *pacto diabólico.*

"O Pacto, escreve o padre Ribet[56], termina com palavras dirigidas ao demônio ou pela aceitação de uma fórmula proposta pelo próprio demônio, seja porque ele aparece e oferece sua contribuição, seja por que ele é invocado com esconjuros e promessas.

"Comumente, o compromisso não é apenas verbal: é escrito, e a vítima às vezes o assina com o próprio sangue. Na maior parte das vezes, a convenção é concluída pelas instigações e entre as mãos de mágicos que dão e recebem promessas em nome de Satã, antes que ele tenha se dignado aparecer ou antes que dê os ganhos de sua adesão. *Hoje em dia a iniciação é realizada na maioria das vezes nas sociedades secretas, mediante fórmulas execráveis que os chefes impõem aos adeptos, fazendo brilhar a seus olhos o atrativo da propriedade e dos prazeres temporais.*"

Na realidade, o Juramento maçônico é feito ou com a *invocação* do Grande Arquiteto do Universo ou do Livro das Constituições; *prometendo* jamais revelar indevidamente os ritos maçônicos; *aceitando* de antemão um castigo em caso de perjúrio.

Esse juramento é simples, solene, mas não tem nada de assustador. O padre Larudan, em seu livro *Les Francs-Maçons écrasés* (Amsterdã, 1747), dá o texto de um juramento maçônico que parece ter saído inteirinho de sua imaginação:

"Eis a que me comprometo sob a pena à qual me sujeito, em caso de faltar à minha palavra; que é de ter os lábios queimados com um ferro em brasa, a mão decepada, a língua arrancada; que depois, numa loja qualquer dos franco-maçons, durante toda a cerimônia da recepção dos irmãos servantes, que meu corpo inteiro seja pendurado, para vergonha eterna de minha perfídia e para terror dos demais; que ele seja queimado no fim da assembléia, e suas cinzas mandadas às principais lojas, a fim de que o restante dos irmãos as vejam e se apavorem, e que depois disso elas sejam lançadas ao vento e dispersadas; e que assim se conserve entre todos os irmãos uma lembrança terrível de minha traição. Ó Deus, ajuda-me, e estes santíssimos Evangelhos."

*
* *

No grau de Aprendiz, o primeiro juramento é pronunciado segurando-se a taça com a mão esquerda e colocando-se a mão direita sobre o coração. A taça, nesse momento, contém água pura e esses dois gestos simultâneos simbolizam a pureza e a sinceridade do Recipiendário.

No segundo juramento, o impetrante apóia sobre o coração a ponta de um compasso aberto, que ele segura com a mão esquerda, enquanto pousa a mão direita sobre o esquadro colocado em cima de uma espada.

Falamos acima do simbolismo do Compasso. A mão direita sobre o

Esquadro simboliza a retidão e, sobre a Espada, corrobora a aceitação do castigo por perjúrio.

No grau de Companheiro, o Recipiendário *pousa* a mão direita sobre Esquadro e Compasso *entrecruzados*.

No grau de Mestre, o impetrante *estende* a mão direita sobre o Compasso colocado sobre o Esquadro, que, por sua vez, está colocado em cima de uma espada.

Não tornaremos a falar a respeito do que dissemos sobre esses diversos objetos: seu simbolismo, já descrito, explicita claramente o significado desses vários juramentos.

Em geral, quando o Juramento é pronunciado, queima-se o "Testamento" do Recipiendário. Na realidade, trata-se do Juramento, escrito pela mão do impetrante, que deveria ser queimado, pois *os escritos terrestres podem desaparecer, mas o que está escrito no Invisível perdura indefinidamente.*

Pelo fogo, transfere-se o visível para o Invisível. Tal era o sentido dos holocaustos, dos sacrifícios, oferecidos na antiguidade à divindade. Em suma, trata-se simplesmente da sublimação de um ato material num ato espiritual, a transferência desse ato de um plano físico para um plano imaterial.

O Juramento escrito, pronunciado e queimado realiza, de acordo com a simbólica clássica, uma ação total pelos quatro elementos:

O papel é matéria sólida . . . . a Terra,
A tinta, líquida, é . . . . a Água,
A pronúncia em voz alta é feita pelo . . . . Ar,
A combustão, enfim, é feita pelo . . . . Fogo.

*
* *

Uma vez purificado pelos quatro Elementos, o Recipiendário torna-se apto, depois de ter pronunciado o Juramento nas formas já descritas, a receber a Iniciação maçônica.

As tradições ocultas se alteram e se tornam cada vez menos inteligíveis nos Rituais à medida que aqueles que não compreendem mais o seu sentido querem adaptá-las à mentalidade geral de sua época.

Essa decadência é sublinhada por René Guénon[57]:

"A passagem do *operativo* para o *especulativo*, diz ele, bem longe de constituir um 'progresso', como gostariam os modernos que não compreendem a sua significação, é exatamente o contrário do ponto de vista iniciático; ela implica, não forçosamente, um desvio, mas pelo menos uma degenerescência no sentido de um enfraquecimento; e, como acabamos de dizer, esse enfraquecimento consiste na negligência e no esquecimento de tudo o que é *realização*, porque nisso é que reside verdadeiramente o que é *operativo*, para não deixar sobreviver senão um ponto de vista puramente teórico da iniciação."

É evidente que a maioria dos Rituais de hoje, singularmente alterados, necessitariam de uma transformação total para lhes restituir sua grandeza e eficácia[58].

8. A ESPADA FLAMEJANTE

Lemos na Bíblia: "O Senhor Deus mandou 'Querubins'[59] ao jardim das delícias, que faziam brilhar uma *espada de fogo* para fechar o caminho que levava à Árvore da Vida" (Gênesis, III, 24).

Os "Querubins" formam uma classe dos Anjos, cuja nomenclatura foi-nos fornecida pelo Pseudo-Dionísio, o Arepagita[60].

Fig. 31. A espada flamejante.

De acordo com a Escritura, os Querubins empunham uma espada de fogo. A "Espada flamejante" maçônica é uma representação dessa espada dos guardiões angélicos; esse é o motivo pelo qual se dá à sua lâmina uma forma ondulada[61], que concretiza o movimento ondulatório e vibratório da chama.

"A Espada flamejante, diz Ragon[62], é uma arma simbólica que significa que a insubordinação, o vício e o crime devem ser repelidos de nossos Templos."

Wirth, mais perto da verdade metafísica, escreve: "A Espada flamejante é o símbolo do Verbo, ou, em outras palavras, do pensamento ativo. Trata-se da única arma do Iniciado, que não poderia vencer senão pela força da idéia e pela força que ela carrega em si mesma[63]."

Marius Lepage, na revista *Le Symbolisme*, estudou longamente a Espada flamejante[64]. Para ele, a Espada se reveste de dois significados essenciais: o da criação, por intermédio do Verbo-Luz-Som, e o de purificação e de expiação sob as provações do destino.

Na Maçonaria, a Espada flamejante serve para a consagração do Recipiendário e, se os diversos Ritos variam no que diz respeito a alguns pontos de pormenor, a idéia essencial continua a mesma.

Na maioria dos casos, o Venerável, segurando a espada com a mão esquerda, dirige a lâmina sobre a cabeça do impetrante e aplica, sobre a lâmina, três golpes de martelo.

Em outros casos, ele pousa a Espada, sucessivamente, sobre a cabeça, o ombro esquerdo e o ombro direito, dando uma martelada de cada vez ou, ainda, três.

De acordo com Marius Lepage, pensamos que seria conveniente colocar a Espada sucessivamente sobre a cabeça, o ombro esquerdo e o ombro direito, de acordo com as correspondências sephiróticas: *Kether* (Coroa); *Binah* (Inteligência); *Hokhmah* (Sabedoria)[65].

Nos ritos de recepção da Cavalaria antiga, o ato que criava o Cavaleiro consistia em se bater três vezes na *nuca* ou no *ombro* do mesmo com a lâmina da espada, que era empunhada com a mão direita. Conta-se também que a "*colée*" era dada mediante a aplicação de três golpes violentos com a mão na nuca, ato que nos espanta tanto por sua brutalidade como por suas graves conseqüências fisiológicas... e incontestavelmente propositais, que não iremos explicar aqui. Basta-nos lembrar que a nuca, situada no alto da coluna vertebral e na base do cérebro, é onde se localiza o bulbo que, de acordo com a fisiologia, seria o órgão de relação entre a sensibilidade e o movimento.

Assinalamos esse fato para mostrar que existe analogia, mas não identidade, entre a consagração de um Cavaleiro e a de um Aprendiz maçom.

"A consagração ritual de um novo Maçom, diz Marius Lepage[66], começa por estes termos: "Eu o crio...". É, portanto, um ato criador, que procede de uma vontade, – a do Venerável que age em nome da Maçonaria, – por intermédio de uma vibração sonora, – o golpe da espada. Uma criatura totalmente nova deve nascer, e o efeito dos eflúvios que, saindo da Espada, o atravessam, deve constituir uma espécie de impregnação que penetrará definitivamente o Recipiendário."

Esse autor é um daqueles, assaz raros, que souberam compreender o verdadeiro simbolismo do Ritual da consagração maçônica. Infelizmente, os que são encarregados de realizar esta cerimônia nem sempre se apercebem de sua considerável importância.

É preciso também não esquecer que o número *três* é o do grau do Aprendiz e que, se se coloca a Espada sobre a cabeça do Recipiendário, convém bater *três vezes;* mas se a Espada é colocada sobre a cabeça e os ombros, então seria preciso *dar apenas um golpe* de cada vez, e não três, porque então, na realidade, seriam dados *nove* golpes, e o número nove, como veremos adiante, corresponde ao grau do Mestre.

Aliás, o Ritual publicado pelo Convento de Lausanne, em 1875, estabelece que "o Venerável dá três golpes iguais com seu martelo sobre a lâmina da espada, pousando-a levemente sobre a cabeça do Recipiendário".

A Espada flamejante deve ser empunhada com a *mão esquerda* (lado passivo) e o martelo com a *mão direita* (lado ativo). Essa espada não é uma arma: é um instrumento de transmissão, e esse é o motivo pelo qual ela deve ser segurada com a mão esquerda[67].

A Espada flamejante só deveria ser utilizada para as consagrações, reservando-se as espadas de lâmina reta para as outras cerimônias.

Na Loja, a Espada sempre é segurada com a *mão esquerda*[68]. Somente o Cobridor deve segurar a sua com a mão direita; com efeito, trata-se de um defensor encarregado de vigiar a porta do Templo, do qual ele deve afastar impiedosamente qualquer profano.

As Espadas são usadas duas vezes por ocasião da recepção ao primeiro grau[69]:

1ª Elas são utilizadas durante a segunda viagem do Recipiendário para produzir os *tinidos* que simbolizam, diz o Ritual, os combates que o homem deve travar para triunfar das paixões, as suas e as dos demais homens. Esse ruído hostil é o da silva profunda e perigosa que o Iniciado deve atravessar.

2ª No momento em que o Recipiendário "recebe a Luz", todos os membros da Loja dirigem para ele a ponta de suas Espadas, levando assim sua ajuda ao neófito e canalizando em sua direção uma poderosa força benéfica.

Bem entendido, os antimaçons não deixaram de ver nesse gesto uma ameaça de morte contra o Iniciado que falhasse.

"Ao ruído do Martelo, a venda cai, diz Jean Kotska[70], – que, contudo, devia conhecer bem o significado desse rito – e o neófito vê a sinagoga de Lúcifer ameaçando-o com o gládio vingador."

É verdade que o Ritual diz que as Espadas dirigidas para o Recipiendário indicam, por um lado, a ajuda que ele pode esperar de seus Irmãos e, por outro lado, o castigo ao qual ele se expõe em caso de perjuro. Eis aí uma explicação toda exotérica, com a qual o Iniciado não deve se contentar.

As Espadas maçônicas são feitas com uma lâmina estreita de dois gumes; seu punho é cruciforme e geralmente ornado com figuras simbólicas. Tais Espadas – é preciso ainda que se diga – não têm nenhum poder homicida. Contudo, trata-se de instrumentos cuja virtude não se deve desconhecer. Sua presença na Maçonaria indica que a Iniciação transmitida é *ativa*, isto é, está relacionada com a própria vontade do neófito, que deverá lutar para ele próprio iniciar-se.

O Arco de Aço

O "Arco de Aço" é uma honra especial prestada aos dignitários em certas ocasiões. Os Maçons, colocados em duas filas paralelas, cruzam suas espadas, *empunhadas com a mão direita*, de modo a formar um arco sob o qual passa aquele ao qual se presta essa honra. O sinal de ordem, então, excepcionalmente, é feito com a mão esquerda.

Esse cerimonial, como se afirma, data do século XVIII. Quando Luís XVI entrou na Câmara Municipal de Paris, a 17 de julho de 1789, os Maçons presentes fizeram o *Arco de Aço* sobre a escadaria do monumento[71].

O simbolismo do Arco de Aço fala por si mesmo, e não é necessário insistir a respeito. Os maçons mostram com esse gesto que colocam sua força a serviço daqueles que eles honram, e essa espécie de teto representa a proteção que eles oferecem. A Espada é empunhada com a mão esquerda porque, no caso, trata-se de uma ação física e não de uma transmissão iniciática.

Essa cerimônia foi conservada, ou adotada, pelos militares nas cerimônias de casamento e constitui um rito de *Khsatrias*[72].

9. OS TRÊS PONTOS

Os três pontos dispostos em triângulo são usados comumente na Maçonaria como sinal de abreviação. Esse é, sem dúvida, o motivo pelo qual os Maçons muitas vezes são designados pelo epíteto de "Irmãos Três Pontos". Esse epíteto que os antimaçons consideram irônico e trocista, não o é; ele apenas confirma que os "três pontos" são importantes na Maçonaria, pois representam o Delta, ou Triângulo, de que falaremos adiante.

Ragon assinala que "a abreviação tripontuada só teve início depois da circular de 12 de agosto de 1774, dirigida às Lojas de sua correspondência pelo Grande Oriente, para anunciar a tomada de posse de seu novo local[73]".

F. Chapuis afirma, contrariando Ragon, que essa abreviação é anterior a 1773. "Com efeito, diz ele, no primeiro registro dos processos verbais da Loja 'A Sinceridade', no Oriente de Besançon, os três pontos aparecem sob a seguinte forma (fig. 32, *c*). Essa disposição é nitidamente constatada no traçado das eleições de 3 de dezembro de 1764[74]."

a b c d

Fig. 32. Os três pontos.

Jean de Pavilly escreve[75]: "Os três pontos provêm da *Compagnonnage,* [corporações de operários], onde eles parecem ter simbolizado o triângulo. Parecem também ser o símbolo do triquetro[76]. Este resulta, notadamente, de certas representações dos três pontos sobre que se apóiam os triquetros ou, mais exatamente, cada uma das pernas de um triquetro que aparecem em certas obras de companheiros. Os três pontos parecem ter sido apreciados muito especialmente pelo rito dos Companheiros da *Liberdade* ('Companheiros da Liberdade' ou do 'Dever de Liberdade')[77]".

A abreviação tripontuada nem sempre é disposta na forma de um triângulo que repousa sobre sua base. Ela também é encontrada sob as formas indicadas na figura 32, *b, c* e *d.*

J. C. A. Fisch diz a esse respeito: "Seria o caso de afirmar, com bastante certeza, que a abreviatura maçônica dos três pontos nos vem da arte hieroglífica egípcia, onde era praticada, e eis como:

"Para marcar um número de vegetais idênticos ou da mesma espécie, os egípcios escreviam a letra inicial do nome genérico da planta e colocavam três flores de lótus atrás dessa inicial. Eles também colocavam três grãos ou pontos atrás da inicial do nome de um mineral, e três traços ondulados atrás da inicial do nome de um líquido.

"Para bem compreender a Antiguidade e, notadamente, a história e os costumes dos antigos egípcios, não podemos ignorar que entre eles a religião dominava a vida particular, e que todas as circunstâncias da vida privada e pública, necessariamente, tinham uma ponta de religião, uma forma ou marca simbólica".

"Os três pontos da abreviatura maçônica, diz Fisch, são uma imitação das três flores de lótus, dos três grãos ou pontos ou dos três traços ondulados[78]."

De uma carta de nosso amigo, o doutor Octave Béliard, a quem consultamos a esse respeito, extraímos as passagens seguintes:

"Na verdade, a afirmação de que os três pontos maçônicos têm origem nos hieroglifos egípcios não passa de uma suposição. Pois o senhor escreve um I.·. (irmão), um L.·. (loja) e os três pontos constituem *uma das marcas do plural* em egípcio.

"Mesmo na época clássica formavam-se plurais acrescentando-se o determinativo da espécie repetido três vezes. É esse, por exemplo, o caso das plantas (e dou esse exemplo para explicar as três flores de que fala Fisch, que não são apenas o determinativo dos lótus, mas o de todas as ervas e plantas em geral).

"Para exprimir um número indefinido, várias coisas, um plural, os egípcios faziam-no usando a palavra *três*. Mas, para dizer três, realmente três, eles se expressavam de outro modo".

"E eu acrescento, a respeito dos três traços ondulados de que fala Fisch quando se trata de falar de um líquido:

"Um traço ondulado é a letra alfabética N. Três traços ondulados são, efetivamente, o *determinativo comum a todos os líquidos* e a todas as idéias relacionadas com líquidos (puro, purificação, etc.). Penso que isso vem do fato de que as Águas primordiais, as Águas cósmicas do começo do mundo chamavam-se NOU... e o plural de N. é N.OU.'

"Por aí o senhor vê, diz o doutor Béliard, como Fisch divaga quando diz: "Para indicar a pluraridade de uma coisa qualquer, 'os egípcios duplicavam, triplicavam, quadruplicavam, etc., o signo ou hieroglifo inicial de acordo com a quantidade'". Eles não quadruplicavam: eles duplicavam, para o *dual*, e triplicavam, para o plural, os *determinativos* ou às vezes o nome inteiro, sobretudo quando feito de um único ideograma. E não a letra inicial, como os senhores fazem: II.·. para irmãos e LL.·. para Lojas. Essa letra inicial, ou ideograma, signo alfabético ou signo silábico, não significaria coisa alguma. Em egípcio, uma letra inicial é, às vezes, uma palavra inteira, completa, com muitos significados diferentes, como MER, que quer dizer branco, amar, charrua, etc. É o determinativo colocado depois da palavra que especifica todo o seu sentido."

Nada temos a acrescentar a esta refutação das alegações errôneas de Fisch.

As Abreviaturas

As abreviaturas eram usadas em profusão entre os gregos e entre os romanos. Entre estes últimos, seu uso tornava os textos tão pouco legíveis que o imperador Justiniano proscreveu-os.

A *sigla* (do latim *singulae*) consistia numa única letra para representar toda uma palavra.

As abreviações por contração, tais como *scs* para *sanctus, eps* por *episcopus,* eram freqüentes na França durante a Idade Média; nesse caso, as letras eram encimadas por um traço horizontal. As abreviaturas por suspensão consistiam na omissão do fim das palavras. Também na França o abuso das abreviaturas foi tal que Felipe, o Belo, em 1304, publicou uma lei que as proibia nas atas jurídicas[79].

Atualmente, o uso das abreviaturas está por assim dizer codificado, e elas não apresentam nenhuma dificuldade[80].

*
* *

Na Maçonaria, as abreviaturas usadas são do tipo por suspensão ou *apócope* (de *apo,* fora de, e *koptein,* cortar). Por regra, elas só deveriam ser usadas nas palavras do vocabulário maçônico e jamais para as palavras profanas.

Eis as principais:

I.·. Irmão.
O.·. Oriente.
E.·.M.·. Era Maçônica.
E.·.V.·. Era vulgar.
I.·.C.·. Irmão caríssimo.
A.·.L.·. Ano da Luz (*Anno Lucis*).
A.·.G.·.D.·.G.·.A.·.D.·.U.·., À Glória do Grande Arquiteto do Universo.

Seria, contudo, mais correto escrever assim:

A G.·.D.·.G.·.A.·.D.·.U.·.: acrescentando-se os três pontos apenas às letras iniciais das palavras abreviadas.

Nos exemplos dados acima não pode haver confusão ou ambigüidade; é suficiente a letra inicial. Nos demais casos escreve-se a primeira sílaba da palavra e a primeira consoante da sílaba seguinte:

Trab.·. Trabalho.
Comp.·. Companheiro.
Frat.·. Fraternal.
Ven.·. Venerável.
Vig.·. Vigilante.
Orad.·. Orador.
Secr.·. Secretário.
Vis.·. Visitante.
Prof.·. Profano.

Para indicar o plural nas abreviações reduzidas a uma única letra dobra-se essa letra:

II.·., Irmãos.
II.·. M.·. Q.·., Imãos muito queridos.
RR.·.LL.·., Respeitáveis Lojas.

Não aprovamos o costume que consiste em repetir duas vezes, para o plural, uma palavra de várias letras abreviadas, como:

Ofic.·.Ofic.·. para Oficinas.
Ven.·.Ven.·. para Veneráveis.

Nesse caso, basta a palavra escrita uma única vez. O contexto indicará se se trata ou não de um plural.

Em sinal de respeito e em casos particulares, triplica-se a letra inicial:

MMM.·.III.·.III.·., Mui Ilustres Irmãos.

Por outro lado, há abreviações cujo significado convém conhecer:

N.·.S.·.E.·.D.·.C.·.M.·.: Não se esqueçam das condecorações maçônicas.

N.·.V.·.S.·.P.·.T.·.O.·.N.·.P.·.Q.·.S.·.C.·.: Nós vos saudamos por todos os Números pelos quais sois conhecidos.

E.·.N.·.E.·.S.·.O.·.A.·.D.·.G.·.O.·.D.·.F.·.: Em Nome e sob os auspícios do Grande Oriente da França.

O Alfabeto Maçônico

O Alfabeto Maçônico já foi reproduzido tantas vezes que podemos muito bem repeti-lo aqui. Eis a sua chave:

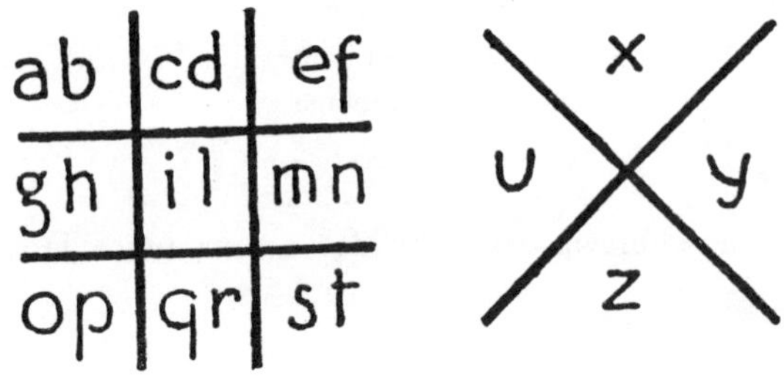

Fig. 33. Chave do alfabeto maçônico.

As letras são as seguintes:

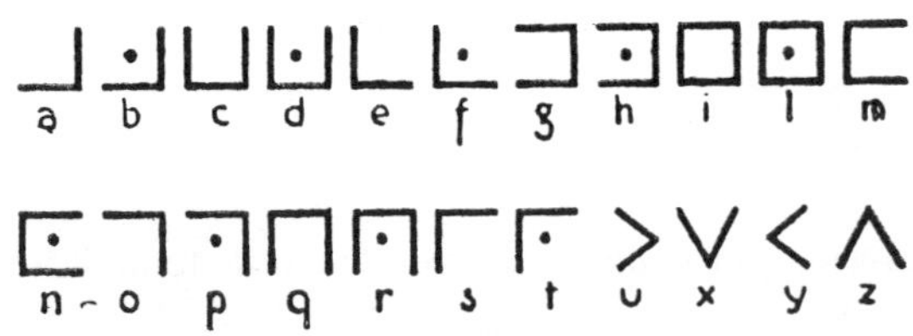

Fig. 34. O alfabeto maçônico.

Faltam as letras k, j, v e w; elas são substituídas por c, i e u.

Muitas vezes, a palavra Loja é representada por um quadrado ou por um retângulo; essa figura não é o plano da Loja, como se pensa comumente, mas a letra L, com a condição de que não se esqueça de colocar um ponto em seu interior. Colocando-se três pontos, nada se acrescenta a seu significado. Dois retângulos entrelaçados significam Lojas.

Ignora-se a origem desse alfabeto formado apenas com a ajuda de *retângulos*. Alguns pretenderam que esse alfabeto imitasse a forma das letras do alfabeto hebraico.

Existem, na Maçonaria, outros alfabetos, para os graus superiores ao terceiro grau, mas estes, por assim dizer, nunca são utilizados.

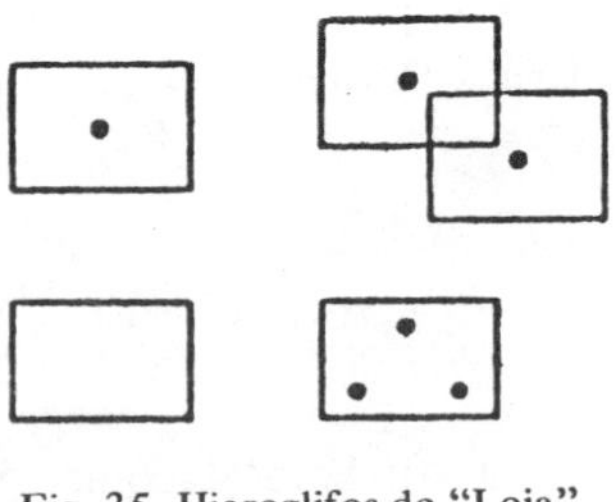

Fig. 35. Hieroglifos de "Loja".

Os anagramas[81] foram muito utilizados na Maçonaria para a subscrição da correspondência. Eis alguns exemplos:

Senhor Ogrande Netorie . . . . por Grande Oriente.
Senhor Carpidie. . . . . por Loja Picardie.
Senhor Sithem. . . . . por Loja Thémis.

Freqüentemente, as palavras sagradas e as palavras de passe relacionadas com cada grau são transcritas sob a forma de anagrama.

10. A ERA MAÇÔNICA

Para datar de acordo com a Era Maçônica, acrescenta-se quatro mil anos ao milésimo do ano da era vulgar. Isso para fazer remontar *simbolicamente* a origem da Maçonaria à criação do mundo, de acordo com a tradição bíblica.

Winter escreve a esse respeito[82]: "Um sábio prelado anglicano, James Usher, nascido em Dublin em 1580 e enterrado em Westminster por ordem de Cromwell, que havia apreciado sua ciência, escreveu diversas obras, uma das quais, *Annales veteris et novi Testamenti* (1650-54), contém uma cronologia bíblica célebre, que faz remontar a 4004 antes de Cristo a criação do mundo. Entenda-se por isso a época em que começa *uma história* mais ou menos precisa *do mundo* (o Gênesis).

"É mais provável que os fundadores da Maçonaria moderna tenham tomado essa cronologia como base da Era Maçônica fazendo-a remontar assim, simbolicamente, à criação do mundo. Além do mais, a hierarquia de Anderson[83] ajusta-se a essa cronologia, tão do gosto desse pastor-doutor. Deve-se acrescentar que a cronologia de Usher é feita de acordo com o texto hebraico.

"Uma cronologia bíblica cerca de cem anos mais recente é a de Etienne Hales, outro súdito britânico, naturalista e físico, cônego de Windsor e membro da Sociedade Real de Londres, que nasceu em 1677 no ducado de Kent e morreu em 1761. Ela faz remontar a criação do mundo ao ano 5411 antes da era vulgar.

"Pareceria que, quando os Franco-Maçons adotaram a cronologia de Usher como base da Era Maçônica, a de Hales ainda não existia. Não pude encontrar a data do aparecimento desta última, mas ela é provavelmente posterior aos anos de 1721 e de 1723."

Observamos que, para datar de acordo com a Era Maçônica, o mês de março é o primeiro do ano e o mês de fevereiro o último. O mês de março corresponde ao signo do Carneiro, que é o primeiro do Zodíaco, e o mês de fevereiro a Peixes, que é o último signo[84].

Assim, o dia 15 de fevereiro de 1947, de acordo com a Era Maçônica, era o 15º dia do 12º mês do ano de 5946 (E.·.M.·.) e o dia 6 de março de 1947 era o 6º dia do 1º mês do ano de 5947 (E.·.M.·.).

*
* *

O estudo do calendário é muito complexo. Sob Carlos Magno, o primeiro dia do ano estava fixado a 1º de março. No século XII, a Igreja conseguiu que o ano começasse no sábado santo, vigília de Páscoa, vigília da ressurreição de Cristo. Isso fazia com que o número de dias de um ano variasse em razão da mobilidade da festa de Páscoa. Carlos IX, em 1564, mudou o começo do ano para 1º de janeiro, costume que conservamos até hoje.

Contudo, na França, houve uma breve interrupção por ocasião do aparecimento do calendário republicano. A Convenção Nacional votou, no dia 5 de outubro de 1793, um decreto estabelecendo que o ano começaria no equinócio de outono, isto é, no dia 22 de setembro, à meia-noite. Esse dia foi escolhido de preferência ao do equinócio da primavera porque, precisamente, a proclamação da República Francesa ocorreu no dia 22 de setembro de 1792.

Esse dia memorável foi, portanto, chamado de 1º Vendimiário do Ano I da República. O Calendário Republicano ficou oficialmente em uso durante treze anos, até o dia 1º de janeiro de 1806; mas, na prática, sua duração foi mais curta[85].

*
* *

O fato de se acrescentar 4000 anos ao milésimo do ano em curso era para datar simbolicamente, como vimos, desde o começo do mundo. Isso era o mesmo que afirmar uma liberdade religiosa total. Hoje a Maçonaria abandonou esse costume e, na maioria das vezes, data seus atos de acordo com a era comum. Essa concessão aos costumes profanos parece constituir um erro.

Às vezes, faz-se preceder as três últimas cifras do milésimo de um oito deitado, símbolo do infinito em matemática.

Se a Maçonaria adotasse o período juliano de Joseph-Juste Scaliger[86], ela se mostraria mais lógica.

Esse período é de 7980 anos; ele é o produto dos números 15, 19 e 28, que são respectivamente os da *indicção romana* (período de 15 anos), os do *ciclo lunar* ou *número de ouro* (período de 19 anos, depois dos quais a lua volta quase que ao mesmo lugar), e os do *ciclo solar* (período de 28 anos, depois dos quais os dias da semana caem nas mesmas datas dos meses). Scaliger descobriu que o ano de 4713 a.C. possuía a unidade por indicção romana, ciclo lunar e ciclo solar.

Se procurarmos a concordância dos anos 1 das diferentes eras, em função do período juliano, encontramos:

963: ano 1 da era dos judeus.
3938: ano 1 da era das Olimpíadas.
3961: ano 1 da fundação de Roma (Varrão).
3967: ano 1 da era de Nabonassar.
4714: ano 1 da era cristã[87].
5335: ano 1 da Hégira.
6505: ano 1 da República.

O ano de 1948 é o ano 6661 do período juliano (1948 + 4713) e desse novo milésimo podemos extrair facilmente as "misteriosas" indicações de nossos calendários. O resto da divisão de 6661 por 15 dá a indicção romana: I; por 19, dá o número de ouro do ciclo lunar: 11; por 28, dá o ciclo solar: 25. Isso é válido, apesar da reforma gregoriana[88].

Poderão objetar, sem dúvida, que haveria aí alguma dificuldade para encontrar a concordância das datas com a era vulgar e se acrescentar 4714 anos à era comum. Essa dificuldade desapareceria se se traçasse uma tabela de concordância nos anuários maçônicos:

1940 = 6653	1950 = 6663
1941 = 6654	1951 = 6664
1942 = 6655	1952 = 6665
1943 = 6656	1953 = 6666
1944 = 6657	1954 = 6667
1945 = 6658	1955 = 6668
1946 = 6659	1956 = 6669
1947 = 6660	1957 = 6670
1948 = 6661	1958 = 6671
1949 = 6662	1959 = 6672

Por outro lado, sabendo que a Era Maçônica começaria atualmente por 66, bastaria diminuir 13 da segunda parte do milésimo para encontrar a era comum e, inversamente, acrescentar 13 à era comum para encontrar a era maçônica.

O dia 4 de março de 1950 seria o 4º dia do 1º mês do ano de 6663 (E.·.M.·.).

O 10º dia do 6º mês do ano de 6662 corresponderia ao 10 de agosto de 1949.

Não achamos que essa proposta seja aceita; no entanto, sentimos que esse modo de datar seria preferível à adição dos 4000 anos simbólicos – demasiado bíblico, no nosso entender – e, sobretudo, ao uso da era vulgar nas moedas, nas atas e documenos maçônicos.

Se os 4000 anos simbólicos foram abandonados como uma complicação inútil, os 4713 anos que preconizamos não têm nenhuma chance de serem aceitos.

NOTAS AO CAPÍTULO II

O APRENDIZ

1. Escrevemos "reflexão" no singular, de acordo com G. PERSIGOUT, que explica que o profano, no Gabinete, não se entrega a *reflexões*, mas que faz *uma* reflexão, no sentido de "volta" sobre si mesmo, já que está prestes a nascer de novo. Ver a notável obra desse autor: *Le Cabinet de Réflexion*, 1946, p. 19. Trata-se de um trabalho considerável, marcado por uma abundante erudição.

2. *Manuel Interprétatif du Symbolisme Maçonique. Premier Degré. Grade d' Apprenti* (s. d.). p. 15.

3. *Le Livre de l'Apprenti*, 1931, p. 113.

4. Supõe-se que Cristo se serviu de pão *ázimo* (*azumos*, sem fermento) por ocasião da Ceia, porque durante a páscoa judia o pão fermentado era proibido. Parece que os primeiros cristãos, em seus ágapes, usaram indiferentemente pão ázimo ou fermentado. Até o século IX, o "pão eucarístico" era, verossimilmente, o pão comum, do qual se diferenciava apenas pela consagração.

   Faziam-se pequenos pães redondos, que não eram tão finos como as "hóstias" de hoje e que eram divididos pelo padre para a comunhão.

   O pão partido em comum – seja ele ázimo ou não – é o símbolo real da "comunhão", isto é, do alimento espiritual tomado no mesmo e único lar. Encarada sob esse aspecto, a "comunhão" atual representa um empobrecimento dos ritos primitivos.

5. *Les Demeures Philosophales et le Symbolisme Hermétique dans ses Rapports avec l'Art Sacré et l'Esotérisme du Grand Oeuvre*, 1930, p. 166.

6. *Le Saint Sacrifice de La Messe Exposé Historiquement*, t. II, p. 290.

7. *Manuel du Premier Degré*, p. 16.

8. O *Filactério* (do grego *phulaktérion*, antídoto) era um pedaço de pergaminho sobre o qual se escrevia alguma passagem da Escritura e que se amarrava no braço ou na testa. Os Filactérios transformaram-se depois em verdadeiros amuletos.

9. *Vitríolo* (*vitreolus*, vidroso) era, entre os antigos, o nome genérico dos sulfatos. Dizia-se *vitríolo azul*, em lugar de sulfato de cobre; *vitríolo verde*, em lugar de sulfato de ferro; *vitríolo branco*, em lugar de sulfato de zinco. O ácido sulfúrico era chamado de "óleo de vitríolo" ou de "ácido vitriólico"; hoje em dia ainda as pessoas do povo chamam esse ácido de "vitríolo". Dá-se também como etimologia desse nome *vitri oleum*, isto é, "óleo de vidro"; aliás, o ácido sulfúrico concentrado tem o aspecto de um líquido espesso e xaroposo.

10. De *lusis*, decomposição, liquefação, mudança de estado. Essa palavra entra na formação de diversos substantivos, tais como: *lysat*, análise, elotrólise, etc.

11. As três perguntas que poderiam realmente *esclarecer* a respeito das concepções filosóficas do Recipiendário seriam evidentemente estas: De onde viemos? O que somos? Para onde vamos? – perguntas nas quais encontramos o ternário: passado, presente e futuro.

12. Ver cap. V, 4.

13. Opõe-se o culto de *latria* (de *latreia*, culto por excelência) que só é devido a Deus, ao culto de *dulia* (*douleia*, servidão) que é reservado aos anjos e aos santos.

14. *Tableau naturel des Rapports qui Existent en Dieu, l'Homme et l'Univers* (1782).

15. O "espelho" que é encontrado em certos Ritos, no estágio do Gabinete de Reflexão (refletir no sentido da física), materializa a "reflexão" (no sentido de 'ponderar com madureza').

16. Ver, no cap. II, 7, "O Juramento".

17. *Manuel du Premier Degré*, pp. 22-23.

18. *Le Coté Occulte de la Franc-Maçonnerie*, 1930, p. 139 e segs. Leadbeater, ao lado de estudos incontestavelmente curiosos, muitas vezes dá prova de uma imaginação exagerada. Adepto ferrenho da reencarnação e das sucessivas existências, não diz ele (p. 2) que tudo o que viu numa Loja lhe era familiar e lhe lembrava velhas recordações de seis mil anos atrás (!)?

19. A Antiguidade refere-se a sete metais apenas, não por ignorância dos demais, mas em relação com seus influxos planetários.

20. Ragon soube precisar o uso dos termos: aspirante, postulante, neófito, etc. Ele diz (*Cours Philosophiques*, p. 80):

    "O *aspirante* ou *postulante* é aquele que pede para ser iniciado. A partir do momento em que a Loja consentiu em sua admissão ele é *candidato*. Aquele que, entre os romanos, aspirava a um cargo, a uma dignidade, vestia uma túnica branca (*candida*) de onde a palavra *candidatus*. Por extensão, na Maçonaria chama-se *candidato* aquele que aspira a uma dignidade ou a uma função. Admitido às provas, o candidato torna-se *Recipiendário;* uma vez recebido, é um *Neófito* (que nasceu de novo) ou *Iniciado* no grau que lhe é conferido."

21. Deve-se despojar o Recipiendário de seu papel-moeda e de seu talão de cheques? Sim, se se considerar que eles simbolizam o dinheiro em metal.

22. *Causeries en Loge d'Apprentis*, pp. 51-52.

23. Rabelais, no Quinto Livro, descreve o costume pitoresco de Panúrgio admitido à iniciação da Deusa Garrafa. Na obra *De l'Archictecture naturelle*, já citada, encontramos a descrição dessa iniciação. Eis o texto de Rabelais que nos interessa presentemente:

    "Ali, nossa ilustríssima Lanterna ordena que cada um fizesse daquela hera um chapéu albanês, para que com ele cobrisse toda a cabeça. O que foi feito sem tardança. – Debaixo desta parreira, disse então Pantagruel, não teria podido passar outrora o Pontífice de Júpiter. – A razão, disse a nossa preclara Lanterna, era mística. Pois, passando por aí, ele teria o vinho, isto é, as uvas sobre sua cabeça, e pareceria estar como que martirizado e dominado pelo vinho, para significar que os Pontífices e todos os personagens que se entregam e se dedicam à contemplação das coisas divinas devem manter o espírito em tranqüilidade, longe de qualquer perturbação dos sentidos; a qual se manifesta mais na embriaguez do que em qualquer outra paixão seja ela qual for.

"Mas, antes de lhe fazer esse chapéu albanês, a Lanterna havia mandado que eles 'comessem três vacimos por cabeça, colocassem pâmpanos em suas sandálias e empunhassem um ramo verde com a mão esquerda'.

"Quando, a seu pedido, Panúrgio foi conduzido até o oráculo da Divina Garrafa, a princesa Bacbuc, dama de honra da Garrafa e Pontífice de todos os mistérios, mandou-o ataviar de uma 'forma grotesca':

"Vestiu-o, depois, com uma capa de aldeão, cobriu-o com uma bela touca branca, vestiu-o com um gorro de hipocraz, em cuja extremidade, em lugar de borla, colocou três obeliscos, vestiu-lhe as mãos com duas braguilhas antigas, cingiu-o com três cornamusas ligadas entre si, banhou-lhe por três vezes a face na sobredita fonte, lançou-lhe, enfim, no rosto, um punhado de farinha, colocou três penas de galo no lado direito do gorro hipocrático, fê-lo dar nove voltas ao redor da fonte, fê-lo dar três belos pequenos saltos e cair sete vezes com o traseiro por terra, sempre pronunciando não sei que conjurações em língua etrusca, e às vezes lendo num livro ritual, que era carregado junto a ela por uma de suas mistagogas."

A aparente fantasia do relato não deve enganar a respeito da profundidade de seu alcance, que é maior do que se poderia supor.

24. *Les Mystères de l'Art Royal*, p. 92.

25. Eis a fábula de Jasão, de acordo com P. DECHARME (*Mythologie de la Grèce antique*, p. 609, e segs.):

"Em Iolcos, na Tessália, reinava Pélias, que, perfidamente, roubara o trono de seu irmão Éson. Este, temendo pela vida de seu filho *Jasão*, confiou a criança aos cuidados do Centauro Quíron que lhe deu, nas encostas do Pélion, a mesma educação forte e viril que havia dado ao jovem Aquiles. Contudo, Pélias, inquieto e perturbado pelos remorsos, havia interrogado o oráculo a respeito da duração de seu poder. O deus respondeu-lhe que desconfiasse *do homem de uma única sandália.*"

"De acordo com Píndaro, Jasão, com a idade de vinte anos, deixa o Centauro, seu mestre, e vai a Iolcos, onde entra com um pé descalço. Ele se faz reconhecer pelo povo e, apoiando-se no texto do oráculo, reclama para si a realeza. Pélias promete ceder-lhe o trono, mas com uma condição: a de levar para Iolcos o Tosão de Ouro do Carneiro, presenteado por Hermes a Néfele..."

"De acordo com Apolodoro, Pélias estava oferecendo um sacrifício a Poseidon, certo dia, à beira-mar, quando vê Jasão que, tendo atravessado a vau o leito do Anauros, havia perdido uma sandália na torrente. Pélias, lembrando-se de repente das palavras do oráculo, aproxima-se do jovem: "Que farias, diz-lhe ele, se te fosse predito que deves morrer pela mão de um dos teus? – Eu o mandaria buscar o Tosão de Ouro, responde Jasão, inspirado por Hera". Pélias segue o seu conselho e se compromete a entregar-lhe o poder, caso ele realize a condição prescrita..."

26. *Manuel de l'Apprenti, op. cit.*, p. 27 e segs.

27. As correspondências tradicionais são as seguintes:

Áries,	Cabeça.	*Balança,*	Rins.
Touro,	Pescoço.	*Escorpião,*	Órgãos genitais.
Gêmeos,	Braços, Pulmões.	*Sagitário,*	Coxas.
Câncer,	Estômago.	*Capricórnio,*	Joelhos.
Leão,	Coração.	*Aquário,*	Pernas.
Virgem,	Ventre.	*Peixes,*	Pés.

Eis, por outro lado, os *planetas governantes* de cada um dos signos zodiacais:

Áries,	Marte.	*Balança,*	Vênus.
Touro,	Vênus.	*Escorpião,*	Marte.
Gêmeos,	Mercúrio.	*Sagitário,*	Júpiter.
Câncer,	Lua.	*Capricórnio,*	Saturno.
Leão,	Sol.	*Aquário,*	Saturno.
Virgem,	Mercúrio.	*Peixes,*	Júpiter.

É preciso ainda notar que os planetas são ditos *em ascendente* em certos signos; isto é, que suas qualidades benéficas ou maléficas estão fortalecidas:

Sol,	em *Áries.*
Lua,	em *Touro.*
Vênus,	em *Peixes.*
Marte,	em *Capricórnio.*
Júpiter,	em *Câncer.*
Saturno,	em *Balança.*

Os três quadros acima ajudarão a compreender as explicações de Gédalge para os leitores não versados em astrologia.

28. Ver *infra*, cap. IX, I, "As Mattchas".

29. *Le Livre du Compagnon*, p. 29 e seg.

30. "*Louveton ou louveteau*, diz RAGON (*Rituel d'adoption de jeunes Louvetons*, p. 12), são denominações de origem muito antiga, que significam "jovem lobo", nome que, nos mistérios de Ísis, era dado ao filho de um Iniciado, chamado *chacal* ou *lobo*, porque a máscara que ele usava, mesmo em público, tinha a forma simbólica desse animal." A esse respeito, Macróbio diz que os antigos tinham percebido uma relação íntima entre o lobo e o Sol, que o Iniciado representava na cerimônia de sua recepção: "Com efeito, diziam eles, à aproximação de um lobo, os rebanhos fogem e desaparecem, e até as constelações, que são rebanhos de estrelas, desaparecem diante da luz do Sol".

"Lux vem de *luké*, luz, lobo, chacal, que foi o emblema do Sol, cujo nascer, como o galo, ele anuncia com seus gritos. Esse é o motivo pelo qual o lobo era consagrado a Apolo, de onde seu nome de Apolo-Lucius."

Convém dizer [em francês] *louveton* e deixar a palavra *louveteau* para a História Natural. Essa palavra apresenta-se com as seguintes variações: *Lowton, lofton, loveton, loveson,* etc. Trata-se de formas mais ou menos anglicizadas.

31. *Cours philosophique* (1841), *op. cit.*, p. 90.

32. A obra de P. CRHISTIAN: *Histoire de la Magie, du Monde Surnaturel et de la Fatalité à Travers les Temps et les Peuples,* Paris, 1870, muito procurada e considerada pelos ocultistas, é uma obra de pura imaginação. As cenas da "iniciação egípcia" são descritas minuciosamente; infelizmente, nenhum documento permite que as aceitemos como verídicas. Certos autores, Papus entre outros, pouco preocupados em verificar suas afirmações, seguiram docilmente a "história" de Christian.

P. Christian é o pseudônimo de Christion Pitois, cérebre sobretudo, diz CAILLET, em sua *Bibliographie des Sciences Psychiques et Occultes* (1912), "por suas profundas pesquisas sobre a ciência dos Magos egípcios" (!).

O doutor Octave Béliard, membro da Sociedade de Egiptologia, que consultamos a esse respeito, respondeu-nos a 19 de novembro de 1946:

"Houve, sem dúvida alguma, uma ciência esotérica no Egito e, portanto, uma iniciação. Podemos encontrar-lhe os vestígios nos monumentos e nos papiros, mas a interpretação desses vestígios sempre despertou fantasias muito imaginosas, sobretudo quando ainda não se sabia ler os escritos, embora tal perigo fosse menor depois que a egiptologia se tornou realmente uma ciência, isto é, há cerca de um século. As autoridades em cujos depoimentos era costume apoiar-se eram gregas; com efeito, os pensadores gregos tinham o costume de ir ao Egito para se instruírem, mas isso nos últimos tempos, a partir do período saíta, quando muito, isto é, cerca de sete séculos antes de Cristo, quando o Egito histórico existia há mais de dois milênios e já estava em seu período final. O que os gregos puderam ver e aprender não era uma tradição puramente egípcia, mas adulteradas pelas contribuições de outros povos, e eles ainda acrescentaram muito de seu. As religiões da decadência e, conseqüentemente, seus segredos, são construções onde todo o mundo pôs a mão. Seu conteúdo turvo favorecia, aliás, o desenvolvimento de certo misticismo que causaria muito espanto nos sacerdotes dos períodos clássicos."

33. *Rituel de l'Apprenti,* 1860, p. 65.

34. *Le Livre de l'Apprenti,* 1931, p. 120 e segs.

35. Nossa intenção, nesta obra, é preciso deixar isto bem claro, não é explicar o Ritual maçônico, mas o simbolismo maçônico. Isso porque o profano só poderá realmente "compreender" quando ele próprio tiver participado ativamente de uma iniciação maçônica. Agindo assim, respeitamos o "segredo" maçônico que aliás, é incomunicável.

36. Na astrologia tradicional, as correspondências zodiacais com os Elementos são as seguintes:

FOGO	:	Áries, Leão, Sagitário.
ÁGUA	:	Câncer, Escorpião, Peixes.
AR	:	Gêmeos, Balança, Aquário.
TERRA	:	Touro, Virgem, Capricórnio.

37. Ver a nota sobre o "Tetramorfo".

38. *Les Mystères de l'Art Royal*, pp. 101-102.

39. *Cours Philosophique*, 1841, *op. cit.*, p. 91.

40. *Livre de l'Apprenti, op. cit.*, 123-124.

41. Os cinco rios dos Infernos na mitologia grega são o Aqueronte (*akos*, dor); o Flegetonte (queimar); o Cocito (lamentações); o Estige (horrível); e, enfim, o Letes (olvido). Quando o Destino chamava as almas a uma nova existência terrestre, estas bebiam da água deste último rio e logo perdiam qualquer lembrança do passado.

42. O adepto, de *adeptus, é aquele que adquiriu.*

43. Em Roma, na África, em Alexandria, na Abissínia, etc., dava-se aos novos batizados uma bebida feita de leite e mel.

44. No Rito Francês usa-se apenas uma bebida, que é amarga.

45. Plínio coloca a Esmeralda na terceira categoria entre as pedras preciosas: a primeira pertence ao diamante e a segunda às pérolas. Eis o que ele diz a esse respeito: "Não existe cor mais agradável ao olhar; porque, embora o olhar se fixe avidamente no verde das ervas e da folhagem, sente-se um prazer infinitamente maior na contemplação das esmeraldas, pois nenhum matiz verde é verde se o compararmos a essa pedra. Além do mais, entre todas as pedrarias, esta é a única que delicia o olhar sem saciá-lo; e mesmo quando estamos cansados de olhar com atenção alguns objetos, recreia-se a vista pousando-a sobre uma esmeralda: os lapidários não têm nada que repouse melhor os olhos, tanto essa doce nuança verde acalma a fadiga do órgão da visão. Além do mais, vistas de longe, as esmeraldas parecem maiores, comunicando ao ar ambiente uma cor verde. Nem o sol, nem as sombras, nem as luzes, nada é capaz de mudá-las; elas sempre têm um brilho moderado; deixam penetrar o olhar, transmitindo facilmente, por sua espessura, a luz, o que nos agrada mesmo na água. Na maioria das vezes, as esmeraldas são côncavas, para reunir os raios luminosos. *Existe também uma convenção que as protege: não se grava em esmeraldas.*" (Livro XXXVII, 16.)

Ora, precisamente, a tradição nos conta que a célebre "Mesa de Esmeralda" de Hermes Trismegisto estava gravada sobre essa pedra, provavelmente em razão de seu caráter essencialmente "místico". No apêndice em anexo, o leitor poderá encontrar o texto da Mesa de Esmeralda de acordo com Fulcanelli.

Entre outras propriedades, atribuíam-se à esmeralda virtudes afrodisíacas e Rabelais não o ignorava: "A braguilha de Gargantua estava fechada com dois colchetes de esmalte, em cada um dos quais estava encastoada uma grande esmeralda da grossura de uma laranja. Pois, assim como diz Orfeu, *Libro de Lapidibus*, e Plínio, *Libro ultimo*, ela tem a virtude eretiva e confortativa do membro natural." (livro I, cap. VIII.)

Ver adiante o apêndice a respeito da cor verde.

46. *Les Demeures Philosophales, op cit.*, p. 100.

47. *La Légende du Graal et le "Mystère" de l'Empire*, 1939, p. 385.

48. Cf. Emile BURNOUF. *Le Vase Sacré et ce qu'il Contient dans l'Inde, la Perse, la Grèce et dans l'Eglise Chrétienne* (1896).

49. *Telesma* (do gr. *telos*, fim), substância primitiva de que tudo se formou e que, de acordo com Hermes Trismegisto, é ao mesmo tempo céu e terra: sutil e fixa. (Abadia de Théleme (perfeição de vida) de Rabelais.)

50. A obra de Khunrath foi publicada e traduzida pela primeira vez em francês pela editora Chacornac, em 1898. As dozes estampas formavam um volume separado. Essas estampas foram reeditadas por Derain, Lyon, 1946, com breves comentários de Papus e de Marc Haven.

51. FULCANELLI, *Les Demeures Philosophales*, p. 334.
Stanislas DE GUAITA publicou uma tradução comentada da *Mesa de Esmeralda* (*Le Serpent de la Genèse*, t. II, 1897, p. 105 e segs.), na qual ele vê a descrição do *Equilíbrio universal e de seu agente*.

52. *Cours philosophiques* (1841), *op. cit.*, p. 92.

53. Essa noção de castigo pela morte, pela transgressão do juramento, permanece muito viva, ainda em nossos dias, entre o povo, cujo espírito romanesco é apreciador de aventuras misteriosas e folhetinescas (J.B.).

54. Na forma moderna de juramento prestado na justiça, suprimiu-se a *invocação* e a *imprecação*, o que torna seu valor absolutamente nulo; a menos que aquele que o presta as acrescenta implicitamente.

55. A etimologia da palavra *pacto* é o latim *pax*, paz. Um pacto é uma convenção de paz.

56. *La Mystique divine distinguée des contrefaçons diaboliques et des analogies humaines*, 1902, t. III, pp. 291-292.

57. *Aperçus sur l'Initiation*, 1946, pp. 190-200.

58. Seria preciso que as pessoas encarregadas desse trabalho possuam, com um conhecimento aprofundado do simbolismo oculto, o sentido bem especial da magia do rito. Além do mais, são aqui absolutamente indispensáveis sérios e amplos conhecimentos etnológicos.

59. É grande a curiosidade para se saber o que eram essas criaturas misteriosas, chamadas *Querubins*. Muitos assiriólogos modernos afirmam que os Querubins do Paraíso Terrestre eram touros alados, semelhantes aos colocados à entrada dos templos e dos palácios assírios. Para estabelecer essa identificação, apóiam-se em certas analogias: primeiro, a identidade de nome; os touros alados das portas dos palácios assírios são chamados de *Kirubi*, que é o nome semítico *keroubim* dos Querubins; depois, a analogia das funções; os Querubins do Paraíso Terrestre desempenhavam um papel protetor: defendiam a entrada do Paraíso; o mesmo ocorria com os touros alados assírios; com efeito, eles não eram simples objetos de decoração; supunha-se que um ser sobrenatural residia em seu corpo e exercia

as funções de guardião e de protetor. Para os assírios, esses touros eram *shedu*, isto é, gênios sobrenaturais que viviam revestidos de um invólucro material.

Os apologistas sustentam que não é certo que os *Kirubi* fossem conhecidos na Assíria na época em que foi escrita a narração do Gênesis; de acordo com eles, a tradição bíblica seria anterior às tradições assírio-babilônicas. Para responder a essa pergunta, seria preciso que nos fixássemos na cronologia relacionada com esses dois pontos: a época da composição do Gênesis e a época do aparecimento dos touros alados na Assíria. No estado atual de nossos conhecimentos, não é possível determinar exatamente essas datas. É evidente que, se Moisés é antigo, a civilização caldaica o é ainda mais!

Os "Querubins" encontram-se ainda na Bíblia junto à Arca da Aliança e na visão de Ezequiel. Os primeiros parecem ter sido tomados de empréstimo ao Egito e não ter nada de comum com os "Kirubi"; os segundos assemelham-se perfeitamente aos touros de Nínive." (ERMONI, *La Bible et l'Assyriologie*, 1903, p. 15 e segs.)

Os Kheroubs assírios, com cabeças de homem e barbas aneladas, de transformação em transformação, transformaram-se nos desgraciosos Querubins da iconografia cristã; no século XVIII, são anjinhos de cabeças bochechudas soando por entre nuvens de teatro.

60. Ermoni classifica os anjos em nove coros, divididos em grupos de três:

OS CONSELHEIROS:

1. Os *Serafins* (*séraphim*, queimar); são vermelhos, cor de fogo, têm seis asas e empunham uma espada flamejante.

2. Os *Querubins* (*keroub*, ou *kerubim*, no plural, assistentes) também têm seis asas em torno de uma cabeça sem corpo. Em geral, são representados na cor azul.

3. Os *Tronos*, representados por rodas incendiadas e dotadas de olhos.

OS GOVERNADORES:

4. As *Dominações;* dá-se-lhes por atributos um cetro e uma coroa, ou um globo.

5. As *Virtudes* usam uma varinha e realizam milagres.

6. As *Potências*, combatem os demônios e também usam como atributo o cetro e a varinha.

OS MINISTROS:

7. Os *Principados*, muitas vezes representados vestidos como guerreiros empunhando um machado ou um dardo.

8. Os *Arcanjos*, quase sempre representados em costume militar, com lança e escudo.

9. Os *Anjos* (enviados, mensageiros); possuem um nimbo, asas e, às vezes, um atributo, símbolo de sua missão.

(Cf. BARBIER DE MONTAULT, *Iconographie chrétienne, op. cit., passim.*)
A angeologia foge às intenções desta obra. Damos essa nomenclatura apenas a título de indicação sumária.

61. V. ERMONI cit., em *La Bible et l'Assyriologie, op. cit.*, p. 19 e segs.:
"O texto hebraico seria mais bem traduzido por "gládio incendiado" ou, melhor ainda, por "chama do gládio espiralado". Não se encontrou nos monumentos assírios uma menção precisa desse gládio; mas a assiriologia contribuiu grandemente para determinar sua natureza e posição.

"Existem muitos cilindros assírio-babilônicos nos quais são representados os ziguezagues do raio. Essa representação toma diferentes formas: ora é feita em duas linhas quebradas, ramificando-se de uma linha central; outras vezes duas linhas são onduladas; outras, enfim, o símbolo apresenta três ou até seis ramos. Há certeza a respeito do significado do símbolo: representa invariavelmente o raio. Com efeito, ele é encontrado na mão de Immer-Ramman, que é justamente o deus do trovão, ou no touro consagrado a esse deus. Além do mais, esse símbolo desempenhava muito freqüentemente o mesmo papel do gládio flamejante do Paraíso Terrestre. Isso é sabido graças a uma inscrição de Teglathphalasar I, que reinou no ano 1100 antes de Cristo. Esse monarca conta, na grande inscrição encontrada em Kalah-Shergat, que ele tomara e destruíra no país de Qoumanou uma cidade chamada Khounousa: "Fiz, diz ele, um raio de cobre e escrevi sobre ele o despojo que fiz com a ajuda de Ashour, meu Deus, assim como a proibição de ocupar essa cidade e de reconstruir-lhe os muros. Construí nesse lugar uma casa de tijolos, e coloquei aí esse 'raio de cobre'." Esse raio de cobre sobre o qual está gravada a proibição de reconstruir os muros da cidade saqueada, sob a pena de cometer um sacrilégio para com os deuses, não lembra, involuntariamente, a espada espiralada do Paraíso Terrestre? Poderíamos talvez pensar também no relâmpago que colocou diante dele o deus Marduk. Antes de ir combater Tiamat, Marduk fez seus preparativos:

"Ele fez um arco e o escolheu como arma,
"Ele se armou de uma azagaia e a tomou à guisa de dardo.
"E o deus levantou a arma; ele a colocou em sua mão direita;
"Ele pendurou a seu lado o arco e a aljava,
"Ele colocou diante dele o raio,
"Ele cobriu todo o seu corpo com uma chama ardente, etc.

"Nas representações figuradas, Marduk também empunha uma arma de seis pontas, três em cima e três embaixo; seu punho está no meio. Essa arma é o próprio raio. Esse símbolo também leva a pensar na espada espiralada.

"Como a espada flamejante da Bíblia estava colocada? É fora de dúvida que ela não era empunhada, de qualquer modo que fosse, pelos Querubins; porque, primeiramente, o texto não o diz e, em segundo lugar, porque o gládio é único, enquanto os Querubins são pelo menos dois. A assiriologia nos servirá ainda para esclarecer e explicar melhor a narrativa bíblica. Numa pedra gravada no museu do Louvre, o raio de que falamos acima é representado fixo sobre um pedestal. Desde então, com a ajuda desses símbolos assírio-babilônicos, é legítimo e natural concluir que a espada flamejante estava colocada sobre um pedestal diante da entrada do Paraíso terrestre. Quanto aos Querubins, deveriam estar colocados de cada lado dessa mesma entrada. Desse modo, a entrada teria sido barrada pela espada flamejante e guardada de cada lado pelos Querubins."

62. *Cours Philosophique*, p. 107.

63. *Le Livre de l'Apprenti*, p. 119.

64. *Le Symbolism*, 1939, p. 122 e segs.

65. Ver o cap. III, 5, "Os Sephiroth".

66. *Le Symbolism*, *op. cit.*, pp. 128-129.

67. Em Magia operativa ou cerimonial, a Espada é empunhada pela mão direita e a Varinha pela esquerda. A Varinha atrai os conglomerados fluídicos e a Espada dissolve-os. Esses dois instrumentos são análogos às *bolas* e aos *pontos*, e à sua ação, na eletricidade.

    Não há como comparar a Espada Flamejante com a Espada mágica. Contudo, toda cerimônia ritual é mágica, isto é, o gesto realizado no plano material é acompanhado de uma ação real no plano hiperfísico, com a condição de que aquele que o faz possua as qualificações indispensáveis.

    As transmissões "iniciáticas" constituem verdadeiras operações mágicas. Os Maçons "racionalistas", que vêem na Magia crenças de uma época ultrapassada, mal sabem que, por ocasião de sua iniciação, eles se entregaram a essas práticas mágicas que qualificam de quiméricas... porque não as compreendem.

68. Às vezes, faz-se com que o Recipiendário segure uma Espada apoiada junto ao peito. Trata-se de um erro que seria conveniente evitar. O Recipiendário deve apoiar a ponta de um Compasso, e não a de uma Espada, contra o peito.

69. Atualmente, o Rito Francês manda que se segure a Espada com a mão direita, afastando-se, assim do valor iniciático da Espada, à qual dá um sentido puramente profano.

70. *Lucifer Démasqué*, p. 214.

71. Um quadro de Jean-Paul Laurens popularizou esta cena.

72. Sabe-se que as quatro castas da Índia são: 1º os *Brahmanes*, ou sacerdotes; 2º os *Xátrias*, ou guerreiros; 3º os *Vaiçyas*, ou cultivadores e comerciantes; 4º, os *çûdras* ou artesãos e operários. De acordo com a Xª mandala do Rigveda, os primeiros eram a boca do Criador; os segundos, seus braços; os terceiros, suas coxas e, os quartos, seus pés. As correspondências com os Elementos são, na mesma ordem: Fogo, Ar, Água e Terra.

73. *Orthodoxie Maçonnique*, 1853, p. 71.

74. *Bulletin des Ateliers Supérieurs*, 1937, p. 190.

75. *Idem*, 1938, p. 91.

76. O "Triquetro" (do grego *trikhé*, triplicemente, e *édra*, base) é um símbolo formado por três pernas dobradas em triângulo e encontrado principalmente em certas medalhas antigas. Esse símbolo é análogo ao "Triskell", símbolo formado

pela combinação de três S de base triangular; trata-se de uma variedade da dupla espiral céltica. O Triskel é considerado um símbolo solar análogo à Swástika encontrada entre todos os povos de origem indo-européia.

77. Ver *Associações de Obreiros*, cap. VI, 1.

78. *Iniciation à la Philosophie de la Franc-Maçonnerie basée sur les Mystères, les Cultes et les Mythologies de l'Antiquité*. Marselha e Paris, 1863. (Citado no *Bulletin des Ateliers supérieurs*, 1937, p. 116.)

79. Dá-se o nome de *anotações tironianas* a um sistema de abreviações em uso na antiga Roma e na Idade Média até cerca do fim do século XI. Tiro, escravo alforriado por Cícero, fez uma coletânea dos sinais utilizados e é daí que vem o seu nome. Essas anotações eram uma espécie de estenografia usada para registrar os discursos, as defesas, os depoimentos, etc. Os "notários" (*notarii*) eram os estenógrafos encarregados de tomar essas anotações. Então, para indicar o plural, já se duplicava a letra inicial.

80. Eis algumas abreviaturas usadas pelos escrivães:
Loc. cit. (*loco citato*), passagem citada; *op. cit.* (*opus citatum*), obra citada; *ss.*, *ssq.*, *sq.* (*sequentia*), e seguintes; *pass.* (*passim*), aqui e ali, em diversos lugares; *cf.*, conferir, comparar; *in*, em; *ap.* (*apud*), junto a, em.

81. Do grego *ana*, indicando inversão, e *gramma*, letra.

82. *Bulletin des Ateliers Supérieurs*, 1937, p. 193.

83. James ANDERSON é o autor do *Livre des Constitutions des Francs-Maçons*, publicado em 1723. Além da parte "histórica", muito discutível, esta obra contém *os encargos de um Franco-Maçom*, no que o autor continua a ser autoridade.

84. Para lembrar a ordem dos signos do Zodíaco, usa-se o seguinte dístico:

Sunt: Aries, Taurus, Gemini, Cancer, Leo, Virgo,
Libraque, Scorpius, Arcitenens, Caper, Amphora, Pisces.

Eis as datas correspondentes aos signos: *Áries*, de 21 de março a 21 de abril; *Touro*, de 21 de abril a 22 de maio; *Gêmeos*, de 22 de maio a 22 de junho; *Câncer*, de 22 de junho a 23 de julho; *Leão*, de 23 de julho a 23 de agosto; *Virgem*, de 23 de agosto a 23 de setembro; *Balança*, de 23 de setembro a 24 de outubro; *Escorpião*, de 24 de outubro a 23 de novembro; *Sagitário*, de 23 de novembro a 22 de dezembro; *Capricórnio*, de 22 de dezembro a 21 de janeiro; *Aquário*, de 21 de janeiro a 19 de fevereiro; *Peixes*, de 19 de fevereiro a 21 de março.

85. Os meses republicanos começavam entre os dias 18 e 22 dos nossos meses. Era preciso um cálculo astronômico preciso para fixar o começo do ano. Eis as concordâncias gerais:

Vendimiário	Set.-Out.	Germinal	Mar-Abr.
Brumário	Out.-Nov.	Floreal	Abr.-Maio.
Frimário	Nov.-Dez.	Prairial	Maio-Jun.
Nevoso	Dez.-Jan.	Messidor	Jun.-Jul.
Pluvioso	Jan.-Fev.	Termidor	Jul.-Ag.
Ventoso	Fev.-Mar.	Frutifidor	Ag.-Set.

Como os meses tinham, todos, 30 dias, era preciso acrescentar a cada ano cinco ou seis dias complementares, os chamados *sans-culottides*. Cada mês compreendia três dezenas e os dias receberam os seguintes nomes: *primidi, duodi, tridi, quartidi, quintidi, sextidi, septidi, octidi, nonidi, décadi.*

Foi para agradar à corte de Roma que Napoleão sacrificou o calendário nacional.

86. Sábio filólogo, nascido em Agen em 1540, morto em Leyde em 1609.

87. É preciso lembrar que não houve ano zero para a era cristã, pois isso constitui uma fonte de erros freqüentes.

88. Foi no ano 45 de nossa era comum que Júlio César mandou estabelecer o calendário que continua a ser chamado pelo seu nome: "juliano". Constatou-se que esse calendário, que supunha que o ano tinha 365 e 1/4, estava errado, pois o ano trópico tem apenas 365 dias 2422166. O papa Gregório XII fez a reforma chamada gregoriana, suprimindo dez dias; o dia que se seguiu à quinta-feira de 4 de outubro de 1582 foi a sexta-feira 15 de outubro. Esse expediente restabelecia o calendário; todavia, subsiste ainda algum erro (cf. a repeito Jules RÉGNAULT, *Les Calculateurs Prodiges*, 1943).

III

A OFICINA

1. O TEMPLO E A LOJA

As assembléias dos Maçons dos diferentes graus, em memória das associações dos primeiros Maçons operativos, costumam ser chamadas de "Oficinas".

Cada uma das Oficinas é caracterizada por uma cor que corresponde à do cordão usado pelos Maçons que as compõem:

As *Oficinas azuis* (ou *simbólicas*) são as Lojas que reúnem os Maçons do 1º ao 3º grau.

As *Oficinas vermelhas* (ou *capitulares*) são os *Capítulos*, que reúnem os Maçons do 4º ao 18º grau[1].

As *Oficinas negras* (ou *filosóficas*) são os *Areópagos* ou *Conselhos*, que agrupam os Maçons do 19º ao 30º grau.

As *Oficinas brancas* são: os *Tribunais Soberanos*, para o 31º grau; os *Consistórios*, para o 32º grau; e, enfim, o *Supremo Conselho*, para o 33º grau.

Os autores maçons ainda discutem a respeito das designações respectivas de "Templo" e de "Loja". Para uns, a Loja é o próprio Templo; para outros, ele é apenas um grupo de Maçons; para outros ainda, a Loja só existe quando os Maçons estão reunidos, deixando de existir em seguida.

Na realidade, a Loja é exatamente um grupo de Maçons, uma entidade coletiva definida que tem sua vida própria, seu espírito particular. Um Maçom "visitador", isto é, que comparece ocasionalmente a uma Loja diferente daquela a que pertence, sente muito nitidamente a diferença de "espírito" entre essa Loja e a sua.

Em contrapartida, o local é indiferente: uma Loja pode se reunir neste ou naquele Templo sem que seu caráter próprio seja alterado[2].

Edmond Gloton diz, com razão[3]: "Muitos de nossos Irmãos pensam erradamente que, para realizar os trabalhos de sua Oficina, é preciso um local especialmente preparado para tal fim. Qualquer sala pode servir, desde que o traçado da Loja figure entre as colunas. Se esse pormenor fosse mais conhecido, existiriam Oficinas em muitos Orientes, porque Irmãos há que desistem diante das despesas exigidas pela preparação e manutenção de um local especial, enquanto que, se se reunissem na casa de um deles, poderiam muito bem trabalhar maçonicamente".

Cada grau possui o seu "Quadro de Loja". Primitivamente, esse Quadro era traçado a giz no chão; estudaremos no capítulo IV o "Quadro do Aprendiz".

O termo "Loja" deriva, sem dúvida, das associações de operários. "Todos esses operários, diz Henri Crépin[4], trabalhavam em canteiros de obras debaixo de pesados toldos feitos de tecido cinza, as "lojas", de acordo com a expressão do tempo, divididas em câmaras e oficinas, verdadeira cidade operária governada pelo arquiteto ou o 'aparelhador'." Mais adiante, o mesmo autor escreve[5]: "Os artesãos que trabalham na catedral de Estrasburgo em 1276 agrupam-se numa "loja" franco-maçônica regida por estatutos particulares, espécie de associação democrática e religiosa, mística, como a maioria das associações similares que se formam nessa época". Voltaremos a falar sobre essa questão no capítulo IV.

O Templo é a realização material do Quadro da Loja. Simbolicamente, ele é orientado como as igrejas: a entrada a Ocidente, a cadeira do Venerável a Oriente, o lado direito voltado para o Sul e o esquerdo para o Norte[6].

"A Loja, explica Ragon[7], referindo-se ao Templo, é um *quadrado oblongo*[8]; já que seu nome (*loga,* em sânscrito) significa *o mundo,* ela deveria ser redonda ou, pelo menos, oval, como a órbita que percorre anualmente o nosso planeta ao redor do sol. Esse erro, diz ele, data dos antigos iniciados que, não sabendo da existência dos antípodas, deram à terra essa forma, de onde as expressões estranhas de *longitude, latitude*[9], sempre usadas pelos geógrafos, tão vivo e persistente é o erro."

Essa ignorância, atribuída por Ragon aos antigos, parece-nos pouco segura. Louis Chochod escreve[10], falando da representação quadrada entre os chineses:

"Os formulários mágicos da China adotaram o círculo como o símbolo do universo e o quadrado como o símbolo do ritmo quaternário do influxo cósmico. O quadrado inscrito dentro de um círculo significa, portanto, o mundo e sua ordem e não, como o pretenderam certos orientalistas, que os chineses imaginavam que o céu fosse esférico e a terra quadrada e plana."

De um lado, a forma retangular do Templo parece-nos preferível a qualquer outra por seu aspecto prático; de outro, por seu aspecto simbólico[11]. Com efeito, essa forma presta-se perfeitamente à disposição interior e representa o corredor ou o "caminho" que leva do Ocidente ao Oriente, isto é, rumo à Luz. Se o Templo realmente está orientado no sentido Oeste-Este, ele se desloca com a Terra e vai de encontro ao Sol.

O Templo, cada vez que pode ser realizado, é um lugar sagrado[12] onde reina a Luz no sentido maçônico da palavra. Esse é o motivo pelo qual as cartas maçônicas são datadas: *Oriente de...*, quando emanam do Templo ou da Loja. Mas, quando um Maçom escreve a outro Maçom, ele não deve datar de "Oriente de...", porque Oriente não é sinônimo de Cidade.

Quando se pergunta a um Maçom a respeito das dimensões do Templo, ele deve responder: "Seu comprimento vai do Ocidente ao Oriente; sua largura, do Setentrião ao Meio-Dia; sua altura, do Nadir ao Zenite". O Templo é a imagem do Cosmos e esse é o motivo pelo qual suas dimensões não podem ser definidas.

O *adro* é o lugar ou o comportamento – quando existe – que precede o Templo[13]. Esse termo é usado freqüentemente na Maçonaria para designar as circunvizinhanças do Templo.

Os Templos da Antiguidade

Na Antiguidade romana, chamavam-se "templos" os edifícios cuja localização havia sido determinada pelos áugures[14] e que haviam recebido uma consagração pelos pontífices[15]. A palavra *fanum*[16] era sinônimo de "templo".

Os Templos da antiguidade tinham comumente a forma de um quadrado oblongo. Entre os gregos, a parte essencial era a *naos;* entre os romanos, era a *cella*; ela comportava um altar e a estátua do deus ao qual o templo era consagrado. Somente os sacerdotes entravam nesse santuário; os assistentes ficavam na *pronaos,* vestíbulo que precedia a *naos.* Os grandes templos estavam situados no interior de um espaço formado por um muro contínuo com uma única entrada; o espaço compreendido entre essa muralha e o templo era o *períbolo* (circuito)[17].

Em geral, a orientação dos templos seguia a direção oeste-este; mas, se entre os dórios a entrada ficava a Ocidente, na Ática ela ficava a Oriente: a estátua do deus estava voltada de frente para o levante.

Os templos da antiguidade não tinham janelas; a luz só entrava pela porta de entrada mas seu interior era iluminado por lâmpadas.

O *vazio espaçoso*, a *escuridão* e o *silêncio* são elementos próprios para produzir uma impressão profunda num templo.

"O sublime, diz R. Otto[18], e também o que é puramente mágico, seja qual for a força da impressão que eles produzam, não passam de meios indiretos que a arte possui para representar o "numinoso"[19]. Entre nós, no Ocidente, ele não dispõe para esse efeito senão de dois meios diretos, e esses meios, fato significativo, são ambos negativos: são a *escuridão* e o *silêncio*. A escuridão deve ser realçada por um contraste que a torna ainda mais sensível; ela deve ser capaz de fazer esquecer qualquer claridade. A penumbra sozinha é "mística". Ela produz todo o seu efeito quando combinada com o "sublime". À escuridão corresponde, na linguagem dos sons, o silêncio. Ao lado do silêncio e da escuridão, o Oriente conhece um terceiro meio de produzir uma impressão poderosamente numinosa: é o *vazio*. O vazio espacial é, por assim dizer, o sublime no plano horizontal."

As igrejas e, sobretudo, as catedrais esforçaram-se por associar esses três elementos, e é possível reuni-los nos Templos maçônicos, apesar de sua relativa exigüidade, mediante uma disposição apropriada, antes de mais nada reduzindo a decoração ao mínimo necessário.

A Loja de São João

As Lojas dos primeiros graus da Maçonaria são chamadas de "Lojas de São João".

Eis, de acordo com antigos rituais, as perguntas que eram feitas ao Irmão Visitador e as respostas que ele devia dar:

– Meu Irmão, de onde vindes?

– Da Loja de São João, Venerável Mestre.

– Que se faz na Loja de São João?

– Levantam-se Templos à virtude e cavam-se calabouços para os vícios.

– Que trazeis de lá?

– Saúde, prosperidade e boa acolhida a todos os irmãos.

– Que vindes fazer aqui?

– Vencer minhas paixões, sujeitar minha vontade a meus deveres e fazer novos progressos na Maçonaria.

– Tomai lugar, meu Irmão, e sede bem-vindo no seio desta Oficina que recebe com reconhecimento o concurso de vossas luzes.

Para Oswald Wirth não há nenhuma dúvida: essa expressão "Loja de São João" deriva do título usado, durante a Idade Média, pelas corporações de construtores: "Confrarias de São João[20]".

Ora, são conhecidos como patronos dos Maçons e dos Canteiros os seguintes santos: São Brás, Santo Tomás, São Luís, São Gregório, Santo Alpiniano, São Marinho, São Martinho, Santo Estêvão, Santa Bárbara, os Quatro Coroados[21] e outros ainda talvez, assim como as festas da Ascensão e da Assunção. São João não é mencionado.

As festas de São João Evangelista e de São João Batista, a primeira das quais é celebrada a 27 de dezembro, no solstício de inverno, e a segunda a 24 de junho, no solstício de verão, são celebradas na Maçonaria em assembléias especiais.

Não se sabe, de forma precisa, qual o santo que a Maçonaria honra sob o nome de São João. Esses dois santos, contudo, são muito importantes, seja do ponto de vista da localização de sua festa no calendário, seja sob o ponto de vista da simbólica maçônica.

São João Batista (Joannes Baptista), filho do sacerdote Zacarias e de Isabel, prima da Virgem Maria, foi chamado de "Precursor" porque preparou os caminhos de Jesus. Ele foi chamado de "Batista" porque batizava no Jordão. Herodes Antipas, irritado com suas advertências por causa de sua união com Herodíades, sua sobrinha e a mulher de seu irmão, lançou-o na prisão de Maqueronte para, mais tarde, mandá-lo decapitar. Comemora-se sua *degolação* no dia 29 de agosto. Os pequenos edifícios, chamados "batistérios" em razão de sua destinação, outrora construídos junto das catedrais, eram dedicados a São João Batista.

João, o Precursor, com o sorriso misterioso que lhe deu Leonardo da Vinci, pregava a renúncia e o arrependimento. A Ordem maçônica desempenha, ela também, num sentido, o papel de precursora e pode fazer-nos lembrar o combate espiritual que João, o Batista, travou contra os publicanos e a multidão. João, o Precursor, que dividia sua comida e suas roupas com os infelizes, era considerado um personagem perigoso, e é por suas idéias de fraternidade e de justiça que Herodes o mandou decapitar, por se tratar de um "crime" imperdoável.

Quanto a São João Evangelista, ele nos deixou, no prólogo de seu Evangelho, um verdadeiro monumento esotérico:

> "No começo era o Verbo,
> e o Verbo estava com Deus,
> e o Verbo era Deus.
> Ele estava, no começo, com Deus.

Tudo era feito por ele
e, sem ele, nada se fez
de tudo o que foi feito.
A Vida estava nele,
e a vida era a luz dos homens,
e a luz brilhava nas trevas,
e as trevas não o receberam."
. . . .

Em certas Lojas, coloca-se a Bíblia aberta na primeira página do Evangelho de São João, qualificado freqüentemente como o "Evangelho do Espírito".

Sabemos que, de acordo com certos autores, São Pedro simbolizaria a igreja "exterior" e São João a igreja "interior"; por isso também se quis ver no vocábulo de São João utilizado pela Maçonaria a prova evidente de sua ligação com a *Gnose*[22], considerada como a doutrina secreta e interior da Igreja.

Devemos notar ainda que o nome de João também está ligado à misteriosa lenda do "Padre João", dos séculos XII e XIII, que seria um soberano tártaro. Até o século XVIII, o nêgus da Abissínia era chamado com esse nome; deve-se notar ainda que muitos imperadores da Abissínia chamavam-se João.

Diz-se, ainda, que os Templários celebravam suas festas mais importantes no dia de São João, no verão, e que a Maçonaria nada mais fez do que perpetuar um costume da Ordem dos Templários. Na realidade, repetimos, nada permite supor qualquer filiação entre a Ordem do Templo e a Maçonaria.

Houve quem relacionasse João a Janus, o deus latino de dois rostos: um de jovem, outro de velho, simbolizando, diz-se, o passado e o futuro, o ano que termina e o que começa.

A festa de São João, no verão, a 24 de junho, é marcada por "fogos", que ainda são queimados em muitas regiões, e o folclore é rico de tradições relacionadas com essa festa.

A Maçonaria foi bem inspirada ao dar esse nome às suas Lojas, em razão dos múltiplos sentidos que lhe podem ser atribuídos.

2. A ABÓBADA ESTRELADA

O forro do Templo tem a forma de abóbada, e esta é constelada; ela representa o céu, a noite, com uma multidão de estrelas visíveis.

"A abóbada do Templo, explica Ragon[23], é pintada de azul e estrelada como a do céu porque, como ela, abriga todos os homens, sem distinção de classe ou de cor."

A Maçonaria não tem a exclusividade dessas abóbadas estreladas; os templos da antiguidade, assim como as igrejas, também eram decorados com essas abóbadas.

Huysmans, aliás, mais inspirado, não compreendeu o simbolismo da cor e da constelação da abóbada. Diz ele em *A Catedral*[24]: "Alguns pretendem que todos os interiores de catedrais eram revestidos de cores na Idade Média. Será isso verdade? E, admitindo que essa informação seja exata no que diz respeito às igrejas romanas, sê-lo-á igualmente para as igrejas góticas? Em todo caso, gosto de imaginar que jamais o santuário de Chartres recebeu essa fantasia multicolorida que temos de suportar em Saint-Germain-des-Prés, em Notre-Dame-la-Grande, em Poitiers, na igreja do São Salvador, em Bruges. Aliás, caso insistam nisso, só se pode pensar em pintura no caso de capelas muito pequenas; mas sarapintar as paredes de uma catedral, por quê? Porque esse sistema de tatuagem restringe o espaço, abaixa as abóbadas, torna pesadas as colunas; numa palavra, acaba com a alma misteriosa das naves, mata a sombria majestade dos corredores com seus vulgares desenhos de virolas, de gregas, de losangos, de cruzes, semeados pelos pilares e as paredes, enviscados de amarelo de açúcar mascavo, de verde-chicória, de borra de vinho, de cinza de lava, de vermelho tijolo, de toda uma enfiada de matizes deslavados e sujos; sem contar o horror das abóbadas consteladas de estrelas que parecem recortadas em papel dourado e coladas nesse azul que se usa nas cabeleiras ou na lavagem da roupa branca!"

Huysmans, como de hábito, multiplica os adjetivos prosaicos para fazer com que o leitor sinta realmente a repugnância que ele tinha pela pintura e o colorido das igrejas. Contudo, ele compara a catedral de Chartres a uma floresta: "A floresta tépida havia desaparecido com a noite; os troncos de árvores brotavam, vertiginosos, do solo, lançavam-se de um salto para o céu, tornando a unir-se em desmesuradas alturas, sob a arcada das naves; a floresta transformara-se numa imensa basílica, florida de rosas de fogo, rasgada de vidraças em ignição, povoada de Virgens, de Apóstolos, de Patriarcas e de Santos[25]."

Se a igreja, a catedral, o templo de Deus é uma floresta com seus pilares, o teto só pode ser a abóbada celeste; nesse caso, é mais do que certa essa representação do firmamento estrelado.

Mesmo que os manes de Huysmans sofram com isso, Th. Pierret Afirma[26]: "Outrora as igrejas eram cobertas de pinturas, sobretudo no século

XII. As colunas eram pintadas de vermelho, os capitéis de verde, as abóbadas de azul celeste. No século XIII, a decoração das igrejas aparece em toda a sua magnificência; em Paris, podemos admirar a Sainte-Chapelle, cuja abóbada azulada é coberta de estrelas de ouro."

O Templo simboliza, como dissemos, o Cosmos, e isso não apenas na Maçonaria, mas em todas as religiões. Luc Benoist escreve[27]: "Um fragmento do templo de Ramsés II, conservado no museu do Cairo, mostra uma inscrição que proclama: "Este Templo é como o Céu em todas as suas partes".

A contemplação de um céu estrelado dá uma grande quietude e uma notável serenidade de espírito; ela incita, não ao devaneio, mas à meditação.

A abóbada constelada dos Templos maçônicos é, ao mesmo tempo que o símbolo de sua universalidade, o símbolo de sua verdadeira transcendência.

3. O DELTA LUMINOSO E OS TRIÂNGULOS

No Oriente, isto é, atrás e acima da cadeira do Venerável, vê-se um Triângulo ou "Delta luminoso[28]".

Os triângulos podem ser divididos em duas grandes famílias: os triângulos isósceles[29] e os escalenos[30]. O triângulo equilátero, cujos três lados são iguais, é um triângulo isósceles.

O triângulo retângulo[31], pelas dimensões dadas a seus lados, pode ser isósceles ou escaleno. O triângulo de Pitágoras é um triângulo retângulo cujos lados estão na relação de 3 a 4, o que dá necessariamente 5 por hipotenusa. Esse triângulo

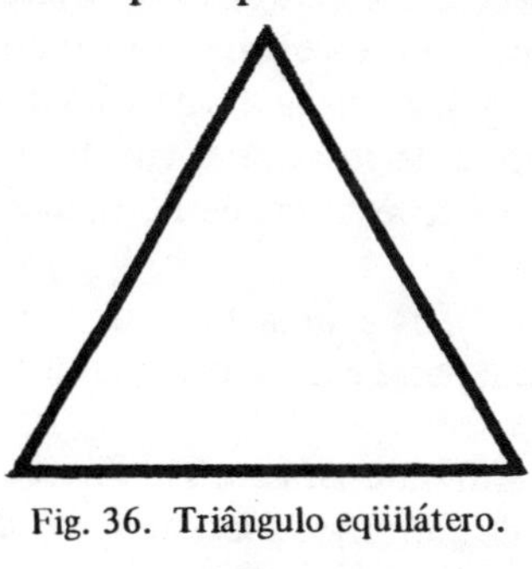

Fig. 36. Triângulo eqüilátero.

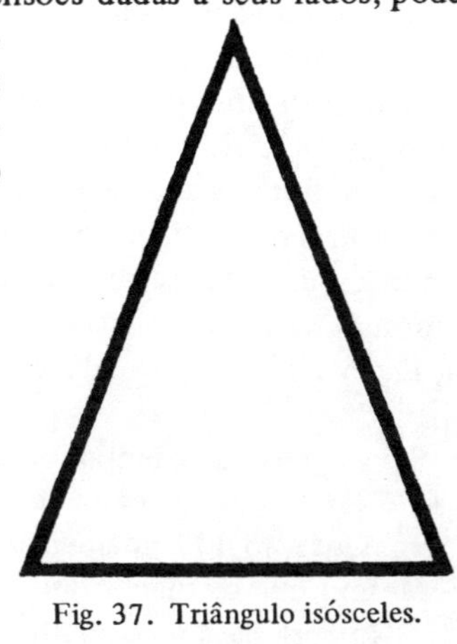

Fig. 37. Triângulo isósceles.

dá, em números inteiros, o quadrado da hipotenusa pela adição dos quadrados dos dois outros lados:

$$3^2 + 4^2 = 5^2,$$

ou seja:

$$9 + 16 = 25.$$

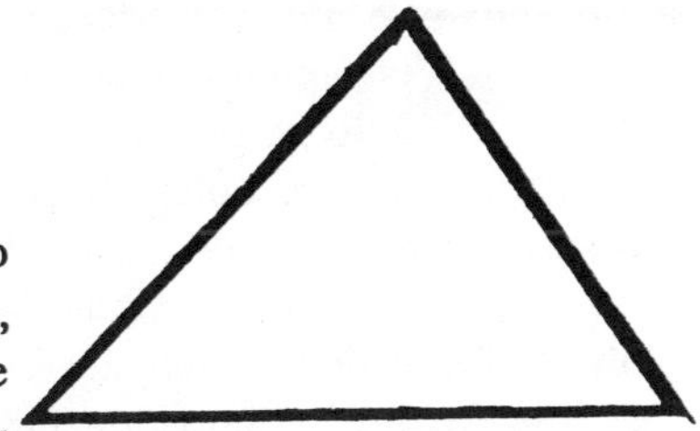

Fig. 38. Triângulo escaleno.

Conhecem-se outros triângulos do mesmo gênero: 5, 12, 13; 7, 34, 25; 8, 15, 17; 9, 40, 41, etc.; mas o triângulo de Pitágoras é o único que, tendo essa propriedade, é ao mesmo tempo uma progressão aritmética da razão 1 : 3, 4, 5[32]. Chamam-no, às vezes, de "triângulo de ouro", mas não devemos confundi-lo com outro "triângulo de ouro", cujos lados estão em relação com o número de ouro.

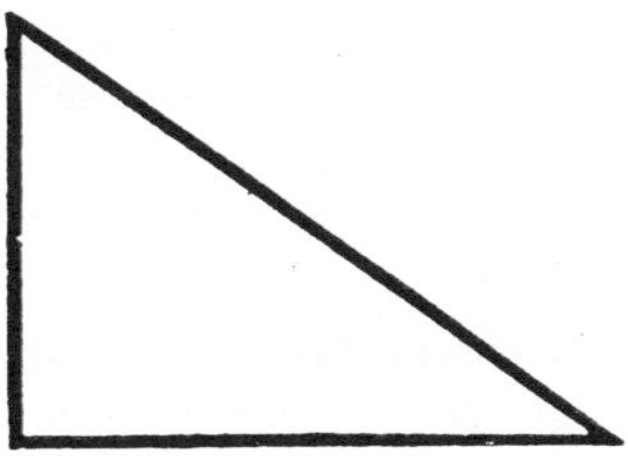

Fig. 39. Triângulo retângulo.

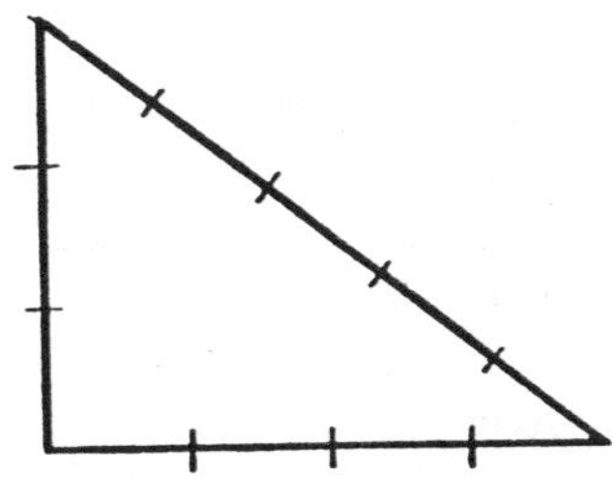

Fig. 40. Triângulo de Pitágoras.

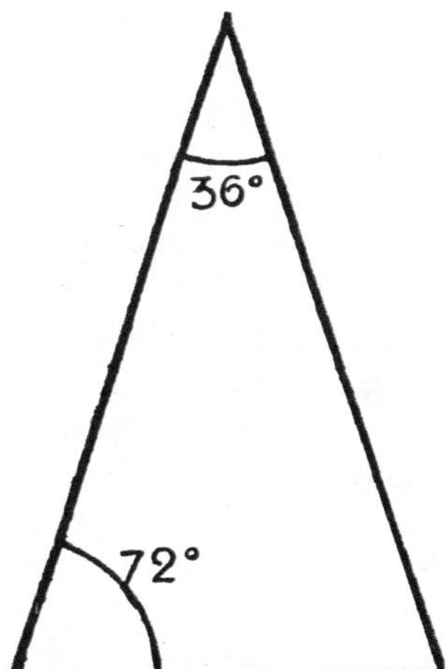

Fig. 41. Triângulo "sublime".

A expressão "número de ouro" aplicada ao calendário qualifica, como vimos, um ciclo de 19 anos em que os dias da semana recaem nas mesmas datas; ela designa também, e sobretudo, uma proporção a que chamam de "divina", na qual a parte menor está para a maior assim como a maior está para o todo. Essa proporção existe no Pentagrama ou Estrela de cinco pontas. Essa relação é representada comumente pela letra grega *phi* (Φ).

Chama-se triângulo "sublime" o que forma a ponta do Pentagrama, cujo ângulo, no ápice, tem 36° e cujos ângulos da base têm 72° cada um. Essa designação de "sublime" foi-lhe dada pelos pitagóricos.

"Platão expulsou a medida da geometria, diz Lancelot Hogben[33] e substituiu-a pela magia; o triângulo equilátero é a forma elementar da terra; o triângulo retângulo é o espírito da água; o triângulo escaleno é o espírito do ar e o triângulo isósceles é o fogo elementar."

Platão fala em poliedros regulares, cujos lados e ângulos sólidos são iguais aos Elementos; mas, se ele fala em triângulos que constituem as faces de seus sólidos, ele não definiu claramente em nenhum lugar, nem atribuiu nenhuma forma de triângulo aos Elementos.

Ele classificou os poliedros regulares da seguinte forma:

O *Tetraedro* (quatro faces formadas de triângulos equiláteros) correspondendo ao elemento Fogo.

O *Octaedro* (oito faces formadas de triângulos equiláteros) correspondendo ao elemento Ar.

O *Icosaedro* (vinte faces formadas de triângulos equiláteros) correspondendo ao elemento Água.

O *Hexaedro* ou *Cubo* (seis faces quadradas) correspondendo ao elemento Terra.

O *Dodecaedro* (formado de doze faces que são pentágonos regulares) correspondendo ao que podemos chamar de Éter.

Convém assinalar aqui quão grande é a incompreensão dos "modernos" no que respeita aos Elementos tradicionais. Marcel Boll, incapaz de conceber o grande alcance filosófico e metafísico dos Elementos, escreve:

"O filósofo Platão conhecia os quatro *elementos* (fogo, terra, ar, água), pelos quais os sábios de sua época tentavam *explicar* o conjunto das aparências sensíveis... *Nenhum* dos quatro elementos peripatéticos é de natureza simples: o *ar* é uma mistura de vários gases; a *água* é um corpo composto; a *terra*, uma mistura heterogênea, extremamente complexa; quanto ao *fogo*, não é sequer uma matéria num estado determinado: é um "fenômeno", que não saberíamos definir senão como uma reação química violenta, com desprendimento de luz e de calor[34]."

Um sábio, seja ele quem for, deveria limitar-se a tratar das matérias que conhece. Uma vez que sai de sua especialidade, é muito raro que ele não se extravie; ora, Marcel Boll, eminente em muitas outras coisas, ataca a todo instante as Ciências antigas, que ele conhece muito mal, e o ocultismo, que absolutamente não conhece. Convém estudar antes de fazer um julgamento, e não será uma leitura apressada e superficial, feita com o propósito evidente de descrédito, que dará conhecimentos suficientes.

Marcel Boll diverte-se com sua cegueira voluntária quando diz: "O ilustre matemático inglês Bertrand Russell deplorou que, por sua importância intelectual, Aristóteles tenha sido um dos maiores flagelos da raça humana. Por seu lado, Eric-Temple Bell e Lancelot Hogben estão de acordo para denunciar a influência deplorável de Platão[35].

Nós, de nossa parte, diremos que Bertrand Russell, Eric-Temple Bell, Lancelot Hogben e Marcel Boll, ilustres sábios, talvez, para a maioria de nossos contemporâneos, são, no que respeita às ciências simbólicas ou tradicionais, ignorantes que se felicitam por sua incompreensão.

Mas deixemos essa digressão e voltemos aos "Triângulos" com o padre Auber, que escreve[36]: "Segundo Plutarco, Xenócrates comparava a divindade a um triângulo equilátero: era o mesmo que torná-la, com razão, perfeitamente igual em todas as suas perfeições, enquanto que os gênios eram comparados apenas ao triângulo isósceles, que só tem dois de seus lados iguais e, por conseqüência, carece de alguma perfeição. Enfim, os homens eram simbolizados pelo triângulo escaleno, que tem todos os lados desiguais: era a idéia mais exata possível de todas as desigualdades de nossa natureza."

O Triângulo equilátero muitas vezes simboliza a Trindade divina no catolicismo: "O triângulo, por seus três lados e seus três ângulos iguais, é um símbolo muito expressivo, diz Mgr Barbier de Montault[37]. Vemo-lo como um nimbo na cabeça de Deus ou entre suas mãos; desde o século XVII, que abusou singularmente desse triângulo, é dentro dele que se inscreve o nome de Jehovah em hebraico ou o olho de Deus que tudo vê. *Devemos rejeitar esses símbolos porque os Franco-Maçons se apossaram deles: eles tomaram-nos de empréstimo à Igreja, que havia dado a Trindade criadora como patrono dos arquitetos e dos pedreiros*".

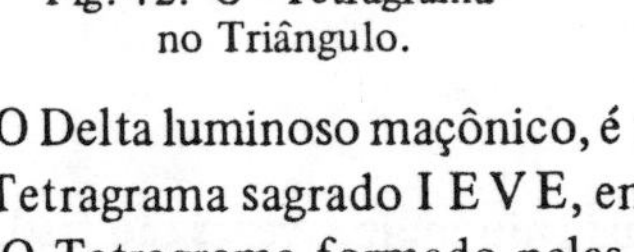

Fig. 42. O "Tetragrama" no Triângulo.

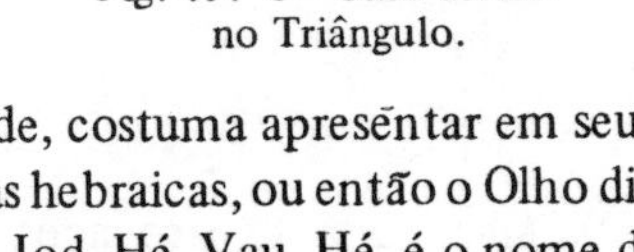

Fig. 43. O "Olho divino" no Triângulo.

O Delta luminoso maçônico, é verdade, costuma apresentar em seu centro o Tetragrama sagrado I E V E, em letras hebraicas, ou então o Olho divino.

O Tetragrama formado pelas letras Iod, Hé, Vau, Hé é o nome divino cuja pronúncia era reservada ao sumo sacerdote, entre os hebreus, *uma única vez* por ano.

Alexandre Westphal observa[38] "que a origem do tetragrama J H V H é discutida, de modo que ninguém sabe com certeza de que modo esse vocábulo deve ser pronunciado e que, para nomes cuja pronúncia hebraica nos é perfeitamente conhecida, concordamos hoje em nos servir de termos onde esta encontra-se inteiramente alterada por transposições gregas, ou outras, e por um afrancesamento que os altera ainda mais. Assim, diz ele, *Mocheh,* que chamamos de Moisés; *Ieruchalam,* que escrevemos Jerusalém; *Iehochua* (mais tarde *Iechoua*) que quer dizer "ajuda de Jehovah", e que pronunciamos *Josué,* quando se trata do Antigo Testamento, ou *Jesus,* quando se trata do Novo".

Os estudos sobre o Tetragrama sagrado são muitos e variados e, é preciso dizê-lo, muito confusos; não podemos examiná-los aqui.

O *Olho* simboliza, no plano físico, o Sol visível, de onde emana a Vida e a Luz; no plano intermediário ou "astral", o Verbo, o Logos, o Princípio criador; no plano espiritual ou divino, o Grande Arquiteto do Universo.

*
* *

O Triângulo evoca a idéia da Trindade e esta não é uma concepção própria apenas da religião cristã. A Trindade encontra-se:

Na *Trimurti hindu:* Brahma (criador); *Vischnu* (conservador); *Çiva* (destruidor).

No Egito, podemos citar:

A *Tríade menfita,* composta do deus *Ptah,* de sua esposa *Sekhmet* e de seu filho *Nefertoum;*

A *Tríade osiriana: Osíris, Ísis, Horus;*

A *Tríade tebana: Âmon, Mout, Khonsou.*

Na Pérsia: *Auramazda* ou *Ormazd*[39], o Mestre ou o Sábio Gênio; *Vohu Manô,* o bom pensamento; *Asha Vahista,* a mais perfeita justiça.

Poderíamos multiplicar os exemplos das "trindades" na maioria das religiões.

*
* *

Na Maçonaria, os três lados do Triângulo muitas vezes são traduzidos pela fórmula: *Bem pensar, bem dizer, bem fazer*; ou, ainda, pela famosa divisa *Liberdade, Igualdade, Fraternidade.*

"Os três pontos do Triângulo, diz Ragon[40], significam *Passado, Presente, Futuro*; o Triângulo inteiro, *Eternidade* ou *Deus eterno.* Os três ângulos significam ainda: *Sal, Enxofre* e *Mercúrio* – princípios da obra de Deus. Os três ângulos representam também os três reinos da Natureza, império do Criador, e as três fases da revolução perpétua: *Nascimento, Vida e Morte* – revolução que Deus governa sem ser governado. Em suma, o Triângulo, diz ele, é o emblema da Divindade."

O Ternário impõe-se a nós em campos muito diversos, porque realiza o equilíbrio entre duas forças opostas: o *ativo* e o *passivo*.

A última palavra da Ciência atualmente é que toda matéria se transforma, finalmente, em *photons* (partículas luminosas), que esses *photons*, acumulando-se no espaço, formam as nebulosas ou mundos em formação. Assim, de acordo com a Ciência, a matéria mais grosseira é finalmente formada de luz e essa concepção dá razão à Bíblia que, no *Genesis*, faz com que Deus crie a Luz no primeiro dia e o Sol no quarto.

Se a essência íntima da Matéria é a Luz, o meio no qual ela se move são as *Trevas*: o Espaço é *Noite*, a Matéria é *Dia*. O Tempo só existe quando os *photons* agrupados em elétrons, átomos e moléculas, formam mundos destinados à segregação. O tempo mede a desagregação e esta se inicia desde a formação: a criança que nasce começa a percorrer um caminho que a leva infalivelmente à morte[41].

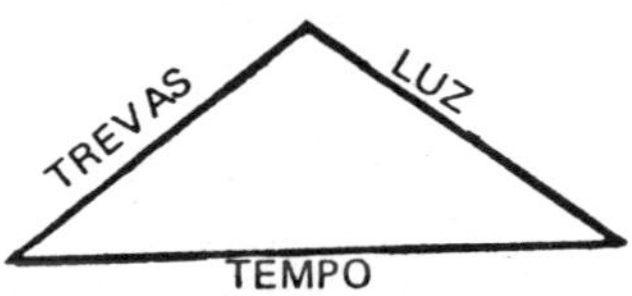

Fig. 44. O Ternário cósmico.

Daremos, portanto, como significação maior do Triângulo maçônico: *Luz, Trevas, Duração*. A Luz e as Trevas são os lados oblíquos, que se equilibram e se juntam no ápice; o Tempo, ou a Duração, formam a base do Triângulo.

Resta-nos agora determinar qual deve ser a forma do Delta luminoso. Não aceitamos o triângulo equilátero que, apesar de todas as perfeições que certos autores insistem em ver nele, parece-nos instável. Preferimos o triângulo isósceles, cuja base é mais longa que os lados. Esse é o triângulo do frontão dos Templos; no que diz respeito às suas proporções, admite-se geralmente que seu caráter é tanto mais "grave" quanto menor for sua altura, isto é, quando a abertura de seu ângulo superior for mais considerável.

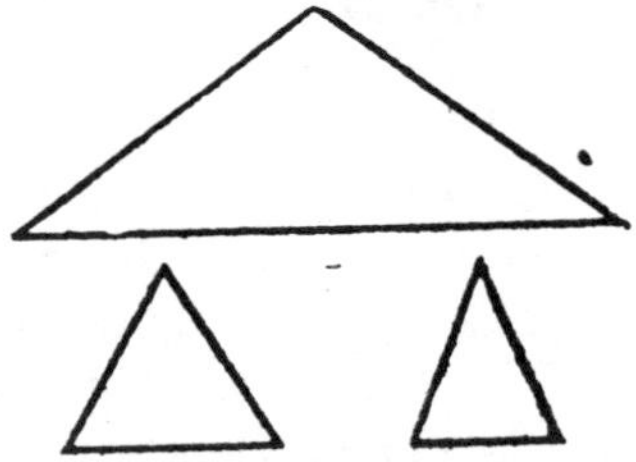
Fig. 45.
Formas diversas de triângulos.

Damos preferência a um triângulo cujo ângulo, no ápice, é de 108°, ficando os ângulos da base valendo, portanto,

36°[42]. Esse triângulo tem as relações do "número de ouro", embora seja exatamente o inverso do triângulo "sublime". É fácil notar a sensação de equilíbrio que dá esse triângulo se o compararmos a outros (fig. 45).

Pode-se notar que, em certos Templos maçônicos, o Delta luminoso aproxima-se mais ou menos das dimensões desse triângulo porque suas proporções se impõem por si mesmas.

Fig. 46.
O Tríplice triângulo recruzado.

Três posições desse triângulo permitem que se trace o Pentagrama que era, também por essa razão, chamado de *Tríplice Triângulo recruzado.* Eis, em números inteiros, dimensões suficientemente exatas que permitem traçar o Delta: base, 81; altura, 29; lados, 50[43].

Notar-se-á que no Triângulo assim proporcionado o Pentágono inscreve-se muito naturalmente e que, em conseqüência, a Estrela Flamejante está contida implicitamente dentro dele. Embora esta seja atribuída ao segundo grau, ao grau do Companheiro, ela aparece assim desde o primeiro grau.

O *Olho divino e o Tetragrama,* cuja presença, na nossa opinião, lembra demais a religião cristã, poderiam, desde o primeiro grau, ser substituído pela Estrela Flamejante. A Maçonaria, como já dissemos, deve ficar além e fora das religiões.

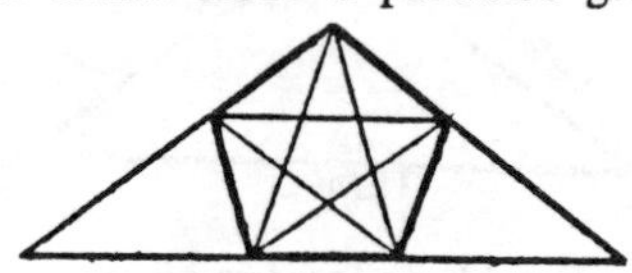

Fig. 47. O Delta,
o Pentágono e o Pentagrama.

4. O QUADRADO OBLONGO

O Quadrado oblongo costuma ser colocado nos Templos maçônicos quase no mesmo lugar que, nas igrejas, é ocupado pelos "labirintos"[44]. Ele é revestido com lajes quadradas, pretas e brancas, alternadas, constituindo o "Piso mosaico", de que falaremos mais adiante. Aqui, limitar-nos-emos a definir as proporções desse Quadrado oblongo.

A expressão "Quadrado oblongo" foi outrora sinônimo de "retângulo"; mas, assim como essa última palavra não indica a relação dos lados dessa figura, assim nada indica na expressão "Quadrado oblongo" os respectivos comprimentos.

"O Quadrado oblongo, diz Oswald Wirth[45], contendo em si os símbolos essenciais do grau de Aprendiz, outrora era traçado no soalho da Loja no momento da abertura dos trabalhos, apagando-se seu traçado no encerramento dos mesmos. Era o equivalente de um círculo mágico que servia para as evocações[46]. Os conjuradores imaginavam que o Espírito maçônico havia descido no meio deles, embora o mais humilde local se visse transformado, pela magia do ritual e pela fé dos assistentes, num santuário mais venerável que um templo suntuoso."

Wirth parece confundir aqui o Quadrado oblongo com o Quadro da Loja: por outro lado, parece impossível comparar o "Quadrado oblongo" a um "Círculo"... mesmo que esse círculo seja um círculo de proteção.

*
* *

Quais as proporções que se davam, antigamente, ao Quadrado oblongo? É bem difícil precisar, pois nossos ancestrais não nos deixaram nenhuma anotação a respeito. Se o Quadrado oblongo tivesse tido as proporções 1 x 2, as geralmente adotadas, para corresponder a essas dimensões ele certamente teria sido chamado de "duplo quadrado".

Examinemos os três quadrados possíveis na Maçonaria:

1º) *O Retângulo* 3 x 4. – Nesse retângulo, a diagonal é igual a 5. Ele é formado pela reunião de dois triângulos de Pitágoras e, conseqüentemente, de números inteiros. Sabe-se que o triângulo de Pitágoras, e sua demonstração, constituem uma parte da jóia usada pelos Veneráveis honorários e, por conseqüência, poderíamos ser tentados a acreditar que esse retângulo é o verdadeiro Quadrado oblongo. Contudo, sua forma, demasiado rechonchuda, não serve para o uso maçônico. Incluímo-la aqui apenas para rejeitá-la.

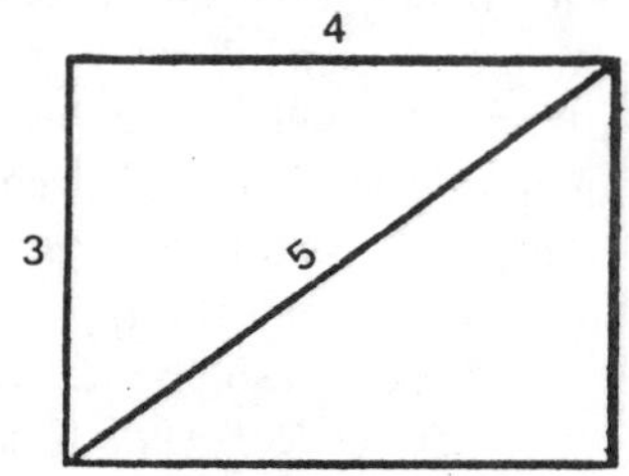

Fig. 48.
O retângulo de Pitágoras.

2º) *O Retângulo* 1 x 1,618. – Esse retângulo, contrariamente ao precedente, não é medido em números inteiros, mas suas proporções incitam-nos a considerá-lo atentamente.

"Notemos, diz Matila C. Ghika[47], que o retângulo que tem como proporção, como razão característica a da secção dourada, goza de propriedades geométricas notáveis, o que muitas vezes fez com que o escolhessem, conscientemente ou não, quer como retângulo de cercadura, quer como elemento de superfície, em arquitetura, em pintura, nas artes aplicadas, ou seja, nos objetos usuais."

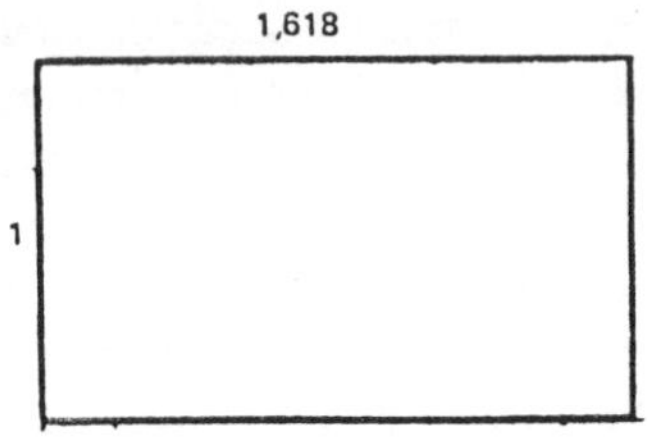

Fig. 49. O retângulo de Ouro.

Podemos pensar que a *secção dourada*[48] era um dos "segredos" dos Franco-Maçons construtores; a maioria das catedrais inscrevem-se num esquema de proporção dourada. A esse respeito, lemos em Matila C. Ghika o seguinte: "É com razão que é permitido afirmar que a geometria esotérica pitagórica foi transmitida, desde a antiguidade até o século XVIII, de um lado pelas confrarias de construtores (que, concorrentemente, transmitiram, de geração em geração, um ritual iniciático em que a geometria desempenhava um papel preponderante) e de outro lado pela Magia, pelas rosáceas das catedrais e pelos pentáculos dos magos[49]".

O traçado desse retângulo é de uma extrema simplicidade para quem o conhece; mas é provável que os primeiros Maçons especulativos não o conhecessem, traçando, por isso, um "duplo quadrado" no lugar de um "quadrado oblongo". Infelizmente, não podemos fornecer nenhuma prova decisiva, nenhum documento de apoio para corroborar nossa suposição; ficamos reduzidos a conjecturas.

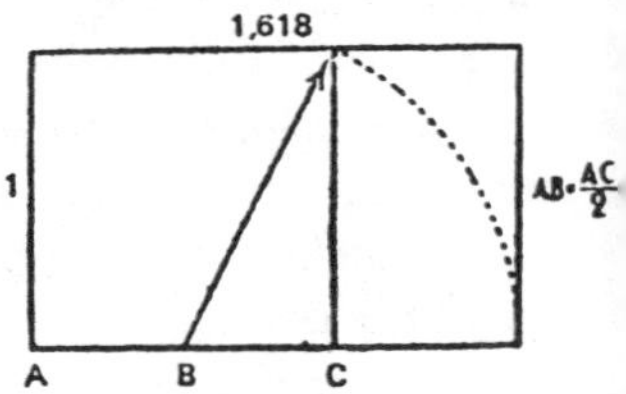

Fig. 50.
O quadrado e a secção de ouro.

O nome esotérico desse "quadrado" é *quadrado-sol*[50].

3º) *O Retângulo* 1 x 2. – É o "Quadrado oblongo" da maioria das Lojas maçônicas. W. Nagrodski[51] acha que o Quadrado oblongo é uma chave do "Número de Ouro". Ele escreve: "O *quadrado oblongo* ou *quadrado duplo* é um retângulo cujos lados estão na relação de 2 por 1 ou de 1 por 1/2, ou a metade de um quadrado cortado ao meio. Graças a essa proporção, ele dá a chave da divisão de uma reta em média e extrema razão, divisão indispensável aos "constru-

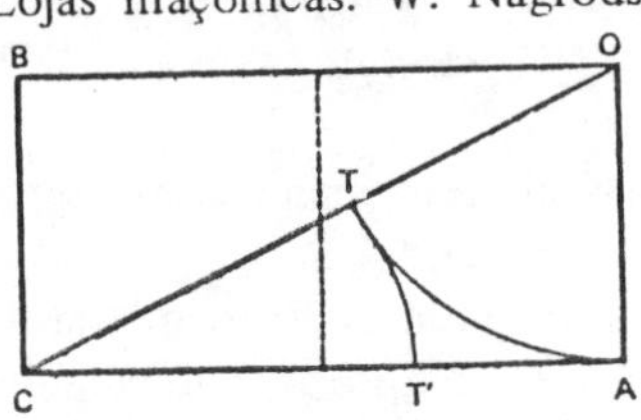

Fig. 51. O quadrado duplo e a secção de ouro.

tores", que o batizaram de *secção dourada.* Essa divisão efetua-se facilmente traçando-se a diagonal OC do quadrado duplo e os arcos de círculo AT e TT'. Encontramos assim a "secção dourada" no ponto T', que divide a reta AC em média e extrema razão".

Não é necessário partir de um "quadrado duplo" para traçar a secção dourada; ela pode ser obtida a partir de um simples quadrado, como está indicado na figura 50. No entanto, devemos reconhecer que a opinião de Nagrodski é válida, sobretudo se levarmos em conta o costume geralmente adotado.

Acrescentaremos que o nome esotérico desse "quadrado" é: *"quadrado-lua".*

*
* *

Depois de termos hesitado muito antes de nos decidirmos, concluímos, com Nagrodski, que o *quadrado duplo* era o *quadrado oblongo* das Lojas maçônicas, pois em toda parte onde essa tradição se conservou encontramos as proporções de 1 por 2.

Mas, reconsiderando a questão, levando em conta as alterações sofridas, desde a origem, pelos símbolos, por causa de uma ignorância muitas vezes manifestada, afirmamos agora que o "Quadrado oblongo" deve ser o retângulo de proporção dourada. Trata-se de um esquema suscetível de múltiplas aplicações que se encontra, como veremos adiante, na Estrela Flamejante e que já está contido no Delta luminoso, cujo ângulo do ápice é de 108°, como já observamos acima[52].

5. OS TRÊS PILARES: SABEDORIA, FORÇA E BELEZA

De acordo com as indicações do Rito Escocês, três Pilares[53] devem estar em esquadro nos ângulos do Quadrado Oblongo: um no ângulo oriente-meio-dia, outro no ângulo ocidente-meio-dia e o terceiro no ângulo ocidente-setentrião.

Não se deve confundir esses três "Pilares" com as duas "Colunas" situadas à entrada do Templo.

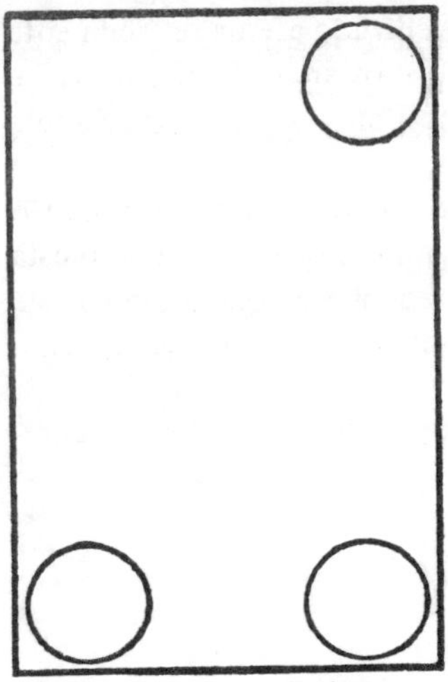

Fig. 52. Os três Pilares.

"O nome dos três pilares, sustentáculos misteriosos de nossos Templos, diz Ragon[54], são *Sabedoria* (para inventar), *Força* (para dirigir) e *Beleza* (para adornar)."

Os comentários de Ragon, assim como os de muitos autores maçônicos, mostram que, em seu modo de ver, o simbolismo dos três Pilares era idêntico ao das duas Colunas, às quais eles aplicam também os epítetos de *Sabedoria* e de *Força.*

Ao ternário: *Sabedoria, Força* e *Beleza,* Oswald Wirth faz corresponder[55] os seguintes ternários:

Padre, Filho, Espírito Santo;
Espírito, Alma e Corpo;
Ativo, Passivo, Neutro; etc.

Notar-se-á que os nomes desses três Pilares são os de três das Sephiroth da Kabballa. Sabemos que na Kaballa hebraica as Sephiroth representam um sistema particular de emanação divina, que costuma ser representado sob a forma que reproduzimos na página precedente[56].

A princípio, por certo, houve confusão entre *Chesed* e *Tiphereth,* pois os três Pilares *visíveis* do Quadrado oblongo só podem ser *Chochmah, Geburah* e *Chesed.* O quarto Pilar, que liga diretamente o Visível ao invisível, *Binah,* a Inteligência Suprema, estando isolado de toda matéria, *existe,* mas não se mostra a nossos olhos mortais. Por outro lado, a disposição desses três Pilares implica na existência virtual do quarto.

As duas Colunas, como veremos adiante, correspondem a *Netzah* e a *Hod.*

Cada um dos três Pilares corresponde a um dos três principais Oficiais da Loja: a *Sabedoria,* ao Venerável; a *Força,* ao primeiro Vigilante; a *Graça,* ao segundo Vigilante.

Guillemain de Saint-Victor[57] explica que os três Pilares não devem ser conhecidos pelos Maçons senão no grau de Mestre: "A razão mais simples e mais forte para tanto, diz ele, é que um Aprendiz só deve conhecer a Sabedoria designada pela coluna J.·.; um Companheiro só deve conhecer a Sabedoria e a Força, emblema das duas Colunas; e só o Mestre deve conhecer a Beleza, isto é, o preço das coisas sublimes".

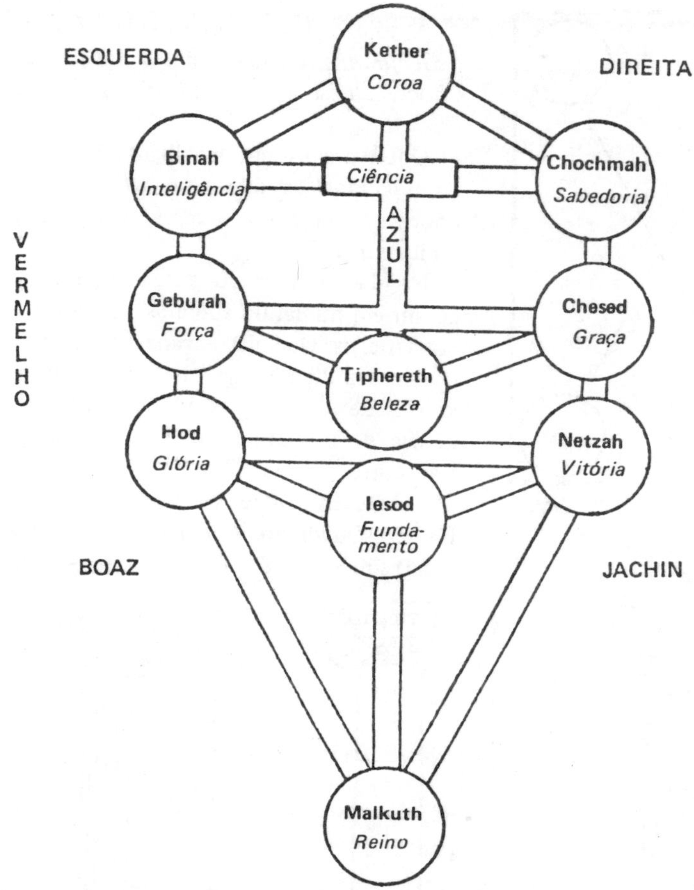

Prancha II. As Sephiroth.

Nada justifica semelhante proibição, sobretudo quando as razões alegadas procedem de uma evidente confusão entre Pilares e Colunas.

Leadbeater diz, com razão[58], que os três Pilares poderiam ser feitos em *pedra talhada*, em *granito* e em *mármore*; essas três matérias correspondem respectivamente às três "virtudes": Sabedoria, Força e Graça.

Cada um dos três Pilares também poderia representar uma das três principais ordens da arquitetura grega: a dórica, a jônica e a coríntia (estampa III)[59].

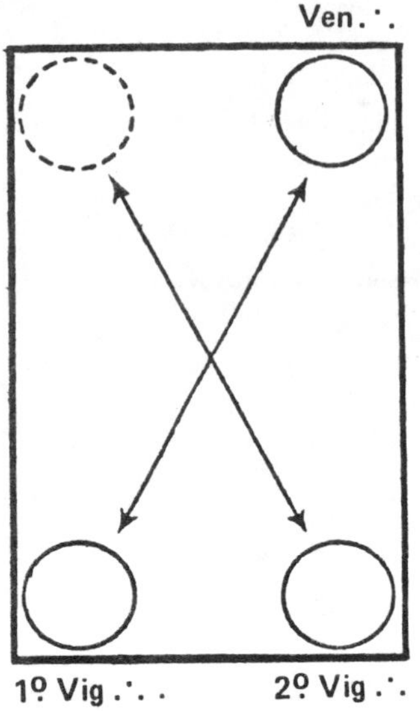

Fig. 53.
Os três pilares e os oficiais.

A coluna dórica corresponde à Força, a *Geburah;* a coluna jônica à Sabedoria, *Chochmah;* a coluna coríntia à Graça, *Chesed.*

Observaremos que, no Quadrado oblongo, seguindo as diagonais, a *Sabedoria* opõe-se à Força, e a *Graça* à Inteligência, o Pilar virtual.

Na Maçonaria anglo-saxã, os Pilares figuram em miniatura sobre as plataformas dos Oficiais. Quando o primeiro Vigilante levanta seu Pilar, o segundo Vigilante abaixa o seu e vice-versa. Isso indica a preeminência de um princípio sobre outro no transcorrer dos trabalhos.

Os Quatro Pilares constituem os limites do Quadrado Oblongo (do mundo ideal) sobre o qual – em princípio – nada

Prancha III. As Três Ordens da arquitetura grega.

deve caminhar, enquanto as duas Colunas, situadas no limite do piso, manifestam o antagonismo das forças do mundo criado[60].

Nota Sobre as Sephiroth

Deus pode ser considerado em si ou em sua manifestação. Em si, antes de toda manifestação, Deus é um ser indefinido, vago, invisível, inacessível, sem atribuição precisa, semelhante a um mar sem praias, a um abismo sem fundo, a um fluido sem consistência, incapaz de ser conhecido de qualquer modo que seja, quer por uma imagem, quer por um nome, quer por uma letra ou mesmo por um ponto. O menos imperfeito dos termos que se podem usar são o *Sem fim,* o *Indefinido,* ou EN SOPH, o que não tem limite, ou AYIN, o *Não-existente,* o Não-Ser.

À medida que Deus se manifesta, ele se torna acessível, cognoscível; pode receber um nome; e o nome que lhe é dado aplica-se a cada manifestação ou exteriorização de seu ser. O *En Soph,* o *Ayin* manifesta-se de dez maneiras por meio das SEPHIROTH ou, nas SEPHIROTH. Cada uma delas – a Coroa, a Sabedoria, a Inteligência, a Graça, a Força, a Beleza, a Vitória, a Glória, o Fundamento e a Realeza – constitui um modo especial de revelação ou de notificação do En Soph e permite que ele receba um nome. Cada círculo, limitação ou determinação do En Soph é uma *sephira.*

As sephiroth são semelhantes a vasos de formas variadas que o En Soph enche, mas sem se esgotar, pois ele os transborda; ou a vidros, diferentemente nuançados, que ele atravessa e colore de uma maneira diferente, degradando-se neles, mas sem perder com isso a própria brancura: esses vasos representam os limites da essência divina; esses vidros, os graus de obscuridade sob os quais o En Soph vela o seu brilho para se deixar contemplar.

A Kabballa considera Deus ainda sob a forma do *Adão celeste,* o *Adão Kadmon,* e localiza as Sephiroth em cada um de seus membros, aplicando-lhes a lei dos contrários e a lei sexual. É assim que, da primeira e da mais elevada das Sephiroth, que domina a cabeça do *Ancião dos Dias,* ele faz jorrar duas outras Sephiroth: uma, masculina e ativa, a *Sabedoria* ou o Pai; a outra, feminina e passiva, a *Inteligência,* ou a Mãe, que rodeiam o "Grande Rosto", a "Cabeça branca do Ancião". *Sabedoria* e *Inteligência* dão nascimento à *Ciência,* mediadora ou traço de união, que não está incluída no número das Sephiroth. Da *Inteligência* nascem mais duas Sephiroth, uma masculina e ativa, a *Graça,* a outra feminina e passiva, a *Força,* que são como que os braços do Adão Kadmon e que se concentram numa nova Sephira, a *Beleza,* localizada no peito ou no coração, e realização de todas as coisas. Enfim, da *Força* saem a *Vitória,* Sephira masculina e ativa, e a *Glória,* Sephira feminina e passiva, correspondendo às duas pernas e concentrando-se no *Fundamento,* cujo símbolo é o órgão da geração. E assim como uma Sephira, a *Coroa*, está em cima da cabeça, uma outra, a *Realeza*, está sob os pés do Adão Kadmon.

Se considerarmos essas dez Sephiroth entre si e em relação ao lugar que lhes é atribuído, encontraremos, no sentido vertical, a *coluna da direita,* a das Sephiroth masculinas: Sabedoria, Graça, Vitória; a *coluna da esquerda,* a das Sephiroth femininas: Inteligência, Força, Glória; e a *coluna do meio:* Coroa, Beleza, Fundamento, que domina a Realeza. No sentido horizontal: a Coroa, flanqueada pela Sabedoria e pela Inteligência, e formando uma tríade superior, de ordem metafísica; a Graça, a Força e a Beleza, formando uma tríade de ordem moral; a Vitória, a Glória e o Fundamento, formando uma tríade de ordem física ou dinâmica. Essas três tríades resumem-se numa outra, composta pela Coroa, a Beleza e a Realeza, que correspondem à Substância, ao Pensamento e à Vida.

A primeira tríade pertence ao *Mundo da Criação* e as outras sete Sephiroth ao *Mundo da Construção*[61].

Essa disposição das Sephiroth mostra também perturbadoras analogias com a dos *Chakras* hindus no corpo do homem.

6. OS OFICIAIS E SEUS LUGARES

Uma Loja completa compreende dez Oficiais[62], que são:

1º) O Venerável ou Presidente.
2º) O primeiro Vigilante.
3º) O segundo Vigilante.
4º) O Orador.
5º) O Secretário.
6º) O Experto.
7º) O Mestre das Cerimônias.
8º) O Tesoureiro.
9º) O Hospitaleiro.
10º) O Cobridor.

Nós os enumeramos na ordem geralmente observada.

Os cinco primeiros são chamados de "Luzes". Eles possuem, assim como o Tesoureiro e o Hospitaleiro, uma plataforma, uma espécie de mesa triangular ou trapeziforme (o trapézio isósceles é um triângulo truncado).

As Obediências exigem a presença de sete Oficiais para a abertura dos trabalhos de uma Loja; se um deles está ausente, deve ser substituído por um dos Mestres presentes; se as sete plataformas não estiveram ocupadas, os trabalhos não poderão ser abertos ritualmente.

Os antigos rituais dizem que três Maçons formam uma Loja *simples*, cinco, uma Loja *justa*, e sete uma Loja *perfeita*. Os três Maçons da Loja simples são o Venerável e os dois Vigilantes; os cinco da Loja justa são os três precedentes mais dois Mestres; enfim, uma Loja perfeita compreende mais um Companheiro e um Aprendiz, e não sete Oficiais. Por essas indicações dos rituais antigos, temos a prova de que cinco Maçons, contanto que sejam Mestres, poderiam abrir os trabalhos de uma Loja. Por outro lado, o Tesoureiro e o Hospitaleiro só podiam existir nas Lojas permanentes e não em reuniões maçônicas comandadas pelas circunstâncias.

O *Venerável* é presidente da Oficina; ele tem uma tarefa extremamente pesada: é dele que dependem, em grande parte, a orientação espiritual de sua Oficina e os trabalhos que aí são feitos.

O *primeiro Vigilante* dirige os trabalhos dos Companheiros e cuida da disciplina geral.

O *segundo Vigilante* é encarregado da instrução dos Aprendizes; seu papel é muito importante, pois é ele quem, verdadeiramente, deve formar os novos Maçons.

Os dois Vigilantes são os assessores do Venerável por ocasião da abertura dos trabalhos da Loja; todos os três carregam o *Malhete*, insígnia de sua função.

O *Orador* é encarregado de concluir por ocasião dos trabalhos ou de uma discussão. Ninguém tem o direito de tomar a palavra depois do Orador, cujas conclusões, postas em votação, são adotadas ou rejeitadas pela Oficina. O Orador representa a Lei Maçônica: ele deve conhecer perfeitamente as Constituições e os Regulamentos da Obediência. Ele pode, e o Secretário tem o mesmo direito, dirigir-se diretamente ao Venerável, enquanto que os outros Irmãos devem pedir a palavra a um dos Vigilantes que transmite a petição; ele pode ainda tomar a precedência sobre o Venerável, se os Regulamentos não forem observados.

O *Secretário* redige os processos verbais, que tomam o nome de "pranchas traçadas"[63] e se ocupa das relações administrativas entre a Oficina e a Obediência.

O *Experto* dirige os Recipiendários nas cerimônias de iniciação e vela pela boa execução do Ritual, que deve conhecer perfeitamente; ele é encarregado da "averiguação"[64] dos Irmãos visitantes.

O *Mestre de Cerimônias* introduz os visitantes depois de sua averiguação e os conduz a seus respectivos lugares; ele ajuda o Experto nas cerimônias de iniciação.

O *Tesoureiro* tem a tarefa ingrata de coletar as cotizações regulares e tem de cuidar da boa organização financeira da Oficina.

O *Hospitaleiro* recolhe os donativos feitos nos mealheiros de beneficência; tem de visitar os Irmãos doentes ou necessitados e ajudá-los tão generosamente quanto estiver em seu poder[65].

O *Cobridor* guarda interiormente a porta do Templo; é ele quem dá a entrada aos Irmãos que chegam depois da abertura dos trabalhos.

"Cobrir" e "Telhar" são expressões especificamente maçônicas: no sentido próprio, é colocar o Templo ao abrigo das intempéries; no sentido figurado, é protegê-lo contra a intrusão dos profanos.

"Telhar um Irmão" é interrogá-lo para constatar, por suas respostas se ele é mesmo Maçom e se seu grau corresponde ao grau para o qual trabalha o Templo no qual ele pede para ser admitido.

"Cobrir o Templo" é, de um lado, cuidar de sua segurança e impedir qualquer ingerência externa; e, por outro lado, participar dessa segurança ao deixar o Templo. Por extensão, a expressão "cobrir o Templo" tornou-se sinônimo de "sair".

Caso profanos consigam entrar numa reunião de Maçons e se um deles perceber isso, o Cobridor diz: "Está chovendo", isto é, o Templo não está coberto.

Nos antigos Rituais maçônicos encontram-se muitas vezes dois Cobridores: um que fica dentro do Templo e outro que fica fora.

"Nas trevas do Ocidente, diz Ed. Gloton[66], tomam assento os Cobridores: o Cobridor interno, que guarda a porta e recebe as indicações do Cobridor externo, que vigia o adro. É graças a eles que trabalhamos sem preocupações, certos que estamos de que nenhum profano pode entrar inopinadamente em nosso Templo para nos surpreender. Esses postos muitas vezes são dados, erradamente, a jovens Irmãos que não têm experiência suficiente para esse posto; na antiga tradição, que algumas Lojas ainda observam, esse lugar de Cobridor cabe ao Venerável que sai. Isso mostra a importância que tinham para nossos ancestrais esse posto de Cobridor."

Muitas vezes, é verdade, consideram-se os postos de Oficiais como honrarias, enquanto, de fato, trata-se de "cargos particulares", efêmeros e transitórios, que não implicam em nenhuma hierarquia. Todos os Oficiais são Mestres; eles não têm nenhuma precedência individual para fazer valer. O posto de Cobridor é tão importante e necessário quanto o de Venerável; os antigos Rituais mostravam-se, portanto, perfeitamente sábios quando davam esse posto ao Venerável que deixava o seu lugar de Presidente. Essa tradição, que é um ensinamento e uma lição de modéstia, deveria ser conservada.

*
* *

Os dez Oficiais da Loja, tal como os enumeramos, situam-se perfeitamente na Árvore sephirótica.

Os lugares de Tesoureiro e de Hospitaleiro encontram-se invertidos em relação a seu lugar habitual nas Lojas. Essa inversão parece-nos preferível ao costume seguido; com efeito, o Tesoureiro deve ocupar-se, junto com o Secretário, da administração da Loja, enquanto o Orador é qualificado, mais do que qualquer outro, para dar sua opinião ao Hospitaleiro a respeito da utilização dos fundos destinados à beneficência.

No Rito Escocês, o primeiro Vigilante fica à esquerda de quem entra no Templo e o segundo à direita. No Rito Francês, seus lugares são invertidos; voltaremos a falar a respeito ao tratar das duas Colunas cuja posição também é invertida nos dois Ritos.

Por razões práticas, o Experto coloca-se à direita e o Mestre de Cerimônias à esquerda. Quanto ao Cobridor, seu lugar fica exatamente na frente do Venerável.

KETHER
A COROA
Venerável

BINAH
INTELIGÊNCIA
Secretário

CHOCHMAH
SABEDORIA
Orador

GEBURAH
FORÇA
Tesoureiro

TIPHERETH
BELEZA
Mestre de Cerimônias

CHESED
GRAÇA
Hospitaleiro

HOD
VITÓRIA
1º ou 2º
Vigilante

NETZAH
GLÓRIA
1º ou 2º
Vigilante

IESOD
FUNDAMENTO
Experto

MALKUTH
REINO
Cobridor

*
* *

O conjunto dos assistentes, colocados longitudinalmente, à direita e à esquerda, no Templo, recebe o nome de "Colunas". À direita, é a "Coluna do Sul"; à esquerda, a "Coluna do Norte".

Os Aprendizes sentam-se na Coluna do Norte porque, diz-se, ainda estão parcialmente nas trevas e esse lado é o mais escuro[67]. Os Companheiros sentam-se na Coluna do Sul, enquanto os Mestres podem colocar-se, indiferentemente, numa ou noutra Coluna.

Os dignitários: Membros do Conselho da Ordem, no Rito Francês; Conselheiros Federais, no Rito Escocês; os antigos Veneráveis, os Veneráveis visitantes, etc., sentam-se a Oriente, à direita e à esquerda do Venerável.

*
* *

O lugar dos Oficiais constituiu objeto de muitos trabalhos. Oswald Wirth procurou uma relação entre as funções dos oficiais e o simbolismo planetário astrológico, que ele apresenta da seguinte forma[68]:

O Venerável corresponde a *Júpiter*.
O primeiro Vigilante, a *Marte*.
O segundo Vigilante, a *Vênus*.
O Orador, ao *Sol*.
O Secretário, à *Lua*.
O Experto, a *Saturno*.
O Mestre de Cerimônias, a *Mercúrio*.

Aceitamos essas correspondências, salvo no que diz respeito às duas últimas: Saturno e Mercúrio. A essas duas entidades planetárias preferimos fazer corresponder os dois Cobridores.

É fácil justificar essas atribuições:

Júpiter, o Mestre dos Céus, é o Venerável, porque nele domina a *Sabedoria.*

Marte, o deus guerreiro, corresponde ao primeiro Vigilante, cujo *Rigor* e *Força* devem ser inflexíveis.

Vênus, a doce e bela, é a *Graça,* e corresponde ao segundo Vigilante. Marte e Vênus são opostos e se completam: o primeiro é a força masculina; o segundo, a graça feminina.

O *Sol,* atribuído ao Orador, domina Júpiter enquanto planeta. O Orador, guardião da "Lei maçônica" pode, como já o dissemos, "dominar" o Venerável em certos casos particulares.

A *Lua,* reflexo do Sol, registra fielmente tudo o que emana da plataforma do Orador[69].

Mercúrio, o mensageiro dos deuses, é o Cobridor externo que vem anunciar ao Cobridor interno os Irmãos que vêm se apresentar e que pedem sua admissão.

Saturno, o deus prudente, que prefere os lugares sombrios, é o Cobridor interno, que anuncia a presença daqueles que ele julgou dignos de entrar.

*
* *

Os Oficiais, assim definidos, situam-se perfeitamente nos braços de uma estrela de seis pontas ou "Selo de Salomão". O Venerável e os dois

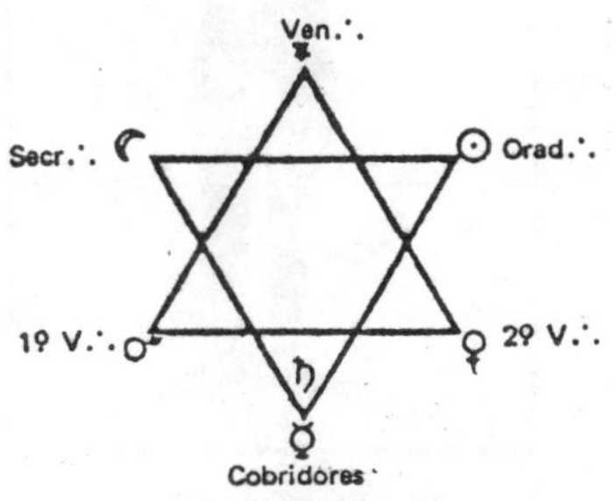

Fig. 54. Os Oficiais e o selo de Salomão.

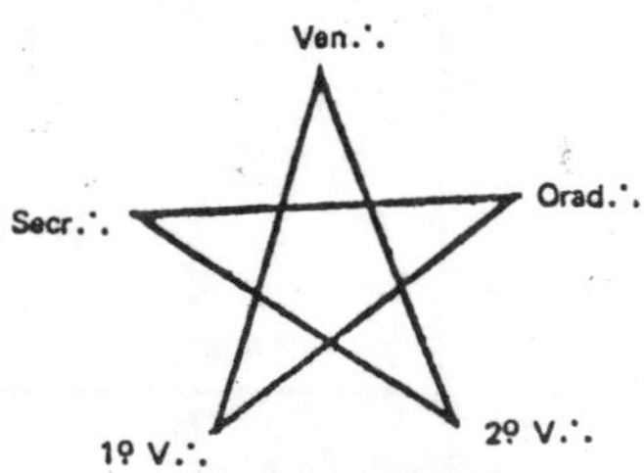

Fig. 55. Os Oficiais e o pentagrama.

Vigilantes, que dirigem a Loja, formam o triângulo ascendente: o Orador, o Secretário e os Cobridores, que "organizam" a Loja, formam o triângulo descendente (fig. 54).

Pode-se igualmente distribuir os Oficiais pelas pontas de um Pentagrama ou Estrela Flamejante (fig. 55).

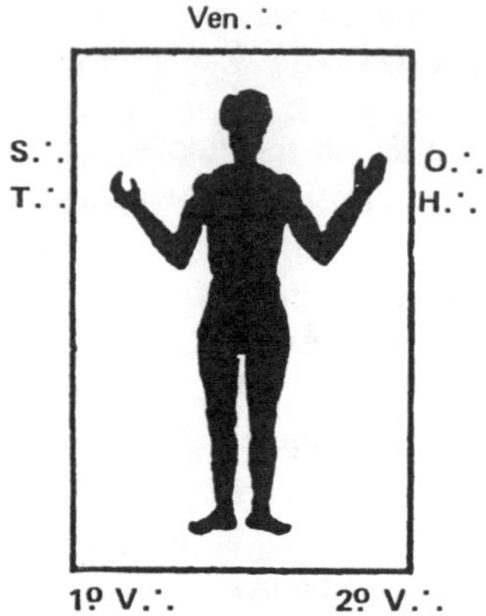

Fig. 56. O homem e o Templo (rito escocês).

Em resumo, podemos adotar o esquema sephiróthico para as Lojas importantes; o esquema hexagramático para as menos importantes; e, enfim, o esquema pentagramático para as Lojas formadas em que haja necessidade de designar um Cobridor.

Esses três esquemas não modificam a localização dos Oficiais; apenas o número destes é que difere.

Se imaginarmos um homem deitado de costas, no Templo, sua cabeça é o Venerável; seus braços, o Orador e o Secretário; suas mãos, o Tesoureiro e o Hospitaleiro; suas pernas e pés, os dois Vigilantes (fig. 56).

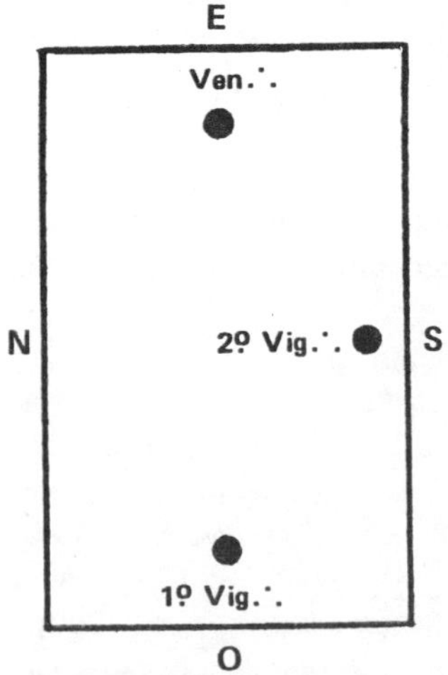

Fig. 57. Lugar do 2º Vig.·. (Maç. anglo-saxã).

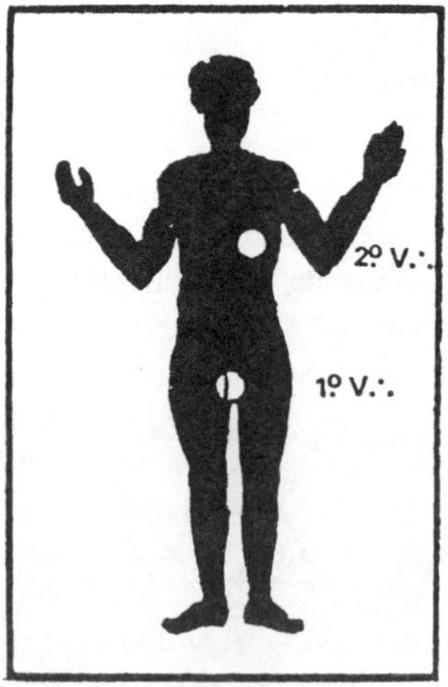

Fig. 58. O homem e o Templo (Maç. anglo-saxã).

No Ritual anglo-saxão, o segundo Vigilante é colocado no meio da Coluna do Sul; ele ocupa o lugar do coração no esquema do homem deitado, e o primeiro Vigilante o do sexo (a força), enquanto que os Cobridores ficam aos pés (a sustentação, a base).

O Templo é um Universo completo: ao mesmo tempo *macrocosmo*[70] e *microcosmo.* Os lugares respectivos dos Oficiais demonstram que o Simbolismo maçônico, como todos os simbolismos tradicionais, possui uma polivalência e uma universalidade que não devem ser desprezadas.

7. A CIRCULAÇÃO NO TEMPLO

Como se deve circular no Templo? Da direita para a esquerda? Da esquerda para a direita? Indiferentemente, como se costuma fazer? Tocamos, aqui, numa questão delicada e de difícil solução.

Importa, antes de tudo, precisar bem os termos usados. O sentido do movimento dos ponteiros de um relógio é *sinistrorsum:* vai da esquerda para a direita; o sentido inverso é *dextrorsum:* realiza-se da direita para a esquerda.

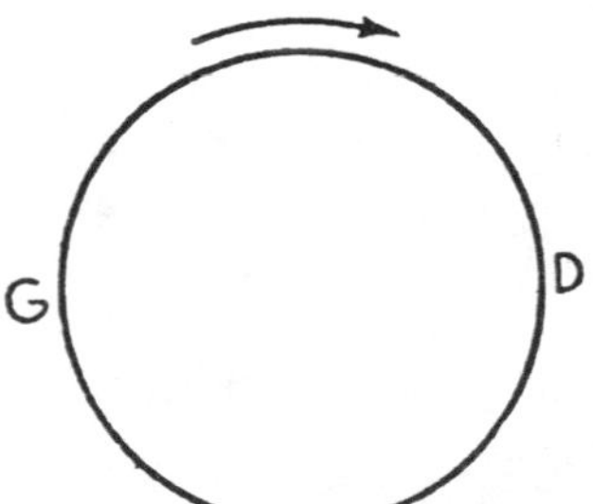

Fig. 59.
Movimento da esquerda para a direita.

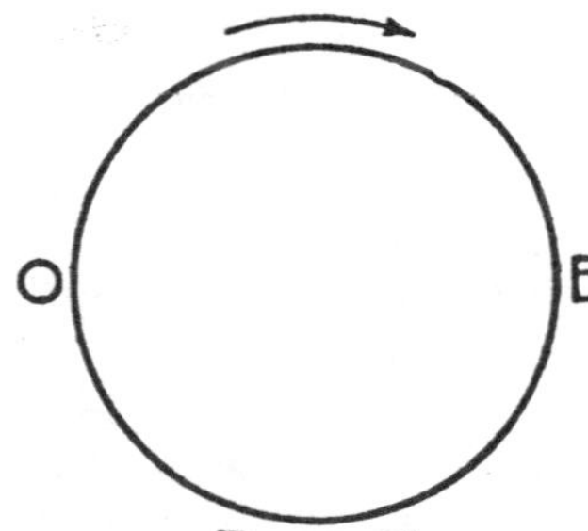

Fig. 60.
Movimento de Oeste para Leste.

Notemos que os termos "da direita para a esquerda" e "da esquerda para a direita" não bastam para determinar com exatidão o sentido de um movimento circular (fig. 59); com efeito, no sentido "sinistrorsum", os ponteiros de um relógio vão, de fato, da esquerda para a direita na parte superior do mostrador, mas vão da direita para a esquerda na parte inferior.

Ocorre o mesmo quando se diz que o movimento de um astro se realiza do Oriente para o Ocidente, ou do Ocidente para o Oriente (fig. 60). Assim, para evitar qualquer confusão, usaremos dois adjetivos relacionando suas circum-ambulações à nossa própria direita e à nossa própria esquerda.

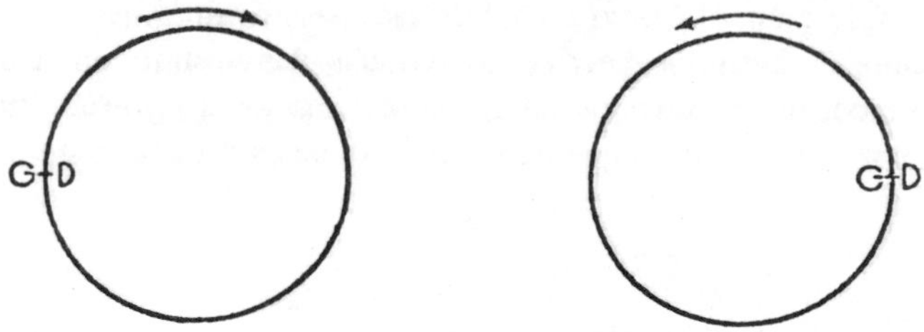

Fig. 61.

Sentido dextrocêntrico. Sentido sinistrocêntrico.

Diremos: *sentido dextrocêntrico* quando nos voltarmos tendo constantemente a direita voltada para o interior do círculo e a esquerda para o exterior; sentido *sinistrocêntrico*, quando a nossa esquerda ficar voltada para o interior do círculo e a direita para o exterior.

De um modo geral, a direita é considerada benéfica e a esquerda maléfica nas figurações estáticas[71]; conseqüentemente, o mesmo ocorrerá nos movimentos que vão seja para a direita seja para a esquerda. Com efeito, as circum-ambulações sinistrocêntricas estão ligadas, na maioria das vezes, a operações nefastas.

"Nos ritos de Magia negra, diz Victor Henry[72], a direita cede esse lugar para a esquerda: se se pega um objeto, isso é feito com a mão esquerda; se se coloca um pé à frente, é o pé esquerdo; apresenta-se o flanco esquerdo ao fogo ou a qualquer outro acessório em torno do qual se ande."

"É preciso notar, escreve Goblet d'Alviella[73], que, em todos os ritos giratórios, o movimento sempre deve ser feito para a direita, isto é, no sentido do movimento dos ponteiros de um relógio."

Ele enumera em seguida certo número de fatos:

"Os rituais bramânicos, diz ele, prescrevem formalmente que as circum-ambulações sejam feitas pela direita; a galeria disposta para uso das procissões em torno do santuário nos mais antigos templos bramânicos recebe até o nome significativo de *pradakshina*, literalmente para a direita, *dextroversum*.

"Os hindus também conheciam a circum-ambulação para a esquerda, *prasavya*, a rotação às avessas; mas trata-se de um processo de mau agouro, de um ato de magia negra.

"Na Escócia, os celtas conservaram até nossos dias o costume de fazer três vezes a volta dos objetos que eles querem santificar e dos indivíduos que querem honrar ou proteger."

Nas cerimônias fúnebres, pelo contrário, as circum-ambulações são feitas pela esquerda.

Goblet d'Alviella explica que um sentido propício está ligado à rotação pela direita e um sentido sinistro à rotação pela esquerda porque, no primeiro caso, o movimento segue *o curso aparente do Sol,* e, no segundo caso, vai ao encontro desse curso. Ele observa ainda que as circum-ambulações nos rituais fúnebres eram seguidas, imediatamente, de uma circum-ambulação dextrocêntrica[74]. "O ritual bramânico, diz ele, dá a chave do duplo rito: na primeira caminhada, o sacrificador dirige-se para a casa de seus ancestrais, isto é, para o domínio da morte; na segunda, ele volta para este mundo, que é o seu."

René Guénon[75] chama de "polar" o sentido sinistrocêntrico e de "solar" o sentido dextrocêntrico: "A circum-ambulação realiza-se, diz ele, tendo constantemente o centro à sua esquerda, no primeiro caso e, ao contrário, à sua direita no segundo (o que, em sânscrito, chama-se *pradakschina*); esse último modo é o que está em uso, particularmente nas tradições hindus e tibetanas, enquanto que o outro se encontra notadamente na tradição islâmica". E acrescenta em nota: "Não é, talvez, sem interesse notar que o sentido das circum-ambulações, indo respectivamente da direita para a esquerda e da esquerda para a direita, corresponde igualmente à direção da escrita nas línguas sagradas dessas mesmas formas tradicionais. Na Maçonaria, sob sua forma atual, o sentido das circum-ambulações é "solar"; mas parece que antes, no antigo ritual operativo, ele foi "polar"; de acordo com esse ritual, aliás, o "trono de Salomão" era colocado a Ocidente, e não a Oriente, a fim de permitir que seu ocupante "contemplasse o Sol ao nascer".

Em astronomia e em astrologia, chama-se "sentido direto" o movimento que se realiza no sentido contrário ao dos ponteiros de um relógio, e "senso retrógrado" o movimento no sentido inverso.

Sabemos que a rotação da Terra sobre seu eixo é sinistrocêntrica e que ela gira ao redor do Sol no mesmo sentido. Por outro lado, os planetas se movem igualmente no mesmo sentido; mas a combinação dos diferentes movimentos *parece* dar-lhes às vezes um sentido inverso, isto é, "retrógrado" ou dextrocêntrico. Somente o Sol e a Lua – em Astrologia, o primeiro é considerado um planeta – jamais apresentam a aparência retrógrada.

Por causa do movimento da Terra, a abóbada celeste parece girar da direita para a esquerda (movimento sinistrocêntrico), fig. 62, e o Sol da esquerda para a direita (movimento dextrocêntrico) fig. 63. Diremos, portanto, no primeiro caso, movimento *estelar* e, no segundo caso, movimento *solar*.

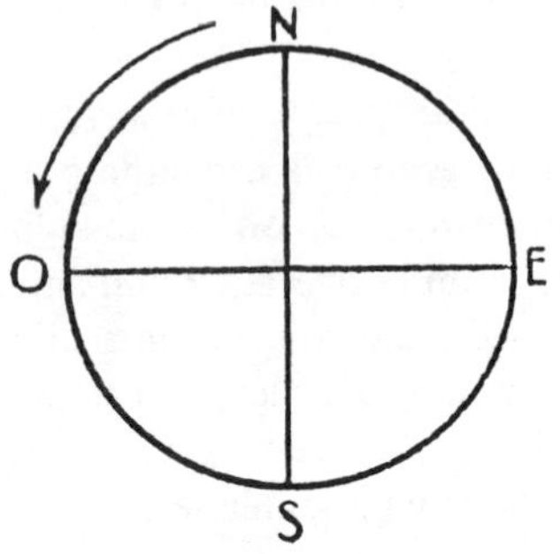

Fig. 62. Sentido "estelar" ou sinistrocêntrico.

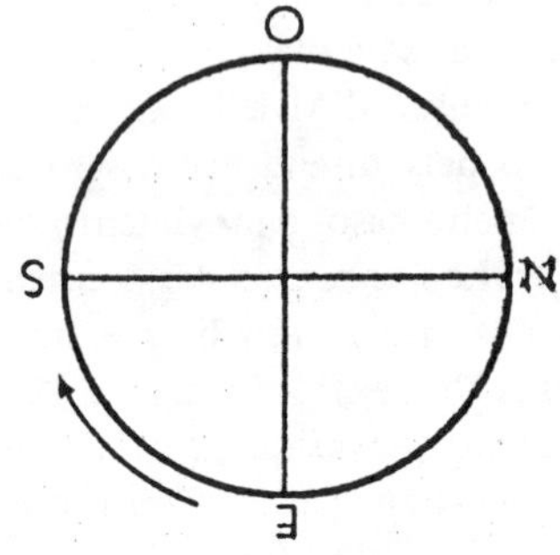

Fig. 63. Sentido "solar" ou dextrocêntrico.

A giração *real* do sistema solar é sinistrocêntrica. Por consequência, como a Loja representa o Universo e os Oficiais, os planetas, parece lógico fazer com que estes circulem no sentido real. Mas, nesse caso, entramos em choque com a tradição, que considera todo movimento sinistrocêntrico maléfico.

O Templo é orientado para Leste e a Luz, ou o Sol, nasce no Oriente, passa pelo Meio-Dia e se põe no Ocidente. A circulação sinistrocêntrica vai, portanto, ao encontro do Sol. Nessa circum-ambulação, entra-se pela direita e sai-se pela esquerda; vai rumo ao Oriente, passando pelo Meio-Dia, e acaba no Ocidente, passando pelo Norte.

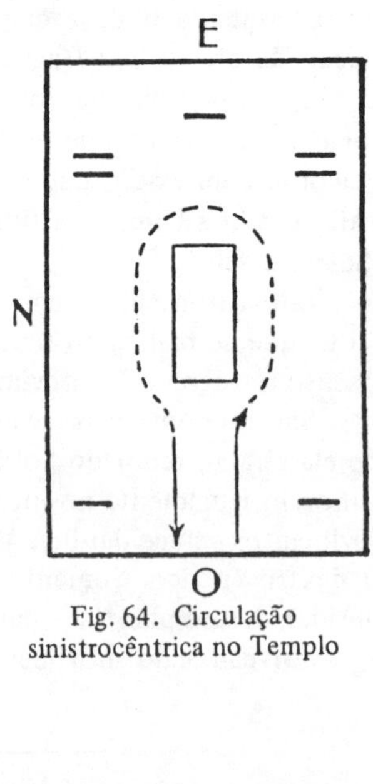

Fig. 64. Circulação sinistrocêntrica no Templo

Simbolicamente, e logicamente, essa circum-ambulação só deveria ser possível na Maçonaria: o Maçom vai rumo à luz ao entrar no Templo e volta às Trevas – o mundo profano – ao sair dele.

Importa notar que o Maçom, circulando do modo como acabamos de expor, não pretende opor-se à marcha normal do mundo, como pretendem fazê-lo os ritos de magia negra. Aliás, é preciso constatar que as influências benéficas e maléficas atribuídas às circum-ambulações não passam de uma convenção.

Preconizamos a circulação sinistrocêntrica, mas não nos oporíamos a que uma Loja admita a circulação inversa, com a condição de que exponha bem suas razões e que estas sejam válidas.

De qualquer modo, é preciso adotar um dos dois sentidos e obrigar a sua adoção. É inadimissível que a circulação se faça indiferentemente num sentido ou no outro. É necessário, é imprescindível que se adote um sentido "ritual" de circulação.

Uma única exceção deve ser assinalada. Por ocasião da abertura dos trabalhos, os Vigilantes devem caminhar um à direita e o outro à esquerda diante das colunas formadas pelos Irmãos reunidos, cruzando-se, uma primeira vez, diante do Venerável e, uma segunda vez, ao voltar a seus lugares, diante do Cobridor. Se agissem diversamente, isto é, se caminhassem um atrás do outro no sentido sinistrocêntrico, eles passariam na frente dos Irmãos da coluna do Sul; os Irmãos da coluna do Norte teriam assim a possibilidade de ver o sinal que eles devem executar diante de seu Vigilante.

Em todos os outros casos, o sentido ritual é obrigatório.

8. OS CANDELABROS

O Templo deve ser simbolicamente iluminado por *chamas*. Deveria haver *três* velas para o grau de Aprendiz, *cinco* para o grau de Companheiro e *sete* para o grau de Mestre.

No grau de Aprendiz, o Venerável e os dois Vigilantes deveriam ter um candelabro cada um sobre sua plataforma; o mesmo aconteceria, no grau de Companheiro, com o Orador e o Secretário e, no grau de Mestre, com o Tesoureiro e o Hospitaleiro.

Antes da abertura dos trabalhos, só o Venerável terá sua vela acesa; durante a abertura, ele "dá a luz" aos dois Vigilantes. E, munidos de seus candelabros, o Venerável e os dois Vigilantes acendem as velas colocadas no alto dos Pilares que lhes são atribuídos.

Há, assim, no Templo, *seis* luzes: *três* no mundo dos arquétipos (o Quadrado oblongo) e três no mundo realizado. Mas, para respeitar o simbolismo tradicional, seria preciso que fossem acesas primeiro as velas dos três Pilares, e que o Venerável e os dois Vigilantes vão, cada um, buscar a Luz em seu respectivo Pilar, porque esses Oficiais são o reflexo do mundo dos Arquétipos. As seis velas deveriam permanecer acesas durante toda a reunião.

Pela lógica, as velas dos três Pilares deveriam estar acesas antes até que os Irmãos entrem no Templo e deveriam ser apagadas somente quando todos tiverem saído, pois a Luz que emana do Quadrado oblongo se expande de forma contínua[76].

Seria de desejar que todas as Lojas compreendessem e adotassem esse simbolismo e que o mantivessem; desse modo, a transcendência do Simbolismo maçônico seria nitidamente acentuada.

*
* *

A liturgia católica prescreve que as velas devem ser feitas ao menos com mais da metade de cera de abelhas. A verdadeira vela deveria ser feita de cera pura. O preço dessa vela é muito alto, motivo pelo qual a Igreja permite que se misture à cera a estearina.

A matéria de que é feita a vela deve ser tão pura e tão natural quanto possível, e só a cera de abelhas corresponde a essas qualidades. Por outro lado, o simbolismo da própria Abelha contribui com seu sentido de Trabalho, Justiça, Atividade e Esperança.

*
* *

A vela apresenta um simbolismo ternário, que os escritores religiosos não deixaram de sublinhar: para eles, ela é a imagem da Trindade: Pai, Filho e Espírito Santo, sendo a cera o Pai, o pavio o Filho e a chama o Espírito Santo.

Ela também pode representar o ternário Corpo, Alma e Espírito. A vela é a imagem da sublimação espiritual.

A vela apresenta também um simbolismo *vital*, isto é, fálico, evidente; esse mesmo simbolismo é encontrado na flor[77].

A chama da vela é viva e ritualística, enquanto que a luz produzida pelo gás e pela eletricidade tem sempre algo de artificial, que aqueles que não têm o sentido mágico completamente obnubilado sentem muito nitidamente.

A liturgia católica proscreve, aliás, a iluminação moderna nestes termos:

"O gás ou a eletricidade não podem substituir o óleo da lâmpada do Santíssimo Sacramento nem as velas litúrgicas; nem se pode colocar uma iluminação desse tipo junto com as velas ou ao lado delas nos degraus do altar[78]."

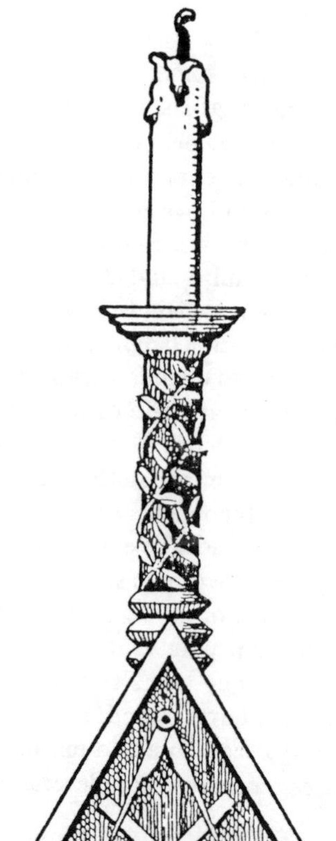

Fig. 65. Candelabro ou estrela.

"É permitido o uso de lâmpadas em lugar das velas, usando-se *óleo de oliva* como combustível. É o óleo de oliva que a rubrica recomenda para a lâmpada que deve queimar dia e noite, sem interrupção, na frente do tabernáculo. Todavia, ela admite algumas acomodações que, a nosso ver, constituem um verdadeiro sacrilégio, diríamos até uma abominação: 'O bispo pode autorizar, nas igrejas pobres, outros óleos vegetais ou mesmo, em certos casos mais urgentes, o *óleo mineral*'[79]."

A Oliveira tem como significações simbólicas: a Paz, a Caridade, a Abundância e a Fecundidade. Mas nossa preferência recai nas velas, cuja chama é mais clara e mais bonita que a da lâmpada de óleo e também mais cômoda de se usar.

O simbolismo *transcendente* e *universal* da Maçonaria necessita, evidentemente, de um formalismo ritual[80] que não deve ser negligenciado; embora ela não seja, repetimo-lo, uma religião – no sentido habitual da palavra –, mas ela é uma "igreja" no sentido verdadeiro da palavra *"Ecclesia"*, que quer dizer *Assembléia.*

Na Maçonaria, as Velas recebem o nome de *Estrelas.* Deveríamos então dizer: "Tornar visíveis as Estrelas", em lugar da prosaica expressão: "Acender as Velas".

*
* *

Quando um visitante ilustre, um dignitário, é introduzido no Templo, ele é precedido pelo Mestre de Cerimônias, que carrega uma "Estrela". Esta é uma tradição muito antiga. Não é para "iluminar" o visitante que ele é precedido pela vela: é para simbolizar a "luz" que ele representa.

*
* *

Falamos das precauções que seria conveniente tomar para acender as velas, a fim de que a chama seja "pura". Para apagá-las, convém igualmente nunca soprar sobre a chama; ela deve ser esmagada pelo malhete.

Essas prescrições podem parecer estranhas; no entanto, nada mais são do que a continuação da tradição ligada ao culto do Fogo entre os Persas.

"Não existe nada tão precioso nem tão sagrado entre os persas, diz Mandeslo[81], quanto o fogo, que eles guardam com muito cuidado; porque, segundo eles, não existe nada que represente tão bem a divindade, esse é o motivo pelo qual eles nunca *assoprarão uma vela,* nem uma lâmpada, e nunca tomarão a iniciativa de apagar o fogo com água, mesmo quando a casa corre o risco de ser consumida; ao contrário, eles procuram abafá-lo com terra."

"Quanto ao fogo comum e ordinário, diz outro autor[82], o culto que os guebros lhe prestam consiste em conservá-lo com uma matéria que não produza fumaça, nem mau cheiro; em não lançar ao fogo nada que seja sujo, nem qualquer espécie de imundície; em não deixá-lo nunca se extinguir, em não acendê-lo com a boca, de medo de impedir com que o fogo sinta algo de mau que possa infectá-lo; de modo que se por acaso ele se apagar, será preciso ir buscá-lo num vizinho, ou reacendê-lo com uma ventarola. Esse culto consiste ainda em não tocar jamais num fogo que tenha sido alimentado e mantido com ossos, excrementos ou qualquer outra imundície."

No Templo maçônico, as velas são um Fogo sagrado e não um mero detalhe do Ritual; esse é o motivo pelo qual esse costume não deveria ser abandonado.

9. AS FUMIGAÇÕES

Se o uso de velas parece, para algumas pessoas, uma impossível "imitação" dos ritos religiosos na Maçonaria, que dirão das "fumigações" de que vamos falar agora? No entanto essas fumigações, no nosso entender, não só são necessárias mas indispensáveis, como explicaremos adiante.

É importante notar, primeiro, que o incenso só foi usado liturgicamente pela Igreja por volta do século IV. Os primeiros cristãos não usavam o incenso que, para eles, estava demasiado ligado ao culto pagão[83]. Por outro lado, o sacrifício pedido aos cristãos que renunciavam à sua fé consistia em lançar o incenso sobre carvões ardentes diante dos ídolos. E Tertuliano escreveu: "Não oferecemos a Deus um ás de incenso ou duas gotas de vinho puro".

Dá-se ao uso do incenso uma explicação materialista, dizendo que ele servia para afastar os maus odores e corrigir o ar viciado dos templos subterrâneos. Moisés (*Êxodo*, XXX, 1 a 10) ordena que se faça um altar "para queimar o incenso" e que ele seja colocado ao ar livre: isso, por certo, não seria para "corrigir o ar viciado". São Paulo, na *Epístola aos Hebreus* (IX, 3, 4) coloca um anjo "que fica ao lado do altar com um turíbulo de ouro puro na mão; deram-lhe muitos perfumes para que ele fizesse uma oferenda das preces de todos os santos sobre o altar de ouro que está diante do trono; e a fumaça dos perfumes formados pelas orações dos santos subiu da mão do anjo para Deus".

Assim, se os primeiros cristãos mostravam alguma repugnância para adotar um costume *pagão*, a Escritura atesta, contudo, que desde o começo, e entre os judeus, assim como alhures em todos os cultos da Ásia, o uso do incenso tinha um significado religioso[84].

O incenso e sua fumaça possuem uma ação antisséptica comprovada[85] e essa ação física é acompanhada de uma ação psíquica; ele proporciona um estado de alma particular propício à elevação espiritual[86]. Esse é o motivo pelo qual ele deveria ser usado na Maçonaria, sobretudo por ocasião das cerimônias de iniciação.

O incenso de igreja não é uma resina pura. Trata-se de uma mistura de diversas resinas, na qual às vezes não entra nenhum grão de incenso puro, ou olíbano. A palavra "incenso" (do latim *incensum*) não designa, é verdade, nenhuma matéria particular, já que serve para qualificar "tudo aquilo que queima"; mas o verdadeiro incenso é o Olíbano (*Oleum Libani*, óleo do Líbano), que provém da *Boswelia*, cujas diferentes espécies produzem resinas de qualidades diferentes. Muitas vezes ele é falsificado, sendo misturado com sandáraca, a goma comum proveniente da tuia; com resina de pinho; com a colofônia, resíduo da destilação da terebentina; com o bdélio, que dá um cheiro empireumático pronunciado, etc.

Outras gomas-resinas, além do incenso, podem servir para as fumigações. Citaremos, entre outras: a Mirra, o Benjoim, a madeira de Santal, o storax.

Preconizamos, para fumigações na Maçonaria, uma mistura de Olíbano, de Mirra e de Benjoim nas seguintes proporções:

Olíbano	3 partes.
Mirra	2 partes.
Benjoim	1 parte.

Essa mistura, que dá um odor muito agradável, simboliza, no nosso entender, os três mundos: o divino, o humano e o material[87].

Fig. 66.
Caçoila ou defumador.

É preciso usar a Mirra verdadeira, ou Mirra amarga, também chamada Mirra masculina ou Herabol, e não confundi-la com a Mirra feminina, o Bisabol ou Opoponax. Quanto ao Benjoim, preferimos, em pequenas gotas, o do Laos, impropriamente chamado Benjoim do Sião, ao da Sumatra, em massas escuras, que desprende um cheiro mais forte mas menos fino.

A combustão da mistura odorífera efetua-se sobre carvões em brasa colocados numa caçoila[88].

O incensário usado nas igrejas já era conhecido dos romanos, que o chamavam de *thuribulum* ou *thymiamatarium* ou, ainda, de *suffirorium;* preferimos uma caçoila ou um defumador, que se adapta melhor à finalidade requerida.

As velas e as fumigações, segundo nosso modo de pensar, constituem um auxiliar indispensável das cerimônias maçônicas, para as quais contribuem com essa nota "sagrada" que deve reinar nos Templos. E dizemos um "auxiliar" porque é evidente que não modificam os ritos fundamentais da Ordem Maçônica.

10. O LIVRO SOBRE O ALTAR

Na frente da plataforma do Venerável encontra-se um "altar" de forma triangular, sobre o qual estão colocados um "Livro", com o Esquadro e o Compasso.

Esse "Livro" foi objeto de muita controvérsia. Para os anglo-saxões, o problema está resolvido: trata-se da *Bíblia*. Eles fizeram um *landmark* desse ponto particular e é aí que começa a discussão.

Os *landmarks* ou *limites* são regras particulares impostas pela Maçonaria anglo-saxã. Se uma só dessas regras não for observada, a Obediência rebelde é declarada "irregular".

A "Grande Loja Unida da Inglaterra" reduziu a oito o número dos *landmarks*, que variou durante o correr dos anos. Esses últimos textos datam de 4 de setembro de 1929; eis o sexto *landmark* que nos interessa presentemente:

"As três grandes Luzes da Franco-Maçonaria (isto é, o Livro da Lei Sagrada, o Esquadro e o Compasso) serão sempre exibidos durante os trabalhos da Grande Loja ou das Lojas sob seu controle, sendo a principal dessas Luzes o Livro da Lei Sagrada (a Bíblia)."

A Loja *Os Aprendizes* (G.·.L.·.D.·.F.·.) dizia, num trabalho coletivo[89]: "Agindo como o fez, a Grande Loja Unida da Inglaterra não arroga para si um poder de fixação doutrinária análogo ao da Santa Sé? E tal iniciativa não faz com que a Instituição corra riscos que não são compensados por nenhuma vantagem real? Porque a unidade dela resultante de obediência aos imperativos anglo-saxões, apesar de tudo, seria apenas ilusória e, longe de fortalecer o conjunto da Ordem no mundo, tornaria anêmicas certas Obediências nacionais, como a nossa, privando-a de seu tropismo essencial e próprio".

Oswald Wirth, por sua vez, disse[90]: "Uma crítica objetiva foi feita às Sagradas Escrituras, que a ciência aprecia apenas por seu valor humano, que continua muito elevado. É compreensível que a Bíblia conserve todo o seu prestígio junto às pessoas religiosas que nela procuram a palavra de Deus e fazem dela o guia infalível de sua fé; mas semelhante veneração está longe de se impor de uma forma racional. Ela é característica da mentalidade anglo-saxã, que não é partilhada pelas raças latinas. Não tendo que se pronunciar a respeito de crenças, a Franco-Maçonaria não teria por que se preocupar com a Bíblia mais do que com o Corão, ou com os outros livros reverenciados como sagrados. Mas como na Inglaterra o juramento é prestado sobre a Bíblia, muito naturalmente introduziu-se o costume de pronunciar o juramento maçônico sobre o Livro da Lei Sagrada".

A revista *Le Symbolisme* ocupou-se longamente desse problema em 1931. Marius Lepage, respondendo a Élie Benvéniste, propõe que seja adotado, como Livro Sagrado, as Constituições de Anderson. Oswald Wirth vê no "Livro Branco" – livro mudo proposto por alguns – um *ersatz* da Bíblia... e uma amável fantasia; contudo, na *Occult Rewiew* de junho de 1931, Wirth é admoestado nos seguintes termos:

"... trata-se do direito inalienável que toda associação constituída possui, nos limites da lei e da ordem, de fixar as condições de admissão de seus membros. Ora, uma dessas condições, para a Maçonaria inglesa, exige que o candidato pronuncie seu juramento sobre o Antigo Testamento ou sobre outro Livro Sagrado reconhecido por ele. Caso ele não reconheça nenhum, não poderá franquear o umbral. Isso pode ser bom, mau ou indiferente, segundo a opinião de cada um, inclusive do Sr. Wirth; mas *donec de medio fiet,* essa é uma das grandes condições, e os recalcitrantes estão livres para ir onde melhor lhes aprouver – *ad inferos,* inclusive –, ou ao Grande Oriente da França[91]."

A isso Oswald Wirth respondeu: "Somos obrigados a nos inclinar diante dos fatos. Os anglo-saxões querem ter sua Maçonaria particular e renunciam ao universalismo proclamado em 1723".

Armand Bédarride, na mesma revista, rejeita o Livro Branco que, com bom senso, chama de vão simulacro. E como os anglo-saxões admitem que em suas colônias seja adotado o Livro Sagrado da religião praticada, ele propõe, logicamente, um Livro composto de diversos trechos:

"Se quereis, diz ele, um Livro que esteja à altura de nosso Templo, compilai-o com tudo o que há de mais sábio, de mais puro, de mais santo, de mais heróico, de mais nobre, de mais cultural, de mais belo em todos os Livros que servem de guia à vida do Espírito naqueles que serviram ou que ainda servem de guia para as consciências em sua caminhada rumo a uma perfeição sempre fugidia; dirigi-vos a todos os pastores de almas, quer se apresentem como representantes da Divindade ou da Razão... Das profundezas das trevas primitivas, o pensamento humano caminhou, pouco a pouco, rumo a uma Luz sempre maior; em linguagens diferentes o Espírito traçou os anais de seu progresso... Não tenhais medo de compará-los, de confrontá-los, de exaltá-los uns pelos outros; ao contrário, avançareis assim na direção da "Palavra Perdida"..."

Os anglo-saxões, impondo a Bíblia, deixam bem claro que se trata do Antigo Testamento. Contudo, no Novo Testamento há um texto magnífico que merece o primeiro lugar: é o Evangelho de São João, de que falamos acima[92]. Algumas Lojas, aliás, lêem os primeiros versículos desse Evangelho por ocasião da abertura de seus trabalhos.

Seria desejável que a proposta de Armand Bédarride fosse adotada.

Teríamos, assim, sobre o Altar maçônico, uma reunião, uma antologia dos textos esotéricos que constituem o fundamento das diferentes tradições[93]. Desse modo, confirmar-se-ia o universalismo da Maçonaria; desse modo, ainda, seriam quebrados os grilhões de que fala Volney[94]:

"Um obstáculo, sobretudo, feriu meu pensamento: lançando meu olhar sobre o globo, eu o vi dividido em vinte sistemas diferentes; cada nação recebeu ou inventou opiniões religiosas opostas, e cada uma, atribuindo exclusivamente a si a verdade, quer acreditar que todas as outras estão erradas. Ora, se, como de fato, acontece em suas discordâncias, a maioria dos homens se engana, e se engana de boa fé, segue-se que nosso espírito se persuade tanto com a mentira quanto com a verdade; e, então, qual o meio de esclarecê-lo? Como dissipar o preconceito que se apoderou das pessoas? Como, sobretudo, tirar a própria venda quando o primeiro artigo de cada crença, o primeiro dogma de toda religião é a proscrição absoluta da dúvida, a interdição do exame, a abnegação do próprio julgamento? Que fará a verdade para ser conhecida? Se ela se oferece com as provas do raciocínio, o homem, pusilânime, recusa sua consciência; se ela invoca a autoridade das potências celestes, o homem, preocupado com uma autoridade do mesmo gênero, trata toda inovação com blasfêmia. Assim o homem, em sua cegueira, apertando ele próprio os seus grilhões, entregou-se para sempre, sem defesa, ao jogo de sua ignorância e de suas paixões..."

Todas as Maçonarias do globo – nos países onde elas não foram suprimidas por um abuso do poder político – diferem em alguns pormenores, mas são semelhantes em sua essência. Edmond Gloton também escrevia, e com razão[95]:

"Até esse dia, as diferentes Obediências procuraram minuciosamente os pontos que as diferenciavam, que as separavam; tais pontos criaram condições rigorosas para seu relacionamento recíproco. Será esse comportamento verdadeiramente maçônico? Os Mestres não deveriam juntar o que está separado? Em vez de procurar os pontos que nos dividem, seria preciso ver aqueles que nos aproximam; e eles são muitos! Procedendo nessa pesquisa fraterna, saberíamos facilmente como conciliar os pontos que, até agora, nos separaram; mas será preciso que cada um concorra com uma boa vontade recíproca e um ardente desejo de querer alcançar esse objetivo."

A Bíblia é um dos obstáculos que separam a Maçonaria latina da Maçonaria anglo-saxã, mas existem outros. Um anglo-saxão escrevia[96]:

"Quanto mais os Maçons europeus fizeram concessões, mais se exigirá deles, e o reconhecimento oficial sempre lhes será recusado. E eu gostaria de insistir para que eles se atenham a este fato fundamental de que, numa instituição como a Franco-Maçonaria, o grande número e a enormidade de recursos materiais não constituem um sinal de força e, menos ainda, um sinal de real importância, ou de importância na comunidade nacional. Antes, no estágio de civilização a que chegamos, isso constitui um sinal de fraqueza e de incapacidade moral, pois o pequeno número de Irmãos cujo zelo e trabalho desinteressado mantém a vitalidade da Ordem se vê afogado, esmagado pela massa dominante dos egoístas e dos indiferentes."

"Os Maçons europeus, acrescenta ele, levam a Maçonaria a sério; a maioria dos Maçons de língua inglesa não o fazem, nem sentem a necessidade de fazê-lo, e consideram constrangedor o fato de outros o fazerem. Para o anglo-saxão, a Fraternidade é uma sociedade amável, uma brincadeira, uma distração[97]; para seu Irmão da Europa, ela é um instrumento destinado a aperfeiçoar o estado social e a fazer do mundo um lugar onde se viva melhor. O Maçom da Europa é um intelectual; o anglo-saxão desconfia de suas idéias."

Oswaldo Wirth, que cita essa passagem de S. J. Carter, acrescenta[98]: "Nessas condições, devemos resignar-nos a não sermos compreendidos pela maioria de nossos Irmãos anglo-saxões. Eles são incapazes de nos compreender, o que, da parte deles, representa uma inferioridade. Esforcemo-nos por nos mostrar superiores em nosso modo de compreender a Maçonaria e de praticá-la: trabalhemos de forma exemplar e lamentemos os infelizes Maçons que estão envoltos numa névoa espessa, que impede que eles vejam a luz!"

É verdadeiramente inútil, como diz Wirth, continuar essa discussão. Os anglo-saxões, ao exigir a Bíblia, e somente a Bíblia, negam a universalidade da Maçonaria e, se encararmos o problema desse ponto de vista, a "irregularidade" está do lado deles, e não do nosso.

*
* *

Os Conventos da Grande Loja da França e do Grande Oriente da França decidiram de comum acordo, em 1938, que as *Constituições* de Anderson, de 1723 – texto original e tradução francesa – figurariam em cima do Altar das Lojas[99]. Isso era o mesmo que adotar uma solução que, por mais lógica que possa parecer, era falsa. O *Livro das Constituições* deve figurar em cima da estante do Orador, junto com os *Regulamentos Gerais* de sua Obediência, pois ele é o guardião da Lei Maçônica; mas, ficando sobre o Altar eles não estão no lugar certo. As *Constituições* e os *Regulamentos* são de ordem administrativa, enquanto o Altar é "sagrado" e de "ordem iniciática". Esse modo de agir seria como o de um padre que, em lugar do Missal, colocasse sobre o Altar o *Ordo*[100].

NOTAS AO CAPÍTULO III

A OFICINA

1. As Oficinas que reúnem os Maçons do 4º ao 14º grau são denominadas "Lojas de Perfeição; nenhuma cor particular lhes é atribuída. Poder-se-ia chamá-las de *Oficinas verdes*, em razão do cordão de *Mestre Perfeito* (5º grau), mas esse grau não é praticado.

   Quanto aos graus intermediários, cada Oficina recebe um nome característico. Como esses graus são dados "por comunicação" ou, por outra, sem uma verdadeira iniciação, levou-se em consideração apenas o grau mais alto de cada categoria.

   No Rito Escocês, conferem-se os seguintes graus: 1º, 2º, 3º, 4º, 13º, 14º, 30º, 31º, 32º e 33º.

   No Rito Francês, existem apenas os graus 1º, 2º, 3º, 18º, 30º, 31º, 32º e 33º.

2. Pode-se perceber quanto era ilusório o aniquilamento da Franco-Maçonaria decidido pelo governo de Vichy sob a ocupação alemã. Os Maçons que se reuniam na "Loja" – havia aí uma – transformavam em Templo um local qualquer e estavam animados de um espírito maçônico mais vivo do que nunca.

3. *La Chaine d'Union*, 1937-1938, p. 184.

4. *La Liberté de Travail dans l'Ancienne France*, 1937, p. 117.

5. *Idem*, p. 118.

6. Na Maçonaria, usam-se correntemente as expressões Ocidente, Oriente, Meio-dia e Setentrião, em lugar de Oeste, Leste, Sul e Norte.

   O Oriente (de *oriens, oriri*, nascer) é a direção do espaço na qual o Sol se levanta; o Ocidente (de *occidens*, deitar), a direção na qual desaparece; o Meio-Dia (de *medius dies*, metade do dia) qualifica o Sul; o Setentrião (*septem triones*, os sete bois) é um dos antigos nomes da constelação da Pequena Ursa, que compreende a Estrela Polar, que forma a extremidade da cauda dessa constelação; essa estrela, muito vizinha do pólo boreal, indica o Norte.

Às quatro direções do espaço assim definidas é preciso acrescentar outras duas: o *zênite* e o *nadir*. Essas duas palavras vêm do árabe: *Zenith* (caminho reto) é a direção ascendente da vertical de um lugar, e *Nadir* (oposto), a direção descendente.

Na fábula, Éolo, o senhor dos Ventos, soltava, por ordem de Zeus (o Júpiter dos romanos), o vento do Oriente: *Euros* ou *Eurus* (de *euô*, queimar); o vento do Ocidente: *Zéphiros* (de *zoé*, vida, e *pherein*, carregar); o vento do Meio-Dia: *Notos* (*notis*, umidade); e, enfim, o vento do Norte: Bóreas (*boros*, devorador).

7. *Rituel de l'Apprenti Maçon*, p. 67.

8. O *quadrado oblongo* é um quadrado duplo, com dimensões na proporção de 1 por 2.

9. Quando o homem se desloca sobre a superfície da terra, esta pode ser comparada a um plano e, nesse caso, duas coordenadas bastam para determinar um ponto. As latitudes são círculos paralelos ao equador, que é tomado como origem. As longitudes são semicírculos cujas extremidades estão fixadas nos pólos; a longitude de origem passa atualmente por Greenwich (Inglaterra).

10. *Hué, la Mystérieuse*, 1943, pp. 16-17.

11. É um "quadrado oblongo" que constitui a "regra de ouro" usada pelo Mestre de Obras Petrus Talemarianus para construir as teorias tão altamente iniciáticas da obra magistral que acabamos de citar (p. 9): *De l'Architecture naturelle*. Exatamente como uma loja maçônica, de que é uma prefiguração, a "regra de ouro" de Petrus Talemarianus é constituída por dois "quadrados astrológicos" cujos centros representam os dois equinócios: ela é, portanto, uma imagem de nosso Cosmos solar.

12. Os Maçons deveriam proibir terminantemente que se fume no Templo. Trata-se de um lugar sagrado e é preciso respeitá-lo como tal. É verdade que foi somente em 1755 que a Grande Loja de Londres proibiu que se fumasse durante os trabalhos. O regulamento interno da "Antiquity Lodge" dizia em 1760: "Durante os trabalhos, nenhum irmão deve fumar, se a Loja for honrada por algum irmão que use um avental azul, antes que o Venerável o tenha autorizado, exceto se o irmão visitante fumar cachimbo; senão o contraventor cessará imediatamente de fumar e pagará um *shilling* de multa".

13. A etimologia da palavra *"parvis"* (adro, em francês) é incerta; há quem lhe dê por origem a palavra *paradisus* (paraíso). o adro do Templo de Jerusalém era formado por três terraços superpostos: o adro dos gentios, aberto aos infiéis; o de Israel, reservado aos judeus; e o dos sacerdotes, aquele a que, como o nome indica, somente os sacerdotes anciãos tinham acesso.

14. Chamava-se *"templum"* à parte do céu determinada pela curva do bordão dos áugures, na qual eles observavam o vôo dos pássaros. Daí vieram os termos "contemplar", "contemplação", no sentido de "olhar com atenção ou admiração". O báculo é a insígnia do poder dos bispos, que tomaram de empréstimo esse símbolo aos áugures romanos. Notemos ainda que o verbo "inaugurar", que para nós significa entregar pela primeira vez ao público uma ponte, uma estrada, etc., tinha em latim o sentido de "consagrar pelos áugures".

15. Em Roma, o título de "pontífice" era o mais alto da hierarquia sacerdotal. Dá-se comumente como etimologia desse nome: *pontifex,* de *pontem facere,* construtor de ponte. Goetling considera a palavra "pontifex" como uma forma alterada de "pompifex", condutor de procissão. A "Ponte" significa também o *intermediário* que era o "pontífice" entre o mundo terrestre e o mundo divino. O Arco-Íris, sinal de aliança, é uma *ponte* que também simboliza a união desses dois mundos.

16. *Fanum* significa "sagrado", e *profanum,* antes ou fora do sagrado. Na Maçonaria, o nome "profano" qualifica aquele que ainda não recebeu a iniciação.

17. Vitrúvio, arquiteto romano do século I antes de Cristo, relaciona uma nomenclatura dos templos gregos, de que damos aqui uma parte:

O *templo de antes,* formado de uma cela cujos muros laterais terminavam por duas projeturas, antes ou pilastras, com duas colunas para sustentar o frontão; o *templo prostilo,* com um pórtico de quatro colunas: o *templo anfipróstilo,* que tinha duas fachadas opostas; os *templos perípteros,* com uma fachada em cada extremidade e colunas nas fachadas laterais, etc. O número das colunas da fachada também servia para designar os templos: *tetrástilo,* quatro colunas; *hexástilo,* seis; *octóstilo,* oito; *decástilo,* dez; *dodecástilo,* doze.

18. *De Sacré, l'élément non rational dans l'idée du Divin et sa relation avec le rationnel,* trad. André JUNDT, Paris, pp. 106 a 108.

19. O "sagrado", que se exprime pelos termos: *Qadoch,* em hebraico, *Hagios,* em grego, *Sanctus* ou *Sacer,* em latim, é apenas uma parte daquilo que o autor chama de "numinoso". A palavra latina *numen* tem as seguintes acepções: força, majestade, grandeza, divindade, deus, deusa, objeto de um culto, força, poder, etc. R. Otto não dá uma definição precisa de "numinoso"; ele se contenta com a seguinte explicação:

"Falo de uma categoria numinosa como de uma categoria especial de interpretação e de avaliação e, também, de um estado de alma numinoso, que se manifesta quando essa categoria se aplica, isto é, cada vez que um objeto foi concebido como numinoso. Essa categoria é absolutamente *sui generis;* como todo dado originário e fundamental, ela é objeto, não de definição no sentido estrito da palavra, mas apenas de exame. Não se pode procurar fazer compreender o que ela é senão tentando dirigir para ela a atenção do ouvinte, fazendo com que ele encontre em sua vida íntima o ponto em que ela aparecerá e brotará, de tal modo que, necessariamente, ele tomará consciência do fato (p. 22)."

20. *Le Livre de l'Apprenti,* p. 12.

21. Eis o que diz Jacques DE VORAGINE: "Os Quatro Coroados chamavam-se Severo, Severiano, Carpóforo e Vitorino. Por ordem de Diocleciano, ele foram açoitados com varas chumbadas até que sobreveio a morte. Durante muito tempo os nomes dos quatro mártires da Igreja eram desconhecidos e, por isso, decidiu-se celebrar sua festa no mesmo dia de cinco outros mártires – Cláudio, Castor, Sinforiano, Nisóstrato e Simplício, que sofreram o martírio dois anos depois. Esses cinco mártires eram escultores; e como se haviam recusado a esculpir um ídolo para Diocleciano, foram encerrados vivos em tonéis cheios de

chumbo e precipitados no mar, no ano do Senhor 287. É portanto no dia da festa desses cinco mártires que o papa Melquíades ordenou que fossem comemorados, sob o nome de Quatro Coroados, os outros quatro mártires cujos nomes eram ignorados. E, embora depois, uma revelação divina permitisse que se conhecessem os nomes desses santos, conservou-se o costume de designá-los sob o nome coletivo de Quatro Coroados. Sua festa é celebrada a 8 de novembro". (*La Legende Dorée, trad.* de Téodor DE WYSEWA, 1925, pp. 616-617.)

"De acordo com a lenda, diz Joseph LÉTI (*Charbonnerie et Maçonnerie dans le réveil national italien*, trad. de Louis LACHAT, 1928, p. 9), cinco maçons, que poderiam também ser escultores, foram condenados à morte sob o reinado de Diocleciano por causa de sua fé cristã; eles se haviam recusado a fazer a estátua de uma divindade pagã. Ao mesmo tempo que eles, foram passados pelas armas quatro soldados que não queriam incensar o autor dessa divindade. Como os nove cadáveres foram enterrados juntos, a tradição, que nada conservou dos cinco primeiros, conservou apenas os outros quatro que, provavelmente, usavam a coroa dos centuriões, o que constituía a mais alta classe dos graduados da milícia."

22. A Gnose (de *gnosis*, conhecimento) é uma doutrina complexa, heterogênea. Os sistemas variam de acordo com os gnósticos que os expõem. A obra capital a ser consultada a esse respeito é: Eugène DE FAYE, *Gnostiques et Gnosticisme, étude critique des documents du Gnosticisme chrétien aux IIe. et, IIIe. siècles*,1925.

    O Gnosticismo tem, ainda em nossos dias, fiéis e bispos, entre os quais podemos citar: Palingenius (Réné Guénon), Synesius (Fabre des Essarts), João II (Bricaud), etc.

23. *Rituel de l'Apprenti*, p. 67.

24. *La Cathédrale*, 1928, p. 329.

25. *La Cathédrale*, p. 24.

26. *Manuel d'Archéologie pratique*, 1864, p. 369.

27. *Art du Monde*, 1941, pp. 47-48.

28. *Delta* é o nome da letra *d* grega; essa letra, na maiúscula, tem forma de um triângulo.

29. Os triângulos *isóceles* ou *isósceles* (de *isos*, igual, e *skelos*, perna) têm dois lados iguais.

30. Os triângulos *escalenos* (*skalenos*, desigual) têm seus três lados diferentes.

31. O triângulo retângulo possui um ângulo de 90°, chamado ângulo reto. (É claro que só damos essas definições para os que esqueceram as noções de geometria.)

32. Os egípcios serviam-se – é o que se diz – de uma corda, cujos nós marcavam as porporções 3, 4 e 5, para traçar ângulos retos por ocasião da reconstituição dos limites dos terrenos depois das cheias do Nilo.

33. *Les Mathématiques pour Tous*, 1939, p. 20.

34. *Le Mystère des Nombres et des Formes*, 1941, pp. 178-179.

35. *Op. cit.*, p. 22.

36. *Histoire et Théorie du Symbolisme Religieux*, 1884, t. I, p. 53.

37. *Traité d'Iconographie Chrétienne*, 1890, t. II. pp. 27-28.

38. *Jéhovah, les Étapes de la Révélation dans l'Histoire du Peuple d'Israël*, 1924, p. 37.

39. Escreve-se comumente *Ahura Mazda*, em vez de *Auramazda*, ou *Ormuzd em* lugar de *Ormazd.*

40. *Orthodoxie Maçonnique*, 1853, p. 369.

41. Notemos que é a Noite, a Escuridão, o Agente primordial da geração. Todas as gerações humanas, animais, vegetais, são realizadas na Escuridão; é nas trevas que os germens se desenvolvem; eles são infalivelmente mortos pela luz.

42. O número 108 (= 36 x 3), e *queremos observar isso de um modo muito particular, é o número sagrado do budismo e do tantrismo.* Seu significado esóterico é extremamente importante.

43. As proporções exatas são as seguintes: base = 1, 618 e lados = 1; ou: base = 1 e lados = 0,618. Ver o cap. VI, 3, "A Estrela Flamejante".

44. Por volta do fim do século XII, ainda existiam labirintos nas igrejas. O dicionário Larousse diz, com sua costumeira parcialidade: "Viu-se nesses labirintos um empréstimo dos pagãos, um emblema do Templo de Jerusalém, etc. Na realidade, *tratava-se de uma simples brincadeira de artista,* a menos que se queira ver aí uma lembrança da antiguidade fabulosa e de Dédalo". O redator desse artigo acrescenta, como que a contragosto: "Teseu e o Minotauro podiam ser vistos outrora no centro do labirinto de Chartres."

Com efeito, o labirinto indica, de modo muito nítido, as dificuldades da Obra iniciática e a necessidade do "fio de Ariadne" para quem pretende chegar ao fim. Diremos que os labirintos, que muitas vezes têm três entradas, uma das quais leva diretamente ao centro, uma segunda que percorre um grande périplo antes de lá chegar, e enfim uma terceira que não chega a lugar algum, simbolizam: 1º a *Via real*: a do Místico que chega ao mesmo tempo à plenitude da Iniciação; 2º a *Via iniciática*, ativa, longa e laboriosa; 3º a *Via falsa*, que não leva a parte alguma.

H. LECLERCQ (*Dict. D'Archéologie chrét. et de Liturgie*, art. *Labyrinthe*) reconhece que as explicações *cristãs* dos labirintos nas igrejas são "tão engenhosos quão tardias". Esses monumentos, diz ele, suscitaram as explicações mais variadas, nas quais se deu largas à fantasia.

Ignora-se a etimologia da palavra "labirinto"; o grego *laburinthos* tem o mesmo sentido de hoje. PLUCHE (*Histoire du Ciel*, 1767) vê nessa palavra o vocábulo *Biranta*, torre, e, com o afixo: *Labiranta* a torre, o palacio.

A maioria dos labirintos das catedrais foi destruída, mas alguns ainda subsistem. Entre os mais célebres, podemos citar o de Orléansville (Argélia), que é quadrado e possui, no centro, um jogo de letras em treze fileiras e treze colunas no qual se pode ler, em todas as direções: *Sancta Ecclesia*; o de Chartres, que tem nove metros de diâmetro; o de Amiens, octogonal; o de Reims, também octogonal; o de Bayeux, circular.

É na Idade Média que os labirintos se multiplicaram; essa época não é feita só de trevas e de ignorância, como se crê comumente.

45. *Le Livre de l'Apprenti*, p. 182.

46. Os mágicos, em seus trabalhos, traçam um círculo que os protege contra as entidades invocadas. Ver, a esse respeito: J. B., *Manuel de Magie pratique*, 1941, p. 125.

47. *Essai sur le Rythme*, 1938, p. 39.

48. Ver o cap. VI, 3, "A Estrela Flamejante".

49. *Le Nombre d'Or*, t. II, "les Rites", 1931, pp. 75-76.

50. Consultar, para explicações técnicas mais precisas, a importantíssima obra já citada: *De l'Architecture naturelle.*

51. *Du "carré long" à l'Etoile flamboyante*, in *le Symbolisme*, 1937, p. 24 e segs.

52. Poderíamos dar as seguintes proporções: 1 x 1,618 aos diplomas e aos diversos documentos maçônicos. Com isso, não só satisfaríamos ao sentimento estético, mas ainda seria um modo de ter sempre em mente o "Quadrado oblongo".

Eis alguns formatos, que se aproximam muito da proporção dourada e que poderiam ser usados:

5 x 8	13 x 21
8 x 13	16 x 26
9 x 14,5	17 x 27,5
11 x 18	21 x 34
12 x 19,5	

53. Fiéis ao plano traçado, falamos primeiro dos três Pilares que o neófito pode ver ao entrar no Templo, enquanto ele não vê as duas Colunas, que ficam à direita e à esquerda do átrio, senão à saída, pois essas duas Colunas situam-se no interior do Templo. Dizemos "Pilares" a fim de que não se faça confusão com as "Colunas".

54. *Cours Philosophique*, 5842, p. 131.

55. *Le Livre de l'Apprenti*, p. 171.

56. Ver a nota sobre as Sephiroth.

57. *Recueil précieux de la Maçonneire Adonhiramite*, Filadélfia, ed. Philarethe, rue de l'Equerre-à-l'Aplomb, 1787, p. 93.

58. *Le Côté occulte de la Franc-Maçonnerie*, p. 37.

59. Eis, sucintamente descritas, as características das colunas dessas ordens arquitetônicas:

A *coluna dórica* é curta e maciça; ela evoca a idéia de força e de grandeza; sua altura é igual a oito vezes o diâmetro de sua base; seu contorno é cavado de vinte caneluras formando arestas vivas; seu capitel, pouco elevado, mostra uma secção retangular. Seu nome, de acordo com Vitrúvio, viria de *Dorus*, filho de Heleno, rei da Acaia e do Peloponeso.

A *coluna jônica* é mais esbelta e graciosa: sua altura é igual a nove vezes o diâmetro de sua base; ela tem vinte e quatro caneluras separadas por um filete e não por uma aresta viva; seu capitel é caracterizado por um duplo enrolamento em espiral, chamado voluta. De acordo com Vitrúvio, ela viria dos jônios da Ásia e do templo de Éfeso.

A *coluna coríntia* é a mais bonita; sua altura é igual a dez vezes o diâmetro de sua base; seu fuste é liso e canelado; seu capitel é uma corbelha de folhas de acanto. De acordo com Vitrúvio, seria devida ao escultor Calímaco, de Corinto.

Costuma-se considerar a coluna dórica como o símbolo do Homem, enquanto a coluna jônica simboliza a Mulher.

Às três ordens de arquitetura acima definidas, acrescentam-se às vezes a ordem *compósita*, ou *romana*, e a ordem *toscana*. Essas ordens são "modernas" e participam das outras três; não devem ser levadas em conta no simbolismo maçônico.

60. Se forem levadas em conta nossas breves indicações, nos Templos em que felizmente se conservaram os três Pilares, estes devem ser colocados exatamente em seus lugares e, se possível, no estilo apropriado. Insistimos, ainda, para que não se confunda o simbolismo dos três Pilares com o das duas Colunas.

61. (Cf. G. Bareille, art. *Cabale*, in *Dictionnaire de Théologie catholique*, t. II, pp. 1271-1291.)

Caso se queira estudar a Kabbala mais particularmente, é aconselhável consultar a notável obra de Henri Sérouya: *La Kabbale, ses origines, sa psychologie mystique, sa metaphysique*, Paris, 1947, e, para o estudo das Sephiroth, o livro de Francis Warrain: *Les Sephiroth et la Kabbale*, Paris, 1948.

62. A palavra "Oficial" deve ser entendida aqui em seu verdadeiro sentido: *encarregado de um ofício*, e não num sentido militar ou honorífico.

Limitamos, aqui, a dez o número dos Oficiais necessários ao funcionamento de uma Loja; a estes acrescentam-se geralmente um segundo e um terceiro Experto, um Guarda-Selos, um Arquivista Bibliotecário, um segundo Mestre de Cerimônias, um Arquiteto, um Mestre dos Banquetes, um Porta-Estandarte, etc... Além do mais, note-se que se podem nomear Adjuntos a todos os postos de Oficiais, com exceção do Venerável, assim como do primeiro e segundo Vigilantes. Os Adjuntos e Oficiais secundários podem ser Companheiros ou Aprendizes, enquanto os dez Oficiais principais, titulares de cargos, devem possuir o grau de Mestre.

Se o Venerável vier a faltar, é substituído pelo primeiro Vigilante; enfim, um Mestre, nomeado oficialmente, ocupará esse cargo quando fica vacante.

63. Essa expressão, sem dúvida alguma, vem da Maçonaria operativa; ainda hoje muitos operários de construção escrevem sobre pranchas, quer para fazer cálculos, quer para anotar certas coisas.

64. Ver adiante.

65. O Hospitaleiro, às vezes é chamado de *Elemosinário* (do grego, *eleemosyna*,

esmola). No *Code Maçonnique des Loges réunies et rectifiées de France*, Convent National de Lyon, 5778, encontramos as seguintes descrições: "O tronco elemonisário terá duas chaves, exigindo-se a reunião das duas para abri-lo; uma ficará em mãos do Venerável, enquanto a outra ficará com o Elemosinário, que não poderá fazer nenhuma retirada sem o consentimento do Mestre e dos Vigilantes".

66. *Instructions Maçonniques aux Apprentis*, 5934, p. 107.

67. Ver adiante, cap. IV, 6.

68. *La Lumière Maçonnique*, revista, 1910, p. 53.

69. Sempre que um Irmão faz uma conferência numa Loja, ele ocupa a plataforma do Orador.

70. Macrocosmo (do grego *makros*, grande, e *kosmos*, mundo) designa o Universo por oposição ao Homem, considerado um mundo em miniatura, ou *microcosmo* (*mikros*, pequeno).

71. *Dexter* significa direita em latim, e *Sinister*, esquerda. Entre os áugures romanos, o que "ficava à esquerda" era desfavorável e de "mau agouro"; daí veio o significado da palavra "sinistro".

72. *La Magie dans l'Inde antique*, 1909, p. 223.

73. *Croyances, Rites, Institutions*, t. I, 1911, p. 12.

74. Na Maçonaria, também se costuma cobrir imediatamente uma bateria de luto com uma bateria de alegria.

75. *La Grande Triade*, 1946, p. 59.

76. As velas não devem ser acendidas com isqueiros que usam essências minerais mal-cheirosas e fuliginosas. A rigor, podem-se utilizar fósforos que não contenham enxofre; costuma-se, porém, acender uma vela intermediária e transmitir o "fogo" com a ajuda desta. Tanto a chama como a vela devem ser "puras".

77. Nos altares católicos, podem-se colocar flores "naturais"; as flores "artificiais", de porcelana, de metal, de papel dourado, etc., são proibidas. Somente as flores artificiais "de seda" são toleradas.

78. Mgr. KIEFFER, *Précis de Liturgie sacrée*, 1937, p. 164.

79. *Idem*, p. 165.

80. Nota-se aqui que, em francês, o adjetivo *"rituelique"*, usado comumente, é incorreto. O francês tem a palavra *"rituel"* como substantivo e o adjetivo *"rituel"*, no masculino, e *"rituelle"*, no feminino. Dizer *"rituelique"* constitui um barbarismo. [Em português, a palavra *ritual*, como em francês, pode ser tanto substantivo como adjetivo.]

81. *Voyages en Perse aux Indes Orientales*, trad. WICQUEFORT, Amsterdã, 1727, p. 124.

82. *Journal du Chevalier Chadin en Perse*, trad. francesa, Amsterdã, 1711, t. III, p. 129, ed. in-4º.

83. Não se deve confundir "ímpio" com "pagão". O primeiro *não tem religião*, enquanto que o segundo pratica um culto; mas como ele não reconhece "o único Deus verdadeiro" da religião católica, ela o chama de "Pagão". O termo "paganismo" vem do latim *paganus*, camponês; isso se explica porque as campanhas, de cultos autóctones essencialmente "animistas", assimilaram, mais dificilmente que as cidades, o cristianismo.

84. Os peles-vermelhas da América pré-colombiana, que não conheciam o incenso, usavam, para suas defumações rituais, a resina de copal, algumas de cujas espécies têm um perfume tão fino quanto o do incenso.

85. Nosso amigo, o doutor Alexandre ROUHIER, usa há vários anos, com pleno êxito, fumigações de incenso para a cura das impingens (usagre) e de certos eczemas serosos. A respeito dessa ação psicológica do incenso e de diversos outros "aromas", pode-se ler sua brochura, publicada em Allahabad em 1940: *Les parfums d'Asie (Inde, Tibet, Chine, Japon). Leur provenance; leur composition; leurs effets; leur utilization rituelle, mystique, érotique, thérapeutique et divinatoire*, assim como o livro de R.-M. GATTEFOSSE: *Aromathérapie*, Paris, 1937.

86. Em Magia, as fumigações com incenso têm por finalidade afastar as entidades nefastas que apreciam os maus odores.

87. Sabe-se que a tríplice homenagem dos reis magos ao Menino Jesus consistiu em *Ouro, Incenso* e *Mirra*, simbolizando a *Realeza*, a *Divindade* e a *Humanidade* de Cristo.

88. É fácil preparar carvões com brasa pulverizada, mas encontram-se carvões muito bons no comércio. Não utilizar as "pastilhas de serralho", que já vêm impregnadas de perfumes mais ou menos duvidosos.

Eis uma receita, que já demos (*Manuel de Magie Pratique*, p. 62):

Pulverizar a brasa num almofariz (de vidro ou de porcelana). Fazer amolecer o incenso em água, com fogo baixo, de modo a obter uma espécie de cola. Pulverizar nitrato de potássio (nitro ou salitre), e incorporá-lo à mistura. As proporções seguintes dão bons resultados:

Brasa	1 kg.
Incenso	100 gr.
Salitre	20 gr.
Água	Q.S.

Quando a mistura é bem homogênea e a pasta está "no ponto", esta é estendida em cima de uma placa de ferro ou de mármore, de modo a lhe dar uma espessura de cerca de 1 centímetro. Com uma espátula de vidreiro, essa pasta é dividida em pequenos pedaços de 3 a 4 centímetros de comprimento. A espátula deve apoiar-se sobre a pasta, e não cortá-la. Em seguida, os pedaços assim obtidos são colocados para secar num forno quente, mas não quente demais, porque isso provocaria a combustão das brasas. Conserva-se, depois, ao abrigo da umidade, numa pequena caixa.

89. *Des Possibilités et des Moyens de Rapprochement des Diverses Puissances Maçonniques Régulières du Monde,* 1938, pp. 40-41.

90. *Qui est Régulier?,* 1938, pp. 80-81.

91. A *Occult Rewiew* estava mal informada: Oswald Wirth pertencia à Grande Loja da França.

92. Cap. III, I: "O Templo e a Loja", a propósito das "Lojas de São João".

93. Poderíamos citar, entre os textos que poderiam fazer parte desse Livro:

Da antiguidade judaico-cristã: a *Bíblia.*

Do Egito: o *Livro dos Mortos.*

Da China: o *Chou-King* ou *Chang-Chou,* o livro por excelência; o *Y-King,* o livro canônico das mudanças. Os *Sse-Chou,* os quatro livros que compreendem: o *Ta-Hio,* ou o Grande Estudo; o *Tchoung-Young,* ou a Invariabilidade no meio; o *Lun-Yu,* ou as *Conversações filosóficas; o Meng-Tseu,* o quarto livro clássico.

Da Índia: *Manava-Dharma-Sastra,* o livro da lei de Manu. Os *Vedas,* que compreendem: o *Rig-Veda,* ou livro dos Hinos; os *Yadjour-Vedas,* livro das Adorações; o *Sama-Veda,* o livro do Soma, licor divino; os *Pouramas,* livros das tradições; os *Upanishads,* tratados metafísicos.

Do Islão: o *Corão,* a leitura ou o livro por excelência.

Dos persas: o *Zend-Avesta,* a palavra viva de Zoroastro.

Dos escandinavos: o *Edda,* coletânea imensa, ao mesmo tempo mitológica e religiosa.

Essa lista não é limitativa; nós a damos somente para mostrar a extensão que poderia e deveria ter essa antologia.

94. *Les Ruines,* 1791, cap. XIV.

95. *La Chaine d'Union,* 1936-1937, p. 201.

96. *Annales Maçonniques Universelles,* dez., 1931.

97. Acrescentaríamos: um *club.*

98. *Qui est régulier?,* p. 100.

99. Assim foi atendida a sugestão formulada por Marius Lepage em 1931, como expusemos acima.

100. O *Ordo* é um calendário especial que estabelece os ofícios religiosos de cada dia.

IV

O QUADRO DO APRENDIZ

No início, qualquer local podia ser transformado em Templo. Bastava desenhar com giz, no chão, o "Quadro" simbólico do grau em que a Oficina trabalhava. Após cada reunião, esse "Quadro" era apagado.

Mais tarde, fez-se uso de uma tela pintada, que era desenrolada por ocasião das reuniões; atualmente, o Templo reproduz todos os símbolos do "Quadro".

Esse "Quadro" comporta *duas Colunas*, encimadas por *Romãs*, enquadrando uma *Porta* à qual conduzem *três Degraus;* estes, seguidos de um *Adro em mosaico.* Vêem-se aí também *três Janelas*, uma *Pedra bruta* e uma *Pedra cúbica pontiaguda.* Uma *corda com três nós* emoldura esse "Quadro", que compreende, além disso, o *Sol* e a *Lua*, as duas Luminárias, o *Esquadro* e o *Compasso*, a *Perpendicular* e o *Nível*, o *Malhete* e o *Cinzel*, a *Prancha de traçar*, símbolos de que já falamos.

1. O TEMPLO DE SALOMÃO E AS DUAS COLUNAS

O Templo

É na Bíblia que devemos procurar a descrição do Templo de Salomão[1] :

"A casa que o rei Salomão edificou para Yahweh tinha sessenta côvados de comprimento, vinte de largura e trinta côvados de altura. O pórtico diante do Templo da casa tinha vinte côvados de comprimento no sentido da largura da casa, e dez côvados de largura na frente da casa. O rei fez na casa *janelas de grades fixas.* E construiu, junto à muralha da casa, diversos andares ao redor dos muros da casa, ao redor do *Lugar Santo* e do *Santo dos santos*[2], e fez vários quartos ao redor. O andar debaixo tinha cinco côvados de largo, o do meio seis e o terceiro sete; porque os muros externos da casa, ao redor foram construídos recuados, a fim de que as vigas não entrassem nas paredes da casa.

Prancha IV. O quadro do aprendiz.

"Quando se edificava a casa, faziam-na de *pedras lavradas* na pedreira; e, assim, *nem martelo, nem machado, nem instrumento de ferro algum* foram ouvidos na casa enquanto ela era construída.

"A entrada do andar do meio ficava do *lado direito* da casa; subia-se por *escadas em caracol* ao andar do meio e do andar do meio ao terceiro.

"Salomão edificou a casa e a terminou; cobriu a casa de vigas e de pranchões de cedro...

"E revestiu de pranchas de cedro os vinte côvados a partir do fundo da casa; desde o chão até o alto dos muros, e ele destinou um lugar para fazer um santuário, o *Santo dos santos.* A casa, isto é, o templo anterior, tinha quarenta côvados. A madeira de cedro do interior da casa era esculpida em colocíntida e em flores abertas; tudo era de cedro; *não se via a pedra...*

"Salomão dispôs o santuário no interior da casa, ao fundo, para aí colocar a arca da aliança de Yahweh. O interior do santuário tinha vinte côvados de largura, vinte côvados de comprimento e vinte côvados de altura. Salomão *revestiu-o de ouro fino,* e revestiu o altar de cedro. Salomão revestiu de ouro fino o interior da casa, e firmou com correntes de ouro a parte fronteira do santuário, que ele cobriu de ouro. É assim que ele revestiu de ouro toda a casa, a casa inteira, e revestiu de ouro o altar que estava na frente do santuário..."

Todos esses pormenores, apesar de sua aparente minúcia, nem por isso permitem que retracemos o plano exato do Templo. Há quem o tenha tentado, dando-nos "reconstituições" sempre muito discutíveis.

Contenau[3] diz que o Templo de Salomão, que devia ser a expressão mais perfeita da arte judaica, foi totalmente destruído e que, por analogia, só poderemos compará-lo a alguns pequenos monumentos de época muito recente.

Isso não impede que G. Riccioti escreva o seguinte[4]:

"O Templo propriamente dito, isto é, a casa (de Yahvé) era um edifício em três partes. A começar pela fachada que, em virtude do antigo princípio de orientação estava voltada para o Oriente, penetrava-se sucessivamente em três salas:

"O *vestíbulo* (em hebraico *'ulam'*), com 11 metros de largura (20 côvados); com 5 m 50 de comprimento (10 côvados); sua altura não é dada com precisão, mas ultrapassava por certo 16 m 50 (30 côvados).

"A *aula* (em hebraico, *hekhal,* do sumeriano *e-gal* – casa grande), também chamada de "Santo" *(qodhesh),* com a largura de 11 metros e o comprimento de 22 metros (40 côvados), e com 16 m 50 de altura.

"A *cella* ou *adyton* (em hebraico, *debhir*), assim chamada o "Muito-Santo" (*qodhesh qodhashim:* "Santo dos santos"), que era uma sala perfeitamente cúbica de 11 metros de lado.

"O comprimento total interno do edifício, desde a fachada do vestíbulo até o fundo da cela era, portanto, de 38 metros 50 (70 côvados) por uma largura uniforme de 11 metros."

Deve-se, bem entendido, fazer algumas reservas a respeito dessas descrições muito precisas que não podem apoiar-se senão em textos bíblicos cuja qualidade dominante não é a clareza.

Não tentaremos, também nós, fazer uma "reconstituição" material do Templo de Salomão. Na Maçonaria, esse Templo é um Símbolo e nada mais, apesar de ser um símbolo de um alcance magnífico: o do Templo ideal jamais terminado, Templo de que cada Maçom é uma Pedra, preparada *sem machado nem martelo,* no silêncio da meditação. Sobe-se a seus andares por *escadas em caracol,* por "espirais", que indicam ao Iniciado que é nele mesmo, é voltando-se sobre si mesmo, que ele poderá atingir o ponto mais alto, que constitui o seu objetivo.

Salomão significa, em hebraico, "homem pacífico". O Templo de Salomão é o templo da Paz, da Paz profunda, rumo à qual caminham todos os Maçons sinceros que se desinteressam pela agitação do mundo profano.

É nesse sentido, e apenas nesse sentido, que é preciso considerar o Templo de Salomão. Ele foi construído em *sete anos,* e sete é a idade simbólica do Mestre Maçom, daquele que chegou à plenitude da iniciação.

O Templo de Salomão é construído de *pedra, madeira de cedro* e muito *ouro.* A pedra é a *estabilidade,* a madeira a *vitalidade* e o ouro a *espiritualidade* em toda a sua perfeição e inalterabilidade.

Para o Maçom, o Templo de Salomão não é considerado nem em sua realidade histórica, nem em sua acepção religiosa judaica, mas apenas em sua significação esotérica, tão profunda e tão bela.

As Duas Colunas

É tão difícil conceber, de acordo com a Bíblia, como eram feitas as *duas Colunas* colocadas diante do Templo quanto o próprio Templo. Eis a sua descrição (1º Livro dos Reis, cap. VII):

"O rei Salomão mandou procurar Hirão, de Tiro. Ele era filho de uma viúva da tribo de Nephtali, mas seu pai era de Tiro e trabalhava o bronze. Ele era cheio de sabedoria, de inteligência e de saber para fazer todo gênero de obras de bronze; ele veio para junto do rei Salomão, e fez todas as suas obras.

"Hirão fabricou as duas colunas de bronze; a altura de uma coluna era de dezoito côvados e uma linha de dezoito côvados media a circunferência da segunda coluna[5]. Ele fez dois capitéis de ouro fundido, para colocá-los no alto das colunas; a altura do primeiro capitel era de *cinco côvados* e a altura do segundo capitel era de cinco côvados. Havia aí treliças em forma de redes, *festões em forma de pequenas correntes,* nos capitéis que encimavam as colunas, *sete* num capitel, *sete* no segundo capitel. Ele fez duas ordens de *romãs* em torno de uma das treliças, para cobrir o capitel que encimava uma das colunas; e o mesmo fez ele para o segundo capitel. Os capitéis que estavam no alto das colunas, no pórtico, representavam *lírios com quatro côvados de altura.* Os capitéis colocados em cima das duas colunas eram rodeados de *duzentas romãs,* no alto; junto da êntase que ficava além da treliça, havia também duzentas romãs colocadas em torno do segundo capitel. Ele levantou as colunas no pórtico do Templo; levantou a *coluna da direita* e chamou-a de *Jachin;* depois levantou a *coluna da esquerda* e chamou-a de *Booz*[6]. E por cima das colunas havia um trabalho *representando lírios.* Assim foi terminada a obra das colunas."

Como no que toca ao Templo, os detalhes dados para as duas Colunas são pouco claros e não nos dão a possibilidade de estabelecer uma reconstituição figurada exata, as repetições deixam o texto pesado e o tornam ainda mais ininteligível; mas Leadbeater, nada embaraçado, escreve[7]: "Os autores estão longe de chegar a um acordo e os pormenores dados são tão confusos que os escritores maçônicos só chegam a um acordo quanto às características principais. Pareceu-nos portanto preferível empreender *uma investigação por clarividência*!"...

Não tendo também confiança nesse processo ridículo que, sem dúvida, daria resultados diferentes de acordo com a clarividência de cada um, é forçoso nos atermos aos textos e rejeitar as descrições imaginosas de Mons. Leadbeater.

Ragon escreve a esse respeito: Supõe-se que as duas colunas têm 18 côvados de altura, 12 de circunferência, 12 na base, e seus capitéis, 5 côvados; total 47, número igual ao das constelações e dos signos do zodíaco, isto é, do *mundo celeste.* Suas dimensões são *contrárias a todas as regras da arquitetura,* para nos advertir que a sabedoria e a força do divino Arquiteto estão acima das dimensões e da opinião dos homens. Elas são *de bronze para resistir ao dilúvio,* isto é, à barbárie; o bronze é aqui o emblema da eterna estabilidade das leis da natureza, base da doutrina maçônica. Elas são *ocas, para poder conter nossos instrumentos,* que são os conhecimentos humanos; enfim, é junto delas que pagamos os operários e os dispensamos contentes pela comunicação das ciências[8]."

Por que Ragon diz que as dimensões das colunas estão "contra todas as regras da arquitetura"? Essas dimensões, pelo contrário, são muito bem adaptadas a colunas isoladas[9]. Sendo seu diâmetro de pouco menos do que 4 côvados e sua altura de 23 (18 para o fuste e 5 para o capitel), o módulo usado é igual a 6; enquanto, é verdade, na arte grega – como vimos acima – o módulo da coluna dórica, a mais robusta de todas, é igual a 8.

Elas são de bronze, diz Ragon, *para resistir ao dilúvio*! Não houve dilúvio depois de sua construção e, contudo, até hoje, não se encontrou vestígio algum dessas colunas.

Elas são ocas, diz ele, *para poder conter nossos instrumentos*!... A Bíblia não constrói armários, nem indica a existência de portas; mas Leadbeater coloca na Bíblia três armários superpostos "invisíveis de frente", que continham armários "onde se guardavam os arquivos, os livros da Lei e outros documentos"[10].

Ragon, contudo, apelava para a clarividência, e seus comentários assemelham-se aos de outros Maçons da mesma época. Nós o citamos a título de exemplo e de "curiosidade", sem considerá-lo uma autoridade na matéria.

*
* *

Lendo atentamente a descrição das Colunas, poderíamos deduzir logicamente que havia dois capitéis superpostos: um de 5 côvados de altura, o outro de 4, o que levaria a altura total das colunas a 27 côvados, ficando o módulo igual a *sete.* Aliás, o texto bíblico fala de *sete fileiras de pequenas correntes,* de um *lírio com quatro côvados de altura* e de capitéis com *cinco* côvados de altura. Se o capitel tinha uma altura de 5 côvados e os lírios 4, restaria apenas uma altura de *um côvado* (0 m 525) no qual teriam de ser localizadas as *sete fileiras* de pequenas correntes; estas seriam então de dimensões muito pequenas e muito pouco visíveis a uma altura de 10 metros.

A Bíblia não menciona nenhum pedestal e é provável que estes não existissem; as colunas deveriam ser colocadas diretamente na terra, sobre uma base de pedra.

Essas duas Colunas eram semelhantes, idênticas. Somente suas posições, à direita e à esquerda, e os nomes que lhes foram dados as diferenciavam.

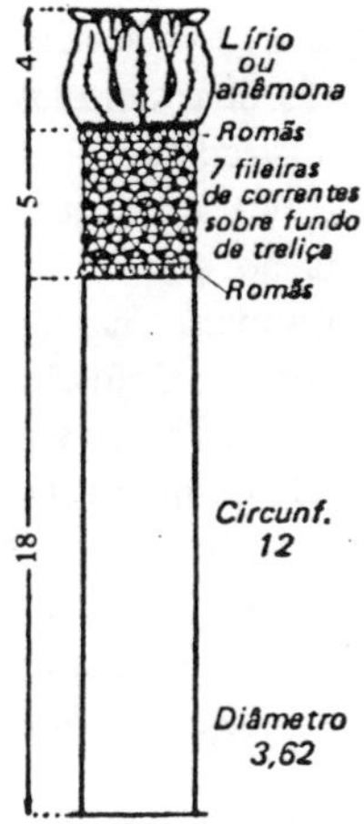

Fig. 67. Coluna do Templo.

G. Riccioti fornece pormenores "notáveis" cujas fontes, desgraçadamente, não nos fornece[11]:

"De cada lado da entrada do vestíbulo, encontrava-se uma coluna de bronze oca, de uma altura de 9 m 90 (18 côvados), encimada por um capitel arredondado, com uma altura de 2 m 75 (5 côvados), ou seja, uma altura total de 12 m 65 (23 côvados). O nome da coluna da direita era *Yakhin,* "ele tornará estável", e o da coluna da esquerda *Bo'az,* "nele há força"; de acordo com sua forma atual, esses dois nomes deveriam estar relacionados com Yahvé, que mantém o templo de pé; mas, a julgar por indicações de antigas variantes, parece que os nomes primitivos eram *Yakhun,* "ele é estável", e *Be'oz,* "em força", que deveria ser aplicado ao próprio templo."

Se consultarmos o historiador Flavius Josepho, encontraremos a seguinte informação[12]:

"Salomão mandou vir de Tiro, da casa de Hirôm, um artesão chamado Chiram(os) da raça de Nephtali por sua mãe – que era dessa tribo –, e por seu pai, Ourias, de raça israelita. Esse homem era perito em qualquer trabalho, mas especialmente hábil para trabalhar o ouro, a prata e o bronze. Foi ele quem executou, de acordo com a vontade do rei, todos os ornatos do Templo. Esse Chiram também construiu as duas colunas de bronze, cujo metal tinha uma espessura de quatro dedos. A altura dessas colunas era de 18 côvados. No alto de cada coluna ele colocou um "capitel" fundido em forma de lírio de uma altura de cinco côvados, a cujo redor havia uma rede trançada de palmas de bronze envolvendo os lírios. Dessa rede pendiam, em duas fileiras, duzentas romãs. Ele colocou uma dessas colunas junto à ala direita do vestíbulo, e chamou-a de Yachîn, e a outra à esquerda, sob o nome de Baïz."

A figura 67 mostra as Colunas tais como se pode representá-las de uma forma lógica; mas tomamos o cuidado de não afirmar que elas realmente tenham sido feitas assim.

Jachin e Boaz, os Nomes das Duas Colunas

O cônego Crampon explica do seguinte modo os nomes das duas Colunas:

"*Jachin*[13], isto é, "ele estabelecerá"; *Booz* (hebraico *Boaz*), isto é "na força"; as duas palavras reunidas significam, portanto: Deus estabeleceu na força, solidamente, o templo e a religião de que ele é o centro[14]."

"A Bíblia nos informa, diz Oswald Wirth[15], que as duas colunas de bronze, obra do fundidor tiriano Hirão, foram erigidas à entrada do Templo de Salomão, uma à direita, sob o nome de *Jachin,* e a outra à esquerda, sob o nome de *Booz.* Jamais houve qualquer contestação sobre o sexo simbólico dessas duas colunas, a primeira delas suficientemente caracterizada como masculina pelo *Iod* inicial que a designa comumente. Com efeito, essa letra hebraica corresponde à masculinidade por excelência. *Beth*, a segunda letra do alfabeto hebraico, por outro lado, é considerada como essencialmente feminina, porque seu nome quer dizer casa, habitação, de onde a idéia de receptáculo, de caverna, de útero, etc. A Coluna J.·. é, portanto, masculina-ativa, e a Coluna B.·. feminina-passiva. O simbolismo das cores exige, conseqüentemente, que a primeira seja *vermelha* e a segunda *branca* ou *negra.*"

A palavra *Jachin*, em hebraico, escreve-se com as letras *Iod* (I), *Caph* (Ch, duro), *Iod* (I), *Nun* (N). Para evitar erro na pronúncia, escreve-se às vezes *Jakin.* A palavra *Booz* escreve-se com as letras *Beth* (B), *Aïn* (letra que não pode ser traduzida foneticamente senão por uma aspiração sonora, pelo espírito forte do grego), *Zaïn* (Z). Muitas vezes escreve-se *Booz* em lugar de *Boaz;* no entanto, esta última ortografia está mais de acordo com o hebraico[16].

O Lugar das Colunas

A Bíblia é formal: ela coloca *Jachin* à direita e *Boaz* à esquerda, o que está conforme com o simbolismo tradicional e universal.

O Rito Escocês coloca as duas Colunas desse modo, mas o Rito Francês inverteu as respectivas posições: ele coloca *Jachin* à esquerda e *Boaz* à direita. Nada justifica essa mudança, nem mesmo o fato de essas colunas terem sido transportadas do exterior para o interior do Templo[17].

Se notarmos que no Rito Escocês o primeiro Vigilante fica à esquerda e o segundo à direita de quem entra no Templo, e que no Rito Francês essas posições estão invertidas, constataremos que, *em ambos os casos*, o primeiro Vigilante fica ao pé da Coluna B.·. e o segundo ao pé da coluna J.·.

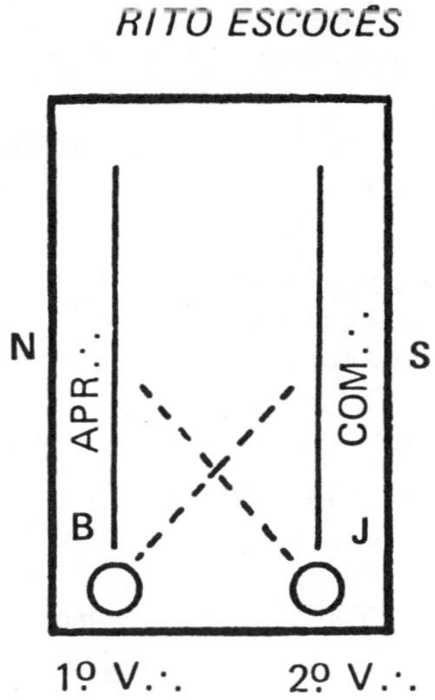

Fig. 68.

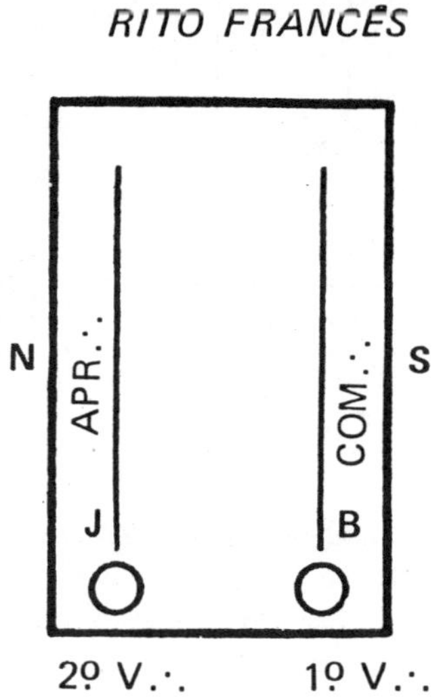

Fig. 69.

Oswald Wirth, constatando essa "anomalia", escreve[18]:

"Ambos os sistemas são admissíveis – supondo que as correspondências se cruzam diagonalmente –, mas com a condição de que o primeiro dos dois Vigilantes sempre fique junto da Coluna J.·. e que o segundo fique junto da Coluna B.·., porque o Nível e a Perpendicular que decoram esses Oficiais estão relacionados com o Enxofre (J.·.) Ativo-Masculino e com o Mercúrio (B.·.) Passivo-Feminino."

Apesar dos diversos autores que se ocuparam dessa questão, ela ainda continua muito confusa. A confusão começou com a introdução das Colunas no Templo; estas deveriam, normalmente, ficar na *parte externa*. Nesse caso, não seria possível nenhuma contestação: J.·. deve ficar à direita e B.·. à esquerda.

O lugar dos Vigilantes no Templo não depende exclusivamente das duas Colunas, mas dos dois Pilares que lhes correspondem. Vimos que esses Pilares são *Geburah*, a Força, e *Chesed*, a Graça. Nisto não há dúvida possível: o primeiro Vigilante deve ficar à esquerda e o segundo à direita.

Jachin e *Boaz* correspondem às Sephiroth *Netzah* e *Hod,* que formam um grupo com *Iesod* (ver estampa II). De acordo com os kabbalistas, Iesod reporta-se ao atributo gerador, à força fecundante de Deus. Netzah e Hod formam, portanto, os elementos geradores reunidos em Iesod, a força fecundante central.

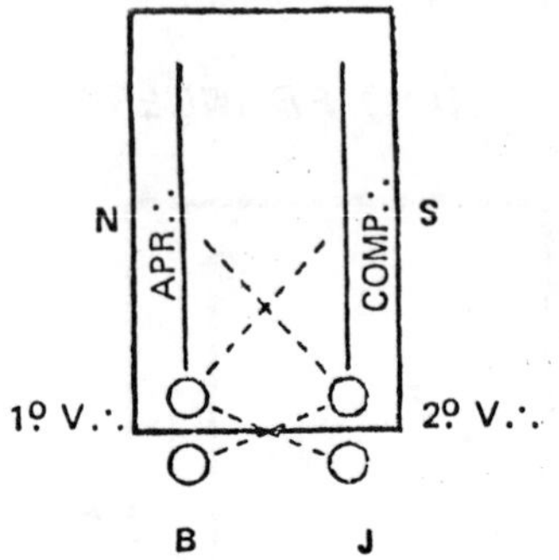

Fig. 70

Os Aprendizes, colocados ao Norte (à esquerda), ficam sob a dependência do segundo Vigilante colocado ao Sul (à direita); e os Companheiros, ao Sul, sob a dependência do primeiro Vigilante colocado ao Norte, no Rito Escocês[19].

As duas Colunas marcam os limites do Mundo criado e, assim como os Vigilantes têm sob sua dependência os Aprendizes e os Companheiros *diagonalmente,* assim as duas Colunas correspondem aos Vigilantes (fig. 70).

Em resumo: achamos que o primeiro Vigilante deve realmente ser colocado à esquerda e o segundo Vigilante à direita; as duas Colunas deveriam estar situadas no *exterior* do Templo, e não no interior.

As Cores das Colunas

Todos os autores maçônicos estão de acordo quando fazem corresponder o Sol à Coluna J.·. e a Lua à Coluna B.·. e lhes atribuem as cores seguintes: *Vermelho* à Coluna J.·., *Branco* ou *Preto* à Coluna B.·., correspondendo tais cores, dizem eles, ao *Ativo* e ao *Passivo.*

Se nos ativermos ao texto bíblico, as duas Colunas eram de bronze e ambas da cor natural desse metal. Para diferenciá-las, decidiu-se adicionar-lhes as cores e tal decisão é arbitrária e discutível. Aqui estaremos em desacordo com a maioria dos autores maçônicos.

Rogamos ao leitor que consulte a prancha II. O lugar das Sephiroth varia de acordo com o lugar em que se coloca o observador: na frente ou atrás. Para a maioria dos símbolos, é preciso considerar o observador *na sua frente,* salvo na heráldica, onde, como se sabe, as armas eram representadas sobre o escudo, e por conseqüência, quem o segurava ficava atrás dele.

É fácil notar que a cor *branca* corresponde perfeitamente à *Sabedoria*, à *Graça* e à *Vitória;* a cor *vermelha*, à *Inteligência*, ao *Rigor* e à *Glória;* enquanto que o *azul* está em harmonia com a *Coroa*, a *Beleza*, o *Fundamento;* o *negro*, enfim, corresponde a *Malkuth*, o *Reino*.

Assim, portanto, ao lado direito (positivo) atribuímos a cor branca; ao lado esquerdo (passivo), a cor vermelha; no centro, a cor azul (neutra) e, na base, a cor negra (matéria)[20].

Atribuindo o Branco às Sephiroth da direita e, conseqüentemente, a Jachin, respeitamos o símbolo solar, atribuído a essa coluna, já que a luz do Sol é branca.

Os partidos políticos extremistas adotaram precisamente as cores branca e vermelha como emblema: o branco, para a direita (a monarquia); o vermelho para a esquerda (o socialismo). As três cores: azul, branco e vermelho figuram na bandeira francesa; o azul, o *juste milieu*, solidamente fixado junto à haste: o branco no centro e o vermelho na extremidade, a parte mais sujeita à agitação do vento.

A Coluna J.·. devia, portanto, ser *branca* e a Coluna B.·., *vermelha;* o azul é a cor do Céu e do Templo, da Abóbada estrelada. A Maçonaria dá precisamente a cor branca a seus mais altos graus; a cor vermelha a seus graus intermediários e a cor azul a seus primeiros graus, cujos participantes, antes de qualquer coisa, devem praticar a tolerância.

*
* *

As duas Colunas, como dissemos, assinalam os limites do Mundo criado, os limites do mundo profano, de que a Vida e a Morte são a antinomia extrema de um simbolismo que tende para um equilíbrio que jamais será conseguido. As forças construtivas não podem agir senão quando as forças destrutivas tiverem terminado sua tarefa. Essas forças opostas são "necessárias" uma à outra. Não se pode conceber a Coluna J.·. sem a Coluna B.·.; o calor sem o frio, a luz sem as trevas, etc. Todo ser vivo encontra-se constantemente num estado de equilíbrio instável, formado pela criação de células novas e a eliminação de células mortas. As novas gerações não podem afirmar-se senão à medida que as antigas lhes cedem o lugar.

Essas duas Colunas são a imagem exata do Mundo, e é conveniente que este fique fora do Templo! O Templo é sustentado por Pilares, que se situam no mundo dos Arquétipos, onde tudo se funde numa Luz cujo brilho é imarcescível.

2. AS ROMÃS, OS LÍRIOS E AS CORRENTES

As duas Colunas que costumam ser representadas no traçado da Loja do Aprendiz são encimadas por três Romãs entreabertas, e se afastam assim da descrição bíblica. Trata-se de uma simplificação esquemática que se explica pelo fato de que esse Quadro era traçado a giz no chão. Mas a supressão dos Lírios e das Correntes não se explica.

Ragon escreve[21]: "Philon e Josèphe fazem menção aos lírios e aos frutos da romãzeira que encimavam as colunas do Templo de Salomão. O lírio indica a inocência da sociedade e as romãs a pureza da amizade. O lírio, que tomou o lugar do nenúfar, pertencia à Vênus-Urânia, de onde os cristãos o atribuíram à Virgem Maria. Colocavam-no à entrada do Templo, para indicar a candura de alma com a qual se devia ingressar nele".

Veremos o que se deve pensar dessas alegações.

As Romãs

O simbolismo religioso da Romã deve ser considerado em primeiro lugar:

Esse fruto, de grãos tão numerosos, diz o papa São Gregório, simboliza a *caridade* que contém tantas virtudes.

A Romã que, sob sua casca, esconde tantos grãos suculentos, simboliza a *humildade*, diz o bispo Barbier de Montault[22].

O mesmo autor faz da Romã o emblema do Papado, que exprime, diz ele, a *união* de todos os filhos da Igreja em seu regaço materno[23].

Angelo de Gubernatis penetrou melhor o sentido dessa simbologia. Ele escreveu[24]: "O grande número de grãos que o fruto da romãzeira contém fez com que ele fosse adotado, na simbologia popular, como o representante da fecundidade, da geração e da riqueza. Na forma da romã aberta pretendia-se reconhecer a forma da *vulva*."

"Pretende-se, diz ele[25], que o fruto dado por Eva a Adão, e por Paris a Vênus, não era uma maçã mas uma romã, e que quase sempre se deve subentender uma romã quando se faz menção de uma maçã nos mitos e nos costumes populares relacionados com o casamento."

Esse simbolismo sexual e de fecundidade é, por certo, o mais exato e o de que nos lembramos com mais certeza. Esse é o símbolo dos grandes esoterismos religiosos antigos da Babilônia e da Grécia, passando pela Síria e por seus cultos femininos (cultos lunares de proveniência indiscutivelmente hindu e tântrica).

A romãzeira é uma árvore de 3 a 8 metros de altura, originária da Mesopotâmia, da Palestina e da Pérsia; encontra-se em estado semi-selvagem nas regiões subtropicais e temperadas dos dois hemisférios, particularmente na região mediterrânea, em Portugal e na Espanha. Seu fruto é comestível e a casca de sua raiz, que é tóxica, é usada em farmácia.

Seu nome botânico é *Punica granatum*; a palavra *punica* costuma ser interpretada como derivada do adjetivo latino *punicaus,* vermelho, em razão da coloração de seus grãos; esse nome poderia indicar ainda uma origem fenícia, isto é, *púnica*[26]. Quanto ao *granatum,* essa palavra quer dizer *grãos* e, estando subentendida a palavra *malum* (fruto), podemos traduzir *Punica granatum* por "fruta de grãos vermelhos".

Na Maçonaria, os grãos da Romã, mergulhados numa polpa transparente, simbolizam os Maçons unidos entre si por um ideal comum. Sendo a casca da raiz da romãzeira tóxica, como já dissemos, a Romã nos mostra ainda os Maçons saídos de um mundo mau por essência e elevando-se a um estado de *excelsion.*

Os Lírios

Huysmans põe na boca de seu padre Plomb as seguintes palavras[27]: "É preciso, antes de tudo, estabelecer que o lírio das Escrituras não é absolutamente, como se acredita, a flor conhecida por esse nome. O lírio comum, o que floresce na Europa e que se tornou, antes mesmo da Idade Média, o emblema da virgindade na Igreja, parece que nunca nasceu na Palestina; por outro lado, o Cântico dos Cânticos compara a boca da Bem-amada a essa planta; ele não pretende, evidentemente, admirar lábios brancos, mas lábios vermelhos. O vegetal designado pelo nome de *lírio dos vales,* ou *lírio dos campos,* na Bíblia, é simplesmente a *anêmona.* O padre Vigouroux demonstra isso. A anêmona é muito comum na Síria, em Jerusalém, na Galiléia, no monte das Oliveiras; essa flor, que tem folhas recortadas e alternadas de um verde opulento e que se assemelha a uma papoula delicada e sutil, sugere a idéia de uma planta patrícia, de uma pequena infanta, fresca e pura, com graciosos adornos".

Angelo de Gubernatis escreve[28]: "No Ocidente, o lírio recebeu quase o mesmo culto popular que o lótus no Oriente. Atribui-se o lírio a

Vênus e aos sátiros, sem dúvida por causa do seu pistilo 'vergonhoso'; por conseqüência, o lírio é um símbolo da geração".

Com efeito, é curioso constatar que o lírio, tão ligado ao *phallus*, tornou-se o símbolo da virgindade quando, como observa Huysmans[29]: "Seu perfume é absolutamente o contrário de um perfume casto; é uma mistura de mel e de pimenta, algo de acre e de dulçoroso, de lânguido e de forte; tem algo da conserva afrodisíaca do Levante e do confeito erótico da Índia".

O que não impede Thomas de Cantimpré de escrever: "A virgindade é comparada ao lírio, primeiro por causa de sua brancura de neve, e também porque o coração dessa flor, protegido por seis pétalas, parece guardar-se de todo perigo de contatos e de erros[30]".

É provável, como diz Huysmans, que a flor conhecida na Europa sob o nome de Lírio fosse desconhecida na Palestina e que a flor designada por esse nome fosse a anêmona. Essa anêmona no alto das Colunas transformava-as, por um lado, em um símbolo fálico e, por outro lado, em dois imensos flabelos.

*
* *

Na heráldica, a "flor-de-lis" suscitou numerosas discussões e diferentes interpretações. Para uns, ela é um ferro de machado, uma acha de armas, uma espécie de cruz: para outros, poderia ser um tridente ou, melhor ainda, um ferro de lança estilizado[31].

Os heraldistas concordam em distinguir nitidamente a "flor-de-lis" *(flor de Loys)* do "lírio dos jardins" e [em francês] preferem a grafia "Lys" para assinalar essa diferença; isto é, eles mantêm a antiga ortografia de *lis*.

Para Lanóe-Villène[32] "a flor-de-lis representa a flor da giesta ou da aliaga esquematizada, porque, diz ele, para os homens do extremo-Sul, a giesta parece sempre ter servido para simbolizar o Norte, a dignidade real e o gênero masculino".

Fazendo do lírio um emblema da geração, Angelo de Gubernatis diz[33]: "Sou muito inclinado a crer que a cidade de Florença e os reis de França, ao escolher o lírio como emblema, pensavam na multiplicação de seu povo e na sucessão ininterrupta de sua raça". Esse mesmo autor cita Chéruel que, em seu *Dictionnaire des Institutions, Moeurs et Coutumes de la France* (1855), escreveu: "Alguns pretenderam que os primeiros francos tivessem escolhido o *íris* ou *lírio do brejo* para lembrar sua origem, pois são originários das regiões pantanosas".

Não temos de examinar aqui a questão da origem da flor-de-lis heráldica que, como vemos, é das mais confusas e cuja solução, parece, nunca poderá ser dada de forma definitiva.

As Correntes

Sete voltas de Correntes envolvem o capitel das Colunas. Entre os antigos, as correntes eram o símbolo do cativeiro, mas o verdadeiro sentido dessas Correntes nos capitéis das Colunas continua obscuro. Quanto a seu número, que é de sete, é preciso lembrar que, entre os semitas, esse número gozava de grande veneração; isso provinha, sem dúvida, da divisão da semana em sete dias que correspondiam à duração de cada fase da Lua. Na nossa opinião, não é preciso ver nisso qualquer relação com os planetas.

Receamos nos aventurar dando uma significação qualquer que correria o risco de ser puramente subjetiva. Contudo, é-nos permitido pensar que as Colunas, ou "Marcos", com suas Correntes, mostravam que quem ainda estivesse demasiado preso ao mundo profano não deveria ter acesso ao Templo.

Por outro lado, as Correntes estão colocadas entre duas fileiras de Romãs, símbolo da fecundidade, e podem então simbolizar os laços que unem as gerações entre si.

Notemos, ainda, que as Colunas – falos carregados de cadeias – lembram o "omphallos" fálico de Delfo, também "acorrentando" debaixo de uma rede (filé), amarrado, e simbolizando provavelmente o acorrentamento (isto é, a dominação) de uma força vital essencial, de uma "potencialidade" formidável... já que é criadora da Vida.

*
* *

Em resumo, na Maçonaria, as *Romãs* simbolizam a multiplicação e a união; a *Anêmona,* ou *Lírio,* a chama pura e fecundante: o calor; as *Correntes,* enfim, representam, por um lado, os laços que ainda prendem os profanos e, por outro lado, os laços que unem os Maçons.

3. OS TRÊS DEGRAUS

Ragon fala em *sete degraus*[34], mas Viullaume, em seu desenho, limita-se a *três*[35]; Plantageneta faz o mesmo[36]. Somente Oswald Wirth dá um Quadro no qual não aparece nenhum degrau[37]. Vê-se que estamos longe de chegar à unanimidade a este respeito.

A passagem do mundo profano para o plano iniciático não pode ser realizada diretamente e os três degraus simbólicos são necessários: eles marcam o Iniciado, isto é, o Aprendiz. Cinco degraus caracterizam o grau de Companheiro, como veremos adiante.

Os três Degraus representam, sucessivamente, o plano físico ou material, o plano intermediário, chamado de "astral"[38], e o plano psíquico ou mental. Esses três planos correspondem à divisão ternária do ser humano em *corpo, alma* e *espírito*.

Ao chegar ao terceiro degrau, o Iniciado se vê na presença de uma porta fechada, que se abre sozinha diante dele caso ele seja digno de entrar.

Todas as iniciações são feitas por degraus, e não só o átrio dos Templos fica no alto, mas o próprio santuário[39].

Desse modo, assinala-se uma *excelsion* que, em cada culto, em cada rito, em todos os tempos e entre todos os povos, sempre foi cuidadosamente indicada.

Os três degraus do Templo maçônico no grau de Aprendiz mostram os esforços que este deve fazer para se libertar do plano físico, primeiro e, depois, do plano "astral", que ele deve ultrapassar e, enfim, sua ascensão aos planos superiores.

Esses três degraus não são "realizados" nos Templos maçônicos; eles são indicados no "Quadro" e, logicamente, deveriam preceder o limiar do Templo. Em contrapartida, os estrados dos Veneráveis, do Orador e do Secretário estão situados em cima de uma plataforma montada sobre três degraus. Esses três novos degraus indicam o novo esforço que é preciso fazer para chegar até o santuário.

A ascensão rumo aos cimos da espiritualidade é constante, embora ninguém possa vangloriar-se de tê-lo atingido completamente. O Aprendiz deve limitar sua ambição aos três degraus e, se consegue galgá-los, não mais de uma forma simbólica, mas verdadeiramente, em espírito, pode estar certo de já ter realizado uma tarefa imensa.

No grau de Aprendiz, o ternário é encontrado em toda parte: na sua idade, que é de três anos; em sua marcha, que comporta três passos; em sua bateria, que é feita por três golpes; enfim, nos degraus do Templo, que são em número de três.

*
* *

Ragon, por engano, atribui sete degraus ao Templo do Aprendiz, quando este não pode realmente compreender ou conhecer senão três. Em contrapartida, ele dá uma longa lista de ternários, alguns deles muito discutíveis[40]:

"Três idades: a idade de ouro, a idade de bronze, a idade de ferro."

"Três fundadores de religiões: Moisés, Jesus, Maomé."

"O número três simboliza a terra: ele é uma figura, diz Ragon, dos corpos terrestres, de onde o tridente, Amphitrite, os tritões, etc."

"Trio discordante: Juventude, Amor, Velhice."

"Três raças humanas: a branca, a negra, a amarela, etc."

Ora, contam-se, em geral, quatro idades: a idade de ouro, a idade de prata, a idade de bronze e a idade de ferro.

Entre os fundadores de religiões, ele omite Zoroastro e Buda, entre outros.

É o número *quatro* que simboliza a terra, e não o *três*.

Além do mais, os símbolos indicados são símbolos *marinhos*, e não terrestres.

Nas idades da vida do homem distinguem-se *quatro* fases: Infância, Adolescência, Maturidade e Velhice.

Entre as raças humanas ele omite a raça Vermelha.

E o mesmo ocorre com muitos outros exemplos dados por Ragon. Esse é o escudo inevitável contra o qual vêm chocar-se os amadores de nomenclatura que, desejosos de querer provar tudo, acabam não provando nada.

4. O PISO MOSAICO

O Piso Mosaico[41] é formado de lajes quadradas, que se alternam nas cores branco e preto, formando um tabuleiro de xadrez.

"O *Piso Mosaico,* diz Ragon[42], emblema da variedade do solo terrestre, formado de pedras brancas e pretas unidas por um mesmo cimento, simboliza a união de todos os Maçons do globo, apesar da diferença das cores, dos climas e das opiniões políticas e religiosas; elas são uma imagem do bem e do mal de que o chão da vida está semeado."

"O *Piso Mosaico,* escreve Plantageneta[43], tem como significado, segundo velhos rituais, a união íntima que deve reinar entre os Franco-Maçons ligados entre si pela verdade. Essa verdade, todavia, não se nos mostra aqui uniforme, pois é simbolizada por uma alternância regular do branco e do preto. Pode-se portanto dizer que o Piso Mosaico continua, no Templo, o Binário das duas Colunas, e deve-se deduzir daí que o Maçom, como o profano, está sujeito aos rigores da lei dos contrastes, confirmação não-equívoca da relatividade das verdades que podem ser reveladas ao neófito na Loja de Aprendiz."

"Nossas percepções, diz Wirth[44], resultam de contrastes. Elas é que criam o constatável, no sentido de que, sem elas, a uniformidade escaparia à nossa percepção e se confundiria com o nada. O *Piso Mosaico,* composto de lajes pretas e brancas que se alternam, é, na Maçonaria, a imagem da objetividade. Ele suporta tudo o que cai sob os sentidos. O Iniciado se mantém de pé e avança na vida em cima desse tabuleiro de xadrez que proporciona exatamente as satisfações e os sofrimentos, as alegrias e as dores dos viventes."

Com efeito, o simbolismo do Piso Mosaico geralmente admitido é esse do Bem e do Mal inerentes à existência terrestre. Mas é também o Corpo e o Espírito, unidos mas não confundidos. Essa rede regular, formada de linhas transversais e longitudinais, cria múltiplas *cruzes,* e não é de admirar se os antimaçons, com sua habitual fineza, não tenham ainda descoberto aí um símbolo "satânico", para dizer que os Maçons pisavam sob os pés o emblema por excelência da religião crística.

Trevas e Luzes estão ligadas no Piso Mosaico; elas são tecidas juntas, se considerarmos as fileiras de lajes; mas os traços virtuais que as separam formam um caminho retilíneo, tendo o branco e o negro ora à direita, ora à esquerda. Essas linhas são o caminho do Iniciado, que deve, não rejeitar a moral comum, mas elevar-se acima dela. É preciso cuidar continuamente de tudo o que diz respeito à ética. Aliás, as religiões, à medida que remontamos no tempo, afastam-se das concepções morais que costumamos associar a elas.

Essas linhas não aparecem aos olhos dos profanos: eles não vêem mais do que lajes brancas e negras e, seguindo a via "larga", *a via exotérica,* passam alternativamente do branco para o negro e do negro para o branco; eles têm então, à sua direita, à sua esquerda, na frente e atrás deles uma cor oposta à sua: desse modo, são assinaladas as oposições múltiplas que se formam sob seus passos.

O Iniciado, pelo contrário, segue *a via esotérica*, a via estreita, *mais fina do que o fio da navalha*, e passa entre o branco e o negro, que não constituem obstáculos para sua caminhada. A estreiteza do caminho mostra por si mesma que não pode ser esse o caminho do profano (fig. 71).

Fig. 71. O piso mosaico.

Dá-se ao branco a acepção corrente de "bem" e ao negro a de "mal". Seria mais exato falar-se em "espiritualidade" e "materialidade".

Por "materialidade" entendemos tudo o que aproxima o homem do animal, isto é, uma via puramente fisiológica e, por "espiritualidade", ao contrário, tudo o que tende a libertar o homem dos laços da matéria. A "espiritualidade" que temos em vista aqui não deve ser confundida com a concepção religiosa, monacal, feita de austeridade e de penitência, que deriva de um misticismo doentio e que não pode, em nenhum caso – ou em casos extremamente raros – levar à plenitude da Iniciação.

O simbolismo exotérico do Piso Mosaico é eloqüente: Se quisermos considerar o "branco" de um ponto de vista estritamente religioso, somos atacados, de todos os lados, por forças obscuras que provocam fantasmas; a "Tentação de Santo Antônio" pode ser citada como um exemplo típico. Em contrapartida, quem pretendesse fazer do "negro" sua regra de vida, ver-se-ia logo rodeado por forças brancas que o obrigariam a abandonar sua posição, seja pela morte, seja pelo fato de ser eliminado da sociedade de uma forma ou de outra.

Toda ação provoca uma reação que irá restabelecer o equilíbrio momentaneamente perturbado. Esse é o simbolismo do Piso Mosaico.

Nota Sobre o Jogo de Xadrez

O Piso Mosaico é comparado muitas vezes a um tabuleiro e, conseqüentemente, à mesa do jogo de Damas e de Xadrez.

O jogo de Damas comporta um tabuleiro de cem casas; o de Xadrez, um tabuleiro de sessenta e quatro casas. O jogo de Xadrez geralmente é considerado superior, por suas dificuldades, ao jogo de Damas. Contudo, Edgar Poe escreveu:

"O alto poder da reflexão é ativado de uma maneira muito mais forte e mais proveitosa pelo modesto jogo de Damas do que por toda a laboriosa futilidade do Xadrez. Neste último jogo, em que todas as peças são dotadas de movimentos diversos e bizarros, e representam valores diversos e variados, a complexidade – erro muito comum – é confundida com profundidade. Nele, a atenção é aí fortemente colocada em jogo. Se ela se distrai por um instante, comete-se um erro de que resulta uma perda ou uma derrota. Como os movimentos possíveis são, não apenas variados, mas desiguais em força, as ocasiões para esses erros são muito freqüentes; e em nove casos sobre dez, é o jogador mais atento quem ganha, e não o mais hábil. Nas Damas, pelo contrário, onde o movimento é simples em sua espécie e sobre umas poucas variações, as probabilidades de inadvertência são muito menores e, não estando a atenção monopolizada de modo absoluto e completo, todas as vantagens conquistadas por cada um dos jogadores não podem ser atribuídas senão a uma perspicácia superior[45]."

Eis agora uma nota a respeito do Xadrez[46], escrita por Dupiney de Vorepierre[47]:

"A opinião vulgar atribui a invenção do jogo de Xadrez ao herói Palamedes, que o teria imaginado durante a guerra de Tróia para preencher o tédio interminável de um sítio que durou dez anos; mas essa afirmação não tem nenhum fundamento. Tudo leva a crer que esse jogo é de origem hindu; mas não sabemos nem a data de sua invenção, nem o nome de seu inventor. A analogia das palavras *échecs, scacchi, chess scaphspiel* e *zatrichion*, pelas quais franceses, italianos, ingleses, alemães e gregos modernos designam esse jogo, com a palavra persa *schah*, que quer dizer rei, indica suficientemente sua origem oriental. Ora, os próprios persas afirmam que receberam esse jogo da Índia, de onde ele teria sido importado, por seu país, no século VI de nossa era, sob o reino de Cosróis, o Grande. Os chineses, por sua vez, também acham que o xadrez é de origem indiana.

O Xadrez é jogado num tabuleiro quadrado chamado Escaqueiro. Esse tabuleiro é dividido em 64 quadrados ou casas, 32 brancas e 32 negras, que se alternam e que formam oito fileiras iguais chamadas *tiras*. Cada jogador tem 16 peças, a saber: 1 Rei, 1 Rainha, 2 Loucos, 2 Cavaleiros, 2 Torres e 8 peões. Os hindus dão à Rainha o nome de *pharz*, ou *ferz*, isto é, general. Os Loucos são chamados de *fil*, isto é, *elefantes*, palavra que ficou no espanhol *alfiln* e de onde derivam o baixo latim *arphillus* e o francês arcaico *auphin* ou *dauphin*. É no "Romance da Rosa" que vemos pela primeira vez essas duas peças chamadas pelo seu nome atual. O lugar dos Loucos, ao lado do Rei e da Rainha, é o motivo pelo qual os mouros de Espanha lhes deram a denominação de *alferez*, ou de ajudantes de campo, termo que os italianos transformaram em *alfiere*. Enfim, os Loucos receberam o nome de *Bishops*, ou Bispos, na Inglaterra, e de *Laufern*, isto é, Corredores, na Alemanha. Os cavaleiros receberam uma designação análoga em todas as línguas, com exceção do alemão, onde são chamados de *springer*, isto é, saltadores. Na Índia, a Torre é representada por um elefante sobre o qual encontram-se homens armados de azagaias ou de balestras. Os árabes substituíram esse animal por um pássaro, o *rokh*; é dessa palavra que tiramos o verbo (francês) *roquer*, que serve para designar uma manobra do jogo. Enfim, a palavra *Pion* significa, na Índia, valete ou soldado a pé. Dela derivaram o espanhol *péon*, o italiano *pedone* [e o português peão]. Os alemães chamam essa peça de *bauer*, ou camponês; os ingleses, de *man*, homem, soldado raso. No Xadrez cada peça tem um movimento diferente. Assim, o Rei se move em todos os sentidos, mas ele só pode abandonar seu lugar para ocupar uma das casas imediatamente vizinhas à sua. A Rainha também se move em todas as direções, mas pode se transferir, se não houver nada que a impeça, de uma extremidade a outra do tabuleiro. Os Loucos só se movimentam pelas diagonais. As Torres caminham no sentido vertical e horizontal. Os Cavaleiros se movimentam, por assim dizer, em quadrado. Enfim, os Peões só podem passar por cima das casas que se situam imediatamente diante deles. – O Rei é a peça principal, e, de regra, nunca pode ser tomada. Em conseqüência, quando ele está em xeque, isto é, numa posição tal que qualquer outra peça seria tomada, ele é forçosamente obrigado a mudar de lugar. Mas, se não pode se mover sem se expor a novo perigo, diz-se que ele é *mat* (do árabe *math*, matador) e a partida está terminada.

É, portanto, a uma só peça, ao Rei, que se dirigem na realidade todos os ataques. As outras peças só servem para defendê-lo, e todo o jogo consiste em atacá-lo de modo que ele nem possa avançar nem recuar sem se colocar *em xeque*. Nos casos em que o Rei está rodeado de tal modo pelas peças inimigas que não pode se mover sem se colocar em xeque, diz-se que ele é *Pat* (*pato*, em espanhol, e *patta*, em italiano, significam *igual*), e a partida é anulada. Os jogadores de Xadrez chamam de *Gambit* (do italiano *gambetto*, rasteira) certos golpes preparados que exercem uma influência decisiva sobre a partida.

*
* *

A mesa do jogo de Xadrez comporta 64 casas. O número 64 é o cubo de 4 (4 × 4 × 4) e o quadrado de 8 (8 × 8). O quaternário é o mundo formal (os quatro elementos) e o número 64, o presente elevado à sua terceira potência, isto é, na plenitude de sua expansão. O octonário é o desdobramento do quaternário e mostra múltiplos sentidos sobre os quais não podemos nos estender aqui.

"O número 64, diz o doutor Allendy[48], é a realização estática (número par) da unidade cósmica, na plena manifestação da beatitude. É a libertação definitiva que permite que a pessoa realize sua plena individualidade depois de seu ciclo (número 4), nos laços do Karma cósmico. Esse número pode representar as forças naturais agindo em união com as determinações providenciais do Cosmos. Segundo a tradição, a mãe de Buda devia nascer numa família dotada de 64 espécies de qualidades. A tradição chinesa quer que Confúcio tenha tido 64 gerações desde Hoang-Ti, fundador da dinastia, assim como, de acordo com São Lucas, Jesus teria nascido 64 gerações depois de Adão. Entre os hindus, existem 64 devas da classe Abhavara."

Para Claude de Saint-Martin, 64 é o "complemento do círculo octonário, onde o número poderoso, depois de ter percorrido todas as profundezas das regiões e da existência dos seres, restabelece a unidade em seu número simples, onde ela estava dividida, e a ação onde reinavam o nada e a morte[49]".

As 64 casas do tabuleiro de xadrez por certo não foram fixadas nesse número arbitrariamente.

O jogo de Xadrez representa a luta do Espírito contra a Matéria, representada pelo adversário. As forças em luta, a princípio, são iguais.

O *Rei* é o Espírito que não pode desaparecer, que não pode se aniquilar, que não pode "ser posto em cheque". Mas, ao descer na Matéria, aprisionado num corpo de carne, suas possibilidades são reduzidas e, embora ele se desloque "em todos os sentidos", nem assim pode se afastar de seu ponto de partida.

A *Rainha* é a Alma que, na Matéria, tem possibilidades mais amplas mas que pode "ser posta em cheque".

O *Louco* é o mental superior, o gênio, que se desloca em "diagonal". A *Torre* é o mental inferior, a razão, que se desloca "perpendicularmente". O *Cavaleiro* é o "Astral", a imaginação, que salta por cima dos obstáculos. O *Peão*, enfim, é o corpo físico, os sentidos que podem se enganar e aos quais é proibido recuar, isto é, negar a sensação.

Os próprios jogadores, fora do tabuleiro, são análogos ao Demiurgo que, governando o mundo, está contudo fora do Mundo.

Nada mais fizemos aqui do que esboçar o simbolismo do jogo de Xadrez, que necessitaria, sem dúvida, de um estudo mais longo. Mas pareceu-nos útil dar essas noções em razão das comparações que podem ser feitas entre o Tabuleiro de Xadrez e o Piso Mosaico.

5. AS TRÊS JANELAS

Três janelas estão representadas no "Quadro do Aprendiz": a primeira a Oriente, a segunda ao Meio-Dia e a terceira a Ocidente; nenhuma janela se abre para o Norte. Essas três janelas são cobertas por uma rede de arame.

"Elas representam, diz Plantageneta[50], *as três portas do Templo de Salomão*, e essa evocação, se considerarmos isoladamente a Oficina maçônica, poderia parecer, no mínimo, paradoxal. Mas não é nada disso. A rede que protege essas aberturas lembra que o trabalho dos operários é subtraído à curiosidade do profano, cujo olhar não sabe penetrar no Templo; mas sublinha que, se o olhar do Maçom não for detido pelo mesmo obstáculo, suas perspectivas são essencialmente diferentes. Com efeito, ele não pode olhar *materialmente* a vã agitação da rua, pois a seu redor tudo está fechado, mas nem por isso, *espiritualmente,* ele deve determinar o movimento do mundo sensível encarado do ponto de vista em que ele se encontra."

"*A Loja do Aprendiz não recebe nenhuma luz do exterior,* escreve Wirth[51], que acrescenta: "Ela lembra, por esse detalhe, as criptas subterrâneas cavadas no flanco das montanhas, os hipogeus do Egito ou da Índia, o antro de Trofônio, etc. A Loja do Companheiro, em contrapartida, está em comunicação com o mundo exterior graças a três janelas..."

Ora, pelo que pudemos constatar, os antigos rituais maçônicos fazem menção de *três janelas* no grau de Aprendiz. Oswald Wirth suprimiu-as um tanto levianamente, para poder adaptar sua explicação à sua concepção.

Quanto a Plantageneta, ele fala das *três portas* do Templo de Salomão. Ora, na Bíblia se diz (I Livro dos Reis, VI, 4): "O rei fez na casa (no Templo) *janelas com grades fixas*". Ignora-se tudo a respeito do número dessas janelas e de sua disposição. Sabe-se, apenas, com certeza, que o Templo se abria para Leste e para Oeste, como na maioria de nossas igrejas catedrais; desse modo, o Templo era iluminado pelo Sol ao nascer. A orientação geral era a mesma que a das igrejas, isto é, a construção estava orientada, em seu comprimento, no sentido Leste-Oeste, mas o Sol é que ia ao encontro do Santo dos Santos.

Os Maçons construtores sempre orientaram os Templos com a entrada para o Ocidente e de modo que as três janelas do "Quadro" sigam a marcha do Sol. Não existe janela ao Norte, porque o Sol não passa por aí.

As janelas são protegidas por redes não para impedir que os profanos olhem para o interior do Templo – pois, se o Templo, fosse iluminado interiormente, uma simples rede de metal não seria suficiente para impedir que se visse o que acontecia dentro deles – mas simplesmente para impedir o acesso ao Templo[52].

Apesar de todas as glosas que pretendem que por essas janelas o Maçom pode olhar para o exterior, diremos que essa explicação é verossimilmente errada. Basta que as janelas estejam colocadas a certa altura para impedir que se veja a agitação da rua.

O templo fica isolado do mundo profano e o Maçom não deve sofrer nenhuma tentação para se tornar espectador do mesmo. Pelo contrário, é preciso que, ao sair do Templo, depois de ali ter haurido novas forças, o Maçom volte a ser um agente no meio à multidão anônima e aí distribua a Sabedoria, a Força e a Benignidade que adquiriu no Templo.

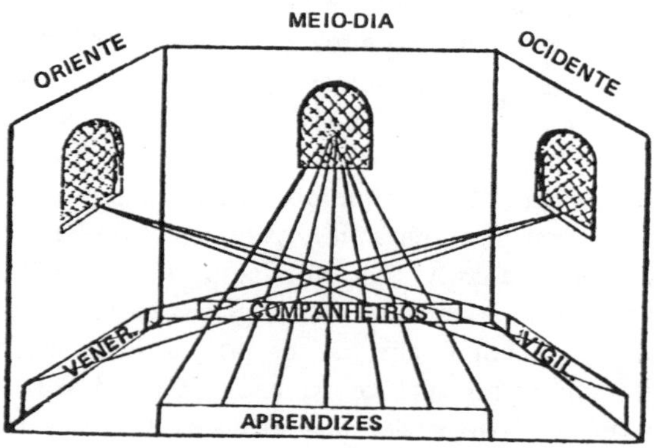

Fig. 72. As três janelas.

A janela do Oriente traz a doçura da aurora, sua renovação de atividade; a do Meio-Dia, a força e o calor; a do Ocidente dá uma luz que, à medida que se torna mais fraca, convida ao repouso. O Norte, escuro, como não recebe nenhuma luz, não precisa de janela.

Os trabalhos dos Maçons começam, simbolicamente, ao Meio-Dia e terminam à Meia-Noite. Começam ao Meio-Dia, quando o Sol brilha com toda a sua força no Templo.

Os Aprendizes são colocados ao Norte porque têm necessidade *de serem esclarecidos*; eles recebem assim toda a luz da janela do Meio-Dia. Os Companheiros, colocados ao Meio-Dia, precisam de menos luz, e a sombra provocada pela parede do Templo ilumina-os suficientemente. Na mesma ordem de idéias, notar-se-á que o Venerável e seus assessores recebem de frente apenas a luz do crepúsculo. Em contrapartida, os Vigilantes são alertados desde a aurora pela luz que os atinge em cheio.

Os catecismos maçônicos dizem comumente que os Companheiros se colocam no Meio-Dia porque são suficientemente avançados *para suportar o brilho da luz*; por outro lado, eles dizem que o Iniciado do segundo grau é convidado a se tornar ele próprio uma chama ardente, fonte de calor e de luz[53]. Todos hão de convir, sem esforço, que existe aí um pleonasmo e que "fontes de luz" não têm necessidade alguma que se acrescente a seu brilho o brilho do dia.

6. A PEDRA BRUTA, A PEDRA CÚBICA E A PEDRA CÚBICA PONTIAGUDA

À direita e à esquerda do "Quadro do Aprendiz" figuram uma *Pedra Bruta* e uma *Pedra Cúbica Pontiaguda*. Se certos símbolos maçônicos provocaram poucos comentários, a Pedra bruta e a Pedra cúbica não estão nesse caso. Aqui as dissertações abundam e os cursos de moral se inflam, transformando-se em rios.

A Pedra Bruta

Não é preciso dizer que, para Ragon[54], "a Pedra Bruta simboliza as imperfeições do espírito e do coração que o Maçom deve se esforçar por corrigir". A maioria dos autores maçônicos estão de acordo com Ragon.

Somente Plantageneta dá uma nota que, por mais discordante que possa parecer, é adequada[55]:

"Se formos dar crédito, diz ele, às lendas ocultistas, ao mesmo tempo que o sol dissipava as sombrias e pesadas nuvens que mantinham a Atlântida prisioneira sob um céu de chumbo, a raça semítico-ariana teve a revelação de sua individualidade e a eficiência sensorial deu lugar, nela, ao pensamento consciente. Os chefes arianos anunciaram o advento da Luz e a libertação da raça. A pedra talhada torna-se, para ela, o símbolo das trevas e da escravidão; a pedra bruta, o símbolo da liberdade."

Evitaremos tocar no ponto, tão discutido, da Atlântida e de outros continentes "desaparecidos"; conservaremos, a esse respeito, uma atitude de dúvida, até que nos forneçam provas válidas[56].

A Pedra bruta, com efeito, pode ser considerada como o símbolo da Liberdade, e a Pedra talhada como o símbolo da Escravidão. Aliás, Plantageneta comenta excelentemente esse assunto nos seguintes termos:

"E hoje, ainda, não é dobrando-se sob o peso da pedra talhada, terminada, feita de todos os preconceitos, de todas as paixões, de toda intransigência das fórmulas absolutas, aceitas sem controle como expressão de uma verdade inexpugnável e única, que fazem do homem o escravo de seu meio, que vemos o profano apresentar-se à porta do Templo e pedir Luz? Uma Loja, justa e perfeita, proporciona-lhe essa Luz e, ao mesmo tempo, liberta-o iniciaticamente da servidão. Livre, o neófito simbolizará sua liberdade por uma 'pedra bruta', com a qual ele se identificará."

Sim, o Aprendiz, pela Iniciação maçônica, que é um novo nascimento, reencontra o estado da natureza; ele se liberta de tudo o que a Sociedade lhe proporcionou de artificial e de mau e reencontra tudo o que ela lhe tirou de espontâneo e de bom[57]. Ele reencontra a "Liberdade de Pensamento" e, com os "Instrumentos" que lhe são fornecidos, desbastará ele próprio a "sua pedra" e conseguirá torná-la perfeita, imprimindo-lhe um caráter de personalidade que será seu e único.

Na Maçonaria, contrariamente ao que ocorre na maioria dos outros agrupamentos humanos, cada Irmão conserva sua inteira liberdade; ele não pode nem deve receber nenhuma palavra de ordem suscetível de influenciar seus atos. Os antimaçons, que pretendem o contrário, mostram com isso um desconhecimento total acerca da verdadeira Maçonaria.

A Pedra Cúbica

A *Pedra Cúbica,* o hexaedro, é a obra-prima que o Aprendiz deve realizar.

Materialmente, é mais difícil, com o Malho, o Cinzel e o Esquadro, realizar um Cubo perfeito que à primeira vista não parece tal.

A Pedra cúbica do "Quadro do Aprendiz" é encimada por uma pirâmide quadrangular e se chama "Pedra Cúbica Pontiaguda". Eis o que Ragon diz a esse respeito[58]:

"Essa pedra, sobre a qual os Companheiros devem afiar seus instrumentos, simboliza o progresso que eles devem fazer na instituição e em seu relacionamento com os Irmãos. *Sendo o sólido mais perfeito* e o que apresenta *mais superfícies unidas*, o Cubo pode servir para tudo; em sua interpretação moral, a Pedra cúbica é também a pedra angular do templo imaterial construído à filosofia; é também o emblema da alma que aspira subir até sua fonte. É terminada em pirâmide, símbolo do fogo, para que aí sejam inscritos os números sagrados. Para desbastá-la, é preciso fazer uso do compasso, do esquadro, do nível, do fio de prumo, instrumentos que representam para nosso espírito as ciências, cuja perfeição vem do alto. Essa pedra alegórica deveria, portanto, pertencer aos símbolos do segundo grau."

Infelizmente, é preciso constatar quanto os comentários de Ragon, apesar de todos os seus esforços e do crédito de que já gozou e de que, talvez, ainda goze, são pobres e pouco esotéricos; aliás, eles não são nada esotéricos!

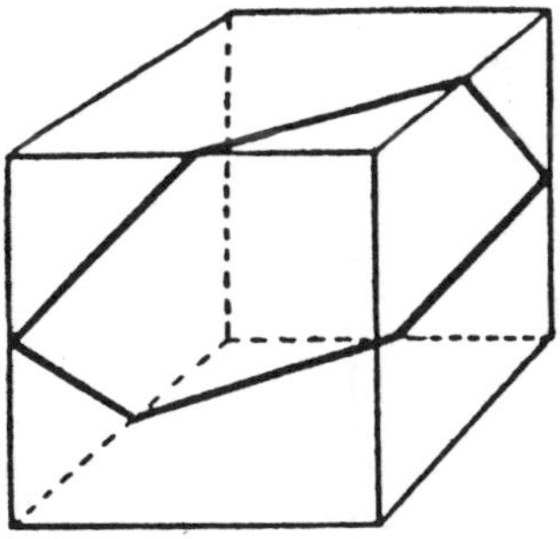

Fig. 73. Secção hexagonal do cubo.

"O Cubo é o sólido mais perfeito", diz ele. O sólido mais perfeito é a esfera, e não o Cubo. Esse, aliás, é o motivo pelo qual, no grau de Companheiro, as duas Colunas são encimadas por esferas.

"O Cubo é o sólido que apresenta *mais superfícies unidas*", afirma Ragon. O que ele pretende dizer com isso? Unido = polido? Ou unidas = ligadas entre si? De qualquer modo, essa afirmação está errada. O Cubo, com o Tetraedro, é o sólido que tem *menos faces;* o Tetraedro tem *quatro* faces e o Cubo, ou Hexaedro, *seis.* O octaedro tem *oito* faces, o dodecaedro, *doze,* o icosaedro, *vinte.*

O que é um Cubo? É um sólido regular que possui seis faces quadradas iguais, oito vértices formados por ângulos triedros e doze arestas. É o único sólido platônico que, somado indefinidamente a ele mesmo, pode encher todo o espaço sem solução de continuidade. Notemos ainda que suas faces se correspondem duas a duas, que o Cubo possui três eixos de simetria e que é impossível ver mais de três de suas faces ao mesmo tempo. As constatações acima são as constatações banais que se oferecem ao estudo do Aprendiz.

Acrescentemos que muitos sólidos se inscrevem no Cubo: entre outros, o dodecaedro e o icosaedro; que uma secção oblíqua do Cubo, partindo do meio de duas arestas vizinhas, dá um hexágono, e compreenderemos que o Cubo, se não é a figura mais perfeita, pelo menos é a que melhor se presta a múltiplas secções e combinações.

Platão dá como correspondência ao Cubo o elemento Terra, o elemento fundamental, sem o qual os demais não teriam para o homem nenhuma utilidade.

*
* *

Os altares dos templos da antiguidade grega simulavam muitas vezes a forma de um Cubo e o problema da duplicação ficou célebre. Conta-se que Atenas, sendo vítima de uma epidemia, mandou que se consultasse o oráculo de Apolo em Delos. O deus respondeu que o flagelo cessaria logo

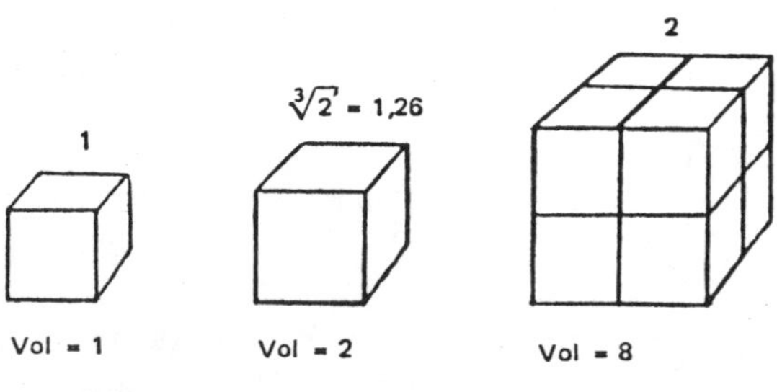

Fig. 74. A duplicação do cubo.

que se tivesse *duplicado* o seu altar. Ora, o monumento era cúbico; tratava-se, então, de construir outro altar que tivesse exatamente duas vezes o volume do primeiro. Todos se puseram à obra e construiu-se um novo altar *duplicando cada um dos lados* do antigo. E o que se conseguiu com esse expediente foi um cubo que representava não o duplo, mas o *óctuplo* do precedente. Apesar disso, como a epidemia não parava de causar danos, foram de novo consultar o oráculo, que deu a mesma resposta. Foi então que os atenienses perceberam, que se tratava da *duplicação geométrica do cubo,* que não podia ser conseguida por meio da linha reta e do círculo. Hipócrates de Chios reduziu o problema à inserção de duas médias proporcionais às duas retas dadas e este foi o ponto inicial de pesquisas que ocuparam múltiplas gerações de matemáticos.

Esse problema exige, para sua solução, uma equação do terceiro grau. Se o volume do primeiro cubo era 1, a aresta do segundo devia ser igual à raiz cúbica de 2. Este é um dos três grandes problemas que ficaram célebres; os dois outros são os da trisecção do ângulo e o da quadratura do círculo[59].

*
* *

Mgr Leadbeater, baseando-se não mais em sua clarividência mas em dois autores de língua inglesa – Churchward e John Yarker – afirma que o altar dos templos *egípcios* era formado de *três cubos superpostos.* O desenho que ele reproduz representa três paralelepípedos retangulares superpostos, e não três cubos, e ele afirma, ingenuamente, que *"esse desenho foi tirado, não de um altar egípcio* – o que teria sido para nós uma alegria, e lamentamos que não o seja – *mas da obra de M. Evans sobre a ilha de Creta*[60]".

*
* *

A palavra "Cubo" vem do grego *kubos,* dado de jogar[61]. Sabe-se que os dados são marcados por pontos em cada uma de suas faces. Esses pontos estão dispostos de tal forma que a soma dos pontos de duas faces opostas é igual a 7: ou seja, 1 e 6, 2 e 5, 3 e 4. A superfície de um dado, desdobrada, forma uma cruz latina, sobre a qual, levando-se em conta a oposição assinalada, podem-se colocar os números de 1 a 6 (fig. 75).

Notar-se-á que o total dos pontos da coluna vertical é constante e igual a 14, enquanto que o total da coluna horizontal pode variar de 8 a 13. É impossível obter a mesma soma com o total de cada uma das duas colunas.

Se nos reportarmos ao significado geral dos primeiros números, teremos:

1 e 6, a Unidade e o Equilíbrio;

2 e 5, a Divisão e o Homem;

3 e 4, os Três Princípios e os Quatro Elementos.

Com os pontos colocados nos mesmos lugares da figura 75, obteremos, no braço horizontal: 2 + 3 + 5 = 10; na parte inferior do braço vertical: 6 + 4 = 10. O denário corresponde à Unidade manifestada no zero, o não-manifestado. O ternário central corresponde aos três aspectos da diferenciação divina.

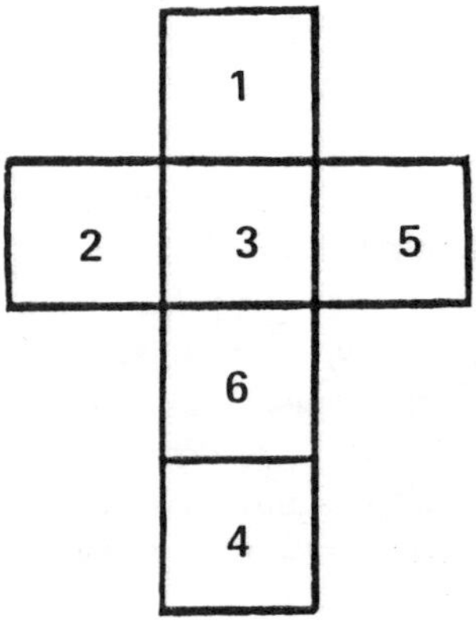

Fig. 75. O cubo desdobrado e os números.

O total das duas faces opostas é igual a 7, número venerado pelos antigos, e o total dos números de 1 a 6 é igual a 21.

Esse número 21 goza de certa importância, colocada em relevo pelo doutor Allendy:

"O número 21 é o inverso de 12[62]; ambos são formados pelos mesmos algarismos, mas numa ordem diferente. No caso do duodenário, o princípio da diferenciação aparece na unidade cósmica apenas para organizá-la em seus aspectos variados e em suas relações normais, enquanto que no número 21 vemos a individualidade resultar da diferenciação cósmica, isto é, exatamente o inverso; com o número 12, a dualidade organiza a unidade; com o 21, a unidade se organiza na dualidade. Doze é par: trata-se de uma situação equilibrada resultante da organização harmoniosa dos ciclos perpétuos (12 = 3 x 4); 21 é ímpar: é o esforço dinâmico da individualidade que se elabora na luta dos contrários e abraça o caminho sempre novo dos ciclos evolutivos (21 = 3 x 7). Esse número acrescenta aos dois pólos cósmicos um elo que os coloca em relação e usa seu antagonismo centrando-o sobre um objeto. É o indivíduo autônomo entre o espírito puro e a matéria negativa; é também sua livre atividade entre o bem e o mal que partilham o universo; é, portanto, o número da responsabilidade e, coisa curiosa, no homem, o vigésimo primeiro ano foi escolhido por muitos povos como a idade da maioridade; ocultamente, o terceiro setenário marca o desabrochamento da evolução; é para o homem o período do pleno desenvolvimento[63]."

Para Louis-Claude de Saint-Martin: "O número 21 é o número de destruição ou, antes, de terminação universal, pois, como o dois se separou do um, ele mostra ao mesmo tempo a ordem da produção das coisas e de seu fim, tanto no espiritual quanto no corporal[64]."

Ora, como parece certo que os Iniciados de outrora nos legaram toda ou parte da ciência iniciática sob a forma de jogos: tarôs (os arcanos maiores são em número de 22, um deles sem número, isto é, 21 + 0), ganizes, jogo do ganso, bilboquê, iô-iô, etc. (cada um desses jogos mereceria um estudo especial), o jogo de dados é indubitavelmente cheio de revelações.

O Cubo forma o elemento dos "jogos de paciência" das crianças, com seis combinações possíveis – ou seja, seis aspectos do mundo manifestado: o mineral, o vegetal, o animal, o humano, o psíquico e o divino – aspectos que podemos situar como aparecem na figura 76.

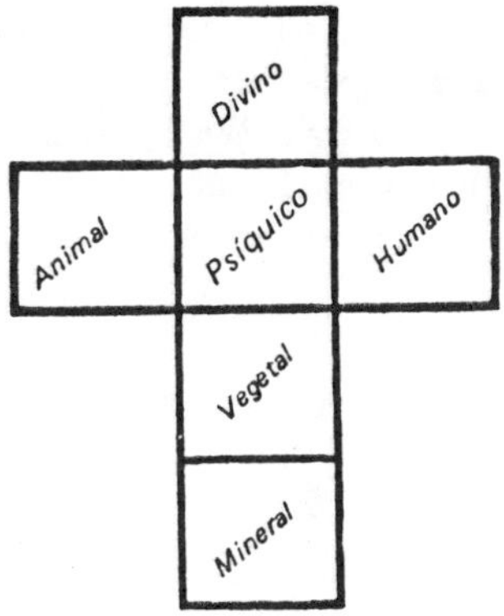

Fig. 76. O cubo desdobrado e os seis aspectos do mundo manifestado.

O Cubo é o emblema da "estabilidade", e a parte inferior que suporta o fuste das colunas recebe o nome de "dado", por ter, em geral, uma forma que se aproxima mais ou menos do Cubo.

O Cubo parece ainda apresentar a forma elementar de uma casa com suas quatro paredes; e esse significado é acentuado quando encimado por uma pirâmide quadrangular que forma um teto: é a *Pedra Cúbica Pontiaguda.*

A Pedra Cúbica Pontiaguda

Na passagem acima citada, Ragon diz: "A Pedra Cúbica é destinada a afiar os instrumentos e termina em pirâmide, símbolo do fogo, para que aí sejam inscritos os números sagrados".

Não podemos admitir que a Pedra Cúbica seja uma simples pedra de afiar e, por outro lado, o *tetraedro*[65] é que é o símbolo do fogo, e não a pirâmide de base quadrangular. Acrescentemos que, muitas vezes, nos documentos maçônicos do século XVIII, um machado está cravado no vértice da "Pedra Cúbica Pontiaguda". Ora, o machado só pode ser usado em madeira; isso pareceria indicar, paradoxalmente, que essa "pedra" é de madeira!

Vimos que a "Pedra Bruta" simboliza a liberdade que acaba de ser conquistada pelo novo Iniciado; da mesma forma, o machado cravado em cima da "casa" poderia simbolizar a liberdade que o Companheiro deve adquirir sem o medo de demolir "velhos pardieiros".

Oswald Wirth, surpreso com a presença desse machado, escreve[66]: "Um símbolo inesperado é o da Pedra Cúbica cortada por um machado. Esse instrumento, que os maçons devem ter tomado de empréstimo aos carpinteiros, indica, sem dúvida, que é preciso abrir a Pedra, que é preciso parti-la para se chegar a seu conteúdo, a seu esoterismo". Esse autor sentia bem o que havia de insólito num machado, ferramenta de carpinteiro, "ferindo" uma pedra; mas ele vai além e, fiel a seu sistema de simbolismo ideográfico, diz: "O coroamento piramidal do Cubo poderia equivaler à Cruz que encima o quadrado no ideograma da Pedra Filosofal. Nesse caso, a Pedra Cúbica Pontiaguda estaria ligada mais especialmente ao grau de Mestre e a esse refinamento da personalidade que se traduz pela santidade ou o heroísmo do ponto de vista moral, e por uma genial acuidade de julgamento do ponto de vista intelectual".

Fig. 77. A pedra cúbica pontiaguda e o Machado.

Não temos pretensões a essa "genial acuidade" e, no entanto, não podemos aceitar a glosa de Wirth.

Rejeitamos igualmente a opinião de Plantageneta, que retoma os clichês mais conhecidos e termina sua exposição por uma fórmula moralizante:

"Admite-se, diz ele, que a Pedra Cúbica é a representação da perfeição intelectual e espiritual que o Companheiro deve se esforçar para realizar em si. Vimos que ele tem os meios para isso, mas as interpretações às quais se presta esse símbolo confirmam sua forma, sua natureza e excelência. Esse cubo que, de fato, *não é um,* é bem *a imagem da relatividade.* Sua deformação prova que a ambiência viva não é suscetível de incorporar em sua carne formas ideais perfeitas... A Pedra cúbica é, portanto, por definição, imperfeita, mas pode-se considerá-la *inacabada* ou, ao contrário, *em vias de evolução* para uma forma nova, superior: a pirâmide. O machado, que alguns documentos lhe acrescentam, leva-nos a afirmar que é sobre a Pedra Cúbica Pontiaguda que os operários vêm afiar seus instrumentos, o que se pode traduzir pelo seguinte: é em suas aspirações sinceras, rumo a um ideal sobre-humano, que o verdadeiro Maçom vem retemperar sua coragem quando a maldade, a ingratidão ou a burrice humana fazem com que ele duvide de tudo, da obra empreendida, de seus Irmãos, de si mesmo[67]."

*
* *

A Pedra é colocada *sub ascia,* sob o machado, para indicar seu caráter sagrado[68]; ela continua "cúbica", embora encimada por uma pirâmide que a protege da *Água,* como o machado a protege do *Fogo* (o raio). Essa Pedra representa o ideal maçônico, que sempre será preciso defender contra a *Água* e o *Fogo*: a primeira, representando as forças dissolventes; o segundo, as forças demasiado "sublimizantes". O Maçom deve manter-se num "meio termo" com segurança e *retidão.*

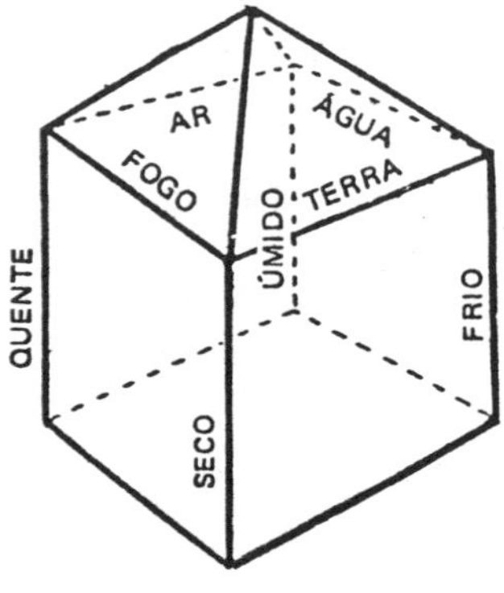

Fig. 78. A pedra cúbica pontiaguda e os quatro elementos.

Notemos que a Pedra cúbica pontiaguda, um monolito, não parece poder ser utilizada na construção de um edifício; no entanto, ela pode representar a articulação essencial desse edifício: a *chave de abóbada.*

Os quatro elementos superiores estão reunidos por um ponto central: a Quintessência; os quatro elementos inferiores estão em relação direta com os elementos superiores ou formadores. Se substituirmos os elementos: Fogo, Ar, Água e Terra pelas quatro qualidades: Quente, Seco, Úmido, Frio, o simbolismo continua semelhante.

Na figura 78, vê-se que a Terra está seca e fria; o Fogo, quente e seco; o Ar, quente e úmido; a Água, úmida e fria, de acordo com a simbólica tradicional.

Nota sobre os Dados dos Antigos

Os Antigos conheceram sucessivamente duas espécies ou formas de dados. A primeira é o *ossinho* da vértebra côncava do calcanhar, ou falso calcanhar, de certos animais, ossinho que, por essa razão, os gregos chamaram de *astrágalos*[69], e os latinos de *talus,* isto é, talão. Esse ossinho tem apenas quatro faces, ou, melhor dizendo, duas faces e dois lados ou flancos; esses últimos têm, ou adquiriram, pelo roçamento, uma superfície plana. As duas faces, pelo contrário, têm uma forma sinuosa, e representam um S deitado. Insensivelmente, procurou-se aperfeiçoar esse dado bruto e imperfeito e, sobretudo, remediar as sinuosidades das duas faces e a inutilidade absoluta das duas extremidades do comprimento. Chegou-se, assim, a criar *um verdadeiro cubo,* composto de seis faces planas, regulares, homogêneas. Esse novo dado foi chamado pelos gregos de *kubos*; os latinos continuaram a chamá-lo, abusivamente, de *talus*; e justamente para encobrir esse abuso, deram ao antigo dado, ou ossinho vertebral do calcanhar, o nome de *téssera,* que é uma corruptela do grego *tessarés,* quatro, o que revela que esse antigo dado tinha apenas quatro faces.

No dado téssera, ou de quatro lados, a primeira face representava um *cão* (o cão celeste) e dava *um de perda*, porque, sendo esse ponto o menor, perdia sempre.

A outra face chamava-se ponto de Chios (*Chius* representava, provavelmente, um barril ou uma medida de Chios) e valia *três pontos ganhos.*

Imagina-se que era mais fácil tirar uma das duas faces do que um dos dois flancos ou lados, cuja base era menor; eis por que estes valiam mais.

Assim, desses dois flancos, um representava o *Tempo* ou Saturno, ou o signo abreviado desse planeta; valia *quatro* e era chamado de *Senio.* O outro lado representava *Vênus,* ou o signo abreviado desse planeta, e valia *sete.* Era o lance mais forte.

As duas novas faces acrescentadas ao dado quando transformado em cubo foram marcadas cada uma com um novo signo. Sobre uma delas representou-se o *abutre celeste;* era o lance mais fraco depois do *cão,* pois valia apenas *dois* pontos.

Sobre a outra face desenhou-se um *Midas*, que valia *cinco*. Assim foram introduzidos nos jogos de mesa o número dois e o número cinco, que estavam excluídos do dado de quatro faces. O seis também continuava excluído de ambos os dados.

A respeito das "parelhas", ou lance de vários dados homogêneos e de ponto igual, todos esses dados eram considerados um único; isto é, de todos esses dados só um era contado; os demais eram considerados nulos. O mais forte lance possível chamava-se *Hércules Basílico*, ou *Real*.

O dado como um todo, sobretudo o dado cúbico, estava sob a proteção de Júpiter. Esse é o motivo pelo qual um poeta antigo, Julius Pollux, chama os dados de *Dios Koboi, Jovis Cubi*, Cubos de Júpiter.

Somente por volta do século VII da Igreja é que o zelo dos pastores, desesperando-se de extinguir entre os homens o furor dos jogos de azar, conseguiu pelo menos abolir a nomenclatura profana e idólatra dos diversos lances dos dados. Um ponto tomou o lugar do *cão celeste*; dois pontos substituíram o *abutre*; três pontos, a marca báquica de *Chios*; os quatro pontos tomaram o lugar do *Senio*, ou signo abreviado de Saturno; cinco pontos substituíram o rei *Midas*; e *Vênus*, ou a chance de sete, foi reduzida a seis pontos (*Histoire naturelle de Pline*, 1782, t. XII, acréscimos ao Comentário, p. 499 e segs.).

Nota a Respeito do "Machado"

O culto do machado é encontrado em épocas pré-históricas, na Idade da Pedra e na idade de Bronze.

"Esse símbolo, diz Déchelette[70], estava por certo relacionado com o relâmpago ou com o raio, pois deu origem a deuses antropomórficos, semelhantes a Zeus, pois empunham ao mesmo tempo o relâmpago e o machado de duas faces. Como os primitivos atribuíam uma origem comum ao relâmpago e aos raios do sol, concebe-se, por outro lado, que o deus do raio seja intimamente aparentado com as divindades do ciclo solar e explica-se facilmente a associação, bastante freqüente, dos símbolos solares (cavalo, cisne, roda, swástika) e do machado."

Franz Cumont escreve[71] : "A áscia (o machado) é um emblema céltico, mas é encontrado também na Itália do Norte, nos países gauleses. Dutcshke assinala sua presença nos monumentos de Modena e de Brescia, e considera esse machado, penso que com razão, como um emblema destinado a afastar a má sorte".

Lamentamos que esse autor não tenha analisado mais profundamente o simbolismo do machado entre os romanos. Em contrapartida, Dom Martin[72] ocupou-se longamente da fórmula *sub ascia* escrita nos túmulos romanos. Eis suas conclusões:

"Desde a origem dos túmulos consagrados 'sub ascia', esse termo só era usado no sentido de *consagrar*.

"As cinzas daqueles que eram colocados em túmulos consagrados 'sub ascia' tornavam *religioso* e, por isso, inviolável o lugar que os continha."

Contudo, H. Leclercq vê na fórmula *dedicare sub ascia* uma analogia com "a colocação da primeira pedra dos edifícios"; e escreve: "A solução mais provável será, portanto, a que for mais indiferente a qualquer crença religiosa, pagã ou cristã, e pertencer a uma classe de idéias que não interesse, de forma alguma, as opiniões confessionais do defunto e dos sobreviventes. Pelo menos primitivamente, e antes que o símbolo e a fórmula se tivessem transformado em banalidades protocolares, poderíamos supor que se tratasse de um ato legal, de um contrato jurídico, cuja existência ficaria assim oficialmente constatada".

Embaraçado com a presença da *ascia* nos monumentos cristãos, ele diz: "Não há dúvida de que a presença da *ascia* nos epitáfios romanos não indica nada mais do que a profissão do morto". E acrescenta: "Os operários que talhavam as pedras destinadas aos túmulos tinham o costume de desenhar sobre os mármores a sigla em forma de *ascia* que poderia ser reclamada pelo comprador caso não a encontrasse. Se o comprador era um cristão, ele não se preocupava nem por um instante em mandar fazer uma pedra por encomenda por causa da *ascia malfadada*; ele a levava tal como estava e, talvez *sem se aperceber*, por certo sem pensar nisso ou sem se preocupar com isso[73]".

De tudo o que se disse acima, podemos ficar com a idéia de que o *machado* tinha um caráter de proteção, e também um caráter sagrado; e a opinião de H. Leclercq, muito interessado em lhe tirar esse caráter, não merece ser levada em conta.

No folclore bretão, encontramos ainda hoje o "machado protetor". Guénin escreve notadamente[74]: "Ao me dirigir à pedra na qual Santa Nonn deixara suas impressões, lembro-me de ter visto, no alto de uma casa de colmo, um magnífico machado de pedra. Ele estava *no ângulo do teto* e, de acordo com a proprietária, até então havia protegido eficazmente a casa contra o raio".

O mesmo autor assinala ainda, de acordo com diferentes fontes, que se colocavam machados de pedra no ninho das galinhas chocas para preservar os ovos dos efeitos da tempestade; que o machado era dado ao agonizante para que ele o pudesse abraçar antes de morrer; que se faziam ferver machados de pedra e que a água era usada para curar animais doentes, etc. Isso confirma a ação propiciatória e o caráter sagrado do machado.

7. A BORDA DENTADA E A CADEIA DE UNIÃO

Dá-se o nome de *"Borda Dentada"* à *corda de nós* que rodeia o "Quadro do Aprendiz" e o "Quadro do Companheiro". Essa expressão parece imprópria e, no entanto, é consagrada pelo uso. Trata-se de uma corda formando nós, chamados *laços de amor*, e terminada por uma borla em cada extremidade.

Vuillaume assinala *sete* nós na Borda Dentada do grau de Aprendiz e *nove* no grau de Companheiro. Plantageneta também atribui *sete* nós ao grau de Aprendiz, mas não precisa o número de nós relativos ao grau de Companheiro. Wirth atribui três nós apenas aos dois graus. Ragon não indica o número de nós.

Se o número de nós da Borda Dentada difere de acordo com os autores, as definições que eles lhe dão são sensivelmente as mesmas:

Para Ragon[75]: "Esses nós entrelaçados que, sem se interromper, formam a Borda Dentada de nossos Templos, são a imagem da união fraterna que liga, por uma cadeia indissolúvel, todos os Maçons do Globo, sem distinção de seitas nem de condições. Seu entrelaçamento simboliza também o segredo que deve rodear nossos mistérios. Sua extensão circular e sem descontinuidade indica que o império da Maçonaria, ou o reino da virtude, compreende o universo no símbolo de cada Loja. A Borda Dentada, diz ele ainda, lembra as bandas amarelas, verdes, azuis e brancas dos templos egípcios, e as bandas brancas, vermelhas e azuis das antigas igrejas de França, sobre as quais os senhores altos-justiceiros aplicavam seus brasões, e que, nesses monumentos sagrados, destinados a um culto solar, representavam o Zodíaco".

Wirth escreve: "Um lambrequim dentado forma um friso e tem uma corda terminada em borlas que se juntam perto das Colunas J.·. e B.·. Esse enfeite foi chamado, impropriamente, de Borda Dentada. A corda se ata em entrelaços, chamados laços do amor, e representa assim a Cadeia de União que une todos os Maçons. Os nós podem ser em número de *doze*, para corresponder aos signos do Zodíaco[76]".

Para Plantageneta: "A Borda Dentada simboliza a Fraternidade que une todos os Maçons, motivo pelo qual ela é uma reprodução material e permanente da "Cadeia de União".

Devemos citar aqui o interessante artigo de W. Nagrodski intitulado: *O Instrumento desconhecido*[77] :

"Os instrumentos usados pelo Maçom simbólico correspondem exatamente ao equipamento normal de um companheiro maçom operativo. Eles usam os mesmos nomes e um operário qualquer reconhecê-los-ia facilmente nos "tapetes" dos graus do Aprendiz e do Companheiro... Ele ficaria espantado só quando constatasse que o *cordel*, instrumento absolutamente indispensável na profissão, recebeu na Maçonaria simbólica o nome de 'borda dentada', com 'laços de amor' que devem representar a "cadeia de união" que une todos os Maçons. Esse simbolismo muito tocante do cordel do Maçom é forçado, em razão do diletantismo sentimental dos Maçons 'aceitos'.

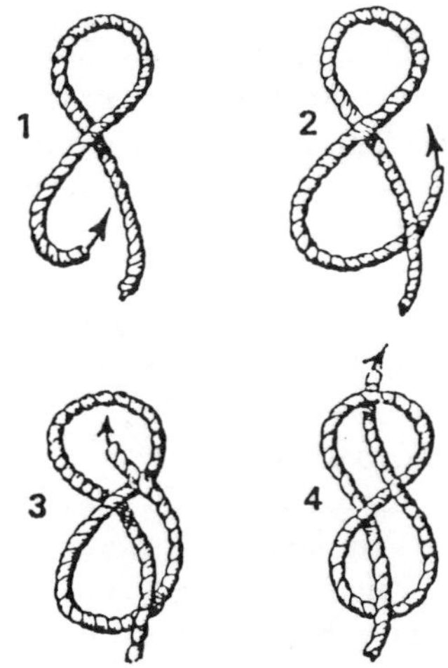

Fig. 79. Os "laços do amor".

"Eles não sabiam que toda construção deve ser "marcada" no terreno antes de ser começada e que o cordel representa um grande papel nesta operação que, em si, contém um simbolismo muito mais profundo que esse dos 'laços do amor', que não rimam tecnicamente com nada. A importância da marcação de um edifício torna-se particularmente grande quando se trata de um Templo, e, já no antigo Egito, essa operação era executada pelos 'esticadores de cordel' profissionais, acompanhados de ritos semelhantes ao lançamento de nossas pedras fundamentais."

A opinião de Nagrodski deve ser anotada. Parece quase certo que os Maçons especulativos, ao transpor um símbolo operativo, falsearam o seu sentido original. Observamos acima que os agrimensores egípcios serviam-se de uma corda com nós para traçar ângulos retos; da mesma forma, os nós do cordel constituíam pontos de referência.

*
* *

Os primeiros Maçons deram aos nós da "Borda Dentada" a forma de *laços de amor*[78]. Esse nó é fácil de se fazer, como se pode ver pela figura 79. Consiste num anel (fêmea) onde é introduzida a extremidade (macho) da corda.

Esquematicamente, esse símbolo representa o *lemniscato*[79], curva em forma de um oito deitado que representa o infinito na matemática; o sentido da corrente volta, depois de uma dupla inversão, a seu sentido primitivo e a figura central do laço forma uma dupla cruz. Esse nó por certo não foi escolhido arbitrariamente entre todas as formas possíveis de nós.

Papus[80] e Wirth[81] vêem no chapéu do *Saltimbanco,* primeira lâmina do Tarô, o signo do Infinito. Wirth escreve: "É permitido estabelecer relações entre esse nimbo horizontal e a esfera vivente constituída pelas emanações ativas do pensamento. Carregamos em torno de nós o nosso céu mental, domínio onde o sol da razão percorre sua eclíptica ∞ contida dentro dos estreitos limites daquilo que nos é acessível". Papus chama o signo ∞ de "signo divino da vida universal"; Eudes Picard[82] chama-o também de "símbolo da vida e do espírito universal".

É arriscado estabelecer uma comparação entre o chapéu do Saltimbanco e o signo matemático do infinito. Esse signo é de invenção relativamente moderna (1665) e o Tarô, cuja origem continua problemática, lhe é, sem dúvida, anterior[83].

É preciso notar que o "laço do amor" é um atributo definido da seguinte forma em heráldica: "cordão entrelaçado cujas extremidades atravessam o centro e tornam a sair por baixo, à dextra e à sinistra, em forma de borla". O cordão de seda negra e branca com que as viúvas cercam seu escudo é feito de laços de amor[84]; do mesmo modo, as armas dos cardeais, dos bispos e dos abades mostram, abaixo de um chapéu, um cordão formado de laços de amor e terminado em borlas.

Podemos, portanto, razoavelmente, pensar que os primeiros Maçons especulativos, ao substituir o "cordão" operativo por um cordão ornamental, deram muito naturalmente a esse cordão nós em forma de laços de amor, figurando essa espécie de nós nas armas e no "Quadro" ou "Tapete da Loja", que enfeixa os símbolos essenciais da Maçonaria, podendo ser considerado como o Armorial maçônico.

Por que esse nó particular é chamado de "laço do amor"? Eis um problema que ainda não pudemos resolver; nenhum documento permite-nos dar uma resposta aceitável a essa pergunta. Formando esse nó, representamos, é verdade, os órgãos masculino e feminino, mas a maioria dos nós estão no mesmo caso...

*
* *

Oswald Wirth[85] afirma que os "Quadros da Loja" traçados a giz no chão ou pintados em "tapetes" terminavam por uma *borda dentada*, composta de triângulos equiláteros, uns pretos, outros brancos. Ele representou essa "borda" no "Quadro do Companheiro" que ele desenhou[86] e onde figuram triângulos brancos sobre fundo negro; o que indica, de acordo com ele, uma emanação luminosa que parte do centro do "Quadro". Ele admite, porém, que se possa colocar o branco no lugar do negro[87]:

"Contudo, a disposição inversa, escreve ele, seria mais correta, de acordo com o Irmão J. Eigenhuis, o inteligente redator do *Vrij metselaar*, órgão da Associação Maçônica Holandesa para o estudo dos símbolos e dos rituais. Baseando-se nas pesquisas eruditas do doutor Ludwig Keller, de Berlim, Eigenhius não vê, com efeito, na borda dentada nada menos do que uma lembrança das catacumbas.

"Ele descreve um pórtico 'esculpido na rocha', o qual, naquilo que restava em estado bruto, representava o imenso domínio do desconhecido, situado fora dos limites de nossa percepção. Esse domínio do mistério envolvia o pórtico, imagem do mundo conhecido; e formava ao redor desse pórtico uma moldura feita de fragmentos de rocha."

"Se é realmente assim, diz Wirth, os triângulos da fileira externa é que devem ser brancos, para indicar a influência iluminativa exercida sobre nós pela imensidade ambiente daquilo que ignoramos. Nesse caso, os triângulos negros exprimirão, da parte dos iniciados, um esforço de compreensão receptiva, enquanto os triângulos brancos, cuja ponta estaria voltada para o exterior, denotariam uma espécie de ofensiva contra o mistério tomada pelo espírito humano..."

Resta ainda provar que a "borda dentada" não é uma inovação moderna. Notemos que Vuillaume não a representa nos "Quadros" do Aprendiz e do Companheiro anexados em seu "Telhador" datado de 1820.

*
* *

Com Fritz Uhlmann[88] vogamos em plena fantasia:

"A *borda dentada*, diz ele, representa os *destroços da bolsa amniótica*, e a corda, o cordão umbilical. Os símbolos pintados sobre o tapete ilustram as doutrinas da Maçonaria e constituem como que o alimento do neófito. *Isso não é uma mera imaginação;* a prova está em que o tapete, em sua origem, era de forma *redonda* ou *oval.* A corda que lhe dá a volta servia primitivamente para *formar um saco* do tapete onde estavam encerrados os objetos simbólicos."

A prova invocada por Uhlman não serve, pois jamais nos documentos maçônicos antigos se faz menção de tapetes *redondos* ou *ovais*; além do mais, não devemos esquecer que, primitivamente, o "Quadro" era traçado com giz no chão e que a "corda" já figurava aí, embora não servisse para "formar um saco". Por outro lado, ver nos triângulos da borda dentada os destroços da bolsa amniótica parece-nos algo "fantástico".

*
* *

A Maçonaria anglo-saxônica, é verdade, circunda o Quadrado Oblongo com uma "Orla dentada":

"A 'Orla de borlas', diz Leadbeater[89], reina sobre as quatro faces do lajeamento. Na Maçonaria antiga, dizia-se que era feita de fios enrolados, mas hoje é um bordado chanfrado ou dentado. Essa borda, diz o Ritual das Obediências masculinas, lembra-nos a esplêndida cercadura formada ao redor do sol pelos planetas em suas revoluções. O Ritual da Maçonaria mista faz dele o emblema da Muralha que protege a humanidade. Existe uma dupla interpretação, do mesmo gênero, a repeito das quatro borlas que se encontram nos ângulos desse bordado. Na Maçonaria masculina, costuma-se ver nessas bordas a temperança, a coragem, a prudência e a justiça; dá-se-lhes sempre um sentido ético. Contudo, elas também representam as quatro grandes ordens de *devas* que se ligam aos elementos terra, água, ar e fogo."

*
* *

Para concluir, limitando-nos às representações antigas, ficamos apenas com a "Corda com nós", sem a cercadura dentada, e atribuiremos *três* nós ao grau de Aprendiz[90] e *cinco* ao de Companheiro[91].

A "Corda com nós" é chamada, erradamente, de "Cadeia de União". A "Cadeia de União" é um rito, uma ação, que estudaremos junto com os "Gestos", no capítulo IX.

8. A PRANCHA DE TRAÇAR

A *Prancha de Traçar* é um retângulo sobre o qual são indicados os esquemas que constituem a chave do alfabeto maçônico. Demos acima esse alfabeto; não há motivo, portanto, para repetir tudo aqui.

A Maçonaria, em seu simbolismo, chama o papel sobre o qual se escreve de "Prancha de Traçar" e substitui o verbo "escrever" pela expressão "traçar uma prancha".

A "Prancha de Traçar" está ligada ao grau de Mestre, como a Pedra Cúbica ao de Companheiro e a Pedra Bruta ao de Aprendiz.

É sobre a "Prancha de Traçar" que o Mestre estabelece seus planos; mas o Aprendiz e o Companheiro não devem ignorar seu uso e devem exercitar-se – desastradamente talvez – a esboçar aí suas idéias. Esse é o motivo pelo qual esse símbolo já figura no "Quadro do Aprendiz".

O esquema alfabético que figura na "Prancha de Traçar" lembra ao Maçom que ele sempre deve traduzir seu pensamento de uma forma "maçônica", trabalhando com "retidão". Todas as letras têm a forma do Esquadro, que se relaciona com a Matéria; não se vê aí o Círculo, símbolo do Espírito, pois o Espírito é invisível. Dessa forma, o Maçom se vê convidado a se libertar da letra para abordar o espírito.

Notar-se-á que a "Cruz", que dá o esquema das dezoito primeiras letras, e o "X", que dá as quatro últimas, formam precisamente o desenvolvimento da "Pedra Cúbica Pontiaguda"; essa "Pedra" é assim "colocada na horizontal" sobre a "Prancha de Traçar"; aliás sobre essa "Prancha" não se poderia traçar outra coisa a não ser "planos"[92].

Wirth vê[93] no esquema das dezoito letras um *quadrado mágico* de nove. Não achamos que essa opinião deva ser acatada.

Nota Sobre os Quadrados Mágicos

Chama-se "Quadrado Mágico" um quadrado dividido num certo número de casas, no qual se inscreve, uma só vez, cada um dos números que compõem a série aritmética correspondente ao número das casas. Esses números são inscritos de tal modo que a soma de cada coluna vertical, de cada fileira horizontal e de cada diagonal seja constante.

"Nada sabemos de positivo a respeito da origem nem da antiguidade dos quadrados mágicos, diz o general E. Cazalas[94]. Na China e na Índia encontram-se desses quadrados anteriores a nossa era, mas eles remontam a épocas provavelmente menos remotas do que as indicadas pela tradição mas, em todo caso, muito difíceis de precisar.

"O quadrado de 3 aparece pela primeira vez num manuscrito árabe, do fim do século VIII, atribuído a Appolonius de Tiana (I século) por Berthelot.

"Parece que esses quadrados foram introduzidos na Europa pelo gramático Moschopoulos (século XVI). La Hire encontrou em 1691 um manuscrito em que esse autor dá vários quadrados mágicos."

Esses quadrados mágicos geralmente estão associados aos "selos planetários" e o general Cazalas estudou-os sob esse aspecto num artigo da *Revue de l'Histoire des Religions*[95], sob o seguinte título: "Os selos planetários de Cornelius Aggripa". Ele lança a hipótese, e tenta sustentá-la, de que os Selos planetários, afinal, nada mais são do que grafismos que permitem a construção dos quadrados mágicos pelo deslocamento dos números.

O quadrado de 3, compreendendo 9 casas e os números de 1 a 9, é o de *Saturno.*

O quadrado de 4, compreendendo 16 casas e os números de 1 a 16, é o de *Júpiter.*

O quadrado de 5, compreendendo 25 casas e os números de 1 a 25, é o de *Marte.*

O quadrado de 6, compreendendo 36 casas e os números de 1 a 36, é o do *Sol.*

O quadrado de 7, compreendendo 49 casas e os números de 1 a 49, é o de *Vênus.*

O quadrado de 8, compreendendo 64 casas e os números de 1 a 64, é o de *Mercúrio.*

O quadrado de 9, compreendendo 81 casas e os números de 1 a 81, é o da *Lua.*

Deve-se notar que o quadrado mágico de 2, que compreendia 4 casas e os números de 1 a 4, não pode ser realizado.

Os quadrados de ordem *ímpar:* 3, 5, 7, 9, etc., são mais fáceis de se fazer que os de ordem *par:* 4, 6, 8, 10, etc.

Eis, por exemplo, um quadrado de Marte. Coloca-se o número 1 no meio da fileira do alto; continua-se a colocação dos números subindo em diagonal à direita; cada vez que se sai do quadrado coloca-se o número na casa correspondente e oposta; se a casa já estiver ocupada, coloca-se o número imediatamente abaixo. Os ângulos devem ser considerados como casas ocupadas. Para compreender esse processo, basta seguir no quadro a localização dos números. No exemplo dado, o total de cada coluna, de cada fileira e de cada diagonal é 65.

17	24	1	8	15
23	5	7	14	16
4	6	13	20	22
10	12	19	21	3
11	18	25	2	9

Existem quadrados diabólicos e hipermágicos, nos quais as dificuldades são multiplicadas.

9. AS DUAS LUMINÁRIAS: O SOL E A LUA

No alto, à direita e à esquerda do "Quadro do Aprendiz", são representados o Sol e a Lua, as duas Luminárias.

O Sol, *ativo,* fica à direita, do lado da Coluna J.·. ; e a Lua, *passiva,* à esquerda, do lado da Coluna B.·.. Fica assim marcada no espaço a oposição equivalente do Sol e da Lua, protótipos do simbolismo universal.

Na Loja os "trabalhos" são abertos simbolicamente ao *Meio-Dia,* quando o Sol está no Zênite, e fechados à *Meia-Noite,* quando ele está no Nadir; nesse momento, supõe-se que a Lua esteja em seu pleno esplendor.

As três *Luzes* da Loja, de acordo com os antigos rituais, são o Sol, a Lua e o Mestre da Loja. Vimos que o Sol corresponde ao *Orador,* enquanto a Lua corresponde ao *Secretário.* O Venerável usa como jóia o *Esquadro,* que aparece no centro do Quadro. Quanto aos dois Vigilantes, lembremonos de que eles estão relacionados com as duas Colunas encimadas, respectivamente, pela *Perpendicular* e pelo *Nível,* atributos de suas funções.

*
* *

Sabe-se que a iconografia cristã coloca o Sol à direita e a Lua à esquerda do Cristo crucificado; mas a tradição supõe que o divino supliciado olhava para o Ocidente e, nesse caso, sua direita estava ao Norte e sua esquerda ao Sul.

"É bem evidente, diz o padre Auber[96], que deve ter havido no pensamento dos antigos artistas um motivo para colocar o Sol à direita de Jesus agonizante. À direita está o Norte, onde o astro radiante jamais aparece; a mão estendida nessa direção designa-o, parece, de preferência a qualquer outro ponto; eis a razão pela qual se quis colocar aí o globo da luz. Aquele que veio para chamar, não os justos, mas os pecadores, volta naturalmente os esforços de sua graça para essa parte do mundo onde a gentilidade é mais numerosa."

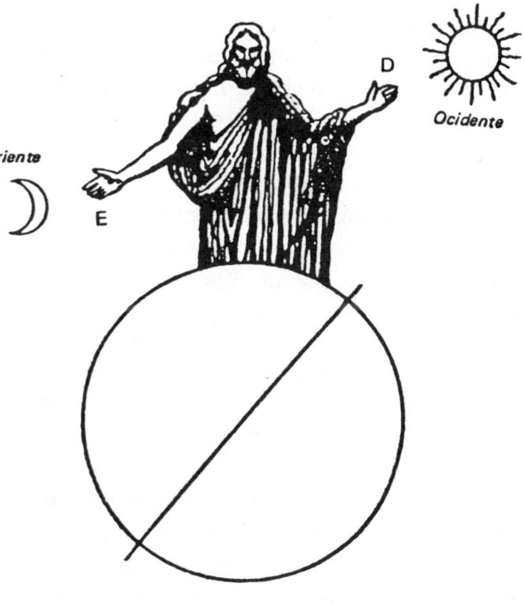

Fig. 80. Cristo e as duas luminárias.

É interessante observar que, colocando o Sol à direita de Cristo, os artistas inverteram o simbolismo pois, desse modo, o Sol fica à esquerda do espectador; mas, por outro lado, eles respeitaram esse mesmo simbolismo considerando apenas a direita e a esquerda de Cristo. É preciso sempre tomar cuidado com a orientação nas questões que dizem respeito à direita e à esquerda, e lembrar-se de que, salvo raríssimas exceções, a direita é o lado *ativo* e *benéfico*, enquanto a *esquerda* é o lado *passivo* e *maléfico*, ou *sinistro*.

No simbolismo cristão, o Sol também representa o *Sacerdócio* e a Lua o *Império*. Isso para assinalar a superioridade do primeiro sobre o segundo. Atribui-se ainda o Sol à *Igreja* e a Lua à *Sinagoga*, e esse simbolismo é traduzido por "Verdade" e "Erro", naturalmente.

Esse simbolismo demasiado absoluto, feito de oposições e de contrastes, não leva em conta a necessidade das duas Luminárias e de suas respectivas qualidades.

Gilbert de Chambertrand[97] define perfeitamente o simbolismo geral do Sol e da Lua:

"O Sol, diz ele, é o vitalizador essencial, o Pai, de uma generosa fecundidade. Sem ele não existiríamos. Por ele é que nós somos. Não existe a haste de uma erva, não existe uma bactéria ou um elefante que não estejam sujeitos à sua lei, que não lhe devam a vida. Sua influência é, portanto, a imagem vital, a influência expansiva. Ele dá o equilíbrio, a saúde, o desenvolvimento. Ele glorifica, fortalece. Ele é o princípio ativo, autônomo. Ele é o animador sexual da mulher."

"A Lua, diz o mesmo autor, tem um papel extremamente complexo. Como luminária, é o reflexo do Sol e, como ele, tem um sentido de saúde. Quando está em oposição ao Sol no Zodíaco, ela atinge sua plenitude. Ela se levanta quando ele se põe e, durante toda a noite, toma o seu lugar. Em contrapartida, quando passa entre o Sol e a Terra, ela nos mostra uma face escura. Mas pouco a pouco seu crescente se amplia e ela volta novamente à sua plenitude. Enquanto planeta, a Lua é um pedaço que se destacou da Terra, uma parte de sua carne viva, que continua ligada a ela mediante campos de força; é assim que ela nos transmite, durante sua rápida revolução, as influências que recebe dos demais corpos ao percorrer o Zodíaco. A Lua é o princípio passivo que recebe e reflete. Ela depende ao mesmo tempo da Terra e do Sol. Sua velocidade de deslocamento, a sucessão relativamente rápida das influências que ela transmite, fazem dela um símbolo de instabilidade e de mudança; mas ela representa, acima de tudo, a imaginação e a sensibilidade. Ela é a animadora sexual do homem."

*
* *

O Sol corresponde ao elemento *Fogo;* a Luz, ao elemento *Água*.

Esses dois elementos opõem-se resolutamente um ao outro, embora a Água sem o Fogo se transformasse em gelo e perdesse suas qualidades ordinárias. É o que explica, muito curiosamente, Jean-Albert Fabricius em sua *Théologie de l'Eau*[98]:

"Aliás, a Água não é tão inimiga do Fogo, diz ele, a ponto de não poderem entrar num acordo e unir-se; o fogo aquece-a até o mais alto grau, quando a fazemos ferver, até secá-la, embora ela não tenha a possibilidade de iluminar... A virtude do Fogo não consiste apenas, como todos sabem, em poder fundir os metais; mas também em poder tornar fluidos outros corpos, reduzindo-os a uma pasta de vidro; pelo contrário, quando a Água está gelada pelo frio, quando ela se torna dura e firme como uma pedra, só o fogo pode restituir-lhe sua antiga fluidez. Ela jamais teria essa fluidez, e não poderia conservá-la sequer por um momento se não fosse mantida pela influência do Fogo que se expande por toda a natureza; do Fogo que, embora imperceptível e invisível, não deixa de se encontrar infalivelmente, na Água, em maior ou menor quantidade."

*
* *

O Sol e a Lua, considerados separadamente, são ora benéficos, ora maléficos.

O Sol que chama à vida todos os germes, também pode matá-los. Suas radiações, que vão do infra-vermelho ao ultra-violeta são às vezes nocivas.

A Lua é considerada "benéfica" em suas fases ascendentes e "maléfica" em suas faces descendentes. A Magia observa essa regra em suas operações. A Lua é representada em sua fase "crescente" no "Quadro do Aprendiz", o mesmo acontecendo no "Quadro do Companheiro"[99].

Na maioria das mitologias a Lua está associada à idéia de fertilidade: ela é a Istar babilônica, o Hathor egípcio, a Artemis anatoliana e helênica, a Anaítias persa, etc.[100] O folclore é rico em tradições relacionadas com a influência da Lua sobre a vegetação, as doenças, os animais, a menstruação, etc.[101].

No simbolismo hermético, o Sol é relacionado com o Ouro e a Lua com a Prata; relacionam-se também com o *Enxofre* e com o *Mercúrio*, os dois princípios constitutivos não só dos metais mas de todos os corpos; o

Sal, o terceiro princípio pode, num sentido, relacionar-se com a Terra.

*
* *

É-nos impossível examinar aqui tudo o que diz respeito aos dois Luminares; basta, pensamos nós, ter indicado em suas grandes linhas a universalidade de seu simbolismo, para que se compreenda que os Maçons não poderiam deixar de colocar esses dois "Fachos", os dois olhos de nosso Cosmos, no "Quadro da Loja". Loja que é, ela própria, uma figuração do Universo.

10. A PORTA DO TEMPLO

Entre as duas Colunas, situa-se a Porta do Templo, que se abre numa fachada murada encimada por um frontão triangular; acima do frontão, um compasso, com as pontas voltadas para cima, dirige-se para o Céu.

A Porta do Templo deve ser "muito baixa". O profano, ao penetrar no Templo, tem de se curvar, não em sinal de humildade, mas para assinalar a dificuldade da passagem do mundo profano para o plano iniciático.

"A Porta do Templo, diz excelentemente Plantageneta[102], é designada pelo nome de "Porta do Ocidente", o que deve fazer-nos lembrar que é em seu limiar que o Sol se põe, isto é, que a Luz se extingue. Fora dali reinam, portanto, as trevas e, conseqüentemente, o mundo profano."

O mesmo autor nota ainda[103]: "Pensa-se sempre que o profano não pode entrar no Templo a não ser passando "por uma porta estreita e baixa", que ele não pode franquear sem se curvar. Esse gesto pode lembrar-lhe que, morto para a vida profana, ele renasce para uma nova vida, na qual ele ingressa de um modo semelhante ao de uma criança que chega ao mundo".

E continua esse autor com reflexões muito acertadas: "Na prática, certas Lojas renunciaram a esse método. Não se pode censurá-las por isso, porque o gesto que se exige do Recipiendário só é sugestivo se for realizado efetivamente e acompanhado da sensação física, material, que resultaria da passagem pelo quadro de uma porta de dimensões inusitadas e inesperadas. O simulacro com que geralmente se contentam, suficiente para um iniciado que conhece previamente sua significação, ou seja, pelo Misto que já pode adivinhá-la, é insuficiente para o profano, para o qual é inútil dizer que irá franquear "uma porta estreita e baixa", porque, por menos que sua afetividade sensorial fique momentaneamente insensibilizada com isso, ele deve ter julgado perfeitamente, pela ressonância dos golpes violentos e desordenados com que seu introdutor acabou de bater à Porta do Templo e pelo barulho que ele ouve por ocasião da abertura desta que, longe de ser "estreita e baixa", ela é "larga e alta".

Plantageneta mostra, assim, que a "Porta estreita e baixa" deveria figurar entre os acessórios necessários à iniciação maçônica. Esse "rito de passagem" não é talvez suficientemente observado; no entanto, é extremamente importante. Ele é posto em relevo na maioria das iniciações não-maçônicas.

*
* *

A Porta do Templo é encimada por um Triângulo, o Delta Luminoso de que falamos acima.

O Compasso abre-se para o Céu: "Ele implica, diz Wirth[104], num estudo racional, não da terra ou dos fatos objetivamente constatáveis, mas do céu; implica, portanto, numa investigação rigorosa e precisa dos princípios abstratos."

De acordo com o mesmo autor, o compasso na posição invertida, isto é, com as pontas voltadas para baixo, representa "o brilho que emana da razão para apreciar os fatos, para medir a relação entre o eu e o não-eu, entre o subjetivo e o objetivo, entre o abstrato e o concreto".

Essa inversão do Compasso é característica; ela mostra a ação cósmica e universal do Maçom e seu brilho depois de uma ação suficiente sobre ele próprio.

*
* *

Terminamos o exame do "Quadro do Aprendiz". Esse "Quadro" deveria figurar em todas as Lojas do Primeiro Grau e ser comentado pelos segundos Vigilantes, cuja missão é despertar nos aprendizes o sentido simbólico. Só quando o Aprendiz conhecer bem o simbolismo de tudo o que diz respeito a seu grau é que ele estará apto a galgar o segundo grau, que fará dele um Companheiro.

É preciso que a Maçonaria tome cuidado em não nomear Companheiros entre os Aprendizes senão depois que os prazos regulamentares tiverem sido observados. Caso contrário, corre-se o risco de encher as Oficinas de verdadeiros profanos, isto é, de ignorantes dos simbolismos sagrados.

Aliás, é aí, e não alhures, nessa carência das Oficinas Azuis, que é preciso, pensamos nós, procurar a origem dos altos graus criados por Maçons para quem a transcendência do Simbolismo maçônico não passa de uma letra morta.

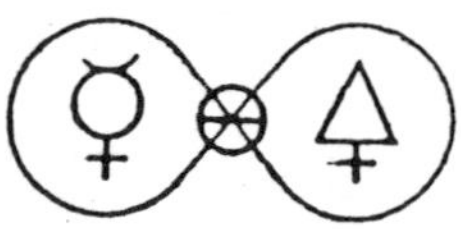

NOTAS AO CAPÍTULO IV

O QUADRO DO APRENDIZ

1. *La Sainte Bible,* tradução de acordo com os textos originais pelo cônego CRAMPON, 1º Livro dos Reis, cap. VI. Todas as citações das passagens da Bíblia [no original francês] são tiradas dessa tradução, hoje considerada a mais confiável.
2. *Lugar santo* (em hebraico, *heykhal*), a primeira câmara depois do vestíbulo; o *Santíssimo* (em hebraico, *debhir*), a câmara mais profunda do Templo (nota de CRAMPON); fizemos essa observação porque as palavras *heykhal* e *debhir* são usadas na Maçonaria.
3. *Manuel d'Archéologie Orientale,* 1927, p. 392.
4. *Histoire d'Israël,* t. I, trad. Paud AUVRAY, 1947, pp. 367-368.
5. Em nota, CRAMPON indica: "Os Setenta dão uma versão preferível à do hebraico: A altura de uma coluna era de dezoito côvados e um perímetro a rodeava; a espessura da coluna era de quatro dedos; ela era oca; e assim era a segunda coluna".
6. Ver adiante a explicação das duas palavras *Jachin* e *Booz.*
7. *Le Côté occulte de la Franc-Maçonnerie,* p. 47.
8. *Rituel de l'Apprenti Maçom,* p. 66.

9. Seria o caso de perguntar se os autores maçons não teriam confundido a circunferência e o diâmetro nas dimensões das colunas. Ragon tira sua opinião de GUILLEMAIN DE SAINT-VICTOR, onde lemos (*Recueil Précieux de la Maçonnerie Adonhiramite,* 1787, p. 57): "Maçons, aliás muito esclarecidos, mas que não conhecem bem os símbolos da Maçonaria, acham ridículo uma circunferência de doze côvados: eles apresentam como razão para isso o fato de que uma coluna de dezoito côvados de altura por doze de circunferência está absolutamente *contra as regras da arquitetura.* Isso é verdade: todos os Maçons instruídos estão persuadidos disso; mas eles sabem também que essa circunferência imensa, contrária às regras feitas pelos homens, é um emblema que denuncia a sabedoria e a força do Ser supremo, força e sabedoria que estão acima das dimensões e da opinião das criaturas".

O côvado judaico equivale a cerca de 0 m 525, de acordo com diversos autores. A altura do fuste das duas colunas era, portanto, de cerca de 9 m 50, a circunferência de 6 m 30 e o diâmetro de 2 metros. Todas essas dimensões não têm verdadeiramente nada de extraordinário e as duas colunas são perfeitamente realizáveis.

10. LEADBEATER, *op. cit.*, p. 48.

11. *Histoire d'Israël,* t. I, trad. P. AUVRAY, nova ed., 1947, pp. 368-369.

12. *Antiquités Judaïques,* livro VIII, 76, trad. Julien WEILL, Paris, 1926, pp. 175-176.

13. Pronuncia-se Iakinn.

14. *La Sainte Bible,* 1939, p. 373.

15. *Le Livre du Compagnon,* p. 130.

16. Parece-nos útil transcrever aqui uma opinião etimológica a respeito de *IaKiN* e de *BoaZ,* opinião proveniente de uma tradição semítica muito abalizada. Se lermos as duas palavras *IaKiN* e *BoaZ* invertendo-as (regra habitual, essencialmente tradicional e nitidamente obrigatória, para a conservação do segredo de todo rito especificamente mágico), teremos as palavras *NiKai* e *ZoaB,* que (se considerarmos que as consoantes, letras masculinas, são as únicas que importam e constituintes) são dois vocábulos que indicam, o primeiro, a cópula, o coito (NK), o ato sexual gerador e criador dos Mundos; e o segundo (ZB), o órgão fecundador, o falo. Desse modo, o simbolismo sexual das romãs toma todo o seu sentido e valor. Um dos desenhos mais particularmente simbólicos do Mestre Oswald Wirth, que serve de frontispício para a *Maçonnerie Occulte* de RAGON, edição de 1926, indica nitidamente esse simbolismo "para aqueles que sabem ver e compreender", escrevendo a palavra BOHAZ invertida sobre a coluna à direita do desenho.

Essa etimologia não deixará de enfurecer certos retrógrados pudibundos e os poucos católicos atrasados que ainda estão persuadidos (depois da leitura de *Le Diable au XIXe Siècle,* do famoso doutor BATAILLE) que a Franco-Maçonaria, antecâmara do Inferno e Sinagoga de Satã, é mesmo uma escola de estupro e de depravação. Não devemos tentar tirá-los do erro, mas apenas repetir a célebre frase: "Tudo é puro para os puros", e manter firme o aspecto magnificamente criador (diríamos quase: demiurgico) desse símbolo.

17. PLANTAGENETA, em suas *Causeries Initiatiques pour le Travail en Loge d'Apprentis*, p. 146, tenta justificar a inversão das Colunas no Rito Francês. Ele escreve: "Quer as colunas estejam dentro ou fora do Templo, elas só têm valor iniciático enquanto não lhes voltarmos as costas; é preciso que quem as contempla encontre-as sempre na mesma posição: J .·. à direita e B .·. à esquerda". Plantageneta parece ter razão neste caso pois, vistas *do interior* do Templo, a coluna J.·. está à esquerda e B.·. à direita no Rito Escocês.

18. *Le Livre du Compagnon*, p. 132.

19. O Aprendiz olha para o Sul, o Companheiro para o Norte. Isso corresponde a uma orientação, a um sentido magnético de certo modo passivo. O Venerável e os Vigilantes são orientados no sentido Leste-Oeste; o que corresponde a uma orientação "ativa" no sentido da rota do Sol.

20. O simbolismo religioso faz corresponder o Branco ao Pai, o Azul ao Filho e o Vermelho ao Espírito Santo.

21. *Cours philosophique*, 5842, p. 130.

22. *Traité d'Iconographie chrétienne*, t. I, p. 226.

23. *Traité d'Iconographie chrétienne*, t. I, p. 324.

24. *Mythologie des Plantes*, 1882, t. II, p. 167.

25. *Idem*, p. 168.

26. Sabe-se que as famosas guerras que receberam o nome de "púnicas" são as que opuseram, durante tanto tempo, Roma e Cartago, cidade fundada pelos fenícios, que haviam conquistado grande parte da Sicília. Os romanos dizem "fé púnica" para qualificar a "má fé". Os cartagineses, diz Montesquieu, teriam podido, sem injustiça, qualificar da mesma forma a fé romana.

27. *La Cathédrale*, 1929, p. 228.

28. *Mythologie des Plantes*, t. I, p. 199 e segs.

29. *La Cathédrale*, pp. 228-229.

30. Padre CORBLET, *Vocabulaire des Symboles et des Attributs*, 1877, p. 62.

31. Alguns, de imaginação desregrada, viram na flor-de-lis a imagem de um sapo.

32. *Le Roman du Lys*, 1911, p. 158.

33. *Mythologie des Plantes*, p. 201.

34. *Rituel de l'Apprenti Maçon*, p. 23.

35. *Manuel maçonnique ou Tuileur*, 1820, Prancha I.

36. *Causeries en Loge d'Apprentis*, p. 34.

37. *Le Livre de l'Apprenti*, p. 179.

38. O chamado plano "astral" é considerado um intermediário entre o plano físico e o mental. É o mundo "formador", o mundo anterior ao mundo físico. Toda invenção, toda criação, de acordo com esse dado, foi realizado primeiro "astralmente". Acima do plano mental encontra-se o plano "buddhico", ou divino.

39. A liturgia católica prescreve para seus altares um número *ímpar* de degraus e este, geralmente, é de três.

40. *Rituel de l'Apprenti Maçom*, pp. 91-100.

41. A palavra "mosaico" viria do latim *mosaico*, por sua vez derivada do latim medieval *musaicum*. O latim antigo é *musivum*, cuja etimologia seria o grego *mouséion*, templo das Musas e das Artes, de que fizemos "museu". Não confundir com o adjetivo *mosaico*, que diz respeito a Moisés.

42. *Rituel de l'Apprenti Maçom*, pp. 66-67.

43. *Causeries en Loge d'Apprentis*, p. 128.

44. *Le Symbolisme Occulte de la Franc-Maçonnerie*, 1928, p. 43.

45. *Double Assassinat dans la Rue Morgue*, trad. Ch. BAUDELAIRE.

46. Pronunciar *Echets*.

47. *Encyclopédie Universelle*, 1867, art. "Echecs".

48. *Le Symbolisme des Nombres*, Essai d'Arithmosophie, 1921, pp. 393-394.

49. *Des Nombres*, obra póstuma, ed. 1913, p. 71.

50. *Causeries en Loge d'Apprentis*, p. 112.

51. *Le Livre du Compagnon*, p. 137.

52. Acrescentemos que PLANTAGENETA coloca janelas com redes no grau de Aprendiz e janelas sem redes no grau de Companheiro (*Causeries en Chambre de Compagnons*, p. 127), o que desmente o telhador de Vuillaume (1820), que assinala o mesmo número de janelas nos dois graus.

53. *Le Livre du Compagnon*, pp. 104 e 107.

54. *Cours Philosophique*, 5842, p. 136.

55. *Causerie en Loge d'Apprentis*, p. 98.

56. Sabe o leitor que, numa revista literária muito conhecida, um fervoroso Atlanteano propôs que se construísse *um monumento aos mortos da Atlântida no ponto mais fundo do mar dos Sargaços*, e conseguiu para isso inesperadas subscrições?

57. No hermetismo, a *pedra bruta* simboliza a *prima matéria*, a "matéria-prima" que servirá para a elaboração da "Pedra Filosofal".

58. *Rituel du Grade de Compagnon*, p. 36.

59. Sob a forma dada ao problema da duplicação do Cubo por Hipócrates de Chios, foram empreendidas buscas por Arquimedes, Pappus, Dinostrato, Nicomedes, etc.; tais pesquisas levaram à descoberta das curvas superiores, como a concóide, a quadratícia e a cissóide. Newton e Huyghens, entre os modernos, também se ocuparam dessa questão.

60. *Le Côté Occulte de la Franc-Maçonnerie*, pp. 3 e 4.

61. Ver a seguir a *Nota sobre os Dados dos Antigos.*

62. Notemos que, em matemática, um número invertido é a unidade dividida pelo próprio número: 25, por exemplo, tem como invertido 1/25 = 0,04. Um número multiplicado por seu invertido reproduz, portanto, a Unidade: 25 × 0,04 = 1. Os invertidos permitem que se substitua uma divisão por uma multiplicação; ou seja, 12 dividido por 25 escreve-se: 12 × 0,04 = 0,48.

63. *Le Symbolisme des Nombres*, p. 366 e segs.

64. *Des Nombres*, p. 93.

65. Sólido formado de quatro faces em forma de triângulos equiláteros iguais.

66. *Le Livre du Compagnon*, p. 145.

67. *Causeries en Chambre de Compagnon*, p. 128.

68. Ver adiante a *Nota sobre o Machado.*

69. Esse osso apresenta dois profundos sulcos perpendiculares formando uma *Cruz de Malta* e, nos desenhos religiosos que representam o Cordeiro, este segura, com a pata, a haste de uma bandeira; a parte da pata articulada por esse osso é que se apóia sobre a haste.

70. *Manuel d'Archéologie Préshistorique, Celtique et Gallo-romaine*, t. II, 1924, p. 482.

71. *Recherches sur le Symbolisme Funéraire des Romains*, 1942, p. 298.

72. *Explication de Divers Monuments Singuliers, qui ont Rapport à la Religion des plus Anciens Peuples*, 1739, p. 76 e segs. Na realidade, esse estudo é uma crítica às *Antiquités choisies des Gaules*, de MAFFEI, que o autor refuta com certa virulência.

73. *Dict. d'Arch Chrétienne et de Liturgie*, t. I, 2ª parte, 1924, art. "Ascia".

74. *Enquête sur les haches et les cailloux dans les pratiques bretonnes, in* INTYVES, *Corpus du Folklore Pré historique*, t. II, 1934, p. 441.

75. *Rituel du Grade de Compagnon*, p. 36.

76. *Le Livre de l'Apprenti*, p. 178. Wirth diz aqui que o número de nós pode ser doze, quando na página seguinte o desenho que ele reproduz mostra apenas três nós.

77. *Le Symbolisme*, 1933, p. 127.

78. A palavra "laço", do latim *laqueus*, significa laço, nó corrediço e armadilha, no sentido figurado.

79. O *lemniscato* (do grego, *lemniscos*, fita) é uma curva algébrica do 4º grau; foi estudada por Jacques Bernouilli (1654-1705) pela primeira vez. Embora o lemniscato seja uma curva reentrante, é suscetível de uma quadratura indefinida, e sua superfície total é igual ao quadrado de seu meio-eixo. Uma propriedade notável dessa curva é que ela é suscetível de ser dividida algebricamente em partes iguais, embora dessemelhantes.

O signo ∞ parece ter sido usado pela primeira vez por WALLIS, em 1655, em sua *Arithmetica infinitorum*, mas foi somente a partir do século XVIII que seu uso se tornou comum.

80. *Le Tarot des Behémiens,* 1889, p. 110.

81. *Le Tarot des Imagiers du Moyen Age,* 1927, p. 102.

82. *Manuel Synthétique et Pratique du Tarot*, 1909, p. 24.

83. ROUSE BALL, em sua *Histoire des Mathématiques,* t. I, 1927, p. 250, diz que "esse signo ∞ às vezes era usado pelos romanos para representar o número 1.000 e que é daí que vem seu uso para representar qualquer número grande". Ora, os romanos representavam o número 1.000 por um círculo cortado por um traço vertical; aliás, o signo *D,* metade de um círculo, significa 500.

84. Sabe-se que as viúvas retomavam seu escudo de jovem, em forma de losango, e o rodeavam com um cordão com muitos nós para indicar, não que elas haviam sido *ligadas,* mas que estavam *desligadas.*

85. *Le Symbolisme,* 1913, p. 142 e segs.

86. *Le Livre du Compagnon,* p. 128.

87. *Le Symbolisme, loc. cit.*

88. *Petit Manuel de la Franc-Maçonnerie,* trad. de H.-J. BOLLE, Bâle, 1933, p. 256.

89. *Le Côté Occulte de la Franc-Maçonnerie,* p. 60.

90. Os nós simbólicos também são encontrados nos cordões dos franciscanos e dos capuchinos; três nós lembram os três votos de castidade, pobreza e obediência.

91. Esses números correspondem à idade simbólica dos Aprendizes e dos Companheiros.

92. Em matemática, as últimas letras do alfabeto: u, x, y, z, foram escolhidas para representar as quantidades *desconhecidas;* as primeiras: a, b, c,..., para as quantidades *conhecidas,* e as letras intermediárias: m, n..., os coeficientes.

93. *Le Livre du Compagnon,* p. 142.

94. *Carré Magique au Degré n,* 1934, p. 7.

95. T. CX, nº 1, julho-agosto 1934.

96. *Histoire et Théorie du Symbolisme Religieux,* t. II, p. 442.

97. *Pour Comprendre et Pratiquer l'Astrologie Moderne,* 1947, p. 73.

98. *Théologie de l'Eau,* ou *Essai sur la Bonté, la Sagesse et la Puissance de Dieu, manifestée dans la Création de l'Eau,* 1743, p. 68.

99. A Lua "crescente", da lua nova à lua cheia, tem as pontas voltadas para a esquerda; a Lua "decrescente", da lua cheia à lua nova, tem-nas voltadas para a direita. Supondo uma linha que passe pelas extremidades dessas pontas, teremos um p ou um d: p (primeiro quarto) e d (último quarto). Diz-se, por outro lado, que "a Lua mente" porque representa um C (crescente) quando míngua, e um D (decrescente) quando cresce.

100. Cf. a esse respeito: KRAPPE, *la Génese des Mythes,* 1938.

101. Cf. SAINTYVES, *l'Astrologie Populaire et l'Influence de la Lune,* 1937.

102. *Causeries en Loge d'Apprentis,* p. 108.

103. *Idem,* p. 52 e segs.

104. *Le Livre du Compagnon,* p. 104.

V

OS RITOS MAÇÔNICOS

1. OS RITOS E AS OBEDIÊNCIAS

A Maçonaria divide-se num certo número de Ritos[1] que diferem entre si por alguns detalhes particulares.

Chama-se "Obediência"[2] ou "Potência Maçônica" uma federação de Lojas.

Um "Grande Oriente" é uma federação que agrupa diversos Ritos, enquanto que uma "Grande Loja" é uma federação de Lojas que trabalham no mesmo Rito.

Os Ritos e as Obediências estão intimamente ligados à história da Maçonaria. Essa história é extremamente complexa e foge do nosso tema; remetemos aqueles que se interessam por essa questão às três obras magistrais de Albert Lantoine: *La Franc-Maçonnerie chez elle* (1925); *La Franc-Maçonnerie écossaise en France* (1930); *La Franc-Maçonnerie dans l'Etat* (1935).

As principais Obediências que existem na França são as seguintes: O *Grande Oriente da França*; a *Grande Loja da França*; a *Grande Loja Mista*; o *Direito Humano*; a *Grande Loja Nacional Independente.*

O Grande Oriente da França

A maioria das Oficinas do Grande Oriente da França trabalham no *Rito Francês,* ou *Rito Moderno.*

A administração geral é confiada a um *Conselho da Ordem.* Os *Membros do Conselho da Ordem* são eleitos por um Convento[3] anual. Um *Grão Mestre do Conselho da Ordem* está à testa do dito *Conselho.*

Quase todas as Oficinas da Grande Loja da França trabalham no *Rito Escocês Antigo Aceito.*

A administração geral é confiada a um *Conselho Federal.* Os *Conselheiros Federais* são eleitos por um Convento anual. Um Grão-Mestre fica à frente do Conselho Federal.

*
* *

As diferenças essenciais entre os Ritos Francês, de um lado, e o Escocês Antigo e Aceito, de outro, são as seguintes:

Rito Francês	*Rito Escocês Antigo Aceito*
—	—
Coluna J.˙. à esquerda.	Coluna J.˙. à direita.
Coluna B.˙. à direita.	Coluna B.˙. à esquerda.
Primeiro Vigilante à direita.	Primeiro Vigilante à esquerda.
Segundo Vigilante à esquerda.	Segundo Vigilante à direita.
Marcha iniciando com o pé direito.	Marcha iniciando com o pé esquerdo.
Bateria oo – o	Bateria o – o – o

Falaremos adiante das marchas e das baterias e de seus significados simbólicos.

O *Grande Oriente da França* e a *Grande Loja da França* se "reconhecem" mutuamente. Essas duas Obediências trocam "provas de amizade" e admitem "visitantes" reciprocamente.

*
* *

Chamam-se "Lojas Azuis" as Oficinas dos três primeiros graus: Aprendiz, Companheiro e Mestre. Esse nome foi-lhes dado em razão da cor *azul* do cordão do Mestre. Uma Loja Azul compõe-se de Aprendizes, de Companheiros e de Mestres em número variável.

Existem *Oficinas superiores* dependentes do *Grande Colégio dos Ritos* no Grande Oriente da França e do *Supremo Conselho* no Rito Escocês Antigo Aceito.

É preciso notar que, desde 1904, a *Grande Loja da França* e o *Supremo Conselho* são Potências maçônicas independentes uma da outra, e soberanas. Todavia, todo Maçom, membro de uma Oficina superior que dependa do "Supremo Conselho" deve necessariamente pertencer a uma Loja Azul da Grande Loja da França.

A Grande Loja Mista: "O Direito Humano"

Essa Obediência, como seu nome o indica, aceita homens e mulheres em pé de igualdade.

Nessa Obediência, o *Conselho Nacional* representa o mesmo papel que o "Conselho da Ordem" no Grande Oriente da França e o "Conselho Federal" na Grande Loja da França.

É preciso notar que essa Obediência é "reconhecida" pelo Grande Oriente da França, o que não ocorre em relação à Grande Loja da França.

A Grande Loja Nacional Independente

Essa Obediência trabalha no Rito Inglês; aliás, ela é a única Obediência "francesa" reconhecida oficialmente pela Maçonaria anglo-saxã.

Mencionamos essa Obediência de fraquíssima importância porque seu título é falacioso: ela intitula-se "Grande Loja *Nacional* independente e regular para a França e as Colônias francesas", quando os franceses que a integram são minoria, isto é, numa proporção ínfima, pois a maioria dos membros dessa obediência são anglo-saxões.

*
* *

Essas poucas noções às quais nos limitamos, são, como sabemos, insuficientes. Contudo, era importante esboçar em suas grandes linhas a organização da Maçonaria na França.

A multiplicidade dos Ritos maçônicos é considerável; seria preciso um volume só para enumerá-los. Contudo, essa multiplicidade não deve fazer perder de vista a Unidade da Maçonaria, Unidade que se manifesta sobretudo nos três primeiros Graus que constituem o fundamento sólido e universal, a assembléia ecumênica sobre a qual repousa toda a Ordem[4].

2. A HIERARQUIA

O *Rito Escocês Antigo Aceito* compreende trinta e três graus assim divididos:

Lojas Azuis ou Oficinas Simbólicas:

1º grau – *Aprendiz.*
2º grau – *Companheiro.*
3º grau – *Mestre.*

Lojas ou Oficinas de Perfeição:

4º grau – *Mestre Secreto.*
5º grau – Mestre Perfeito.
6º grau – Secretário Íntimo.
7º grau – Preboste e Juiz.
8º grau – Intendente das Construções.
9º grau – Mestre Eleito dos Nove.
10º grau – Ilustre Eleito dos Quinze.
11º grau – Sublime Cavaleiro Eleito.
12º grau – *Grão-Mestre Arquiteto.*
13º grau – *Cavaleiro do Real-Arco.*
14º grau – *Grande Eleito da Abóboda Sagrada* ou *Sublime Maçom.*

Capítulos ou Oficinas Vermelhas:

15º grau – Cavaleiro do Oriente ou da Espada.
16º grau – Príncipe de Jerusalém.
17º grau – *Cavaleiro do Oriente e do Ocidente.*
18º grau – *Cavaleiro Rosa-Cruz.*

Areópagos ou Oficinas Filosóficas:

19º grau – Grão Pontífice ou Sublime Escocês da Jerusalém Celeste.
20º grau – Venerável Grão-Mestre de todas as Lojas regulares.
21º grau – Noaquita ou Cavaleiro Prussiano.
22º grau – Cavaleiro Real Machado ou Príncipe do Líbano.

23º grau – Chefe do Tabernáculo.
24º grau – Príncipe do Tabernáculo.
25º grau – Cavaleiro da Serpente de Bronze.
26º grau – Escocês Trinitário ou Príncipe de Mercê.
27º grau – Grão Comendador do Templo.
28º grau – Cavaleiro do Sol.
29º grau – Grão Escocês de Santo André.
30º grau – *Grão Eleito Cavaleiro Kadosh* ou *Cavaleiro da Águia Branca e Negra.*

Tribunais:

31º grau – *Grande Inspetor Inquisidor Comendador.*

Consistórios:

32º grau – *Sublime Príncipe do Real Segredo.*

Supremo Conselho:

33º grau – *Soberano Grande Inspetor Geral.*

Os graus sublinhados constituem objeto de uma cerimônia especial de iniciação; os demais são transmitidos "por comunicação".

O Rito Escocês Antigo Aceito compreende atualmente os trinta e três graus acima enumerados. Na história desse Rito encontram-se, primeiro, sete graus, depois vinte e cinco, trinta e dois e, enfim, trinta e três.

Ragon, inimigo dos Altos-Graus, escreve: "Em 1739, Irmãos recalcitrantes se separaram da Grande Loja de Londres, uniram-se a restos de corporações de maçons construtores e formaram uma Grande Loja rival, sob a constituição da grande corporação de York. Esses dissidentes deram à Grande Loja da Inglaterra o título de *rito moderno* e tomaram para si o de *Grande Loja do Regime Escocês Antigo.* Depois, tendo sido reconhecidos pelas grandes Lojas da Escócia e da Irlanda, eles acrescentaram à palavra *antigo*: E *aceito.* Essa é a origem do título: *Regime ou Rito Escocês Antigo* E *Aceito.* Mas todas essas Grandes Lojas só praticavam os três graus simbólicos. Trata-se, portanto, de um contra-senso, um absurdo dar esse título à coleção feita, muito tempo depois, dos trinta e três graus do conde de Grasse[5]".

Com efeito, foi em 1804 que o conde de Grasse, marquês de Tilly, portador de uma patente emanada do Supremo Conselho de Charleston, patente datada de 21 de fevereiro de 1802, criou em Paris um Supremo Conselho do grau 33º.

Escrevemos: "Rito Escocês Antigo Aceito" e não: "Rito Escocês Antigo E Aceito". Nisso estamos de acordo com Henri Julien quando ele diz:

"Nosso Rito é Escocês, Antigo Aceito. É um contra-senso traduzi-lo por 'Antigo E Aceito', o que, propriamente falando, não significaria coisa alguma. Antigo Aceito, quer dizer que ele pretende ser a continuação da Antiga Aceitação. Sabe-se que, no fim da Maçonaria operativa, pessoas estranhas ao trabalho da construção agregaram-se à Maçonaria, formando muitas vezes agrupamentos especiais, chamados "Lojas de Aceitação", com um rito um pouco diferente e mais místico. Afirmando ser o Antigo Rito Aceito, o Escocismo pretende manifestar sua descendência direta dessa Aceitação. Mas não se deve tomar a expressão à letra, pois é bem evidente que o Ritual atual é profundamente diferente do da Antiga Aceitação[6]."

Albert Lantoine escreve: "Rito Escocês Antigo E Aceito" e, para ele, a origem "escocesa" desse Rito não apresenta nenhuma dúvida[7]; para outros, ao contrário, esse Rito só tem de escocês o nome e seria especificamente "francês". Não cabe a nós desempatar[8].

Os Altos Graus constituíram objeto de muitas críticas. Fritz Uhlmann diz a seu respeito: "Os títulos desses graus podem parecer fantásticos e pretensiosos, e dar lugar a falsas interpretações, mas não devemos esquecer que eles tiram sua origem de uma época longínqua em que florescia a cavalaria. Hoje não é possível suprimir esses vestígios da tradição sem perturbar ou mesmo aniquilar todo o sistema[9]".

Wirth, por sua vez, escreve: "Todos os autores que se aprofundaram no ternário fundamental da Franco-Maçonaria condenaram com severidade o 'joio dos altos graus', elucubrações fantasistas, que não contribuem senão para desvairar o espírito e impedir a apreciação condigna do Maçonismo puro[10]." Mais adiante, ele acrescenta: "A necessidade dos altos graus jamais se teria feito sentir se, praticamente, os três graus fundamentais não se tivessem transformado em letra morta. Os graus superiores perderão sua razão de ser desde que as Lojas se mostrassem capazes de formar Mestres efetivos[11]."

Ed. Quartier la Tente responde, de algum modo, a Wirth quando escreve: "Se fôssemos considerar a Maçonaria apenas do ponto de vista abstrato ou teórico, essas críticas severas, formuladas contra o 'joio dos altos graus', seriam, infelizmente, muito bem fundamentadas. Mas é preciso levar em conta as contingências, e mostrar-se indulgente para o que vem em socorro da fraqueza humana. A maioria dos adeptos da Arte Real contenta-se em *receber* os Graus simbólicos; mas eles não os *possuem* jamais efetivamente. Eles têm nas mãos um tesouro, mas ignoram seu valor e não tiram nenhum partido disso. Ora, os Altos Graus não têm outra missão senão fazer com que, progressivamente, se capte o esoterismo dos três Graus fundamentais da Franco-Maçonaria. Eles não têm a pretensão de revelar novos segredos, estranhos à Maçonaria simbólica; toda a sua ambição limita-se, pelo contrário, a fazer com que a compreendam bem, valorizando-a junto a seus adeptos, a quem importa conseguir com que façam efetivamente o seu *aprendizado,* a fim de que possam tornar-se verdadeiros *Companheiros,* capazes de aspirar ao grau de verdadeiro *Mestre.* Esse grau, necessariamente o último, corresponde a um ideal que nos é proposto, ao qual devemos tender, mas cuja realização não está a nosso alcance. Nosso *Templo* jamais estará terminado, e ninguém pode alimentar esperanças de ver nele, ressuscitado, o autêntico e eterno *Hiram*[12]."

Observa-se, com efeito, que os Altos Graus nada mais são do que o desenvolvimento e a ampliação dos três primeiros; sua utilidade, contudo, não pode ser contestada se eles criam entre os Maçons uma espécie de emulação proveitosa à Ordem Maçônica como um todo.

*
* *

O *Rito Francês* ou *Moderno* compreende sete graus[13]:

1º grau – Aprendiz.
2º grau – Companheiro.
3º grau – Mestre.
4º grau – Eleito.
5º grau – Escocês.
6º grau – Cavaleiro do Oriente.
7º grau – Príncipe Rosa-Cruz.

O Grande Oriente da França, como dissemos, pratica o Rito Francês, mas o Grande Colégio dos Ritos confere todos os graus do Escocismo até o 33º grau.

*
* *

O *Rito Escocês Retificado* data de 1778, e compreende:

1º) *As Lojas simbólicas da Maçonaria de São João,* com os três graus: Aprendiz, Companheiro e Mestre.

2º) *As Lojas simbólicas de Santo André,* formadas pelos Mestres Escoceses de Santo André.

3º) *As Prefeituras,* com os Escudeiros-Noviços e os Cavaleiros Benfeitores da Cidade Santa (C.·. B.·. C.·. S.·.).

Esse Rito afirma sua ligação com o espírito do Cristianismo, o devotamento à pátria, o aperfeiçoamento individual pelo trabalho que todo homem deve fazer consigo mesmo, e o exercício de uma beneficência ativa e esclarecida para com todos os homens.

Esse Rito é praticado sobretudo na Suíça, onde se encontra o Grande Capítulo Helvético, que instituiu na França um Grande Priorado das Gálias.

Os Graus do Escocismo e as Cores

O Escocismo divide-se em quatro grandes grupos:

Maçonaria Azul (Lojas simbólicas).
Maçonaria Vermelha (Capítulos da Rosa-Cruz).
Maçonaria Negra (Areópagos de Kadosch).
Maçonaria Branca (Supremo Conselho).

Essas cores são as do cordão dos Membros dessas Oficinas.

A cor *azul* é a do céu, a da tolerância que deve caracterizar o desejo de *excelsion* e condicionar a atitude dos Maçons dos três primeiros graus.

A cor *vermelha* é a do sacrifício e do ardor que deve animar os Rosa-Cruzes.

A cor *negra* é a cor do luto e da tristeza que acabrunha o Iniciado quando ele julga que seu desejo de *excelsion,* seu sacrifício e seu ardor foram vãos.

A cor *branca* simboliza a paz e a serenidade do Iniciado que alcança a plenitude da Iniciação, quando ele desenvolveu em si a espiritualidade pura, livre de qualquer sentimentalismo[14].

A essas quatro cores podemos acrescentar a cor *verde,* que é a do cordão do Mestre Perfeito, e atribuí-la às Lojas de Perfeição. O *verde* simboliza precisamente a transição e é a cor atribuída ao "astral" dos ocultistas.

Podemos traçar a seguinte escala em relação com as cores[15] :

Azul	Mineral.
Verde	Vegetal.
Vermelho	Animal.
Negro	Humano.
Branco	Divino.

Disporemos essas cores sobre o Pentagrama (fig. 81). Partindo do "azul", à esquerda, sobe-se por um suave declive até o "verde"; passamos do "verde" para o "vermelho" mediante um movimento para a esquerda; depois, do "vermelho" descemos para o "negro" e, enfim, do "negro" tornamos a subir até o "branco".

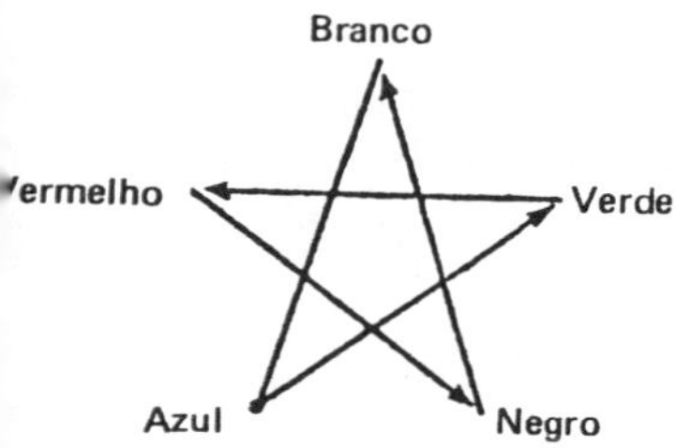

Fig. 81. O pentagrama e as cores.

O "azul", cor fundamental da Maçonaria, passa para o "verde" subindo, porque ele caminha rumo à luz solar, rumo ao "amarelo". Esse movimento é feito da esquerda para a direita, pois é "expansivo".

O "verde" dirige-se, depois, mediante um movimento de retorno, por uma espécie de "reflexão", rumo ao "vermelho", sua cor complementar.

O "vermelho", tornando-se cada vez mais escuro, como conseqüência de sua "expansão" e "gravidade", vai dar no "negro".

O "negro", imediatamente, e por uma elevação rápida, chega-se ao "branco".

O "branco", por sua vez, reage sobre o "azul" por um movimento equivalente.

Na nossa opinião, é inútil desenvolver esse simbolismo que se relaciona, essencialmente, com as diversas fases da Iniciação.

*
* *

Se dispusermos essas cores em Cruz, encontramos, em concordância com os pontos cardeais: o "azul" a Ocidente, o "verde" ao Meio-Dia, o "negro" ao Norte e o "branco" a Oriente.

O vermelho fica na intersecção dos dois braços da Cruz. O simbolismo é o mesmo que o das cores no Pentagrama.

Notaremos que o Z formado pela gradação indicada corresponde à primeira letra da palavra de passagem do quarto grau. Esse Z figura na *chave,* jóia desse grau que "abre a porta" de todos os altos graus.

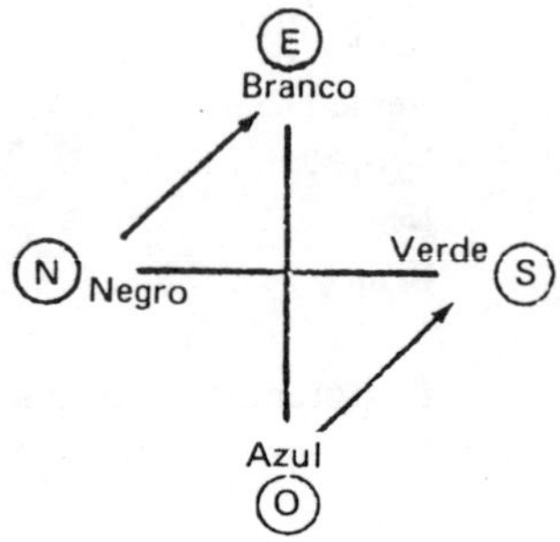

Fig. 82. A cruz e as cores.

*
* *

Coloquemos, enfim, as cores simbólicas sobre o Delta luminoso: "o vermelho" no ápice; o "azul" e o "verde" na base; o "branco" no meio e o "negro" envolvendo tudo; teremos, assim, um paradigma perfeito.

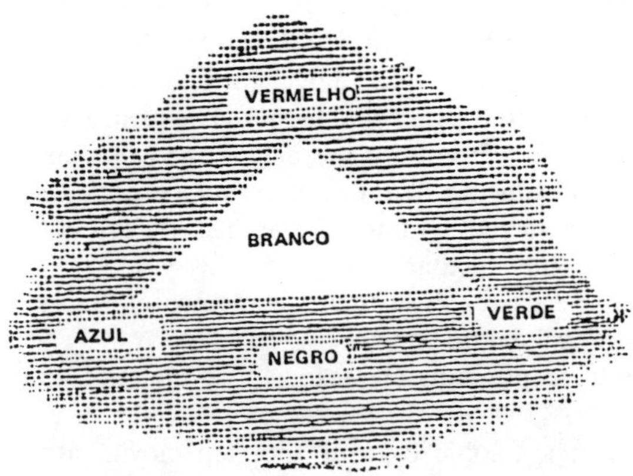

Fig. 83. O Delta luminoso e as cores.

Notar-se-á que, na alquimia, o "azul", o "verde" e o "negro" são considerados como pertencendo à mesma natureza; essas três cores relacionam-se com a primeira fase da Obra, com a "Putrefação". O "branco" – segunda fase – leva à "Pedra em branco", capaz de transmudar os metais em "prata". O "vermelho" caracteriza a última fase, a "Pedra em vermelho", a Pedra Filosofal, que opera a transmutação dos metais imperfeitos em "ouro".

*
* *

Na Maçonaria, a gradação das cores corresponde a um plano lógico, e isso mostra que "a incoerência dos Altos Graus" é apenas aparente. A maioria dos autores não viu senão o exoterismo desses graus. É preciso reconhecer, é verdade, que os sucessivos remanejamentos dos rituais fizeram com que se perdesse de vista seu interesse e seu valor iniciático.

Por outro lado, consideram-se esses graus como uma escala, e atribui-se mais "valor" e importância aos diferentes graus em razão de sua numeração mais elevada. Essa concepção, que é válida para os três primeiros não o é a partir do quarto grau. Com efeito, os Altos Graus podem classificar-se em diferentes grupos e "tudo se passa como se" – usamos essa linguagem porque se trata de uma hipótese – eles correspondessem a uma forma particular da Tradição. Considerados sob esse aspecto, a "incoerência" deixa de existir e a "presença" em razão do grau desaparece.

Nesta obra, que se limita essencialmente ao simbolismo dos três primeiros graus da Maçonaria, não podemos abordar o estudo dos Altos Graus, nem mostrar as diferentes tradições às quais eles estão relacionados. Nossa intenção, aqui, é mostrar o caminho que se deve percorrer para estudá-los.

3. A REGULARIDADE MAÇÔNICA

Os Maçons de qualquer Obediência, acreditam, de boa fé, que só a Obediência à qual eles pertencem é "regular". Contudo...

"Cada Rito, diz Papus[16], tem a singular pretensão de ser regular. Daí as querelas e as intermináveis excomunhões.

"É evidente que cada Potência Maçônica constituída sempre verá com maus olhos o nascimento, ou a chegada em seu local de ação, de uma Potência nova, ou vinda de fora. Esquecendo-se bruscamente de todos os ensinamentos de Fraternidade, de Tolerância e de Verdade ensinados nos discursos oficiais, irão comportar-se em relação com a nova criação exatamente como uma Igreja se comporta com uma nova Igreja: apelo à irregularidade, excomunhão maior ou menor, proibição aos Irmãos de freqüentar os recém-vindos, enfim, tudo o que se censura nos sectários religiosos.

"O que vale a excomunhão de um Rito em relação a outro Rito? Exatamente o que vale a excomunhão de uma Igreja em relação a outra. Os Reformados são irregulares para os católicos, que, por sua vez, assim como os Reformados, são irregulares para os ortodoxos, e todos estão carregados de documentos históricos para provar a ortodoxia de sua regularidade.

"Os que falam em regularidade vêem-se obrigados a lançar um véu discreto sobre suas próprias origens, porque a história não tem a mesma complacência dos fabricadores de Rituais, e remete cruelmente a seu devido lugar os excomungadores de hoje, que muitas vezes, senão sempre, foram os irregulares de ontem."

Na realidade, os Maçons, seja qual for o Rito a que pertençam, serão sempre regulares se foram iniciados na forma exigida. Sete Maçons, cinco dos quais dotados do grau de Mestre, podem formar uma Loja independente e soberana fora de qualquer Obediência. Isso é incontestável. Mas uma Loja assim formada muito provavelmente jamais será *reconhecida* por nenhuma outra Obediência.

A primeira Obediência data de 1717, quando três Lojas de Londres se reuniram para formar uma Grande Loja.

Edmond Gloton diz, com razão[17]: "Esse organismo (a Obediência) e, por conseguinte, o crescimento do número das Lojas, com o tempo, tomou uma importância maior e se arrogou direitos que só pertenciam às Lojas. De agente de execução, elas se tornaram, progressivamente, órgão diretor; e vemos hoje as Obediências, na pessoa dos membros de sua diretoria – Conselho Federal, Conselho da Ordem ou outro qualquer – arrogar-se o direito de ditar diretivas às Lojas, de se ocupar com as relações internacionais entre Obediências, sem sequer consultar as Lojas. Os órgãos dirigentes decidem acerca da regularidade das Obediências, autorizam ou recusam a instalação de novas Lojas."

Deve-se saber que *três Lojas* podem reunir-se para formar uma *Obediência*; mas é evidente que uma multiplicidade de Obediências não é algo desejável. Esse esfacelamento seria prejudicial à Ordem Maçônica como um todo. Por outro lado, a Obediência, por seus meios financeiros mais poderosos, permite que os Maçons disponham de locais e de Templos. Contudo, é preciso lembrar continuamente que uma Loja, pertença ela a que Obediência pertencer, é sempre soberana e independente.

"Uma Loja, lembra Edmond Gloton[18], sem deixar de ser regular, pode cortar suas relações com sua Obediência, ou mesmo mudar de Obediência. Uma das mais antigas Lojas francesas, a Loja 204 do Oriente de Bordéus, foi fundada em 1732 por alguns Maçons desse Oriente. Ela viveu isolada durante vários anos, filiando-se depois à Grande Loja da Inglaterra. Os acontecimentos, guerra ou outros, fizeram com que ela interrompesse suas relações com essa Obediência. Ela voltou a trabalhar sozinha e depois iniciou uma correspondência com a Grande Loja Nacional de França. Depois de outros acontecimentos, ela se separou do Grande Oriente de

França, viveu de novo só e, depois, com outras Lojas, fundou a Obediência da Grande Loja Nacional Independente e Regular, que deixou alguns anos mais tarde para se fazer inscrever sob os controles da Grande Loja de França, onde se encontra atualmente."

Esse exemplo coloca suficientemente em relevo a independência das Lojas no que toca às Obediências. Da mesma forma, um Maçom pode mudar de Loja e de Obediência sem deixar de ser "regular".

A Maçonaria anglo-saxã ficou regras fora das quais qualquer Maçom ou Obediência são declarados "irregulares". Essas regras receberam o nome de "Landmarks" (limites ou marcos).

Wirth diz o seguinte: "Os *landmarks* são de invenção moderna e seus partidários jamais conseguiram pôr-se de acordo para fixá-los. Isso não impede que os anglo-saxões proclamem sagrados esses limites essencialmente flutuantes, que ajustam de acordo com seus particularismos. Cada Grande Loja fixa-os de acordo com seu modo de compreender a Maçonaria; a Maçonaria é compreendida de modos muito diferentes, razão das definições contraditórias, destrutivas da unidade dentro de uma instituição que visa à concórdia universal[19]."

A Unidade maçônica sonhada por alguns é um engodo; jamais ela será realizada e nem é de se desejar que o seja. A Maçonaria deve adaptar-se aos diferentes países e corresponder, em cada país, às diferentes aspirações dos Maçons. É o Simbolismo maçônico bem compreendido o único que deve formar o cimento entre todas as Pedras, e é por ele que a verdadeira Fraternidade pode e deve se estabelecer.

Em cada Loja, sobretudo na Maçonaria francesa, todos os Irmãos contribuem com suas idéias a respeito de não importa qual problema; e nem por isso deixa de haver harmonia. Irmãos de opiniões diferentes às vezes discutem, mas sem paixão e dedicando-se uma estima recíproca. Na Maçonaria francesa, a "Liberdade de Pensamento" é um "landmark" fundamental e, paradoxalmente, um landmark não tem limites!

4. DEUS, O GRANDE ARQUITETO DO UNIVERSO

Entre todos os landmarks anglo-saxões, existe um de extrema importância pelas discussões que provocou. É *a crença na existência de Deus, considerado como o Grande Arquiteto do Universo.*

Wirth comenta esse landmark nos seguintes termos[20]: "Que esta crença esteja implicada pelo caráter religioso fundamental da Franco-Maçonaria é algo que não contestaremos. *O Iniciado que compreende bem a Arte jamais será um ateu estúpido ou um libertino irreligioso*[21]. Essa certeza deve levar-nos a confiar em quem procura a luz com sinceridade. Não temos de exigir dele um credo determinado, que o obrigue a aceitar uma concepção teológica necessariamente discutível. Não erigimos o Grande Arquiteto do Universo como um objeto de crença, mas vemos nele o símbolo mais importante da Maçonaria, símbolo que deve ser estudado como os demais, a fim de que se compreenda a Maçonaria e se construa, cada um por si, o santuário de suas convicções pessoais".

Wirth cita, em seguida, o primeiro artigo das *Obrigações de um Franco-Maçom*, de Anderson, redigido nestes termos: "Um Maçom é obrigado, por sua condição, a obedecer à lei moral; e se ele compreende bem a Arte, nunca será um ateu estúpido, nem um libertino irreligioso. Mas embora, nos tempos antigos, os Maçons fossem considerados, em cada país, como pertencente à religião, fosse qual fosse, desse país ou dessa nação, considera-se agora mais a propósito obrigá-los somente a essa religião a cujo respeito todos os homens estão de acordo, deixando a cada um suas opiniões particulares, isto é, que sejam pessoas de bem e leais, em outras palavras, homens honrados e probos, sejam quais forem as denominações ou crenças que possam diferenciá-los. A Maçonaria torna-se, assim, o centro da União e o meio de assegurar uma fiel amizade entre as pessoas que, de outra forma, continuariam perpetuamente afastadas umas das outras."

A definição de Anderson era muito ampla, como se vê. Contudo, mesmo assim, foi muito discutida.

*
* *

A noção do Grande Arquiteto do Universo, na Maçonaria, é ao mesmo tempo mais ampla e mais limitada que a do Deus das diferentes religiões[22].

O Grande Arquiteto do Universo, em certa medida, pode ser comparado ao Demiurgo platônico, cuja inteligência já nos escapa.

Para os "materialistas", o mundo formou-se por si mesmo, sem nenhuma intervenção de uma entidade divina. Em biologia, mecanistas e finalistas discutem, e os dois clãs produzem argumentos que não deixam de ter valor; a verdade, provavelmente, está no meio[23].

Na física e na química, o "acaso" mostra-se um maravilhoso organizador. Define-se habitualmente o "acaso" da seguinte forma: ausência de leis; por outro lado, fala-se das "leis do acaso". A contradição é apenas aparente; ela foi resolvida por Pascal e Fermat, que lançaram as bases do cálculo das probabilidades que, em suma, nada mais é do que uma codificação do acaso.

Todas as ciências são construídas tendo como base as leis naturais, que cada dia se tornam mais numerosas; no entanto, elas admitem como postulado a imutabilidade dessas leis.

"Contudo, diz Max Planck[24], não é de modo algum evidente que o mundo obedece a leis físicas, nem é evidente que a permanência de seu império persistirá no futuro. Com efeito, é concebível que um belo dia, depois de um acontecimento fortuito, a natureza nos pregue uma peça, modificando suas leis de cabo a rabo, não restando mais à ciência senão o recurso de se declarar em falência. Para usar a linguagem de Kant, diremos que ela coloca o princípio da causalidade no número das categorias *a priori*, sem as quais nenhum conhecimento é possível."

Na realidade, o homem quer dar opinião a respeito de tudo e só pode fazê-lo na sua escala. Apesar de sua infimidade, ele concebeu o infinito. Nossa pequema terra, com seus poucos 1.080 bilhões de quilômetros cúbicos, já escapa a nosso entendimento; compreende-se, então, o desabusado *credibile quia ineptum est* de um Tertualiano[25].

A Franco-Maçonaria, desde sua origem, adotou a expressão "O Grande Arquiteto do Universo", mostrando assim a sua concepção da divindade em suas relações com o mundo e com o homem.

"O Grande Arquiteto do Universo, diz René Guénon[26], traça o plano ideal que é realizado em ato, isto é, manifestado em seu desenvolvimento indefinido (mas não infinito) pelos seres individuais que estão contidos em seu Ser Universal; e é a coletividade desses seres individuais, considerados em seu conjunto, que constitui o Demiurgo, o artesão ou o operário do Universo. Essa concepção do Demiurgo corresponde, na Kabbalah, ao Adão protoplasto (primeiro formador), enquanto que o Grande Arquiteto do Universo é idêntico ao Adão Kadmon (o homem universal). Isto basta para marcar a profunda diferença que existe entre o Grande Arquiteto da Maçonaria e os deuses das diversas religiões, que não passam de diferentes aspectos do Demiurgo."

*
* *

Para os materialistas que se dizem "racionalistas", o Grande Arquiteto poderia muito bem ser o "acaso" considerado como organizador, ou mesmo o Nada, embora este último seja impensável e não deva ser confundido com o Não-Ser, isto é, com o não-manifestado.

Deve-se lamentar que esta fórmula – pois trata-se de uma fórmula e de nada mais – tenha sido suprimida, em 1877, pelo Grande Oriente da França.

"Todos repetem, diz Albert Lantoine[27], que o Grande Oriente, nesse Convento de 1877, decidiu a supressão da fórmula relativa ao Grande Arquiteto. Isso é inexato. Quando se refez, alguns anos depois, o Regulamento Geral, riscou-se daí este artigo: *'todas as peças oficiais, todas as pranchas trazem como timbre: Para a Glória do Grande Arquiteto do Universo'* e, conseqüentemente, apagou-se esse timbre das referidas peças. Essa interpretação do voto de 1877, que iguala o Grande Arquiteto ao Deus das religiões, deve ter parecido lógica a todos os membros do Grande Oriente, pois não constituiu objeto de nenhum protesto."

Assim, apesar do que diz Albert Lantoine, foi exatamente no Convento de 1877 do Grande Oriente da França que decidiu a supressão pura e simples do Grande Arquiteto.

Recentemente, J. Corneloup, membro do Grande Colégio dos Ritos, publicou na revista *Le Symbolisme* uma "Defesa do Grande Arquiteto do Universo"[28].

"O Grande Arquiteto do Universo simboliza, diz ele, o princípio reitor da Maçonaria e do Universo. Trabalhar para a glória do Grande Arquiteto e do Universo, isso pode significar, *ad libitum:* ou trabalhar sob o signo de Deus; ou, então, trabalhar sob a inspiração da consciência coletiva da humanidade; ou, ainda, trabalhar de acordo com o princípio reitor que orienta para o Progresso a evolução do mundo e da humanidade."

Corneloup acrescenta: "Uma vez compreendido e admitido isso, quem poderia afirmar que o Grande Oriente trairia sua missão e praticaria um atentado à liberdade de consciência por ter decidido restaurar o símbolo do Grande Arquiteto?"

O Grande Oriente cometeu uma falta muito grave e muito pesada ao abolir a fórmula do Grande Arquiteto, e J. Corneloup tem pouca chance de ser compreendido. Não temos de examinar se esse apelo representava um primeiro passo dado para, voltando a essa fórmula, reatar relações com a Maçonaria anglo-saxã. Em todo caso, a Grande Loja da França conservou essa fórmula e nem por isso os anglo-saxões admitem em suas Lojas os Irmãos da Grande Loja ou os do Grande Oriente.

NOTAS AO CAPÍTULO V

OS RITOS MAÇÔNICOS

1. Escreve-se no singular *"rit"* ou *"rite"* [em françês], enquanto que, no plural, escreve-se sempre *"rites"*. Essa palavra vem do latim *ritus*, que tem o mesmo sentido que no francês [e no português] , isto é, uma codificação de certas cerimônias.

2. Obediência, do latim *obedientia.*

3. Convento, do latim *conventus,* assembléia.

4. Aqui, precisamos dizer uma palavra a respeito das *Lojas de Adoção.* Essas Lojas essencialmente femininas "eram", de algum modo, um anexo da Maçonaria masculina. Hoje elas têm autonomia completa.

   Nesta obra, ainda não examinamos seu simbolismo particular.

   O lugar onde a Loja está instituída chama-se "Clima"; os quatro lados da Loja recebem o nome de "Regiões". Os estrados dos "oficiais" têm a forma pentagonal. O Delta luminoso é substituído por uma Estrela Flamejante invertida. A bateria é de cinco golpes para o grau de Aprendiz. Somente os Irmãos que possuem pelo menos o grau de Companheiro eram outrora admitidos como visitantes, etc.

   A Iniciação maçônica parece-nos ser uma forma particular de iniciação não aplicável às mulheres; estas têm o seu gênio próprio, e a transposição de um simbolismo operativo, a seu respeito, parece-nos dificilmente concebível. Pode-se dizer, a esse respeito, que a Maçonaria inglesa que exclui as mulheres, mostra-se perfeitamente lógica.

5. *Orthodoxie Maçonnique,* 1853, pp. 301-302.

6. *La Chaîne d'Union,* 1946-1947, nº 3, p. 98.

7. *La Franc-Maçonnerie Écossaise en France, passim.*

8. Assinalemos, entre as explicações fantasiosas, esta: "Os Mestres usavam como insígnia um ramo de acácia, e como à pergunta: "Sois Mestres?" eles respondiam que conheciam a acácia, passavam a ser chamados de "irmãos acassianos"; mais tarde, quando sua resposta se tornou conhecida dos outros Mestres, eles tomaram o nome de "irmãos escoceses". LECOMTE, *Histoire de la Loge "La Clémente Amitié"* (1905).

9. *Petit Manuel de la Franc-Maçonnerie,* p. 189.

10. *Le Livre du Maître,* p. 193.

11. *Idem,* p. 196.

12. Ed. QUARTIER LA TENTE, *Les Grades et les Rites maçonniques,* Berna, 1915.

13. Deve-se notar que esse Rito, dito "moderno", foi criado em Paris, em 1761, constituído a 24 de dezembro de 1772, proclamado a 9 de março de 1773 e modificado em 1786.

14. É bom notar que, na Igreja Católica, o Papa se veste de *branco;* os cardeais, de *vermelho*; os bispos, de *violeta* e os padres, de *preto.*

A propósito da cor "branca", observamos aqui que a Maçonaria usa a expressão "roupa branca" para designar as reuniões nas quais os profanos são admitidos; diz-se "roupa branca aberta" quando os assistentes são profanos ou Maçons, e "roupa branca fechada" quando apenas o conferencista é profano.

15. Lembremos, as cores atribuídas aos Elementos: *Terra*, negra; *Ar*, azul; *Água*, verde; *Fogo*, vermelho.

16. *Ce que Doit Savoir un Maître-Maçon,* 1910, pp. 13-14.

17. *Instructions Maçonniques aux Apprentis,* 1934, p. 51.

18. *Op. cit.*, pp. 52-53.

19. *Qui est Régulier?* 1938, p. 64.

20. *Qui est Régulier?* p. 36.

21. "Libertino" tem aqui o sentido antigo: "livre da disciplina da fé religiosa".

22. Note-se que não suprimimos a palavra "Deus", mas que lhe acrescentamos o epíteto de "Grande Arquiteto do Universo".

23. BERNARDIN DE SAINT-PIERRE pode ser considerado o protótipo dos finalistas. Lemos, em seus *Etudes de la Nature,* estudo 11º: "Não existem menos conveniências nas formas e nos volumes dos frutos. Há muitos que foram feitos para a boca do homem, como as cerejas e as ameixas; outros para a sua mão, como as peras e as maçãs; outros, muito mais volumosos, como os melões, são divididos em gomos e parecem destinados a serem comidos em família; existem até nas Índias frutas como a jaca e, entre nós, a abóbora, que poderiam ser divididas com os vizinhos". Bernardin de Saint-Pierre diz isso seriamente, sem a menor ponta de humor!

24. *Initiations à la Pysique*, 1941, p. 144. .

25. "Crível porque inepto", ou ainda *credendum quia mirandum* (que se deve acreditar porque é admirável), do mesmo doutor. Essas palavras, deformadas, tornaram-se o *Credo quia absurdum est,* atribuído a Santo Agostinho.

26. *Du Grand Architecte de l'Univers,* na revista *La Gnose,* 1911, por PALINGÉNIUS, pseudônimo de René Guénon, bispo gnóstico.

27. *La Franc-Maçonnerie chez elle,* p. 341.

28. Dezembro de 1945, p. 13 e segs.

VI

O COMPANHEIRO

1. AS CORPORAÇÕES OBREIRAS E SEUS DIFERENTES RITOS

Se a origem da Maçonaria continua obscura, apesar da abundância de literatura consagrada ao estudo de sua história, a das Corporações Obreiras não o é menos.

As Corporações Obreiras [em francês, *Compagnonnage*[1]] e a Maçonaria parecem saídas de um mesmo tronco e, à medida que a Maçonaria se desenvolvia, as Corporações Obreiras diminuíam. Atualmente, essas *Corporações* ainda subsistem, mas já perderam qualquer importância ou influência.

É certo que as Lojas existiam antes de 1717 e que elas *aceitavam* os Maçons não-operativos. Os "antigos" Maçons eram os "operativos" e os Maçons "aceitos" os "especulativos".

René Guénon, numa de suas discussões bizantinas[2] cujo segredo ele detém e no que, aliás, é excelente, pretende que os termos "corporativo" e "operativo" tenham sido confundidos. Para ele, os "especulativos" são os Maçons que rejeitaram as formas "operativas" da Iniciação maçônica, para cuidar de "especulações" puramente filosóficas. Quanto a nós, mantemos os termos "operativo" e "especulativo", dando-lhes seu sentido habitual de manual e não-manual.

Preston, em suas *Illustrations of Masonry* (1772), transcreve esta decisão tomada em 1703 pela Loja *Saint-Paul* de Londres:

"Os privilégios da Maçonaria agora não serão mais partilha exclusiva dos Maçons construtores: mas, *como isso já é praticado*, homens de diferentes profissões serão chamados a gozar dos mesmos, contanto que sejam regularmente aprovados e iniciados na Ordem[3]."

Assim, portanto, muito antes de 1703, as Lojas dos Maçons operativos aceitavam membros "especulativos".

Quais são os laços que uniam as Corporações Obreiras à Franco-Maçonaria? É muito difícil de responder; parece-nos, como dizíamos acima, que as duas organizações saíram de um mesmo tronco, e não uma da outra.

*
* *

As Corporações Obreiras, cuja antiguidade não poderia ser contestada, necessariamente deve ter nascido ao mesmo tempo que as corporações operárias; ora, a história nos ensina que existiam corporações desse gênero na Grécia, em Roma, assim como na Judéia e em toda a Ásia. Os Companheiros europeus fazem remontar sua origem à construção do Templo de Jerusalém por Salomão.

Os Companheiros dividiam-se em três "Deveres", comportando cada um regras particulares, que juravam observar, que deviam permanecer secretas e que não eram reveladas senão aos iniciados. Esses três "Deveres" eram o dos *Filhos de Salomão*, o dos *Filhos do Mestre Jacques* e o dos *Filhos do Pai Soubise.*

O DEVER DE LIBERDADE, o dos *Filhos de Salomão,* compreendia:

Os *Canteiros,* "companheiros estrangeiros" ou "lobos"; o aspirante era chamado de *"jeune-homme".*

Os *Marceneiros,* chamados de *"gavots".*

Os *Carpinteiros,* "companheiros da liberdade", entre os quais o aspirante era chamado de "raposa".

Os Canteiros chamavam-se entre si de *"coterie"* [sociedade de operários] e os Marceneiros, de *"pays"* [patrícios]. Seu nome, na corporação, era formado pelo sobrenome e pelo nome de sua cidade de origem: *"A Prudência de Draguignan", "Dauphinois Va de bon coeur",* por exemplo. Entre os Marceneiros, era proibido o tratamento na segunda pessoa do singular.

O DEVER, dos *Filhos do Mestre Jacques*, compreendia:

Os *Canteiros,* "companheiros passantes" ou "lobisomens".

Os *Marceneiros* e *Serralheiros,* "companheiros do Dever", *"devoirants",* transformados, por corruptela, *"devorants"* ou "cães".

Na corporação, seu nome era formado do prenome seguido do nome de sua região de origem: *Pierre le Gâtinais,* por exemplo.

O "Dever de Liberdade" conservava uma completa liberdade religiosa, enquanto que o "Dever" exigia que seus membros fossem católicos. Os dois "Deveres" detestavam-se cordialmente e as rixas eram freqüentes.

O SANTO DEVER, o dos *Filhos do Pai Soubise,* originou-se, de acordo com uma lenda, de um cisma ocorrido, parece, entre os "Filhos de Salomão", por ocasião da construção da catedral de Orléans no século XVII. É muito difícil estabelecer este ponto da história. Na verdade, esse "Dever" parece ter pertencido aos membros de uma única profissão:

Os *Carpinteiros,* cujo nome geral era "bons companheiros", ou simplesmente "companheiros". Entre eles, os Mestres eram os "cães" e os aspirantes as "raposas". O aprendiz era um "coelho" e o patrão um "macaco", expressão ainda usada na linguagem popular.

*
* *

Por ocasião dos funerais de um deles, a maioria dos Companheiros *uivavam,* e isso parece mostrar bem sua origem longínqua e sua ligação com as antigas corporações. Com efeito, sabe-se que os "uivos" faziam parte das cerimônias fúnebres da antiguidade.

Uma lenda explica assim a origem desses uivos: depois da morte do Mestre Jacques, seu cão fiel não o abandonou mais. Ele ficou a uma certa distância do local onde os assassinos haviam enterrado seu corpo e uivava por sua morte a intervalos regulares. Guiados por esses gritos lúgubres é que os Companheiros, que estavam à procura do Mestre, descobriram o crime.

*
* *

Em cada cidade onde os "Deveres" eram estabelecidos – e que se chamavam "cidades do Dever", enquanto as outras eram chamadas de "cidades bastardas" – existiam *"cayennes"*[4], espécies de albergues onde a "Mãe" cuidava da pousada e da roupa branca do Companheiro e guardava, ou até mesmo geria, o seu pecúlio.

O *Rouleur* ou *Roleur* era encarregado de fazer engajar os recém-chegados e de acompanhá-los por ocasião da partida.

*
* *

Não reproduzimos aqui as lendas relacionadas com cada "Dever" porque encontram-se nelas anacronismos evidentes, parecendo, portanto, de invenção recente. Alguns quiseram ver no Mestre Jacques, às vezes chamado de *Jacques Moler*, o Grão-Mestre dos Templários: Jacques de Molay; contudo, não há nada que autorize essa analogia.

Notemos, enfim, que um grande número de corporações vieram aumentar as fileiras das corporações de operários que, primitivamente, só compreendia as entidades acima citadas.

As Cores das Corporações Obreiras

Os Companheiros usavam faixas coloridas, comumente atadas ao chapéu, que era "alto de forma", ao pescoço, à lapela ou fixados na bengala.

Os Canteiros do "Dever de Liberdade" usavam fitas *verdes* e *azuis* na lapela do lado direito; os Marceneiros do mesmo Dever usavam fitas *verdes, azuis* e *brancas* na lapela do lado esquerdo.

Os Marceneiros do Dever usavam fitas *verdes, vermelhas* e *brancas.*

De acordo com um manuscrito, citado por Martin Saint-Léon[5], havia *cinco* cores e *uma escondida:* a branca, a vermelha, a azul, a amarela e a verde; a branca significava as lágrimas de Mestre Jacques, a vermelha o sangue que ele derramou, a azul os golpes que ele recebeu, a verde, a esperança.

O Bastão dos Companheiros

Os Companheiros usavam um bastão mais ou menos longo, que muitas vezes foi usado como arma ofensiva e defensiva. O modo de carregar o bastão não era indiferente.

Carregar a ponteira do bastão para a frente, durante o dia, era provocação; à noite, previdência; usá-lo voltado para trás, era confiança; com o castão voltado para a frente, era pedir paz; deixar o bastão arrastar-se pelo chão, era desprezo; cumprimentar com o bastão, o castão na altura da fronte, era devotamento, etc.

Os Companheiros do Dever de Liberdade seguram o bastão, que é torcido, abaixo do castão. Enquanto andam, fazem-no descrever um quarto de círculo no sentido contrário ao do adotado pelos Companheiros do

Dever. Estes usam uma bengala lisa, ora preta, ora branca, de acordo com a corporação de ofício, e apóiam o polegar sobre o punho.

Os Brincos

Durante muito tempo, os Companheiros continuaram fiéis ao uso de brincos, mas esse costume desapareceu aos poucos. Esses brincos eram ornados com pequenos símbolos relacionados com a profissão de cada um.

O "Tour de France"

O "Circuito da França" dos Companheiros ficou célebre. Esse "Tour de France" não era o *tour de la França,* pois o norte estava excluído. O Companheiro, partindo de Paris, passava sucessivamente por Sens, Auxerre, Dijon, Châlons-sur-Saône, Lyon, Vienne, Saint-Etienne, Valence, Avignon, Marseille, Toulon, Nîmes, Alès, Montpellier, Béziers, Carcassone, Toulouse, Agen, Bordéus, Saintes, Rochefort, La Rochelle, Nantes, Angers, Saumur, Tours, Blois, Orléans, e voltava a Paris. A maioria dessas cidades possuía muitas lembranças ligadas às Corporações Obreiras.

Estado Atual das Corporações Obreiras

Em 1830 foi fundada em Toulon a "União dos Trabalhadores do Circuito da França"; essa União não tem, absolutamente, nenhuma ligação com as corporações obreiras.

Em 1874 foi criada a "Federação das Corporações Obreiras" que, em 1889, se transformou na "União Companhônica"; essa União abandonou quase que por completo as tradições do *Compagnonnage.*

Em 1929, em Chateauroux, foi constituída a "Confederação das Corporações Obreiras", que agrupava as *Associações das Corporações Obreiras que permaneceram fiéis ao Dever.* Nessa confederação, os diversos ritos conservaram sua independência, esforçando-se por esquecer as antigas rivalidades.

De acordo com Jean Follain[6], o conjunto dos Companheiros que permaneceram fiéis ao Dever é de cerca de 4.000 membros: 1.000 pertenciam ao *Dever de Liberdade* e 3.000 ao *Dever.*

*
* *

De um modo geral, os Companheiros são hostis à Maçonaria; eles a acusam de ter monopolizado "seus" ritos e "seus" símbolos. Tudo parece indicar, pelo contrário, que foi a Maçonaria quem deu às Associações de Obreiros suas últimas formas de iniciação. Diremos, para sermos justos, que houve interpenetração recíproca.

*
* *

Depois deste resumo sobre as Corporações obreiras, convém examinar os laços que podem existir entre as tradições companhônicas e maçônicas.

Os documentos abaixo citados foram publicados num interessante estudo de Henri Gray publicado na revista *L'Acacia,* de 1924 a 1926: *Les Origines Compagnonniques de la Franc-Maçonnerie.*

Os "Filhos de Salomão" estavam reunidos no "Dever de Liberdade", que associava, de um lado, os *Gavots* (marceneiros e serralheiros) e, de outro lado, os *Lobos* (canteiros), também chamados de "Companheiros do *Dever Estranheiro".* É preciso fazer uma distinção entre todos esses filhos de Salomão cujas tradições não deviam ser exatamente semelhantes.

A este respeito, eis o que diz Perdiguier, primeiro sobre os *Gavots:* "Tenho pouco a dizer a respeito dos Companheiros serralheiros; o que eu disse dos marceneiros aplica-se perfeitamente a eles; eles têm a mesma organização, as mesmas leis, os mesmos regulamentos[7]".

E eis como ele se expressa em relação aos canteiros: "Os canteiros, Companheiros Estrangeiros, chamados de Lobos, passam por ser o que há de mais antigo entre os Companheiros. Conta-se a respeito deles uma velha fábula onde se fala de Hiram, de acordo com uns, de Adonhiram, segundo os outros[8]; nessa fábula, fala-se de crimes e de castigos, mas eu a deixo pelo que ela vale[9]". Perdiguier era *"Gavot",* e a maneira pela qual se exprime faz entender que estava muito pouco informado a respeito das tradições dos "Estrangeiros".

É precisamente no "Dever de Liberdade" e particularmente entre os

"Companheiros Estrangeiros" que podemos encontrar a provável origem da filiação maçônica. Os dois outros Deveres parecem ter sido viciados pela introdução da religião cristã em seus ritos.

Contudo, a Sorbonne, chamada a se pronunciar a respeito das práticas dos Companheiros, enunciou a seguinte condenação, a 14 de março de 1655:

"Nós, abaixo-assinados, Doutores da sagrada faculdade de Teologia de Paris, achamos:

1º) Que nessas práticas há pecado de sacrilégio, de impureza e de blasfêmia contra os mistérios de nossa religião;

2º) Que o juramento que eles fazem de não revelar essas práticas, mesmo na confissão, não é nem justo nem legítimo, e não os obriga de modo algum; pelo contrário, que eles são obrigados a acusar a si próprios desses pecados e desse juramento na confissão;

3º) Caso o mal continue e eles não possam remediar de outro modo, eles são obrigados, em consciência, a declarar essas práticas aos juízes eclesiásticos; e mesmo, se necessário, aos juízes seculares que podem dar remédio a isso;

4º) Que os Companheiros que se fazem receber da forma acima não podem, sem pecado mortal, servir-se da "senha" que usam para se fazerem reconhecer como Companheiros e engajar-se nas más práticas dessa Associação;

5º) Que aqueles que estão nessas Associações não estão em segurança de consciência enquanto desejarem continuar nessas más práticas, às quais devem renunciar;

6º) Que os rapazes que não estão nessas Associações não podem ingressar nelas sem pecado mortal.

Deliberado em Paris, no 14º dia de março de 1655.

Assinado: Charton, Morel, Cornet, Chamillard, Péron, etc."

Nos comentários que seguem o texto do decreto e a nomenclatura dos costumes que lhes foram revelados, os juízes eclesiásticos exprimem-se do seguinte modo:

"Os juramentos abomináveis, as superstições ímpias e as profanações que aí se fazem de nossos santos mistérios são tão horríveis, que fomos constrangidos, no texto desta resolução, a fazer referência à menor parte deles".

Eis, agora, o sumário *incompleto*, pois compreende apenas *a menor parte*, relativo aos diferentes ritos que a Sorbonne pôde conhecer. Notar-se-á que os ritos dos canteiros, companheiros do Dever Estrangeiro, não foram revelados a esses juízes. Esses Companheiros verdadeiramente "livres" não deviam sentir nenhuma necessidade de se confessar.

SUMÁRIO DAS PRÁTICAS ÍMPIAS, SACRÍLEGAS E SUPERSTICIOSAS QUE SÃO EXECUTADAS PELOS COMPANHEIROS SELEIROS, SAPATEIROS, CANTEIROS, CUTELEIROS E CHAPELEIROS, QUANDO RECEBEM OS CHAMADOS COMPANHEIROS DO DEVER.

Esse pretenso dever dos Companheiros consiste em três palavras: honrar a Deus, conservar a fortuna do Mestre e manter os Companheiros. Mas, ao contrário, esses Companheiros desonram grandemente a Deus, profanam todos os mistérios de nossa religião, arruínam os mestres, exaurindo as lojas dos servidores quando alguém de sua facção se queixa de ter recebido ameaça, e se arruínam a si próprios pelo tributo que eles cobram para ser usado em bebidas; além de a associação não lhes servir de nada para conseguir o grau de mestre.

Eles têm entre si uma jurisdição; elegem oficiais, um preboste, um lugar-tenente, um escrivão e um sargento: correspondem-se pelas cidades e têm uma senha pela qual se reconhecem e que é mantida em segredo, e formam por toda parte uma linha ofensiva contra os aprendizes de seu ofício que não pertençam a sua facção, espancam-nos, maltratam-nos e solicitam para que entrem em sua companhia. As impiedades e sacrilégios que cometem são diferentes, de acordo com os diferentes ofícios. Todavia, tudo o que se segue lhes é comum: primeiro, fazer com que o que vai ser recebido jure sobre os santos Evangelhos que ele não revelará nem a pai, nem a mãe, mulher ou filho, sacerdote ou clérigo, nem sequer na confissão, o que irá fazer e ver fazer; e para tanto escolhem uma taberna, que eles chamam de mãe, porque é lá que costumam se reunir como na casa de sua mãe comum, na qual escolhem duas salas cômodas, que se comuniquem, uma das quais serve para as abominações e a outra para o festim. Fecham exatamente as portas e as janelas para não serem nem vistos nem surpreendidos de algum modo. Em segundo lugar, fazem com que o aprendiz escolha um padrinho e uma "madrinha"; dão-lhe um novo nome, tal como foi combinado; batizam-no por escárnio e fazem as outras malditas cerimônias de recepção particulares a seu ofício de acordo com as tradições diabólicas.

Os Seleiros

Os Companheiros seleiros colocam três *carolus*, que somam trinta dinheiros, no livro dos Evangelhos; e depois do juramento feito de cabeça descoberta sobre os Evangelhos, chegam à sala três ou quatro homens, um dos quais pede um altar, um escabelo, paramentos, cortinas, uma vara, uma toalha e outras coisas para preparar um altar, um amito, alba, cíngulo, estola, manípulo, casula, todos os ornamentos de um padre para celebrar a santa missa, vela, candelabros, caldeirinha de água benta, galhetas, cálice e uma saleira, sal, um pão puro e limpo, vinho puro e limpo; e tendo-lhe aberto uma toalha que ele dobra em três, para fazer as três toalhas do altar, tendo a bainha voltada para baixo, e uma taça ou copo em lugar de cálice, e um pão de um soldo, e uma cruz de cera virgem, e o livro, e esses trinta dinheiros, e duas velas acesas, e no lugar da galheta duas bilhas e duas garrafas, uma cheia de vinho e outra de água, e sal numa saleira, e, estando todas essas coisas assim preparadas, a sala bem fechada, eles se põem todos de joelhos e com a cabeça descoberta, e aquele que pediu todas essas coisas necessárias à santa missa, de joelhos, com as mãos postas, diante desse escabelo onde estão todas essas coisas, diz àquele ou àqueles que serão recebidos como Companheiros: "Este pão que vedes representa o verdadeiro corpo de Nosso Senhor Jesus Cristo que estava na árvore da cruz por nossos pecados". Dito isso, ele pega um pedacinho desse pão e o coloca no pretenso cálice e diz: "A paz de Deus vos seja dada"; e coloca sal nesse recipiente e deixa pingar sobre ele três gotas de cera dizendo: 'Em nome do Pai, do Filho e do Espírito Santo', apagando o círio no pretenso cálice. Depois ele diz àquele ou àqueles que estão para ser recebidos como Companheiros que escolham um padrinho e, estando de joelhos, eles o batizam por troça, profanando o santo batismo, como a santa missa, dão de comer desse pão a todas as pessoas que se encontram na sala, e de beber desse vinho misturado. Depois fazem outra ação tomando um lenço, quatro copos cheios de vinho para significar os quatro evangelistas, e ao pé de cada copo quatro pequenos pedaços de pão com seu significado, e a toalha sobre a qual eles se manchavam, o sudário de Nosso Senhor; a mesa, o Santo Sepulcro; os quatro pés da mesa, os quatro doutores da Igreja; e fazem todas essas coisas e muitas mais, heréticas. Os huguenotes são recebidos pelos católicos, e os católicos pelos huguenotes.

Os Sapateiros

Os Companheiros sapateiros tomam pão, vinho, sal e água, que eles chamam de os quatro alimentos[10], põem-nos sobre uma mesa e tendo colocado diante dela aquele que eles querem receber como Companheiro, obrigam-no a jurar sobre essas quatro coisas por sua fé, sua parte no paraíso, seu Deus, seu crisma e seu batismo; em seguida, dizem-lhe que é preciso que ele tome um novo nome e que ele seja batizado; e tendo-o feito declarar qual nome ele quer tomar, um dos Companheiros, que lhe fica atrás, derrama-lhe sobre a cabeça um copo de água, dizendo-lhe: "Eu te batizo, em nome do Pai, do Filho e do Espírito Santo". Os padrinhos e subpadrinhos obrigam-se imediatamente a ensinar-lhe as coisas que pertencem ao dito dever.

Os Canteiros

Os Companheiros canteiros preparam numa das duas salas uma mesa, uma toalha pelo avesso, um saleiro, um pão, uma taça de três pés cheia até a metade, e três agulhas; e depois de terem feito jurar sobre os Evangelhos aquele a quem eles recebem, e depois que ele escolheu um padrinho, contam-lhe a história dos três primeiros Companheiros, que é cheia de impuridades a que se reporta a significação daquilo que está dentro daquela sala e sobre a mesa. O mistério da Santíssima Trindade também é aí várias vezes profanado.

Os Cutileiros

Os Companheiros cutileiros põem-se de joelhos diante de um altar e, depois de ter feito jurar sobre os Evangelhos aquele que deve ser recebido, o padrinho pega o miolo de um pão misturado com bastante sal, e o dá de comer ao jovem que, tendo dificuldade para engolir, eles lhe dão dois ou três copos de vinho fazendo a afirmação de o tornar Companheiro.

Algum tempo depois, eles o levam ao campo, num lugar ermo, ensinam-lhe os direitos do companheiro aceito, mandam-no descalçar um pé e todos dão várias voltas sobre um manto que eles lançaram por terra, em círculo, de modo que o pé descalço pise sobre o manto e o outro sobre a terra. Colocam um guardanapo sobre esse manto, junto com pão e vinho e vários copos separados que significam o sangue de Nosso Senhor, suas cinco chagas, sua coroa e os pregos; o pão significa o corpo de Jesus; a água, o batismo; o fogo, o anjo; o ar significa o tempo; o céu, o trono de Deus; a terra, o escabelo de Deus: o vento, a cólera de Deus; a faca que está em cima da mesa significa a espada que cortou a orelha de Malchus; o guardanapo, o santo sudário de Nosso Senhor; as bordas do guardanapo, as cordas com que Nosso Senhor foi amarrado.

Eles fazem três dobras no guardanapo e colocam sobre ele três pedras e dizem que elas significam as três chagas e pregos de Nosso Senhor.

A asa da bilha de vinho significa a cruz; os dois jogadores, os dois ladrões; o que avança sobre a bilha, a lança com que Longino feriu o lado do Filho de Deus; a bilha, a torre de Babilônia; o direito e o avesso, o céu e a terra; os doze raios da roda que serve para carregar a mó, os doze apóstolos; os quatro elementos significam os quatro evangelistas. E eles interrogam sobre todas essas coisas o novo Companheiro, e os outros fazem pagar multas de acordo com sua jurisdição.

Os Chapeleiros

Os Chapeleiros arrumam uma mesa na mais clara das duas salas, e sobre ela é representada a morte e a paixão de Nosso Senhor. Há aí uma cruz, uma coroa feita com um guardanapo enrodilhado em forma de coroa sobre o centro da cruz. Colocam sobre os dois braços da cruz dois pratos, dois castiçais e duas velas acesas que representam o sol e a lua; os três pregos são representados por três facas colocadas nos dois braços e ao pé da cruz; a lança, por um pedaço de madeira; os flagelos, por cordas na ponta de um pedaço de madeira; a esponja é representada por uma faca e um pedaço de pão; as tenazes, por um guardanapo dobrado; a coluna onde Nosso Senhor foi amarrado, por um saleiro cheio de sal; debaixo desse saleiro eles colocam o valor de trinta dinheiros de prata, soma pela qual Nosso Senhor foi vendido; o sal do saleiro representa o santo Crisma.

Colocam ao pé da cruz uma bandeja e um jarro com um copo cheio de vinho e de água para significar o sangue e a água que Nosso Senhor transpirou no Jardim das Oliveiras. Colocam sobre a mesma mesa dois copos, um cheio de vinagre e o outro cheio de fel, um galo, dados, enfim tudo o que foi usado na Paixão.

Se houver na dita sala um cofre, ele representa a arca de Noé; o armário, o tabernáculo de Jacó; o leito, o presépio; uma cadeira sob a chaminé, as fontes do batismo; um feixe de lenha, o sacrifício de Abraão e o alto da chaminé representa o abismo do inferno.

O preboste representa Pilatos, e se coloca numa cadeira no lugar mais visível da sala; o lugar-tenente representa Ana e se coloca junto do preboste; o escrivão Caifás fica mais embaixo. O preboste empunha uma varinha que representa a vara de Aarão em cuja ponta há três fitas: uma branca, que representa a inocência de Nosso Senhor; uma vermelha, seu sangue; uma azul, as contusões de seu corpo; os quatro pés da mesa significam os quatro evangelistas; a parte debaixo da mesa, o Santo Sepulcro; a toalha, o santo sudário; a vidraça da janela, a cruz; as duas folhas de baixo representam a Santa Virgem de um lado e São João do outro; as duas folhas de cima, fechadas, o sol e a lua; abertas, a saudação angélica, por causa da claridade que aparece.

Fazem com que o recipiendário dê três passos enquanto diz: 'Honra a Deus, honra à mesa, honra a meu preboste'; e, aproximando-se dele, beija-o e diz: 'Praza a Deus que este beijo não seja como o de Judas'.

O preboste interroga sobre o que está em cima, e fazem entrar os outros companheiros na sala para sua instrução; batendo uma primeira vez, eles respondem *Benedicite*, a segunda, *Domine* e a terceira, *Consummatum est*; e lhes perguntam: 'Que procurais aqui?' Eles respondem: 'Deus e os apóstolos'.

Enfim, para representar Nosso Senhor que foi enviado de um juiz a outro, o recipiendário apresenta-se diante do preboste com os pés cruzados, descomposto e lhe pergunta: 'Que representais?' Ele responde: 'Praza a Deus que eu não represente a Nosso Senhor'. Depois fazem-no sentar sob a lareira numa cadeira. O padrinho e a madrinha que ele escolheu tomam-no cada um de um lado com um guardanapo que eles lhe atam ao pescoço; põem-lhe boca pão e sal e, lançando-lhe água sobre a cabeça, fazem-no bater três vezes na lareira e, por troça, contrafazendo o batismo, toma um novo nome e depois diz: "Nunca comi bocado tão salgado, nem bebi copo de vinho tão forte, três golpes sobre a lareira meu padrinho e minha madrinha me fizeram dar, com o que reconheço ser um bom companheiro aceito".

Depois eles tomam do pão que está em cima da cama e o levam até o aparador, para representar como o diabo transportou Nosso Senhor até a montanha.

Quando um Companheiro sai de uma cidade, o saco que ele carrega significa o feixe de lenha de Isaac; quanto o saco está sobre seus ombros, é o fardo de São Cristóvão; as extremidades do saco são as pernas de Nosso Senhor. Colocam sua espada em cruz sobre a bainha, e dizem que é a cruz de Santo André; a bainha é a pele de São Bartolomeu; a guarda significa a guarda de Deus; a fronteira, a lanterna de Judas; a ponta, a lança.

Depois eles procuram uma encruzilhada, penduram um copo de uma árvore para representar a morte de Santo Estêvão e todos os da companhia lançam uma pedra ao copo, com exceção daquele que se retira, que diz: "Meus Companheiros, despeço-me de vós como os apóstolos se despediram de Nosso Senhor quando ele os mandou por toda parte para pregar o Evangelho; dai-me vossa bênção, que eu vos dou a minha".

*
* *

Reproduzimos, segundo um artigo de Henri Gray, esse interessante depoimento cujo valor documental é muito grande. Vemos aí a transposição de numerosos símbolos em símbolos religiosos e podemos fazer algumas comparações com os ritos maçônicos. Deve-se também levar em conta que esse relatório emana da Sorbonne e que esses "bons juízes" não podiam deixar de ver em todas essas cerimônias uma paródia do culto católico.

Não podemos fazer aqui a análise detalhada dos ritos e costumes das Sociedades obreiras; nossa intenção foi apenas dar uma idéia geral sobre elas, a fim de que o Maçom não ignore o que de essencial se refere a esse ramo tão desconhecido do tronco iniciático primordial.

2. O GRAU DE COMPANHEIRO

A Maçonaria parece não ter conhecido, primitivamente, senão os dois graus de Aprendiz e de Companheiro; o Mestre e a legenda desse grau parecem ter sido acrescentados em época relativamente recente.

Pode-se até pensar que, durante muito tempo, não houve mais do que uma única cerimônia de iniciação. "Está claro, diz Goblet d'Alviella[11], que não se podia impor a esta categoria de recrutas (pessoas das altas classes) os sete anos de aprendizagem comum. São, portanto, recebidos de imediato como *Fellows* (Companheiros), reservando-se aos profissionais a aplicação dos termos de Aprendiz e, mesmo, de Mestre. E desde então, no que dizia respeito ao novo elemento, passaram a relacionar-se todas as formalidades tradicionais da admissão à iniciação dos Companheiros: o juramento de fidelidade e de discrição, a comunicação das ordens e das lendas, a revelação das palavras e dos signos. Supondo-se que tivesse havido até então duas cerimônias sucessivas, restou apenas uma para os especulativos."

É preciso reconhecer que a atual iniciação maçônica ao grau de Companheiro não tem o caráter iniciático que encontramos no primeiro e no terceiro graus. A indigência dos rituais do grau de Companheiro é, digamo-lo, por demais evidente.

Ragon, em seu Ritual[12] introduziu esta pergunta: "Meu irmão, quais são as vossas idéias a respeito da eleticidade?" e ele expõe as suas. Ragon dá um curso de física – de sua época – e eis a sua peroração: "Vou terminar este interessante assunto (?) pela explicação de um fenômeno tão freqüente quanto desastroso, e do qual, talvez, jamais vos apercebestes. Sabeis que um litro de água, pelo contacto de uma pilha elétrica, se transforma em dois mil litros de vapor, que uma fagulha elétrica reconverte imediatamente num litro de água; bom! esta experiência vos dá bem uma idéia exata do que acontece na atmosfera, durante a época de tempestades e de chuvas torrenciais e devastadoras, uma vez que o relâmpago atinja as nuvens de vapor".

Hão de convir que é pelo menos "curioso" ver tais considerações introduzidas num ritual com pretensões iniciáticas!

Nos rituais modernos, fala-se dos *cinco sentidos*; das *"quatro" ordens da arquitetura:* a dórica, a jônica, a coríntia e a toscana; das *artes liberais*: a Gramática, a Retórica, a Lógica, a Aritmética, a Geometria, a Música, a Astronomia; dos *filósofos:* Sólon, Sócrates, Licurgo, Pitágoras e Jesus. Outros rituais, mais inteligentes, contentam-se com termos gerais: os Sentidos, a Arte, a Ciência, a Humanidade, o Trabalho.

Plantageneta faz a este respeito a seguinte observação[13] : "O ritual atrai a atenção do neófito sobre os cinco sentidos, que são os meios que a natureza põe à sua disposição para a realização perfeita de seu trabalho".

E um ritual proclama gravemente: "Os sentidos são os fatores de nossa inteligência e os agentes de nossas faculdades. O desenvolvimento do pensamento está ligado a seu bom exercício e à sua educação sadia", e interrompe aí seus comentários, enquanto que um outro acrescenta ainda cinco pequenos comentários que caridosamente nos ensinam que a vista permite que vejamos, o ouvido permite que ouçamos, o olfato permite que sintamos os odores e que, se esses quatro sentidos "se encontram reunidos, por assim dizer, num único ponto", é "porque concorrem mais imediatamente para a produção das idéias e para a conservação da pessoa, enquanto que o tato, espalhado por toda a superfície do corpo, não passa de um auxiliar, de um companheiro dos demais".

"Isso é dizer muito ou não dizer o bastante, diz Plantageneta. Muito, porque o neófito que ainda encontra meios de aprender algo com semelhante ensinamento ou se revela apenas incapaz de discernir seu caráter completamente errado aperfeiçoar-se-á muito mais na escola primária do que na Maçonaria e, a partir daí, não teremos de nos preocupar mais com ele. E é não dizer o bastante porque, se nossa iniciação se dirige a homens que pelo menos têm uma cultura igual à de uma criança de quinze anos, seria preciso igualmente que ela lhe ensine alguma coisa que ele ainda não sabe, ou que lhe apresente conclusões suscetíveis de fazer com que ele reflita e de abrir-lhe novos horizontes."

Wirth também observa[14]: "O ritual do grau de Companheiro foi muitas vezes enfeitado com dissertações profanas, tiradas de algum manual de fisiologia. Contudo, alguém deve ter percebido a que ponto é ridículo separar os Aprendizes e dar-se ares de mistérios para, afinal, desvendar algumas noções absolutamente elementares sobre o mecanismo dos sentidos. Entrar em concorrência com a escola primária é até humilhante para o segundo grau da Maçonaria".

A iniciação ao grau de Companheiro comporta cinco viagens: na primeira, o Recipiendário descobre os cinco sentidos: na segunda, as *quatro* ordens da arquitetura. Por que quatro e não cinco, com o acréscimo da ordem compósita, para permanecer fiel ao número cinco?

Para a terceira viagem, o Rito Francês reporta-o à Ciência e o Rito Escocês às Artes Liberais. Aprende-se, no Rito Francês, que "o conhecimento da natureza é dado ao homem pela Ciência. Por ela, o homem compreende a sucessão dos fenômenos naturais e as propriedades da matéria; por ela, ele conhece igualmente as leis do desenvolvimento da vida e as que governam as relações dos seres humanos em sociedade".

"O Rito Escocês, diz Plantageneta[15], retoma a nomenclatura das sete ciências liberais nas quais o Maçom deve conservar a sua fé, tal como era dada pela antiga constituição dos Operativos, e que enumerava a Gramática, a Retórica, a Lógica, a Aritmética, a Geometria, a Música e a Astronomia. Hoje ainda, portanto, o Neófito recebe a comunicação das definições respectivas das sete ciências[16], e essa reminiscência dos antigos costumes seria infinitamente tocante se, a partir do século XIII, o progresso não nos tivesse fornecido os dicionários e se, desde nossa mais tenra infância, não nos tivéssemos familiarizado com o seu uso."

Na quarta viagem, o Rito Francês faz com que o Neófito "descubra" a *Humanidade* e comenta: "A lei natural inexorável rege o universo; a força bruta triunfa na luta das criaturas. Mas pela Arte e pela Ciência o homem progride pouco a pouco e se eleva até uma nova concepção: ele sonha com a Fraternidade; ele compreende a Solidariedade; ele quer a Justiça e a Igualdade[17]".

"Estas, diz Plantageneta[18], são palavras que, apresentadas sob essa forma absoluta, são vazias de realidade, senão – depois de espantoso desmentido que lhes infligiu a guerra mundial (1914-1918) – de senso comum. Como ousaríamos ainda pretender, depois dessa selvagem violência de 1914, sangrenta apoteose da "técnica" e do "progresso utilitário", que esse último produza homens de uma mentalidade superior à de nossos mais longínquos ancestrais? Ora, se a fórmula acima indicada sugere bem o nefasto fetichismo de uma civilização cujo valor "moral" nos parece tão contestável, em que ela ajuda o Maçom a modificar seu modo de pensar num sentido conforme às exigências de uma evolução necessária mas, infelizmente, enfraquecida no desenvolvimento de nossa pobre humanidade?"

A obra de Plantageneta data de 1929; ele ainda não podia conceber o "progresso" que os homens realizariam na "técnica" da autodestruição durante a guerra de 1939 a 1944, quando realizaram e até ultrapassaram o que se podia imaginar de pior.

Na quarta viagem, o Rito Escocês faz "descobrir" os Filósofos e estes são: Sólon, Sócrates, Licurgo, Pitágoras e Jesus. Era preciso *cinco*, nenhum a mais, nenhum a menos. Se ao menos tivessem escolhido tipos representativos bem definidos! Essa lista parece ter sido estabelecida por um primário que tivesse lido um manual de história da filosofia e que se tivesse limitado à filosofia grega; ele teria acrescentado Jesus por causa da religião católica, cuja marca ele havia recebido e, querendo "rebaixá-lo", tê-lo-ia transformado num mero filósofo. Estas são as reflexões que nos sugere esta lista, na qual não podemos verdadeiramente encontrar nenhum carárer iniciático.

A quinta viagem, nos dois Ritos, relaciona-se com o "Trabalho" e a glosa dos rituais equivale à das outras viagens.

Oswald Wirth, em seu *Livre du Compagnon*, limita-se ao simbolismo dos Utensílios; ele rejeita todo o patos relativo ao sentido, às artes, às ciências, etc. Nós o aprovamos plenamente.

Compreende-se porque esse segundo grau não tem, aos olhos da maioria dos Maçons, senão uma mínima importância. Sua decepção deve ter sido grande quando eles tiveram a honra de serem elevados a esse grau!...

Há, contudo, dois símbolos muito importantes que pertencem ao grau de Companheiro, dois símbolos interligados, e de que nos ocuparemos agora: *a Estrela Flamejante* e *a Letra G.*

3. A ESTRELA FLAMEJANTE

O que seria essa Estrela Flamejante? Eis a resposta de Ragon[19]: "Entre os egípcios, ela era a imagem do filho de Ísis e do Sol, autor das estações e emblema do movimento; desse *Órus,* símbolo dessa matéria-prima, fonte inesgotável de vida; dessa fagulha do fogo sagrado, semente universal de todos os seres. Para os Maçons, ela é o emblema do *Gênio,* que eleva a alma a grandes coisas; ela é iluminada, porque um ilustre iniciado (Pitágoras) recomendou que não se falasse de coisas divinas sem uma tocha acesa."

Essa explicação de Ragon[20] equivale à de um Ritual moderno que diz: "Vê-se brilhar a Leste uma estrela, cujas cinco pontas representam os sentidos; seu nome é Estrela Flamejante."

Plantageneta faz notar que o aparecimento da Estrela Flamejante na Maçonaria parece não ser anterior a 1737; contudo, o Pentagrama era conhecido pelos Maçons construtores e talvez fosse até um de seus segredos mais importantes e menos conhecidos.

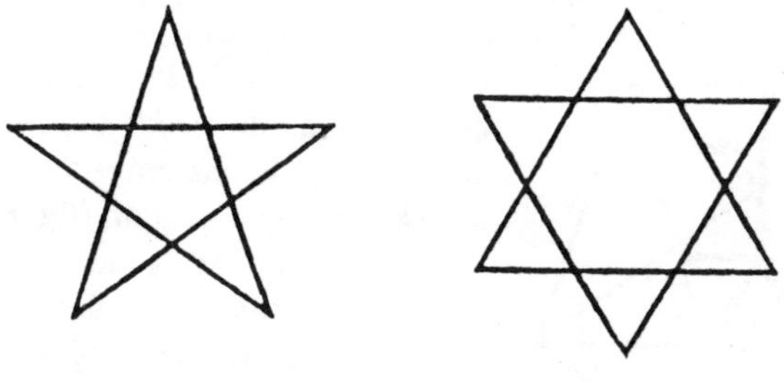

Fig. 84. Pentagráma e hexagrama.

Não se deve confundir a Estrela Flamejante, ou Pentagrama, com o Selo de Salomão, ou Hexagrama; esse último é formado por dois triângulos equiláteros opostos pela base e entrelaçados, enquanto que o primeiro é formado por uma linha quebrada contínua em forma de estrela de cinco pontas.

O coronel Allote de la Füye afirma[21] que a opinião mais em voga (a que reserva o nome de "selo de Salomão" para o Hexagrama) nas obras cabalísticas está de acordo com a tradição dos abissínios, que deve ser acatada pois eles se vangloriam de serem descendentes da união de Salomão com a rainha de Sabá. "Seja qual for, diz ele, o valor dessa tradição, ela é admitida universalmente entre os abissínios e o rei João criou uma condecoração em forma de hexagrama que leva o nome de "Selo de Salomão": que Salomão tenha tido um selo, não há dúvida, mas que ele tenha adotado um ou outro dos dois símbolos em questão (o hexagrama ou o pentagrama), nenhum documento sério permite admiti-lo."

A tradição unânime que chama o Hexagrama de Selo de Salomão não tem um nome especial para designar o Pentagrama, salvo na Maçonaria, onde é chamado de Estrela Flamejante[22].

O Pentagrama era o símbolo favorito dos Pitagóricos, que o chamavam de "pentagrammon", ou o designavam por uma perífrase que significava "*tríplice triângulo recruzado*"[23]. Eles desenhavam esse símbolo em suas cartas à moda de saudação que equivalia à palavra latina *vale*, "passe bem". O pentagrama também era chamado de *ugeia*, pois a deusa Hygia era a deusa da saúde e as letras que compõem essa palavra eram colocadas em cada uma de suas pontas[24].

O "Ankh" Egípcio

O Pentalpha, que significava, para os gregos, *Vida e Saúde*, pode ser comparado ao *Ankh* ou Cruz alada dos egípcios, cujo significado principal também é *Vida e Saúde*. As proporções comuns do *Ankh* inscrevem-se curiosamente no pentagrama que, por sua vez, se inscreve no pentágono (fig. 86).

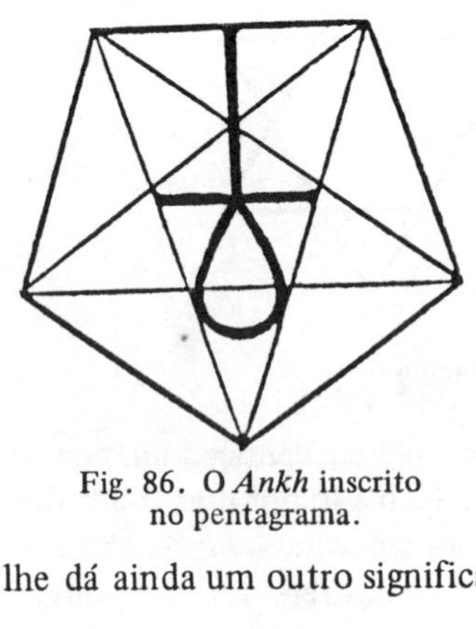

Fig. 86. O *Ankh* inscrito no pentagrama.

"A forma gráfica do signo *ankh*, diz Enel[25], exprime uma idéia profunda. Se tomarmos sua forma em geral, ela apresenta a de uma cruz, e sabemos que essa última era o antigo símbolo da eternidade, pois as linhas que a formam, se prolongadas, nunca mais se encontrarão no espaço. Mas a asa que constitui sua parte superior lhe dá ainda um outro significado. Essa asa parece ser o signo que representa um nó e que quer dizer: atar, desatar. Esse signo entra num grande número de palavras, sujo significado é: circuito, elo, conjuração (atar pelas palavras), palavra (ligar as palavras juntas).

"Assim, parece-me racional propor a seguinte explicação para o signo *ankh*. É o símbolo da vida eterna; o circuito vital radiado pelo Princípio que desce sobre a superfície (sobre a passividade que ele anima); ele penetra o que há de mais secreto até o infinito, o que é expresso pela linha vertical.

"O signo do *ankh* também pode ser considerado como o *nó mágico* que reúne uma combinação particular de elementos que formam um indivíduo. Ele também pode simbolizar o destino, o nó que une as diversas influências planetárias que fazem o homem nascer com tais qualidades e tais defeitos."

Lanoé-Villène também vê um "nó" no signo do *ankh*. Ele escreve[26]:

"Empunhado pelas divindades (ou representado junto a elas) o nó – chamado de *cruz ansada* – é antes de tudo um símbolo do ocultismo sagrado, porque, na

Fig. 87. Hathor mostrando o "signo da vida".

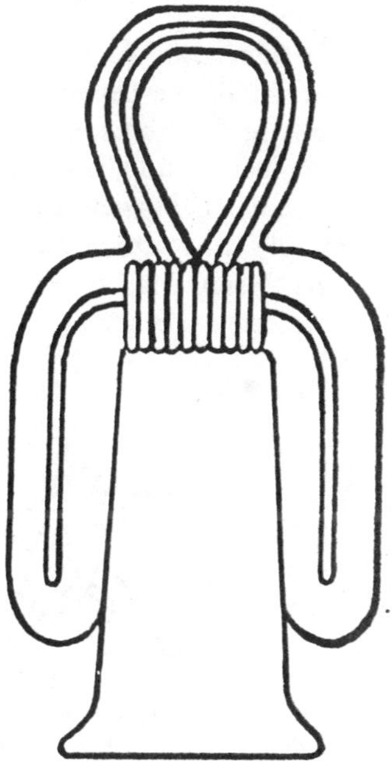

Fig. 88. O "nó isíaco".

vida corrente, aqueles que formam nós com algumas cordas ou laços são os únicos que sabem desatá-los com facilidade, pois conhecem o seu segredo; da mesma forma, os iniciados egípcios captavam todos os aspectos dos mistérios do culto (eles desatavam seus nós invisíveis) uma vez explicadas as fórmulas de seu esoterismo. O nó representava então, sobretudo, para falar com propriedade, na ciência antiga, o ocultismo protetor dos mistérios da religião."

Não podemos aceitar essa comparação do signo *ankh* com o nó feito de cordas. Basta, aliás, examinar os diferentes documentos egípcios para constatar a forma rígida desse símbolo. Eis, por exemplo (fig. 87), a deusa Hathor mostrando o "signo da vida".

Em contrapartida, o "nó isíaco" (fig. 88), o símbolo de Ísis, era na verdade um "nó" (feito de pano, de fibras, etc.).

*
* *

De um modo geral, o Pentagrama, com uma única ponta no alto, é considerado ativo e benéfico; o homem é inscrito dentro dele com a cabeça e os quatro membros preenchendo cada uma de suas extremidades. O pentagrama invertido, com duas pontas para cima, é considerado passivo e maléfico; alguns ocultistas, que sofrem de demonismo, inscreveram dentro dele uma cabeça de bode, emblema dos instintos e da animalidade. Mas, na Maçonaria, o Pentagrama tem um significado completamente diferente: ele é o cânone do Número de Ouro[27].

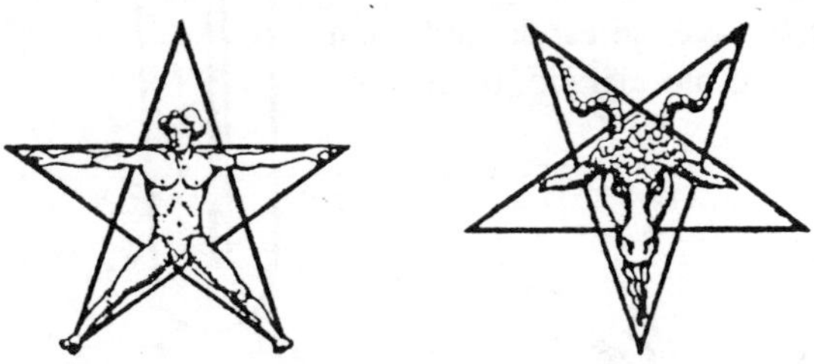

Fig. 89. Pentagramas "benéfico" e "maléfico".

O Número de Ouro

Chama-se *Número de Ouro* ou *Proporção Dourada* uma relação particular tal que a parte menor esteja em relação à maior assim como a maior em relação ao todo. Isso é o que a geometria clássica chama de divisão de uma reta em média e extrema razão.

Fig. 91. A "proporção dourada".

Determina-se sobre a reta AB (fig. 91) um ponto C que:

$$\frac{AB}{AC} = \frac{AC}{CB}.$$

Chamando c a distância AB, a a distância AC e b a distância CB, obtém-se a proporção contínua:

$$\frac{c}{a} = \frac{a}{b}.$$

A distância c é igual a $a + b$; podemos, portanto, escrever:

$$\frac{a + b}{a} = \frac{a}{b}.$$

Chamando de x a relação $\frac{a}{b}$, obtém-se pela fórmula de solução comum de uma equação de segundo grau:

$$x = \frac{1 \mp \sqrt{5}}{2}.$$

As duas raízes dessa equação são:

$$x' = 1.61803398875..$$

$$x'' = 0.61803398875..$$

Considera-se o valor 1.618 como o do *número de ouro* Φ(phi) e 0.618 como seu inverso, isto é $\frac{1}{\Phi}$.

*
* *

Na prática, não se usa o valor numérico do Número de Ouro. O traçado geométrico é mais preciso; ele evita o erro que sempre resulta de uma relação de medidas.

A reta AB (fig. 91) a ser dividida constitui o "todo"; o comprimento AC a "maior" (parte) e o comprimento CB a "menor" (parte). Podemos, portanto, considerar três casos:

1º Determinar a maior e a menor conhecendo o todo.
2º Determinar a menor conhecendo a maior.
3º Determinar a maior conhecendo a menor.

Eis os traçados mais simples relativos a esses três casos:

Primeiro caso: é o traçado de Nagrodski, que já demos antes[28]: Na extremidade B da reta AB (fig. 92), levantar a perpendicular

$$BD = \frac{AB}{2}.$$

Tomando o ponto D por centro, traçar o arco BE.
Tomando o ponto A por centro, traçar o arco EC.
O ponto C divide AB em secção de ouro.

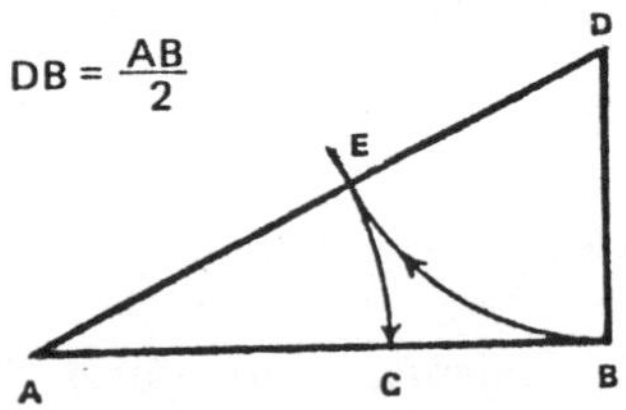

Fig. 92. Divisão do "todo".

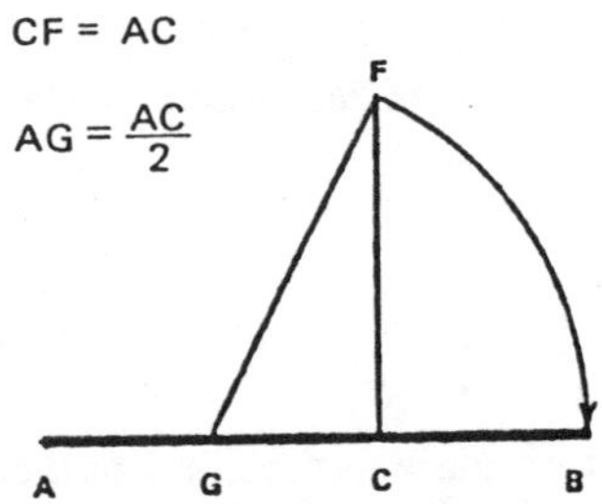

Fig. 93. Traçado da "menor".

Segundo caso. Conhecendo AC, encontrar CB (fig. 93).
Na extremidade C da reta AC, elevar a perpendicular CF = AC. Tomando o ponto G, meio de AC, por centro, traçar o arco FB. O comprimento CB é então determinado sobre a reta AC prolongada.

Terceiro caso. Conhecendo CB, encontrar AC (fig. 94).
Na extremidade B de CB, elevar a perpendicular $BG = \frac{CB}{2}$.

Traçar a circunferência do raio GB.

Traçar a reta CGH.

Tomando o ponto C por centro, traçar o arco HA.

O comprimento CA é então determinado sobre o prolongamento CB.

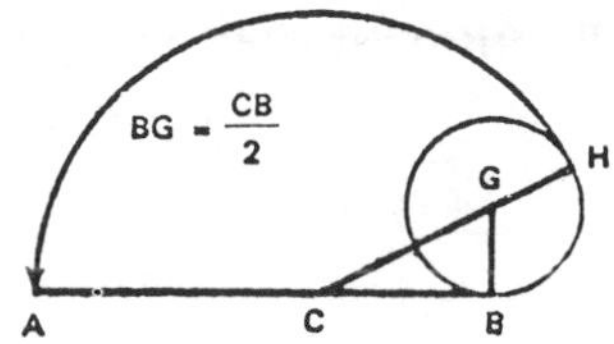

Fig. 94. Traçado da "maior".

*
* *

O Quadrado Oblongo, tal como definimos acima, não só está relacionado com a Estrela Flamejante, como permite que a tracemos.

Construamos primeiro o Quadrado Oblongo sobre a reta AB (fig. 95) usando o processo do *segundo caso.* Teremos o retângulo AEFD e as pontas B e C, que unimos por uma reta.

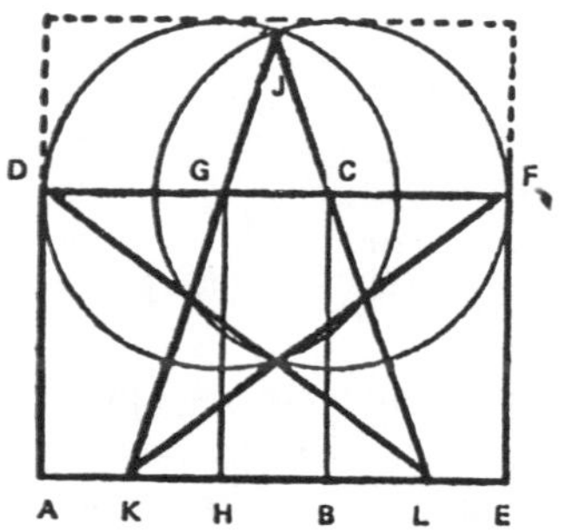

Fig. 95. Pentagrama e quadrado.

Transportando os comprimentos CF e BE para DG e AH, teremos os pontos G e H simétricos a C e B; juntemos os pontos G e H por uma reta.

Notaremos que os pontos D, G, C, F, determinam um dos lados do Pentagrama.

Tomando os pontos G e C como centro, tracemos as duas circunferências de raios GD e CF que se cortam em J e teremos três ápices da Estrela.

Tracemos a reta JK passando por G e JL passando por C, e teremos determinado dois outros lados da Estrela.

Basta agora juntar K a F e L a D para ter a Estrela completa.

A descrição desse traçado à primeira vista pode parecer complexa, contudo ele é de uma extrema simplicidade; basta executá-lo para se dar conta disso.

Notaremos assim que a Estrela Flamejante pode ser traçada num quadrado (face da Pedra Cúbica); quatro dos pontos unem as faces laterais e inferiores e os dois círculos diretores são tangentes à face superior.

Existe aí uma relação metafísica do mais elevado interesse. A Estrela Flamejante, signo dinâmico da Natureza e do Homem, não "toca" os "planos superiores"; somente os círculos, traçados com o "Compasso" (o Espírito) permitem fazê-lo.

*
* *

Se quisermos traçar rapidamente um pentagrama, sem cuidar muito da exatidão matemática, basta fazer (fig. 96) DG e GC assim como CF na relação de 3 a 5 e traçar os dois círculos de raios GD e CF. As retas LGN, LCO, DMO e FMN serão os lados do Pentagrama.

Isso resulta do valor numérico do Número de Ouro: 1.618.

Pode-se, com efeito, estabelecer a seguinte proporção:

$$\frac{1}{1.618} = \frac{3.015}{5}$$

A relação 3 a 5 é, portanto, suficiente quando não se pretende uma precisão rigorosa.

Notaremos que o número do Aprendiz é 3 e o do Companheiro 5 e que, com a ajuda desses dois números, torna-se fácil a construção do Pentagrama.

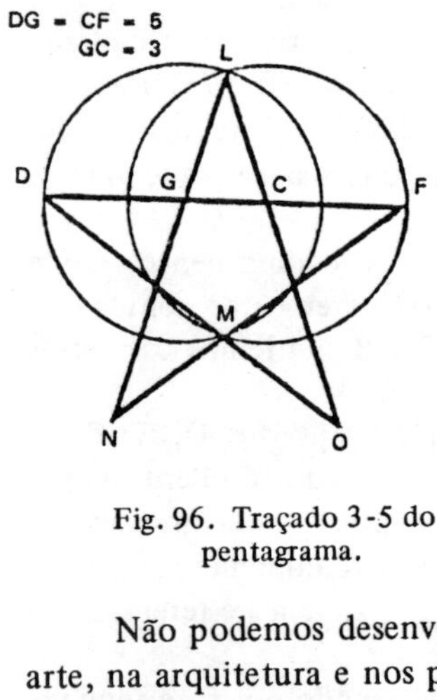

Fig. 96. Traçado 3-5 do pentagrama.

Não podemos desenvolver aqui todas as aplicações do Pentagrama na arte, na arquitetura e nos produtos da Natureza. As proporções do Número de Ouro se encontram em tudo o que produz no homem uma sensação de harmonia e de beleza, e sua utilização é de grande fecundidade[29].

*
* *

A Estrela Flamejante só é conhecida na Maçonaria – pelo menos em princípio – pelo Companheiro e nesse grau, precisamente, as romãs que encimavam habitualmente as duas Colunas são substituídas por duas *esferas.* Não estaria aí uma indicação? As retas GH e CB do Quadrado Oblongo (fig. 95) com os dois círculos cortando-se em J permitem que se trace a Estrela Flamejante.

Em certos Rituais, coloca-se uma esfera celeste e uma esfera terrestre *sobre o Altar.* Essas esferas assim deslocadas das colunas perdem todo o seu significado.

Em seu *Rituel du grade de Compagnon*, Ragon escreve:

"Por que as esferas substituem, no alto das Colunas, os frutos da romãzeira?" E responde: "Porque, nesse grau *científico* (?), essas esferas simbolizam a harmonia do universo e designam o gênero de estudo a que o Companheiro deve se dedicar".

Essa "explicação", que não é a única, é uma confissão de ignorância.

Plantageneta e Wirth não falam, em seus manuais, das esferas que encimam as Colunas.

Guillemain de Saint-Victor[30], em seu *Catéchisme des Compagnons,* pergunta: "O que sustinham as Colunas?" e dá esta resposta: "Globos em forma de esfera, semeados de lírios e de frutos da romãnzeira"... sem outra explicação.

*
* *

O "brilho" da Estrela Flamejante não está na representação das chamas que a rodeiam. Esse "brilho" está nela própria, como conseqüência de sua universalidade. Por outro lado, ao representarem a Estrela sem os traços do Pentagrama, fizeram desaparecer ao mesmo tempo a continuidade de seu traçado "recruzado" e seu valor esotérico. Pode-se até dizer, sem exagero, que quanto mais ela "brilhava", mais perdia seu brilho real, e quando atribuíram os cinco sentidos às suas cinco pontas, a infeliz estrela não teve mais nenhum... sentido!!!

Fig. 97. A Estrela flamejante.

Jean Kotska, *aliás* Jules Doinel, diz-nos com o que se relacionam os cinco sentidos do grau de Companheiro:

"A vista é a percepção do mundo luciferiano". O olfato é a percepção do "bom odor luciferiano" que se opõe ao bom odor de Jesus. O tato é a percepção da ação demoníaca sobre a carne e da ação demoníaca sobre o espírito. O gosto é a percepção antecipada desse pão e desse vinho satânicos que, mais tarde, o cavaleiro Rosa-Cruz deve romper e beber na ceia do 18º grau. O ouvido é a percepção da voz de Satã[31]."

Essa mesma abundância de adjetivos "luciferianos" e "satânicos" indica no autor menos uma grande penetração que um desequilíbrio bem acentuado; e quando ele diz que a Estrela Flamejante é o próprio Lúcifer, ele não nos dá de modo algum a impressão, como ele se vangloria, de que acaba de nos revelar segredos formidáveis!

Para Léon Meurin[32]: "A Estrela Flamejante representada por um transparente *diante do qual os Franco-Maçons se ajoelham para adorar* (?!) relaciona-se com o maniqueísmo de onde se originaram muitos dos símbolos maçônicos".

Os Franco-Maçons não *se ajoelham* diante da Estrela Flamejante; pelo menos, ao que sabemos. Mas como Mgr Léon Meurin tomou suas fontes de informação nas obras de Paul Rosen e Léo Taxil, não é de admirar que ele se torne devedor, com toda a sua gravidade episcopal, de tais inépcias.

Contudo, nesse domínio, é o padre Lecanu que leva a palma, sem dúvida alguma:

"As insígnias da Franco-Maçonaria surgem em toda parte, diz ele: no frontispício dos monumentos públicos e no peito dos melhores homens, mesmo dos príncipes da Igreja: a Estrela (e não a Cruz da Legião de Honra) é, não um dos emblemas, mas o emblema da franco-maçonaria, escolhido de propósito por aquele que se dizia o homem do destino, que se fez receber como franco-maçom e colocou sua imagem no centro da Estrela; quando ele dizia "minha estrela", expressão que se repetia muitas vezes em sua conversa, ele falava em logogrifo.

"O impudico gênio que paira sobre a coluna de Julho, e segura as extremidades de uma corrente, é o mesmo emblema: a estrela da franco-maçonaria, de uma dimensão colossal, encima a enorme grade da enfermaria geral, na Salpêtrière. O mais esplêndido monumento fúnebre do cemitério Montparnasse é a pirâmide franco-maçônica que se levanta na entrada.

"A barreira da Estrela, o Arco de Triunfo da Estrela são nomes emblemáticos, que significam sempre franco-maçonaria. Assim, toda Paris está presa em suas malhas[33]."

O padre Lecanu, infelizmente, omitiu o magnífico pentagrama invertido da grande rosácea da Catedral de Amiens, jóia maravilhosa da arte cristã da Idade Média. Ele poderia também ver em toda parte o Delta luminoso dos Franco-Maçons... e tê-lo-ia encontrado até nas igrejas.

Não se sabe o que mais se deve admirar nesses autores: se sua candura ou sua tolice. Seria o caso de perguntar: para que público podem endereçar-se semelhantes elucubrações?

Mgr Gaume, em *Les Mystères du Diable dévoilé* (1880), cita uma passagem de outro bispo, Mgr de Ségur, que afirma com a maior seriedade deste mundo:

"Muito recentemente, foi descoberta a existência de uma espécie de subfranco-maçonaria, inteiramente organizada, com a finalidade exclusiva de combinar os meios de destruir a fé da forma mais eficaz e mais segura. A seita está dividida em pequenas seções de doze a quinze membros cada, não mais, por medo de despertar a atenção. Seus membros são recrutados entre os literatos, ou pelo menos entre as pessoas que, por sua posição, talentos ou fortuna, exercem em torno delas alguma influência. Os chefes de seção não residem nos lugares das reuniões, mas em Paris, que é o seu centro de ação. Coisa horrível! Cada adepto, para ser agregado, deve levar, no dia de sua iniciação, o Santíssimo Sacramento do altar e esmagá-lo aos pés diante dos irmãos."

Seria fácil demais multiplicar as citações de autores católicos que dão testemunho desse fanatismo antimaçônico tão grosseiro. Não faremos essa crueldade.

*
* *

Demos acima as definições de Ragon e as dos Rituais a respeito da Estrela Flamejante.

Eis mais algumas:

A de Guillemain de Saint-Victor: "A Estrela Flamejante é o centro de onde parte a verdadeira luz[34]".

A de Gédalge: "A Estrela Flamejante representa a luz, iluminando o discípulo dos Mestres, o operário capaz de servi-los utilmente; ela é portanto o signo da Inteligência e da Ciência[35]".

A de um Memento maçônico: "A Estrela Flamejante é o emblema do pensamento livre, do fogo sagrado do gênio, que eleva o homem às grandes coisas[36]".

Essas definições lapidares não são falsas; elas só são incompletas e, por isso mesmo, não podem levar à compreensão do símbolo.

Oswald Wirth observa com muita justiça[37]: "O Pentagrama não parece ser um símbolo de origem puramente maçônica. Os construtores tomaram-no de empréstimo à escola de Pitágoras, juntamente com o culto dos números sagrados, a menos que o próprio filósofo não se tenha inspirado em tradições construtivas, sistematizando-as. O que é certo é que o Pentalpha[38] é encontrado em grande quantidade de pedras gravadas; trata-se de um signo mágico relacionado com os poderes da vontade humana. Os arquitetos da Idade Média atribuíam particular importância a essa figura, em razão das proporções misteriosas que ela lhes fornecia. Menos preocupados com a geometria prática, os Franco-Maçons especulativos afastaram-se das formas rígidas do Pentagrama, cujos contornos animaram, ondulando-os segundo o uso do estilo *flamboyant*. Sua primitiva *Estrela Flamejante*, que se conservou simples, deveria assim flamejar por si mesma em suas pontas quíntuplas. Mais tarde, pretendeu-se voltar ao astro retilíneo, adornando-o com um flamejamento intersticial."

*
* *

É fácil desenhar o pentagrama com um único risco, começando pelo ápice (fig. 98).

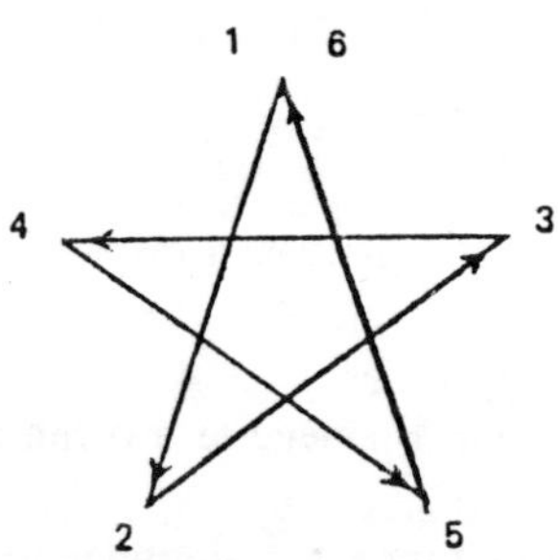

Fig. 98. Traçado "iniciático" do pentagrama.

Passa-se da União primordial, em 2, a divisão, a separação. Trata-se da queda do espírito na matéria, queda que acontece pela "esquerda"; queda rápida, quase vertical.

De 2, sobe-se até 3, mais lentamente, o que equivale a dizer que o espírito organiza a matéria não sem encontrar numerosas dificuldades.

De 3 a 4 estabelece-se um estado de equilíbrio transitório; mas esse estado tende para a esquerda, portanto, para uma instabilidade cada vez maior.

Num esforço para a direita, passa-se de 4 a 5: é uma nova queda, mais lenta que a primeira, na qual o Homem pode dar toda a sua dimensão.

Enfim, de 5 a 6, retorna-se à Unidade, tendo assim realizado o ciclo completo de uma dupla involução e de uma dupla evolução.

O Pentagrama, repetimo-lo, é um símbolo "dinâmico", enquanto que o Selo de Salomão, ou Hexagrama, é "estático".

Notar-se-á que os números ímpares 3 e 5 estão à direita e que os números pares 2 e 4 à esquerda. Ora, os números ímpares são chamados de masculinos, ativos e benéficos, enquanto os pares são chamados de femininos, passivos e maléficos. Isso não é absoluto, porque se o número 2 sempre é nefasto, os números 4 e 6 não têm esse caráter. Entre os romanos, o segundo *mês* do ano era dedicado a Plutão e o *segundo* dia do mesmo mês era o dia de expiação para os manes dos mortos[39].

*
* *

Dentro do âmbito desta obra, não podemos estudar todas as correspondências do Pentagrama. O que dissemos deve bastar para mostrar toda a sua importância.

"Quando o Companheiro, escreve Wirth[40], pode dizer: 'Eu vi a Estrela Flamejante', é porque ele penetrou o grande mistério do segundo grau da Iniciação. Tanto pior para ele, se ele não viu nada mais além de um transparente enfeitado com um pentagrama em cujo centro se vê a letra G. Esse símbolo não é mentiroso e se relaciona muito corretamente com o que um verdadeiro iniciado, instruído pelo Ritual, deve saber pressentir. Porque o verdadeiro *pressentimento*[41] impõe-se a quem não quer continuar profano."

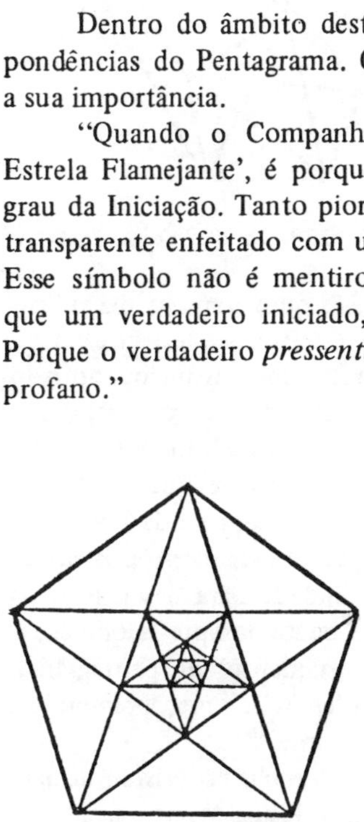

Fig. 99. Inscrições sucessivas de pentagramas.

"Pode-se ainda observar, diz Plantageneta[42], que não é por acaso que às vezes coloca-se a Estrela no centro de um pentágono que representa *a frente de um caixão*[43]. Unindo entre si as cinco pontas do símbolo (fig. 99), um segundo ataúde se revela, e depois um terceiro, se prolongarmos suas pontas até o centro[44]. O que dizer disso, senão que o conhecimento vivo da letra G não pode ser adquirido, e jamais foi adquirido, senão depois de termos passado três vezes pela morte simbólica que assinala a passagem de um plano a outro, depois de nos termos desembaraçado triplicemente dos erros engendrados pela ignorância, da intolerância que suscita o fanatismo e da tirania das fórmulas sociais que perseguem a razão?"

Esses comentários, nos quais vemos aparecer a Ignorância, a Intolerância e a Tirania, nem por isso nos satisfazem. Podemos ainda admitir, em rigor, que o perfil pentagonal de um ataúde, no qual se pode inscrever a Estrela, indica que a morte é indispensável à vida e que toda morte contém em si uma promessa de vida.

O padre E. Bertaud afirma[45] que, se os Franco-Maçons escolheram a estrela de cinco pontas como símbolo, "foi para significar o homem livre, alforriado da autoridade dos dogmas e de Deus, não aceitando outras leis que as da razão nem outros conhecimentos que os da Ciência, e da ciência materialista."

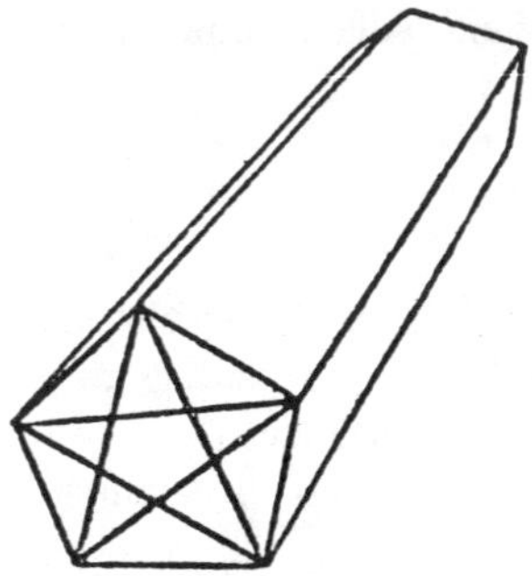

Fig. 100. Caixão "pentagonal".

É ir um pouco depressa demais e desconhecer ao mesmo tempo os princípios que regem a Maçonaria e o esoterismo do Pentagrama.

O mesmo autor escreve mais adiante: "Posso explicar-vos aqui também por que a maçã simboliza o pecado de nossos primeiros pais que, como se diz vulgarmente, 'comeram a maçã', o fruto proibido do Paraíso terrestre? Esse simbolismo da maçã advém do fato de ela conter em seu meio, formado pelos alvéolos que encerram as pevides, uma estrela de cinco pontas, o que podeis constatar, se já não o sabeis, cortando uma maçã horizontalmente, isto é, perpendicularmente ao eixo indicado por seu pedúnculo. É por isso que os iniciados fizeram dela o fruto do conhecimento e da liberdade. E, portanto, 'comer a maçã' significava, para eles, abusar da própria inteligência para conhecer o mal, da própria sensibilidade para desejá-lo e da própria liberdade para praticá-lo. Mas, como quase sempre acontece, o vulgo toma o símbolo pela realidade. O 'encerramento' do pentagrama, símbolo do homem-inteligência, no interior da 'carne' da maçã, simboliza, além do mais, a involução do espírito da matéria carnal[46]".

O padre Bertaud parece ignorar que, no simbolismo cristão antigo, a Virgem Maria oferece uma 'maçã' ao menino Jesus: "uma maçã que, diz o padre Auber[47], pintores mal informados transformaram, depois, num globo terrestre. Essa maçã seria muito facilmente reconhecível pelos apêndices que lhe deram, cuidadosamente, os primeiros pintores cristãos, que jamais a privaram de seu pedúnculo nem sequer de uma folha da árvore a ele ligada. Muito freqüentemente, pelo contrário, nossos artistas modernos, para quem a idéia simbólica era letra morta, reproduziram o fruto sem compreendê-lo e fizeram dele uma simples bola. Poderíamos, ainda, considerá-lo rigorosamente como o símbolo do mundo, entregue, desde o nascimento do Menino Jesus, ao seu poder e à sua direção".

A simetria pentagonal da maçã pode ser encontrada em muitos vegetais; aliás, *pomum*, em latim, quer dizer *fruto* em geral, e não apenas o fruto da macieira. *Pomona* era a divindade dos frutos e dos jardins. *Malum* significa mais especialmente a maçã, mas também a forma de um fruto: da laranja, da romã, do pêssego, etc. Fez-se um jogo de palavras com o vocábulo *malum*, que significa ao mesmo tempo *mal* e maçã; no primeiro caso, a primeira sílaba é breve; no segundo, longa.

Discutiu-se demorada e inutilmente sobre a verdadeira espécie da "Árvore do Bem e do Mal"; dela se fez ora uma macieira, uma figueira, uma romãzeira, uma laranjeira, etc. O Gênese, como sabemos, ensinava-nos que havia duas árvores no meio do Éden: a Árvore da Vida e a Árvore do Conhecimento do Bem e do Mal, ou Árvore da Ciência.

O Pentagrama ou Estrela Flamejante é um símbolo de uma amplidão extrema, cujos mistérios todo Companheiro deve perscrutar com dilecção[48].

4. A LETRA "G"

No centro da Estrela Flamejante está colocada a letra "G". Essa letra é incontestavelmente um enigma maçônico, e sobre ela paira um mistério que provocou um número infinito de interpretações e comentários, às vezes judiciosos, mas muitas vezes também muito fantasiosos.

Fig. 101. A estrela flamejante e a letra "G".

A letra G, em sua grafia atual, é de origem recente. Primitivamente, o G tinha o mesmo valor fonético do C; é assim que, no latim, encontramos indiferentemente as formas *Caius* ou *Gaius*, *Cnoeus* ou *Gnoeus*, etc. Quando o C se tornou quase que absolutamente um homófono do K, fez-se sentir a necessidade de representar o som G por uma nova letra. Foi na segunda metade do século V de Roma que se inventou essa letra que, visivelmente, é uma simples modificação do C[49].

Para Ragon[50]: "A letra G, quinta consoante do alfabeto, é a inicial da quinta ciência: a *geometria*. É nela e nas matemáticas que vamos buscar o brilho dessa verdade luminosa que deve espalhar-se sobre todas as operações do espírito. Entre diversos povos do Norte, é a inicial do Grande Arquiteto do Universo. Essa letra tomou o lugar do *iod* hebraico, inicial de Ihoah (Jehovah), de que se serviam, por abreviação, os Hebreus. Reconhecemos ainda o trigrama *Iod* entre os povos do Norte, nos nomes que eles dão a Deus: o sírio diz *Gad*; o sueco, *Gud*; o alemão, *Gott*; o inglês, *God*; o persa, *Goda*, derivado do prenome absoluto que significa *ele-mesmo*[51]. De *Gott*, os alemães fizeram o adjetivo *gut*, bom, bem, e *gotz*, ídolo. Os gnósticos (conhecedores ou clarividentes) possuidores da *Gnose*, ou verdadeira ciência, têm a mesma inicial".

Wirth observa[52]: "Não se fala da Estrela Flamejante ou da letra G em nenhum ritual anterior a 1737, época aproximada na qual esse emblema foi adotado pelas Lojas francesas, apaixonadíssimas pela filosofia hermética. Além do mais, os Maçons do século XVIII professaram imediatamente uma espécie de culto pela letra G, em relação à qual, segundo os termos dos mais antigos catecismos franceses, eles declaravam se terem feito receber como Companheiros. Quanto ao significado dessa letra, seria preciso buscá-lo nas palavras: *Glória, Grandeza, Geometria* (Glória para Deus, Grandeza para o Mestre da Loja, Geometria para os Irmãos)".

Alhures, Wirth explica[53]: "A letra G é a terceira nos alfabetos mais antigos; primitivamente, ela teve a forma de um esquadro. Em sua forma latina, ela acrescenta ao esquadro uma circunferência aberta. O ideograma alquímico do Sal transforma-se em G, quando desenhado por um único traço, sem que suas extremidades se toquem; mas, unindo o círculo ao esquadro, a forma usual da letra G consegiu acabar de seduzir os criadores do simbolismo moderno" (fig. 102). Lembremo-nos de que, para Wirth, o Sal significa "a Sabedoria que concebe" e notemos que essa interpretação ideográfica é destituída de qualquer fundamento.

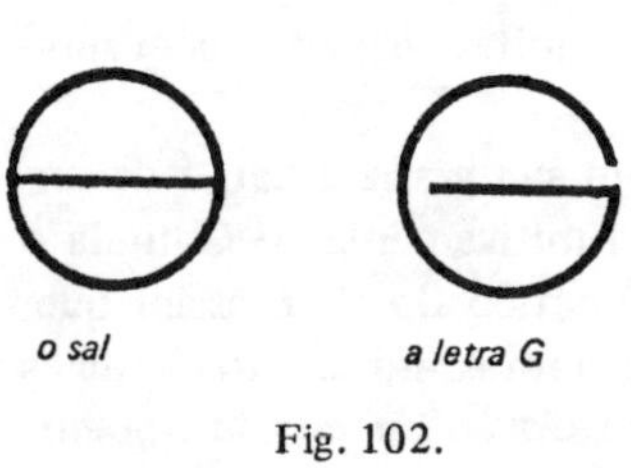

o sal *a letra G*

Fig. 102.

Um autor que não parece ser Maçom, já que não faz nenhuma alusão à letra G na Maçonaria, François Haab, diz que a letra G, *em sua verdadeira grafia* (?), se decompõe em dois signos, C e I, sendo o I a "matriz" ou o cordão umbilical que ainda segura o recém-nascido. "Melhor ainda, diz ele, a letra G desenha a Mãe curvada sobre a Criança que ela mostra[54]." Há necessidade de refutar semelhantes imaginações?

Os Rituais modernos dão cinco significações para a letra G: *Gravitação – Geometria – Geração – Gênio – Gnose.* Aliás, é a essa enumeração que Bédarride limitou seu estudo da letra G, e as 121 páginas de seu tratado moralizador parecem-nos bem vazias[55].

Fig. 103. A estrela flamejante e o gamma grego.

E. de Ribaucourt acha que a letra G da Estrela Flamejante nada mais é do que o *Gamma* maiúsculo que tem a forma de um esquadro.

Ele escreve: "Essa letra perpetuou-se nos primeiros séculos da era vulgar entre as sociedades simbólicas, que seria inútil enumerar; enfim, foram nossos ancestrais, os franco-maçons de profissão, construtores de igrejas, mais preocupados com a forma do que com o fundo, que adaptaram o seu símbolo, o esquadro, a seus mistérios, e substituíram o símbolo geométrico do esquadro pelo símbolo antigo da letra *gamma.* A forma era a mesma, mas o símbolo mudava de significado. Por isso, os franco-maçons que os substituíram sentiram a necessidade de restabelecer a letra *gamma,* tomando porém como símbolo a letra G, a quinta consoante de nosso alfabeto. Esse G foi, portanto, o equivalente do *gamma* grego. As duas letras, G e *gamma,* tinham, aliás, a mesma consonância[56]".

Para os anglo-saxões, muito deístas, a letra G não pode ser outra senão a inicial de *God,* Deus.

"A letra G, diz René Guénon[57], que repete o que diz Ragon, deveria ser, na realidade, um *iod* hebraico, pelo qual ela foi trocada, na Inglaterra, como conseqüência de uma assimilação fonética de *iod* com *God,* o que, aliás, não lhe muda o sentido[58]."

Em hebraico, o Ghimel é a terceira letra do alfabeto. O doutor A.-E. Chauvet dá-nos preciosas indicações a seu respeito[59]:

"Esse signo, diz ele, relaciona-se com um princípio ou uma força de *coagulação,* de *condensação,* de *compressão.*

"Ghimel é, especificamente, o símbolo da coagulação. Como resultado das idéias antigas sobre a formação do embrião no seio materno – resultado da coagulação do sêmen paterno – atribuiu-se a Ghimel o simbolismo da geração em todos os mundos; e, acessoriamente, o da *organização* daquilo que foi gerado ou produzido nos mundos naturais criados.

"Do mesmo modo, por extensão do primeiro sentido, ele correspondia ao de *gerado,* singularmente no mundo divino, onde o Gerado e o Gerador não são senão UM, em sua unidade de natureza.

"No mundo divino, Ghimel corresponde ao mesmo tempo ao PAI, gerador, e ao FILHO-VERBO, gerado, que, nos mundos criados, torna-se por sua vez gerador, como princípio na Natureza naturante."

O mesmo autor resume, numa frase, o simbolismo de Ghimel: *Geração em geral na Natureza naturante.*

O doutor Chauvet coloca-nos aqui no caminho de uma explicação possível, e cabalística, da introdução da letra G na Franco-Maçonaria.

Plantageneta observa[60]: "A Letra G é a primeira da palavra *God,* em *inglês.* É evidente que, do ponto de vista iniciático, essa explicação é pueril; pois o esoterismo de um símbolo hermético não pode, em nenhum caso, encontrar sua fonte numa expressão qualquer, tirada da linguagem moderna, seja ela qual for.

"Não é escolhendo aqui e ali, empiricamente, em todas as línguas antigas e modernas nas quais se podem descobrir palavras que comecem por G e entrem mais ou menos no quadro daquilo que se quer demonstrar que é possível torná-las mais convincentes."

Para Nagrodski[61]: "A letra G, colocada no centro da Estrela Flamejante dos Franco-Maçons, nada mais é do que um signo que representa o "nó", signo destinado a sublinhar ou a mostrar com o dedo o traçado geométrico da secção dourada".

E acrescenta: "É permitido supor que a uma outra letra grega, *phi,* cuja forma também lembra um nó, ter-se-ia podido atribuir facilmente as honras que recaem sobre o G. Nesse caso imaginário, passaríamos a falar da "philosofia", da "philantropia", da "philafelphia" (amizade fraternal), etc. Mais tarde, substituiríamos o *phi* grego pelo F latino, o que permitiria que dissertássemos sobre as palavras que começam por essa letra. E, em vez de combinar o G com o venerável número 3 (no alfabeto grego o *gamma* é a terceira letra) escreveríamos e diríamos uma porção de coisas

Fig. 104. A letra G formada por um nó.

sobre o número 21, pois o *phi* é a vigésima primeira letra desse alfabeto".

Só podemos aprovar essas judiciosas reflexões; mas por que Nagrodski teve de dizer, mais adiante:

"Se nos reportarmos ao nó completo, veremos que ele se adapta *quase sem artifício* ao traçado do G Latino"...

Pois é, diria Panúrgio! ...

Rabelais, esse iniciado tão desprezado, deu precisamente a seus personagens nomes iniciados pela letra G: *G*randgousier e *G*argamelle, pais de *G*argantua. Pantagruel é o filho de Gargantua. É a seguinte a etimologia do nome de Pantagruel, de acordo com Rabelais: *Panta,* tudo, e *gruel,* do árabe, alterado. Ele parece jogar, aqui, com as suas palavras *Panta* (tudo) e *Penta* (cinco) e com a palavra "alterado", de *alter,* outro, e *alterare,* mudança; o verbo "alterar" já tinha tomado, no século XVI, o sentido de "excitar a sede". Quanto a Panurge, ele surge sem genealogia no capítulo IX do segundo livro de Rabelais e se revela um conhecedor de todas as línguas do mundo. Seu nome parece formado de *Pan* (tudo) e *ergon* (fazer); ele é, com efeito, uma espécie de factotum, hábil em todas as coisas e em todas as ciências.

Não pretendemos, em absoluto, que Rabelais, que se mostra contudo sob uma luz muito curiosa, sobretudo no quinto livro, com o oráculo da *Divina Garrafa,* prefigurasse, por G e Penta, os arcanos maçônicos que nos pareceram interessantes.

*
* *

Somente em 1737 é que apareceram, diz-se, a Estrela Flamejante e a letra G na Maçonaria, e na Maçonaria *francesa.* Se os Iniciados pretendiam transmitir-nos um segredo, temos de convir que se trata de um segredo muito bem escondido.

Notaremos que a letra G é precisamente a letra inicial da "matéria-prima" na alquimia. Não julgamos ter de dar aqui esse nome que os Adeptos *revelaram*[62] de cambulhada com as palavras: noz de galha, carvalho, tosão, via láctea, etc. O que acabamos de dizer deve bastar "para aqueles que sabem".

A Estrela Flamejante, ativa, rodeando a letra G, mostra o caminho que leva ao Hexagrama, estrela *equilibrada,* ideograma clássico da Pedra Filosofal.

A Estrela Flamejante é, então, a Quintessência, no sentido hermético do termo, e a letra G torna-se a inicial de *Graal*, desse Graal que é o véu do *fogo criador*, fogo que brilha e que "flameja"[63].

Num sentido iniciático, a Estrela Flamejante e a letra G nos mostram o Iniciado em quem o *fogo* é despertado, fogo que pode conduzi-lo ao *Adeptat* caso ele saiba se libertar do sentido puramente moral do símbolo e não se atole nas glosas que abundam em torno dos termos: Glória, Grandeza, Geometria, Gravitação, Geração, Gênio, Gnose, etc.

A Letra "E" do Templo de Delfos

As diversas interpretações dadas à letra "G" na Maçonaria lembram exatamente as discussões relativas à letra "E" do Templo de Delfos. É conhecido o diálogo de Plutarco: *De E apud Delphos*[64], no qual encontramos as seguintes explicações:

1º O E teria sido dedicado, pelos Sábios, para mostrar que eles eram cinco (o E é a quinta letra do alfabeto grego e serve para representar o número cinco) e não sete[65].

2º O E que vem na segunda fileira da lista das vogais designaria o Sol, que ocuparia o segundo lugar entre os planetas, enquanto Apolo é identificado com o Sol, de modo que, finalmente, o E designaria o deus de Delfos[66].

3º *Ei* significa *"se"*, a conjunção interrogativa de que os consulentes se servem em suas perguntas, cada vez que fazem uma pergunta ao oráculo, para saber *se* tal coisa acontecerá ou *se* devem conduzir-se desta ou daquela maneira.

4º *Ei* é usado também no sentido optativo nas orações dirigidas tanto a Apolo como aos outros deuses: "*Se* apenas este acontecimento pudesse ocorrer!"

5º *Ei*, conjunção condicional, constitui uma parte indispensável de todo raciocínio silogístico ("*se* tal proposição é verdadeira, esta outra o é também"); ora, Apolo é um deus filósofo e dialético.

6º O número *cinco*, que designa o E, tem uma importância toda especial tanto na Matemática, como na Fisiologia, na Filosofia e na Música.

7º *Ei* significa também "tu és", excelente modo de saudar a Deus, pois ele, diferentemente dos homens, é dotado da verdadeira existência.

"Nesse tratado, diz R. Flacellière[67], Plutarco procura mostrar a importância do número *cinco*, considerado sucessivamente como a soma do primeiro número par e do primeiro número ímpar depois da unidade; depois como o número "nupcial", soma do número "feminino" (dois) e do número masculino (três); depois como número "natural", imagem da causa primeira do mundo, porque produz continuamente, por multiplicação, um número que termina alternativamente por ele mesmo ou por uma dezena – o que provoca um desenvolvimento sobre a alternância, em Delfos, do culto de Apolo e do culto de Dionísos, alternância interpretada como um símbolo do ritmo do Universo, que estaria sujeito a um vasto incêndio periódico. Depois, Plutarco faz observar que o número cinco tem um lugar privilegiado na ciência da harmonia musical, nas especulações dos filósofos sobre o número dos mundos e dos elementos, que podemos também relacionar com os cinco sentidos do homem, na constituição dos seres animados, formados pelo ponto, as três dimensões e por um princípio espiritual, assim como na sua divisão em cinco classes e sem distinção das cinco faculdades da alma. O número cinco é também a soma da unidade (ou, o que vem a dar no mesmo, de seu quadrado) e do primeiro quadrado, o do número dois."

Encontramos de novo aqui os comentários habituais sobre o número cinco que tantos autores fizeram a propósito da Estrela Flamejante.

A letra G é a sétima de nosso alfabeto e, para assinalar de novo aí a presença do número cinco, diz-se que era a *quinta consoante*; assim os gregos, para encontrar na letra E o número dois, diziam que se tratava da *segunda* vogal.

*
*   *

Portanto, para os antigos gregos, a letra E era um enigma, como a letra G é um enigma para nós. Há poucas chances de que esse tipo de enigma seja um dia resolvido e isso sequer é desejável, pois é próprio dos símbolos despertar e suscitar, de modo subconsciente, uma "iluminação" que não pode ser expressa validamente de modo intelectivo. O que se pode fazer é orientar "os que procuram" no bom caminho, a fim de evitar que se metam em impasses.

5. O "QUADRO" DO COMPANHEIRO

O "Quadro" da Loja do Companheiro é, no seu conjunto, muito semelhante ao quadro da Loja do Aprendiz.

Vuillaume, em seu "Telhador" (1820), diferencia-o pela adjunção da Estrela Flamejante com a letra G, assim como da Régua e do Nível; ele lhe atribui sete degraus, em vez de três, à entrada, e nove nós na corda, em vez de sete; todo o resto do Quadro é semelhante ao do Aprendiz.

Ragon assinala sete degraus no Quadro do Aprendiz e a única diferença que ele assinala é a substituição das romãs que encimam as Colunas J.·. e B.·. por esferas. Vimos acima (p. 247), a explicação que ele dá para essa mudança.

Plantageneta diz que a decoração do Templo permanece praticamente a mesma para os graus de Aprendiz e de Companheiro; mas que não ocorre o mesmo no que toca ao que se chama, indiferentemente, de "Tapete" ou de "Quadro místico" do grau.

"Os detalhes característicos, diz ele[68], que as Associações obreiras fazem aparecer são, ao lado da Estrela Flamejante, três aberturas *livres* e *às vezes* duas esferas que substituem as romãs. Os degraus do Templo são em número de *cinco* ou de *sete.*

"No grau de Aprendiz, continua ele, *as portas*[69] eram-nos apresentadas com grades. Encontramo-las agora abertas, o que interpretaremos como o sinal da libertação do Companheiro. No primeiro grau, ele purifica o espírito mediante um intenso trabalho interior. Agora, ele não só pode fugir de seu isolamento e sofrer, sem perigo, o contacto do mundo exterior, mas, pelo contrário, deve procurar esse contacto a fim de refazer seu próprio conhecimento pela observação, o raciocínio e a meditação. Seu modo de ver as coisas se modificou; ele não vê mais as coisas da mesma forma que quando ainda era um profano. Sua iniciação ao segundo grau valeu-lhe o conhecimento de um método de trabalho fecundo para o acesso à sabedoria, método que, entretanto, só terá valor na medida em que ela puder ser aplicada na prática. A decoração do tapete lembra-lhe que ele não precisa se apressar: as Portas do Templo estão abertas para ele.

"As esferas, uma das quais é terrestre, enquanto a outra é celeste, sublinham ainda essa indicação, mostrando-lhe que o Universo inteiro é que se oferece às suas investigações e representa, daí por diante, o domínio no qual ele terá de trabalhar, caso ele queira realizar a sua 'Pedra Cúbica'."

Parece-nos que as *"portas não gradeadas"* assinaladas por Plantageneta não passam de uma invenção de sua parte, que nenhum documento pode justificar.

Oswald Wirth dá um "Quadro do Companheiro" que comporta *sete* degraus, uma corda com três nós e Colunas encimadas por romãs. Wirth

PRANCHA V. O Quadro do Companheiro.

coloca aí *três janelas gradeadas*; enquanto, como já dissemos, não coloca nenhuma no grau de Aprendiz.

Essas divergências mostram muito bem que estamos longe de chegar a um acordo, não apenas nas "explicações" dos símbolos, mas também no número e na disposição dos mesmos.

*
* *

Explicamos suficientemente os símbolos maçônicos para que se compreendam os motivos que nos permitiram propor o "Quadro" da estampa V.

Nesse "Quadro", as romãs do "Quadro do Aprendiz" foram substituídas por "Esferas"; a Pedra Bruta, pela *Régua* e pelo *Nível*; a Corda compreende *cinco* nós em vez de três. A *Estrela Flamejante* com a *letra G* figura no frontão do Templo. Ficam assim assinaladas as diferenças essenciais entre os dois primeiros graus da Maçonaria.

Cinco é o número do Companheiro, e o número *Sete,* que às vezes lhe é atribuído erradamente, com base nas sete Artes liberais ou nas sete Virtudes que se opõem aos sete Pecados capitais, não pode ser justificado de forma alguma.

A Pedra bruta não deve figurar no "Quadro do Companheiro", como ocorre com a *Régua* e o *Nível,* instrumentos cujo uso ele deve conhecer.

As *Esferas,* que podem ser celeste e terrestre, a primeira colocada sobre a Coluna J.·. e a segunda sobre a Coluna B.·., assinalam, ao mesmo tempo que a universalidade, o uso do Compasso – não só no plano, mas também no espaço – cujo domínio deve ser conquistado pelo Companheiro.

Enfim, a *Estrela Flamejante,* no frontão do Templo, indica que o *Quinário* não substitui o *Ternário,* mas que ele se acha incluído nele, implicitamente, desde a origem. Se o Quinário é o número da criatura e da individualidade, é também o número da atividade criadora do Logos (ternário) expressando-se no finito (binário).

"Cinco, diz Lacuria[70], é a expressão da idéia que Deus tem do não-ser; é a negação de todas as faculdades do Ser, com exceção da inteligibilidade; é o Não-Ser, com exceção da Não-Idéia; é a forma, a matéria."

A Estrela no Delta se ilumina; é o Homem que se coloca dentro do resplendor divino e recebe uma luz "interior" inextinguível que liberta definitivamente o seu espírito.

NOTAS AO CAPÍTULO VI

O COMPANHEIRO

1. Perdiguier faz derivar a palavra *compagnon* [companheiro] de *compas*, mas a etimologia mais comumente admitida é o latim *cum panis*, com o pão, isto é, "que partilham o mesmo pão". Antigamente [em francês], essa palavra se alterou para *"compain"* e, por corruptela, a língua popular manteve o termo *"copain"* [colega], que ainda lembra sua origem, enquanto que os últimos derivados: *copin* e *copine* não são mais inteligíveis.
2. *Aperçus sur l'Initiation*, p. 197 e segs.
3. Citado por A. LANTOINE: *La Franc-Maçonnerie chez Élle*, p. 9.
4. Esse nome parece tirado dos termos da marinha, em que designa o local onde são alojados e alimentados os marinheiros que esperam um armamento num porto.
5. *Le Compagnonnage*, 1901, p. 260.
6. Notas à nova edição das *Mémoires d'un Compagnon*, de Agricol PERDIGUIER, 1943.
7. PERDIGUIER, *le Livre du Compagnonnage*, 1841, t. I, p. 44.
8. Ver, a este respeito, o cap. VII, 2: "A lenda de Hiram".
9. PERDIGUIER, *op. cit.*, p. 40.
10. Provável corruptela de *quatro elementos.*
11. *Des Origines du Grade de Maître dans la Franc-Maçonnerie*, Bruxelas, 28, pp. 22-23.
12. *Rituel du Grade de Compagnon*, p. 17.
13. *Causeries en Chambre de Compagnons*, p. 71 e segs.
14. *Le Livre du Compagnon*, p. 155.
15. *Causeries en Chambre de Compagnons*, p. 79.
16. Essas sete "artes liberais" compunham, na Idade Média, o *trivium* e o *quadrivium* e correspondiam, de algum modo, a uma divisão do saber em letras e ciências.
17. Resta provar que a "Ciência" é realmente um elemento de progresso. Todas as descobertas científicas foram usadas com propósitos de destruição; não existe uma sequer que não tenha servido ao homem para aperfeiçoar os meios de se destruírem mutuamente: a energia intra-atômica não desmerece a série.
18. *Op. cit.*, pp. 81-82.
19. *Rituel du Grade de Compagnon*, p. 35.

20. É fácil notar que citamos freqüentemente Ragon, embora seu simbolismo e seus argumentos sejam semelhantes a velhos acessórios ou a velhos cenários de teatro ultrapassados e muito decepcionantes. Ragon é considerado como um grande clássico da Maçonaria e, sobretudo, do Simbolismo maçônico. Se damos importância às suas obras, ao risco de ridicularizar e de desvalorizar a Maçonaria aos olhos dos profanos, é porque, depois da grande tormenta, na aurora de uma idade nova, é necessário limpar a casa ameaçada por sua ancianidade. Deve ser feito um grande esforço para voltar às fontes do simbolismo verdadeiro e universal; a "tradição" deve ser despojada de seus ouropéis multicores. Os grandes princípios esotéricos, estão afogados debaixo da cretinice de um moralismo lacrimoso. Provocando e participando desse saneamento indispensável, trabalhamos no sentido de uma revalorização cuja necessidade é indiscutível.

21. *Le Pentagramme phythagoricien,* sua difusão, seu uso, no silabário cuneiforme, 1934, p. 5.

22. É preciso toda a imbecilidade e todo o antimaçonismo furioso de um Paul ROSEN para escrever (*Maçonnerie Pratique,* t. I, p. 180): "A Estrela Flamejante, ou *Selo de Salomão* (?), é o emblema criador por excelência. Com efeito, o homem deitado mostra uma protuberância central. A mulher deitada, pelo contrário, mostra uma cavidade central. E sua união, o enlaçamento do *membrum virile* com a *genitalia mulieris,* é dado pela Estrela Flamejante, unindo, pelas necessidades gráficas do contorno fechado da figura, as extremidades que permanecem livres. No centro, a Estrela Flamejante mostra uma letra fenícia (?) equivalente ao Iod hebraico, e representando os dois canais seminais e a uretra, que constituem o essencial do *membrum virile*".

A figura ao lado é a dada por Paul Rosen; ela quase não corresponde à sua "descrição" sugestiva. Aliás, pouco lhe importa, contanto que o leitor fique bem convencido de que a Maçonaria oculta mistérios sexuais vergonhosos!

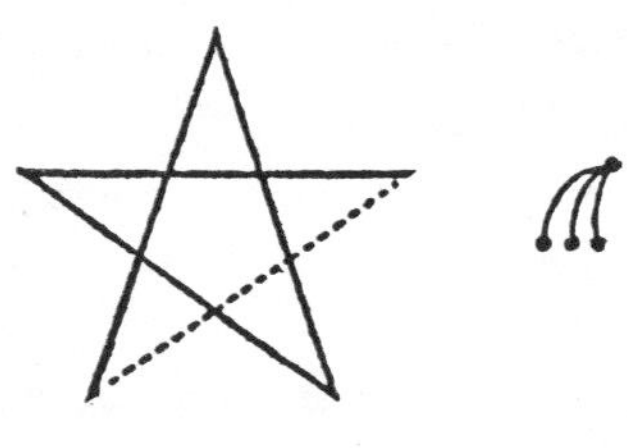
Fig. 85. Desenhos de Paul Rosen.

Os antimaçons sistemáticos, obrigados a abandonar suas acusações de "Satanismo" (Paul ROSEN publicou uma obra intitulada *Satan et Compagnie*), procuraram outro meio de atacar a Franco-Maçonaria. Mas seus processos, que revelam o conteúdo turvo do subconsciente de seus autores e mostram a intensidade de seus "recalques", não podem mesmo iludir ninguém, ou então seria o caso de se desesperar não só do senso crítico, mas do bom senso dos leitores de semelhantes insanidades.

23. Ver *supra: O Delta Luminoso e os Triângulos.*

24. Jamblique cita o caso de um pitagórico que caiu doente numa estalagem e que morreu, apesar dos cuidados que lhe foram prodigados; antes de morrer, esse pitagórico havia mostrado o pentagrama ao estalajadeiro e lhe havia dito que o fixasse à sua porta. O estalajadeiro seguiu-lhe as instruções e, depois, foi generosamente reembolsado de todas as despesas por outro pitagórico em viagem que, percebendo o "sinal", entrou em sua casa.

25. *La Langue Sacrée*, 1934, pp. 186-187.

26. *Le Livre des Symboles*, t. V, 1933, p. 268.

27. Deve-se notar que, sob seu aspecto de "signo de ação", o pentagrama foi escolhido como símbolo da U.R.S.S., que lhe deu a cor vermelha, enquanto a ordem militar soviética, chamada "Ordem da Bandeira Vermelha", tem como símbolo um pentagrama invertido, isto é, com as duas pontas para cima. Os U.S.A. também escolheram o pentagrama como símbolo e lhe deram a cor branca.

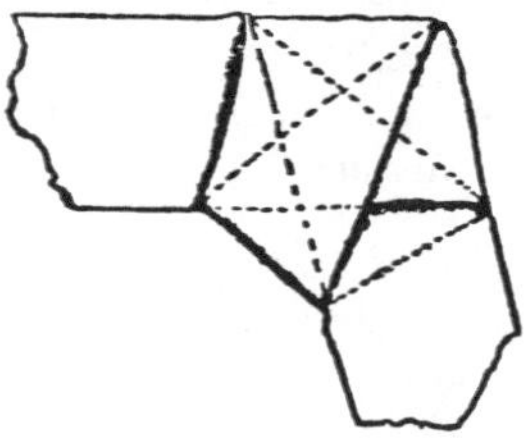

Fig. 90. O nó de papel.

É interessante notar ainda que, dobrando uma fita de papel exatamente como se faria com um barbante, obtém-se um pentágono; e, dobrando outra vez uma das extremidades da fita por trás do nó, pode-se ver por transparência um pentágono de uma perfeita exatidão (fig. 90). Essa dobradura seria devida a Urbano d'Aviso (E. FOURREY, *Procedés originaux de constructions géométriques*, 1923, p. 125 e segs.).

28. Ver *supra*, *O Quadrado Oblongo*, fig. 51.

29. Ver *De l'Architecture Naturelle*, *op. cit.*, p. 9.

30. *Recueil Précieux*, p. 57.

31. *Lucifer Démasqué*, p. 218.

32. *La Franc-Maçonnerie, Synagogue de Satan*, 1893, p. 138.

33. Abbé LECANU, *Revue Catholique*, t. XI, pp. 238-239, citado no *Bulletin des Ateliers Supérieurs*, 1936, p. 60.

34. *Précieux Recueil*, p. 60.

35. *Dictionnaire Rhéa*, art. "Etoile Flamboyante".

36. *Petit Mémento Maçonnique*, 1921, p. 48.

37. *Les Mystères de l'Art Royal*, 1932, p. 197.

38. O Pentagrama às vezes é chamado de "Pentalpha", isto é, formado por cinco "alphas" (primeira letra do alfabeto grego, idêntica à nossa letra A) entrecruzados.

39. O *dia dos mortos*, entre nós, foi marcado para o dia 2 de novembro; enquanto que o 1º de novembro é a festa de Todos os Santos.

40. *Les Mystères de l'Art Royal*, p. 192.

41. Diríamos, mais justamente, parece-nos, "*intuição*" (J. B.).

42. *Causeries en Chambre de Compagnons*, p. 148.

43. Esse simbolismo do ataúde de forma pentagonal está longe de ser universal e só tem valor para uma época relativamente recente de nossa civilização ocidental, ou melhor, européia (J. B.).

44. Plantageneta pára no "terceiro" ataúde, no terceiro pentágono; mas poderíamos continuar indefinidamente, com uma sucessão ininterrupta de estrelas "ativas" e "passivas".

45. *Etudes de Symbolisme dans le Culte de la Vierge,* 1947, p. 23.

46. *Op. cit.,* p. 24.

47. *Hist. et Théorie du Symb. religieux,* t. IV, p. 132-133.

48. G. RICCIOTI pretende (*Histoire d'Israël,* t. I, trad. P. AUVRAY, nova ed., 1947, p. 368) que a *aula* do Templo de Salomão estava separada na *cella* por um tabique de madeira de cedro no qual se abria uma "porta pentagonal", e que a porta que levava do vestíbulo à *aula* era quadrangular.

Não acreditamos que G. Riccioti, cônego regular de São João de Latrão, se tenha inspirado na "mística maçônica" para imaginar uma porta "pentagonal" que nenhum texto menciona. Observaremos que semelhante "porta" só poderia ser fechada por uma cortina, pois as dobradiças oblíquas impediriam que as meias-portas se fechassem.

Nenhuma escavação, até hoje, permitiu a descoberta de vestígios do Templo de Salomão, e é pouco provável que algum dia se descubram; convém, portanto, não acolher, senão com extrema prudência, as alegações relativas a esse Templo, venham de onde vierem.

49. Nas antigas medidas francesas, G era a abreviatura de *gros,* subdivisão da libra, igual à oitava parte de uma onça, ou seja, pouco mais ou menos 4 gramas; "g" era a abreviatura de *grão*, o menor dos antigos pesos, valendo a vigésima quarta parte do escrúpulo, ou seja, cerca de O gr. 053.

G indicava o tom do sol na antiga solmização francesa: G-ré-sol, em vez de sol-si-ré-sol. G indica a nota na notação musical dos alemães e dos ingleses.

Como sinal de ordem, a letra G indica a sétima fila.

De acordo com a kabbala, G tinha numericamente o valor de 400 e, encimado por um traço horizontal, o valor de 40.000.

No cômputo eclesiástico, G é a última das sete letras dominicais e assinala o domingo.

A letra G é encontrada nas antigas moedas; nas moedas francesas, é a marca das peças cunhadas em Poitiers; nas moedas suíças, indica Genebra e, nas moedas prussianas, Stettin.

Observemos ainda que, em Física, a letra "g" representa a intensidade do peso, inicial, sem dúvida, de gravidade (*gravitas,* peso).

50. *Rituel du Grade de Compagnon,* p. 33 e segs.

51. Deve-se notar que os sírios e os persas são classificados por Ragon entre os "povos do Norte", o que parece algo abusivo.

52. *Le Livre du Compagnon,* p. 48.

53. *Les Mystères de l'Art Royal,* p. 198.

54. *Divination de l'Alphabet Latin.* Introdução ao conhecimento do simbolismo hieroglífico das letras, 1948, p. 25.

55. *La Lettre G,* 1929.

56. E. DE RIBAUCOURT, *La Lettre G,* 1907.

57. *La Grande Triade*, p. 169.

58. René Guénon raciocina aqui de um modo talvez muito candidamente analógico e assonanciado, que satisfaria rigorosamente um "especialista" como M. Paul Le Cour, mas que não prevalece sobre a nossa convicção.

59. *Esotérisme de la Genèse,* t. I, 1946, pp. 139-140.

60. *Causeries en Chambre de Compagnon,* p. 152.

61. *Le Secret de la lettre G,* 1935.

62. *Revelar,* propriamente re-velar, não deve ser confundido com *desvelar,* tirar o véu.

63. FULCANELLI, em *Les Demeures Philosophales,* 1930, p. 287, diz a respeito do Fogo:

"Pretender que o fogo provém da combustão é revelar um fato de observação corrente, sem fornecer-lhe a explicação. As lacunas da ciência moderna decorrem, em sua maioria, dessa indiferença, desejada ou não, a respeito de um agente tão importante e tão universalmente difundido. Que pensar da estranha obstinação, observada por certos sábios, em desconhecer o ponto de contacto que ele constitui, o traço de união que ele realiza entre a Ciência e a Religião? Se o calor nasce do movimento, como se pretende, quem então, perguntaremos nós, gera e mantém o movimento, produtor do fogo, senão o próprio fogo? Círculo vicioso, de onde materialistas e céticos jamais poderão escapar. Para nós, o fogo não poderia ser o resultado ou o *efeito* da combustão, mas sua verdadeira *causa.* É mediante a sua libertação da matéria grave, que o mantinha encerrado, que o fogo se manifesta, dando lugar ao fenômeno conhecido pelo nome de *combustão*."

64. Cf. Robert FLACELLIÈRE, *Sur l'E de Delphes* de Plutarco. Texto e tradução com uma introdução e notas, 1941.

65. Enumeram-se habitualmente os sete "sábios" seguintes: Tales de Mileto, Pittacos, Bias, Cleóbulo, Mison, Chilon e Sólon.

66. Esse Templo era dedicado a Apolo. Situava-se ao pé do Parnaso; seus oráculos eram célebres.

67. *Op. cit.*, p. 3.

68. *Causerie en Chambre de Compagnon,* p. 127.

69. Dissemos acima que não se tratava de *portas,* mas de janelas, se nos ativermos ao texto bíblico.

70. *Les Harmonies de l'Etre exprimées par les nombres,* 1847, t. I, p. 36.

VII

O MESTRE

1. A ARTE REAL

O grau de Mestre constitui o terceiro e último grau da Maçonaria azul.

Teoricamente, o Mestre Maçom conhece e põe em prática todos os segredos da *Arte Real.* É o que explica Gédalge, quando diz[1]: "A colocação em prática do processo iniciático muitas vezes foi chamado de *Arte Real,* sem dúvida porque faz do iniciado um Rei, um "Mestre" de si próprio e da Natureza[2]".

Henri Gray procura uma explicação puramente materialista da expressão "Arte Real". Ele escreve:

"Os Canteiros haviam trabalhado para levantar suas obras-primas a mandado dos reis e dos príncipes da Igreja. Por mais privados de instrução que se possa imaginá-los na Idade Média, suas tradições escritas não lhes deixavam ignorar que sempre havia sido assim em todos os tempos e entre todos os povos em que Reis e Padres haviam honrado a Arquitetura. Esse é o motivo pelo qual as palavras *"Arte Real",* que servem para designar *impropriamente* a Franco-Maçonaria, aplicam-se, na realidade, à Arte de construir[3]."

Esse autor, percebendo o que essa fórmula possuía de demasiado absoluto, diz, com uma vontade evidente de minimizar as teses que não são as suas:

"Os apreciadores das Ciências ocultas pretendem que essas ciências constituíam monopólio exclusivo dos Reis e Padres da antigüidade, e que foi porque elas encontraram refúgio na Franco-Maçonaria que essa Sociedade merece ser chamada de *"Arte Real"*[4].

Em contrapartida, estamos de acordo com ele quando afirma:

"Como as razões mais simples nunca foram as melhores, Reboľd (*Hist. de la Franc-Maçonnerie*) conta-nos que Carlos II da Inglaterra, recebido como Maçom durante seu exílio, foi elevado ao trono em 1660, e que é por esse rei que a Franco-Maçonaria foi chamada de *"Arte Real"*, por ter sido ela a principal colaboradora para a restauração do trono."

Parece claro que essa explicação não deveria ser levada em conta; ela é demasiado "particularizante" e não corresponde ao espírito geral da Maçonaria.

Plantageneta, que vê nos Rosa-Cruzes os fundadores da Maçonaria especulativa, diz:

"Resulta daí que, para eles, a *Arte Real* não podia ser senão a arte de governar sob o signo do Verbo Solar, isto é, não pela força, mas pelo espírito; não as nações, mas a humanidade; não no infinito do Cosmos, mas no quadro restrito do mundo terrestre. Eles atribuíram a prática da *Arte Real* à Franco-Maçonaria porque o exercício do poder havia corrompido os Reis e porque o "direito divino", sob o qual edificava-se o seu privilégio, não passava de uma fórmula vazia de realidade desde o dia em que deixara de ser a expressão profana de uma Sabedoria viva adquirida pela Iniciação. Eles renovaram igualmente esta última em nossos Templos, porque as Igrejas, profanando as religiões, obnubilaram-lhe o esoterismo e trivializaram-lhe os ensinamentos[5]."

Esse autor fornece, a seguir, uma prova que nos parece quase decisiva:

"Quando traduzimos, diz ele[6], a abreviação R.·. L.·. por 'Respeitável Loja' cometemos um erro flagrante. Para ficarmos fiéis à tradição precisaríamos dizer 'Real Loja' e a prova disso nos é fornecida pelos nossos mais antigos Rituais. Podemos notadamente encontrar um exemplar, datado de 1786, na Biblioteca do Grande Oriente. A expressão "Real Loja" aparece aí, integralmente transcrita, na Obrigação prestada pelo profano, assim como na fórmula de recepção utilizada pelo Venerável."

Esse adjetivo "real" parece-nos, no caso presente, ter a mesma importância que a qualificação de nossa Grande Biblioteca, que foi sucessivamente "real", "imperial", "nacional", de acordo com o governo do momento.

Enquanto que "respeitável" poderia muito bem ser a palavra exata, se considerarmos o substantivo "respeitabilidade" e se levarmos em conta a extrema deferência que os ingleses – os primeiros a organizar uma Grande Loja – têm para com a palavra *"respectability"* e por tudo o que ela representa[7].

Oswald Wirth explica do seguinte modo a expressão *Arte Real:*

"Trata-se de um segredo religioso que os construtores transmitiram entre si, segredo que deixou de ser ortodoxo quando o cristianismo triunfante não tolerou nenhum outro dogma além do seu. Tornou-se então prudente abrigar-se por trás de Salomão, para tornar menos suspeitas as tradições arquiteturais cristianizadas. Estas constituíram mais tarde a *Arte Real,* em memória do filho de Davi, termo que, no século XVIII tornou-se sinônimo de Franco-Maçonaria, tanto mais que os Franco-Maçons modernos pretendiam limitar-se a construir espiritualmente. Apelando para a lendária sabedoria do rei bíblico, eles ambicionam erigir o Templo imaterial da Humanidade futura, instruída intelectualmente e tornada sábia em sua grande maioria[8]."

Mais tarde, o mesmo autor parece ter modificado um pouco esse modo de ver. Ele escreve:

"A lenda faz remontar a Maçonaria organizada ao rei Salomão. A arte exercida pelos Maçons torna-se assim uma *Arte Real,* pela qual muitos reis se interessaram, a exemplo do construtor do primeiro templo de Jerusalém."

"Essa era a opinião divulgada entre os antigos Maçons profissionais, que tinham em alta conta a arquitetura prática, perdendo de vista uma arte de construir mais generalizada, de ordem intelectual e moral. É, contudo, a arte sutil da construção universal que se afirma como a Arte por excelência, ou *Arte Real*[9]."

Não podemos seguir nosso autor quando ele faz eco a clichês comuns, tais como:

"Opõe-se a *Arte Real* à *Arte Sacerdotal.* Esta última moraliza as multidões pelo terror de divindades vingativas. Ela recorre aos meios que têm influência sobre a crueldade dos espíritos rústicos, que seria perigoso emancipar[10]."

A antigüidade conheceu uma *"Arte Sagrada* ou *Divina"* que era, ao mesmo tempo, a Química e a Alquimia, quando essas duas ciências se interpretaram e a Química não se havia tornado o que é hoje, isto é, um ramo morto que perdeu qualquer ligação com o tronco vivo da árvore[11].

Podemos admitir que as duas expressões "Arte Sagrada" e "Arte Real" tenham sido confundidas, pois a qualificação de "real" é atribuída ao ouro, o rei dos metais[12].

Seja como for, a denominação de *Arte Real* (muito pouco democrática aos olhos de algumas pessoas), aplicada à Maçonaria, indica simultaneamente sua transcendência e faz transparecer, ao mesmo tempo, o trabalho que é preciso empreender para alcançar a perfeição da Arte.

2. A LENDA DE HIRAM

Todo o simbolismo da Iniciação ao grau de Mestre gravita em torno da lenda de Hiram ou, mais exatamente, do assassinato de Hiram.

Conhecemos os pontos principais dessa lenda:

Três companheiros, querendo arrogar-se as prerrogativas dos Mestres, assaltaram sucessivamente Hiram, feriram-no e, o último deles, o matou. Eles enterraram o cadáver e plantaram um ramo de acácia na terra há pouco removida. Os companheiros que partiram em busca de Hiram descobriram seu cadáver graças ao ramo de acácia.

Examinaremos mais adiante os pormenores e as variantes dessa lenda.

Qual a origem dessa lenda? Le Forestier responde a essa pergunta[13]:

"Seus autores, desconhecidos, apelaram para todos os recursos de sua imaginação e de uma erudição tão vasta quão incoerente, e produziram um monstro enigmático, cuja verdadeira origem as pesquisas mais conscienciosas não puderam descobrir."

"O enigma e a incoerência desse simbolismo desaparecem, diz Albert Lantoine[14], se se levar em conta nossa sugestão: Compreende-se que sua origem, não podendo ser revelada pelos textos, escapa às pesquisas mais conscienciosas. Os Ashmole, os Lilly, os Wharton, e outros, agarrados ao ramo stuardista, e sofrendo com seu rebaixamento tanto em sua fé como em sua fortuna, quiseram exteriorizar seus sentimentos sob uma forma emblemática. No grau de Mestre, eles juntaram, à sua preocupação de uma restauração política, tanto seus conhecimentos míticos quanto sua mentalidade mística. Desse modo, explicar-se-iam as correlações, constatadas por tantos comentaristas, entre a lenda de Hiram – do Hiram que, por seus "filhos", ressuscitará dentre os mortos – e o infortúnio de Carlos I, que punirá a vingança de seus filhos."

Essa opinião, que faz da lenda de Hiram um mito político, não pode ser levada em conta. Nós o lamentamos, tanto mais por apreciarmos altamente as pesquisas eruditas de Albert Lantoine relativas à história da Franco-Maçonaria.

Esse autor julga poder apoiar sua tese afirmando o seguinte:

"Constatemos, com efeito, que nada no cerimonial do terceiro grau lembra o ritualismo do "métier", e que é preciso toda a sutileza dos exegetas imaginosos para ver aí um prolongamento da iniciação do Aprendiz e do Companheiro – únicos graus que a Grande Loja da Inglaterra pratica em seu nascimento[15]."

Ele acrescenta em seguida um corretivo, cuja importância não pode passar despercebida:

"Entendamo-nos. Não pretendemos que os escoceses tenham sido os primeiros a iluminar seu ritual com essa bela imagem do Templo de Salomão construído pelo arquiteto Hiram, para idealizar a ambição dos futuros artesãos. Os operativos serviram-se dele, e certamente os membros das antigas corporações de obreiros que, no século XVII, provocaram denúncias da Companhia do Santíssimo Sacramento do Altar e a fiscalização inquieta do Estado."

Ragon, que sequer parece ter compreendido a importância iniciática do mito de Hiram, manifesta-o ostensivamente no seguinte texto:

"A decapitação de Carlos I devia ser vingada; para conseguir isso e se reconhecerem mutuamente, seus partidários propuseram um grau *Templário,* em que a morte do inocente J.-B. Molay clama vingança. Ashmole, que partilhava desse sentimento político, modificou portanto seu grau de mestre e substituiu a doutrina egípcia, que fazia desse grau um todo uniforme com os dois primeiros, por um véu bíblico incompleto e disparatado, assim como o exigia o sistema jesuítico, de modo que as iniciais das palavras sagradas desses três graus reproduziam as do nome do grão-mestre dos Templários. Eis por que, diz ele, desde essa época, os iniciados sempre olharam o grau de Mestre, único complemento da Franco-Maçonaria[16], como um grau que deve ser refeito[17]."

Assim Ragon, como Albert Lantoine, pensa primeiro na vingança de Carlos I; depois ele vê no grau de mestre um grau Templário, oculto sob o véu bíblico e jesuítico. Ragon conseguiu a façanha de reunir o maior número de erros num mínimo de linhas.

A lenda de Hiram é semelhante às que se encontram nos mistérios da antigüidade e, sob esse ponto de vista, é de um interesse indiscutível. Pretende-se que essa lenda tenha sido "inventada" em 1725 porque nenhum documento a menciona anteriormente sob a forma em que a conhecemos. Mas trata-se não de um símbolo mas, antes, de um rito, talvez *adaptado,* mas, sem dúvida alguma, iniciático.

*
* *

A lenda de Hiram, vivida pelo recipiendário, que representa o próprio Hiram, durante a cerimônia de iniciação, é um drama simbólico que faz da

Maçonaria atual não uma sobrevivência dos Mistérios da antigüidade, mas uma continuação desses Mistérios.

Apuléio, que no XI livro da *Metamorfose* parece descrever sua própria iniciação, diz:

"O grão-sacerdote afasta em seguida os profanos, me faz revestir de um manto de linho cru e, tomando-me pela mão, leva-me até o mais profundo do santuário. Sem dúvida, amigo leitor, vossa curiosidade quererá saber o que foi que se disse, o que foi que se fez depois. Eu o diria, se me fosse permitido dizê-lo; e você ficaria sabendo, se fosse permitido sabê-lo. Mas isso seria um crime do mesmo grau tanto para os ouvidos confidentes quanto para a boca reveladora. Se, contudo, é um sentimento religioso o que vos anima, eu sentiria escrúpulos de atormentar-vos. Ouvi e crede, pois aquilo que digo é verdade. Toquei nas portas da morte; meu pé pousou no limiar de Prosérpina. Na volta, atravessei os elementos. Na profundeza da noite, vi brilhar o sol. Deuses do inferno, deuses do Empíreo, todos foram vistos por mim face a face, e adorados de perto. Eis o que eu tenho a vos dizer, e nem por isso ficastes mais esclarecidos[18]."

É preciso notar que a "morte simbólica" é encontrada não apenas nos mistérios da antigüidade mas também nos ritos de iniciação dos primitivos.

"A maioria dos historiadores maçônicos, diz Globet d'Alviella[19], limitaram-se até agora a procurar os pródromos da lenda de Hiram nos mistérios religiosos da antigüidade. Eu gostaria de dar um passo adiante na mesma direção dessas camadas profundas da humanidade que, não sem razão, qualificamos de primitivas, porque descobrimos nelas, no estado nascente e rústico, os fatores que, entre os povos que tiveram acesso à civilização, caracterizam o desenvolvimento das religiões e das filosofias. Quero falar dos não-civilizados, que representam, sob certos aspectos, senão a condição primitiva da humanidade, pelo menos um estado psicológico pelo qual a humanidade inteira passou em certa etapa de sua evolução.

"Em todas as partes do mundo, as populações não-civilizadas celebram verdadeiros mistérios aos quais só se é admitido por meio de uma iniciação. Tais mistérios compreendem quase sempre cenas que representam aventuras ao país das almas. O elemento dramático mais freqüente é fornecido pela simulação de uma morte seguida de uma ressurreição. Às vezes a passagem da morte é representada por um enterro; em outras, por uma descida ao país das sombras, seguido do retorno à terra ou a admissão no país dos deuses.

"Na Austrália, na Nova Gales do Sul, quando os jovens, chegados à idade da puberdade, se submetem à iniciação viril, eles são agarrados por um personagem que os leva e finge matá-los, para depois chamá-los de volta à vida arrancando-lhes um dente. Ao longo do rio Darling, essa iniciação comporta a seguinte cerimônia: Um ancião deita-se por terra, empunhando um ramo verde. (Não se diz se se trata de um ramo de acácia.) Combrem-no ligeiramente de terra, de modo que o ramo fique um pouco acima da terra; depois, plantam-se aí outros ramos. Os neófitos rodeiam-no em círculo; depois ao som de um canto mágico, o enterrado põe-se a agitar seu ramo e acaba levantando-se. Essa cerimônia, é bom que isto fique constatado, data de uma época anterior à introdução do cristianismo e, com mais forte razão, da Franco-Maçonaria no continente australiano.

"No arquipélago das ilhas Fidji, os jovens são levados à frente de uma fileira de pessoas deitadas no chão, simulando cadáveres, cobertas de sangue e de entranhas de porco. A um grito dado pelo padre, esses figurantes se levantam, sacodem-se e correm para se lavar no rio vizinho.

"Passemos para a África: Em certas regiões do Congo, os jovens fingem que caem mortos e são levados a um lugar retirado no coração da floresta. Lá eles passam vários meses, às vezes, anos; depois, voltam a seu antigo domicílio. Mas eles têm de fingir que esqueceram tudo de sua vida precedente, incluindo a língua materna e o hábito de se alimentarem sozinhos.

"As mesmas particularidades foram assinaladas entre os Peles Vermelhas da Virgínia e entre os indígenas da Nova Guiné. Entre estes últimos, forçam-se os neófitos a se introduzirem na goela de um monstro construído com a semelhança de um casuar ou de um crocodilo. Então se diz que o espírito os engoliu e, enquanto as mães se entregam a lamentações fúnebres, conduzem-se os pacientes, com os olhos vendados, a uma cabana escura, onde os sacerdotes, enquanto se entregam a um terrível charivari, fingem cortar-lhes a cabeça. Depois de oito ou de nove dias, são-lhes comunicados os segredos mágicos da associação, assim como as tradições da tribo; obrigam-nos a prometer não revelar nada do que viram ou ouviram; enfim, restituem-nos a seus familiares. Mas também neste caso eles têm de fingir que esqueceram tudo de sua antiga existência, a ponto de terem de aprender tudo "como se tivessem voltado a ser criancinhas". É, em suma, uma nova vida que eles recomeçam".

É bom lembrar que entre os religiosos, por ocasião de sua "profissão", isto é, por ocasião da pronúncia dos votos definitivos, encontramos ritos análogos:

"O religioso não se limita a se ajoelhar no chão, escreve Dom Pierre de Puniet[20], enquanto, de acordo com certos Rituais, o coro canta as ladainhas; ele não só fica estendido por terra, mas todo um simulacro de morte é realizado sob os olhos da assistência: pano negro estendido sobre o religioso prosternado, círios fúnebres, incenso, detalhes que variam de acordo com as diferentes ordens, mas que simbolizam, todos, a morte para o mundo e para o pecado. Esse cerimonial quase não é encontrado antes do século XVII com todos esses pormenores característicos, mas parece que tiverem início no Monte Cassino. Em todo caso, ele nada mais faz do que traduzir um pensamento conhecido há muito tempo e que já era expresso pelo costume de deixar os neoprofessos vestidos com o hábito, a cabeça coberta com o capuz, durante os primeiros dias que se seguem à profissão. Durante esse tempo, eles deveriam guardar o mais absoluto silêncio, para significar que haviam passado por uma verdadeira morte. Depois desse lapso de tempo, era preciso tornar a "abrir a boca" desses egressos do mundo, a fim de restituí-los à vida comum."

Desse modo, os ritos religiosos identificam-se com os ritos de iniciação. Nenhum religioso, nenhum católico irá concordar com isso, contudo... O religioso que coloca sobre o altar o texto de seus votos assemelha-se muito ao profano que depõe seu "testamento" entre as mãos do Venerável:

"Por mais diferentes que sejam entre si os mistérios primitivos e as sociedades secretas, pode dizer O.-E. Briem[21], uns e outros apresentam, contudo, esse traço comum de uma admissão que comporta toda espécie de provas e de cerimônias de iniciação. Elas representam mesmo um papel tão considerável nesse estágio da evolução que diversos autores, como Webster em suas *Primitive secret societies,* afirmam que os mistérios e, de um modo mais geral, as sociedades secretas nasceram desses ritos de iniciação. A mesma tese aparece em A. Van Gennep, no livro *Les Rites de Passage* (Paris, 1909). Com efeito, encontramos nessas cerimônias de iniciação a melhor cristalização da essência dos mistérios."

Thassilo de Scheffer exprime tão claramente quanto é possível fazê-lo a própria essência dos Mistérios e dos Símbolos:

"Todos os Mistérios, diz ele[22], por mais diferentes que sejam os povos, as religiões e as épocas, apresentam os mesmos caracteres que, por esse motivo, parecem ser inerentes à própria natureza desses cultos secretos. Não se trata apenas de usos e de símbolos, mas da relação particular com o deus, e, por assim dizer, com sua aparição corporal.

"Nos cultos secretos, conserva-se toda a intensidade que podem ter para os homens a visão da divindade e a união espiritual, e mesmo corpórea, com ela. Tais coisas são conservadas em domínios reservados; elas ficam ao abrigo dos intrusos para os quais não passariam de pedras de escândalo ou mesmo de causas de perdição."

"O ensino, diz ele mais adiante[23], representa um papel muito restrito nos Mistérios; é sobretudo pela simbólica, pela representação e pelas práticas místicas que eles procuram agir sobre o homem. Não é a palavra, mas a vista que deve levá-lo a entrar em si mesmo, colocando-o assim em estado de receptividade. Toda religião, todo mito é simbólico; isso não quer dizer que o mito constitui o seu termo final, mas que por trás do símbolo encontra-se uma realidade superior, que a inteligência humana e o homem mais bem dotado só poderia perceber indiretamente, por meio do símbolo. O erro mais grave do pensamento moderno é imaginar que tudo está resolvido quando se fala em símbolo como de uma realização, quando, na verdade, ele é apenas um começo, pois é por aí que começa o divino."

Não saberíamos exprimir melhor o valor "iniciático" dos ritos e dos símbolos. O mito de Hiram, vivido pelo Recipiendário do grau de Mestre na Maçonaria, completa e termina a iniciação aos três primeiros graus.

*
* *

Em nenhum lugar, é verdade, a Bíblia fala do assassinato de Hiram, e é preciso notar que encontramos aí pelo menos três personagens com esse nome: Hiram de Tiro; Hiram, o Fundador; e Hiram, chefe de tribo. Encontramos, também, um Adoniram, chefe de corvéias.

Eis os textos:

"*Hiram, rei de Tiro,* respondeu numa carta que ele mandara a Salomão: 'É porque Yahveh ama seu povo que ele te estabeleceu sobre eles.' E *Hiram* (*rei de Tiro*) diz: 'Abençoado seja Yahveh, Deus de Israel, que fez o céu e a terra, por ter dado ao rei Davi um filho sábio, prudente e inteligente, que irá construir uma casa para Yahveh e uma casa real para si mesmo! E agora eu te envio um homem hábil e inteligente: *mestre Hiram*[24], filho de uma mulher dentre as filhas de Dan e de um pai de Tiro, hábil no trabalho do ouro e da prata, do bronze e do ferro, das pedras e da madeira, da púrpura vermelha, da púrpura violeta, do carmesim, do linho fino, hábil em fazer toda espécie de gravuras e em elaborar qualquer plano que lhe seja proposto, de acordo com teus homens hábeis e com os homens hábeis de meu senhor Davi, teu pai'. (*2º Livro das Crônicas*, II, 10.)

Outro texto parece indicar que Hiram, o Fundidor, era na verdade o pai do rei Hiram de Tiro:

"O rei Salomão mandou procurar Hiram de Tiro. Ele era filho de uma viúva da tribo de Nephtali, *mas seu pai era de Tiro e trabalhava o bronze.* Ele era cheio de sabedoria, de inteligência e de saber para fazer toda espécie de obras de bronze; ele veio para junto do rei Salomão e executou todas as suas obras." (*I Livro dos Reis*, VII, 13.)

Por outro lado, um texto, quase idêntico, enumera entre os chefes de tribos um chefe com o nome de Hiram:

"Eis os nomes dos chefes saídos de Esaú segundo suas tribos e seus territórios e de acordo com seus nomes: o chefe Thamma, o chefe Alva, o chefe Jetheth, o chefe Oolibama, o chefe Ela, o chefe Phinon, o chefe Cenez, o chefe Theman, o chefe Mabsar, o chefe Magdiel, o *chefe Hiram.* São esses os chefes de Edom, segundo suas moradas no país que eles ocupam. Está aí Esaú, pai de Edom." (*Gênesis*, cap. XXVI, 40-43 e *1º Livro das Crônicas*, cap. I, 52-54.)

Enfim, o *1º Livro dos Reis*, no capítulo IV, dá a lista dos altos funcionários a serviço do rei Salomão e menciona: "*Adoniram, filho de Abda, preposto às corvéias*". Mais adiante, no mesmo livro, no capítulo VII, 27, temos mais detalhes: "O rei Salomão escolheu entre todos os israelitas homens de corvéia, e os homens de corvéia eram em número de trinta mil. Ele os mandou ao Líbano, dez mil por mês alternadamente; eles ficavam um mês no Líbano e dois meses em suas casas; *Adoniram era preposto sobre os homens de corvéia*".

G. Persigout observa: "O nome *Hiram* comporta muitas variantes no Pentateuco: *Houram* (Crôn. VIII, 5; II, 2-10) e *Hiram* (I Crôn. V, 15-32) designam o rei de Tiro; em contrapartida, salvo a forma *Hirouam* (I Reis, VII, 40), o arquiteto é sempre designado por *Hiram* (I Reis VII, 12-45) e sobretudo com o sufixo *Abi* (II Crôn. 12-14) ou *Abiv* (*id.*, IV, 16). Notemos, diz ele, que se tantas vezes se escreveu erradamente *Abif*, além das formas *abi* e *abiv*, ambas corretas, existe uma que apresenta, no hebraico, uma leitura alterada. Em todo caso, esse sufixo epíteto designa o ancestral, o pai do rei, o pai nutritício. Na realidade, pai diz-se *ab*, e meu pai *abi.*

"Hiram-Abi é um epônimo, como *Hamourabi, Moab, Achab,* etc. A terminação trilítera *ram* é comum em Hiram e Houram: *ram* (*ser criado*). *Hour* evoca *Aour* (luz e fogo). *Hi* (vida vivente, sumério; gerador, família, prosperidade). *Houram* (candidato, nobre, honesto, branco, inocência). *Hiram* (vida superior)[25].

O mesmo autor precisa que o nome composto *Adonhiram* é interpretado habitualmente como "o divino Hiram", de *Adon, dominus,* senhor, termo semítico (raiz suméria, *ad, matri,* pai [?]), de onde procede o nome grego de Adônis e de Hiram (*celsitudo vitae,* altura de vida). Mas poder-se-ia também, diz ele, encontrar aí *Adoni* (cf. Adonai) e *Ram*, que também tem um sentido de elevação e que pode, por sua vez, evocar o *Ram* hindu ou o *Râ* egípcio. Em ambos os casos, não seria difícil constatar que, numa filiação mística, quis-se consagrar a comemoração de um tipo superior que renasce em seus sucessores.

Viullaume, em seu Telhador[26], diz que se deve escrever *Adonhiram* e não *Adoniram,* sendo este último um dos intendentes dos tributos recebidos por Salomão.

Em resumo, podemos distinguir as seguintes personagens que respondem pelo nome de Hiram:

1º *Hiram,* o arquiteto. Em hebraico *Hhiram* (vida elevada); *Hhouram* (cândido); *Hiram-Abi* (Hiram, meu Pai); *Adon-Hiram* (Senhor Hiram). Ele era filho de um homem de Tiro e de uma mulher da tribo de Dan ou de Nephtali[27].

2º *Hiram,* rei de Tiro, filho de Abchal, contemporâneo e aliado de Davi e de Salomão.

3º *Adoniram,* intendente e chefe de Corvéias.

Essa questão concernente à determinação do "verdadeiro" *Hiram* maçônico é, como se vê, muito complexa. Ela deu lugar a muitas discussões e provocou verdadeiros cismas. É por volta de 1744 que nasceu a Maçonaria *Adonhiramita,* que baseava o grau de mestre no chefe de obreiros do Templo: *Adoniram* ou *Adonhiram.*

Antes de encerrar estas poucas linhas a respeito do nome *Hiram,* insistiremos, com Viullaume e Persiguot, para que se suprima a transcrição *Hiram-abif* que, como o diz Vuillaume, é "insignificante", isto é, desprovida de significado.

*
* *

Demos há algumas páginas o essencial da lenda. Ei-la, agora, tal como nós é contada por Ragon[28]:

"Tínhamos um arquiteto hábil, um respeitável Mestre que possuía as qualidades e os talentos que constituem a perfeição: chamava-se *Hiram.*

Vindo de um país onde nasce a luz, ele trabalhava há *sete anos* na construção de um templo que deveria reunir todos os homens num mesmo culto, o da verdade. Ele coordenava-lhe as partes com arte e sabedoria e, ao nascer do dia, supervisionava os trabalhos. Seus operários eram muito numerosos; ele os havia dividido em três classes – aprendizes, companheiros e mestres, tendo cada um uma senha para receber um salário gradual: os aprendizes na coluna J.˙., os companheiros na coluna B.˙. e os Mestres na câmara do meio. Os trabalhos chegavam a seu fim, quando três companheiros, descontentes com seu pagamento e impacientes por não serem mestres, imaginaram obter pela força a senha dos mestres. Sabendo que, todos os dias, ao meio-dia, Hiram, durante a ausência dos trabalhadores, visitava regularmente o edifício, convieram, para realizar seu intento, postar-se nas três portas do Templo para aí esperar o seu mestre. Hiram não demorou a se apresentar na porta do sul, onde ele encontrou um companheiro que lhe perguntou com palavras ameaçadoras a senha de mestre. Hiram lhe respondeu que ele não podia absolutamente recebê-la desse modo, que era preciso que ele esperasse pacientemente que seu tempo fosse terminado. Descontente com essa resposta, o companheiro feriu o Mestre com um *golpe de régua,* que o atingiu *na garganta.* Hiram fugiu na direção de outra porta. Aí ele encontrou o segundo companheiro, que lhe fez a mesma pergunta; tendo recebido a mesma recusa, ele lhe deu *sobre o peito esquerdo* um forte *golpe com seu esquadro de ferro.* Hiram fugiu cambaleando rumo à terceira porta, onde o último companheiro lhe fez a mesma pergunta que os outros dois e, tendo recebido a mesma resposta, descarregou sobre ele um tão terrível *golpe de martelete sobre a fronte* que o derrubou morto. Os assassinos, reunindo-se, perguntaram reciprocamente qual era a senha de mestre; vendo que não haviam conseguido obtê-la, desesperaram-se por terem cometido um crime inútil, e não pensaram em nada mais a não ser em escondê-lo; para tanto, carregaram o corpo, esconderam-no sob uns escombros e, durante a noite, levaram-no para fora da cidade e o enterraram junto a um bosque, plantando sobre seu túmulo um ramo de acácia. A ausência de Hiram não tardou a fazer com que os operários conhecessem essa terrível catástrofe, que eles atribuíram aos três companheiros que haviam faltado à chamada. Os Mestres se reuniram imediatamente na câmara do meio, que eles forraram de negro em sinal de luto; em seguida, depois de terem dado livre curso a sua dor, eles resolveram tudo fazer para encontrar o corpo de seu infortunado chefe, a fim de lhe dar uma sepultura condigna, caso estivesse morto. Para tanto, mandaram à sua procura *nove mestres,* em grupos sucessivos de três."

Nessa narrativa sublinhamos os pontos que constituem o objeto de algumas divergências.

Devemos notar, com efeito, que, em certos rituais, o primeiro companheiro, sempre armado de uma *Régua,* quer ferir Hiram na cabeça, e que o golpe, desviado, recai sobre seu *ombro direito*; o segundo companheiro fere-o com uma *pinça* (*nível*) e esse golpe atinge a nuca de Hiram.

O Recipiendário representa Hiram, e o ritual de Ragon parece-nos preferível, em seu simbolismo, às diversas variantes que foram atribuídas à lenda. A tríplice morte é física, sentimental e mental; ela é caracterizada pela garganta, o coração e o cérebro.

Notemos que a *Régua* (precisão na execução) falha e atinge a garganta, que é ao mesmo tempo a sede da emissão verbal e o orifício de admissão do *prâna* (ar, alimento); que o *Esquadro* (retidão no agir) toca o coração, sede da alma (afetividade) e da emotividade; que o *Malhete* (vontade na aplicação) fere a fronte, sede do intelecto.

Depois dessa "tríplice morte", Hiram ressuscita no Ritual Maçônico e Ragon, assim como outros autores, mostrando por isso sua incompreensão, disseram:

"Duas críticas graves, sob o nome pouco polido de *disparates,* são feitas à colação desse grau e *com razão*:

"1º) Um homem continua vivo, embora coberto de terra há vinte e quatro horas, e *num estado adiantado de putrefação.*

"2º) O Venerável toma aí o papel do companheiro mais malvado, que mata Hiram, embora tenha atraído o desprezo e o ódio sobre esse assassino.

"Para conjurar tais *monstruosidades,* seria preciso colocar na narrativa e, não na ação, a fábula, mais bem concebida, de Hiram, ou de qualquer outro personagem tirado dos templos do Egito, cujos arquivos não se encontram mais lá para dar um desmentido à invenção do conto[29]."

Ora, a Morte e a "Putrefação" constituem, no hermetismo, os prelúdios indispensáveis que anunciam ao adepto que ele está trilhando o bom caminho. A lenda de Hiram, contrariamente à opinião de Ragon, acima citada, revela-se altamente iniciática.

O mesmo Ragon diz alhures[30] e desta vez com muito acerto: "Todo o cerimonial termina por nos ensinar que a mentira, a ignorância e a ambição são três flagelos desorganizadores que causam a infelicidade dos homens. É muito conveniente, sem dúvida, dar ao grau de Mestre, que aliás se presta a isso maravilhosamente, todas as interpretações morais e filosóficas possíveis; mas conservemos, antes de mais nada, *seu tipo sagrado,* cujo simbolismo, tirado da natureza, terá, como ele, uma duração eterna. Não se pode compreender esse belo grau, nem os precedentes, se nos limitarmos a enquadrar seu fim trágico numa história tão fria quanto ilógica, *em lugar de colocá-la em ação,* como os antigos iniciados de Mitra, do Egito e da Grécia".

Vê-se que esse autor não tinha medo de contradições, pois em seu *Rituel du Grade de Maître,* ele diz exatamente o contrário do que escreveu em *Orthodoxie Maçonnique.*

*
* *

Ragon interpreta "astronomicamente" a lenda de Hiram. Essa interpretação seduziu muitos autores; por isso, nós a transcreveremos completa:

"O sol, no solstício de verão, provoca em tudo o que respira os cantos de reconhecimento; então, Hiram, que o representa, pode dar, a quem de direito, a *palavra sagrada,* isto é, a vida. Quando o sol desce nos signos inferiores, o *mutismo* da natureza começa; portanto, Hiram não pode mais dar a palavra sagrada aos companheiros, que representam os *três últimos meses inertes* do ano."

"O primeiro companheiro que, supõe-se, feriu fracamente Hiram com uma *régua de 24 polegadas,* é a imagem das vinte e quatro horas que dura cada revolução diurna: primeira distribuição do tempo que, depois da exaltação do grande astro, atenta fracamente contra sua existência, dando-lhe o primeiro golpe."

"O segundo fere-o com um *esquadro de ferro,* símbolo da última estação, representada pela intersecção de duas linhas retas que dividiriam em quatro partes iguais o círculo zodiacal, cujo centro simboliza o coração de Hiram, onde terminam a ponta dos quatro esquadros que representam as quatro estações: segunda distribuição do tempo que, nessa época, desfere um grande golpe na existência solar."

"O terceiro companheiro fere-o mortalmente na fronte com *um forte golpe de malhete,* cuja forma cilíndrica simboliza o ano, que quer dizer *círculo, anel*: terceira distribuição do tempo, cuja realização desfere o último golpe na existência do sol poente."

"Dessa interpretação, diz Ragon, concluiu-se que Hiram, fundidor de metais, transformado no herói da lenda, com o título de arquiteto, é o *Osíris* (o Sol) da iniciação moderna; que *Ísis,* sua viúva, é a Loja, emblema da terra (em sânscrito, loga, o mundo); e que *Hórus,* filho de Osíris (ou da luz) e filho da viúva, é o *franco-maçom,* isto é, o iniciado que habita a loja terrestre (filho da viúva e da luz)[31]."

É inútil, pensamos nós, empreender a discussão desta interpretação que não nos deve surpreender; Ragon (nascido em 1781, morto em 1862) era contemporâneo do célebre Dupuis (nascido em 1742, morto em 1809). Sabe-se que, em sua obra famosa, *L'Origine de tous les Cultes,* cuja primeira edição data de 1794 (ano III da República), todos os simbolismos são interpretados num sentido exclusivamente astronômico.

* * *

Os três "maus" companheiros, os "assassinos" de Hiram, têm diferentes nomes:

Jubelas, Jubelos, Jubelum[32].
Giblon, Giblas, Giblos[33].
Habbhen, Schterke, Austersfurth.
Abiram, Romvel, Gravelot, etc.

A maioria desses nomes é intraduzível. Observaremos, todavia, que *Abiram* parece ser a forma truncada de *Abi-Ramah* (*dejiciens patrem,* que mata o pai). Encontramos também o nome de *Abi-Balag* ou *Abi-Bala* (*destruens patrem,* que destrói o pai).

Esses três companheiros representam, dizem os Rituais: a *Ignorância,* a *Hipocrisia*, ou o *Fanatismo*, e a *Ambição.* Esses vocábulos transformavam, assim, o mito de Hiram numa alegoria moral e, limitando conseqüentemente os comentários, impediam que se concebesse a transcedência do símbolo.

Na realidade, como já dissemos acima, os três companheiros libertam Hiram (o Iniciado) do plano material, do plano psíquico e do plano mental; esses três planos são os do mundo profano. Hiram ressuscita no plano divino: então ele é verdadeiramente Mestre.

3. A ACÁCIA

Reproduzimos a lenda de Hiram até o momento em que, ferido de morte, ele cai. No Ritual Maçônico, o Recipiendário é então deitado num ataúde[34]; é coberto com um pano preto e um ramo de acácia é colocado sobre ele.

Vimos que um ramo de acácia havia sido plantado sobre o túmulo de Hiram pelos três companheiros "assassinos". Wirth dá[35] uma versão particular relativa à descoberta do corpo pelos Mestres que saíram à sua procura:

"Quando, extenuados, os exploradores chegaram ao ponto de encontro, seus semblantes desencorajados só expressaram a inutilidade de seus esforços. Um deles, contudo, fez um relatório que reanimou todas as esperanças. Caindo literalmente de fadiga, esse Mestre tentava agarrar-se a um ramo de acácia. Ora, para sua grande surpresa, o ramo soltou-se em sua mão, pois havia sido enterrado numa terra há pouco removida."

Sejam quais foram as circunstâncias relacionadas com a descoberta do ramo de acácia sobre o túmulo de Hiram, importa examinar particularmente essa planta e seu simbolismo.

*
* *

A respeito da Acácia, Fernand Chapius publicou[36] um interessante estudo, sob o ponto de vista etimológico, botânico e histórico, do qual extrairemos as seguintes passagens:

"Geralmente, faz-se derivar a palavra *acácia* do grego *aké,* com o sentido de "ponta", o que parece uma inexatidão, pois *aké* designa a extremidade aguda de um instrumento de metal.

A forma antiga do picante vegetal espinheiro é *akantha,* palavra que, por extensão, significa a própria planta que tem espinhos: o acanto, a acácia.

A humanidade, em sua marcha progressiva, é como uma criança que, à medida que se desenvolve intelectualmente, aumenta seu repertório. Novas palavras, tiradas das precedentes, vêm permitir que se diferenciem os objetos possuidores das mesmas características gerais, embora dessemelhantes ou diferentes por alguns traços.

Akantha continuou, portanto, a designar o acanto, e *akakia* serviu para denominar a acácia.

Da mesma forma, mais tarde, uma variedade do loureiro-cássia ou da falsa-caneleira foi designada pelo termo de *Kasia* ou *Kassia.*

Depois das palavras concretas, os homens passaram para as palavras abstratas, as mesmas palavras serviram para designar igualmente as qualidades dos objetos e as que lhes foram atribuídas.

Akakia significará, portanto, a inocência, a ingenuidade simbolizada pelo arbusto. Como o prefixo *a* indica negação, *Kakia* será o vício, a desonra, a disposição para o mal.

E embora não precisemos levar em conta tais explicações, muito pessoais, um fato permanece: a palavra grega *Akakia* significa ao mesmo tempo acácia e inocência.

Tomada como oposição a *Kakia*, ela é o antídoto do vício, da disposição para o mal, o penhor da boa sorte; por suas virtudes, ela protege o homem."

*
* *

"A acácia é uma planta da família das leguminosas-mimosas. Trata-se de uma árvore ou arbusto de folhagem muito leve e elegante, muito comum nas regiões tropicais e subtropicais e cujo caule e ramos muitas vezes são armados de fortes espinhos ou aguilhões.

As flores, muito pequenas, mais comumente de cor amarela, muitas vezes muito perfumadas, são agrupadas em espigas ou capítulos.

O gênero *acácia* compreende atualmente mais de 400 espécies, que crescem espontaneamente na Austrália, na Índia, na América do Sul, na África tropical.

De certas espécies extrai-se o catechi e as chamadas gomas arábicas. A *acacia werek,* que produz a goma arábica branca, cresce no Nilo superior; na África Ocidental, chega a formar vastas florestas.

As vagens da acácia, ricas em tanino, são utilizadas em seu país de origem para o tingimento e o curtimento de peles. Essa propriedade da planta é devida às fortes qualidades adstringentes dessa madeira, cuja infusão também é usada como febrífugo. Acrescentemos que, no México, seu fruto é comestível (*guaxe*).

A madeira de certas espécies é procurada para a carpintaria e a marcenaria.

Enfim, na França, designa-se sob o nome de *acacia,* a *acacia bastarda* (*robinier* pseudo-acácia) ou falsa-acácia de flores brancas. Esta, originária da América, chamada *Acacia Americana robini,* só se tornaria comum na França a partir de 1650.

Os primeiros pés teriam sido cultivados no Jardim Botânico por Vesparien Robin, o primeiro a receber suas sementes. Tournefort chamou-a de *Pseudo-acacia-vulgaris*, para distingui-la da acácia dos Antigos, ou cássia, árvore de outro caráter."

Sobre a Acácia, do ponto de vista botânico, citaremos ainda uma nota que nos foi dada por nosso amigo, o botanista J. Piette:

"A árvore que se costuma chamar por esse nome e que se planta nos passeios públicos é a *Robinia pseudo-acacia*, da família das leguminosas papilionáceas, importada do Canadá no século XVIII (fig. 105).

"A acácia dos botanistas é um arbusto do Oriente Próximo, cultivado em nossos países sob o nome impróprio de *Mimosa.* Existem numerosas espécies dessa planta, sendo a *Acacia dealbata*, a *Acacia Farnesiana* e a *Acacia heterophylla* as mais comumente plantadas.

"O gênero *Acacia*, como as falsas acácias (*Robinia*), pertence à família das leguminosas, mas à subfamília das *Mimosas*, e não à das *Papilionáceas.* Trata-se de arbustos *xerófilos* (amantes de climas secos) que nascem em pleno deserto sírio e têm uma folhagem coriácea e persistente.

Fig. 105. O *Robinier*, falsa acácia.

"Quanto à *mimosa* dos botanistas, compreende apenas uma espécie: a *Mimosa pudica*; é a "sensitiva", pequena planta cujos folíolos se fecham quando tocados."

Ragon dá as seguintes explicações[37]:

"Os egípcios consideravam a Acácia como uma árvore sagrada. Ela era reverenciada entre os antigos árabes, particularmente na tribo Ghalfon. Foi consagrada por Dhalem e coberta com uma capela que, como a estátua de Memnon, produzia um som quando se entrava nela. A Acácia era também o principal objeto do culto da tribo Corest. Kaled, por ordem de Mahomet, mandou cortar a árvore pela raiz e matar a sacerdotisa dessa divindade.

"Os árabes haviam feito da acácia seu ídolo *al-vzza*, que Mahomet também destruiu. Desse ídolo vem, sem dúvida, esta observação de G. de Dumast: A acácia que era honrada pelos jubeanos, e de que os iniciados usavam um ramo, chamava-se, entre esses povos: *Houzza.* O viva escocês *houzé,* que se escreve *huzza,* prova que na Inglaterra, como na França, o grito de alegria popular tira seu nome do ramo dos iniciados[38].

"Em resumo, para os antigos, a acácia era um emblema solar, como as folhas do lótus e as do heliotrópio; suas folhas abrem-se aos raios do sol nascente e se fecham quando o sol desaparece do horizonte. Sua flor, coberta de penugem, parece imitar o disco radiado desse astro.

"Os egípcios e os árabes consagraram a acácia ao deus do dia, e fizeram uso dela nos sacrifícios que lhes ofereciam."

Ragon, diz F. Chapuis, poderia ter citado esta outra passagem de Guerrier de Dumast nas notas, tão curiosas e cheias de ensinamentos, que acompanham cada canto de seu célebre poema: *"La Maçonnerie"* (1820):

"Houzza, que Mahomet considerou como um ídolo, e que bem podia sê-lo, tornou-se em seu tempo, por esquecimento dos símbolos, o Houzza, tão honrado pelas tribos árabes de Ghaftan, de Koreisch, de Kenânah, de Sakem, e que nada mais era do que uma árvore chamada *espinho do Egito* ou *Acacia.*"

E o autor cita, em nota, para apoio de sua afirmação: Al Finauzabadi *apud* Pococke.

Não pudemos encontrar provas que justifiquem tais afirmações, o que não quer dizer que não sejam corretas.

Tiele, em sua *Histoire comparée des anciennes religions* (1882), indica que "numa arca carregada por quatro sacerdotes, arca de onde sai uma *acácia,* lê-se: *"Osíris caminha".* Era, portanto, a representação da vida eterna simbolizada pela semente escondida na terra e que revive na árvore. Um fato notável é o de que a arca dos hebreus era feita com madeira de acácia".

Devemos notar que, na Bíblia, a Arca mandada construir por Moisés, a Mesa, o Altar dos Holocaustos, eram feitos de madeira de acácia recoberta de ouro ou de bronze (Êxodo, XXXVII-XXXVIII) e isso mostra claramente que essa madeira era tida como sagrada já nessa época, sobretudo, provavelmente, por causa de sua imputrescibilidade.

"Podemos aceitar, diz F. Chapuis, como definição da Acácia, a adotada pela maioria dos autores maçons e, notadamente, por Tessier (*Manuel général de la Maçonnerie)* e por Bazot (*Manuel du Franc-Maçon,* 1846):

"Árvore cujos atributos misteriosos só eram conhecidos pelos Mestres."

Essa definição, *aceita* por Chapius, não define coisa alguma, é preciso reconhecê-lo!

"Sem dúvida, continua F. Chapius, as antigas sociedades ou corporações haviam adotado uma planta ou flor como insígnia. Mesmo hoje, a escovinha, o lírio, a rosa silvestre, não constituem acaso a característica de tendências políticas determinadas? Também a acácia, árvore sagrada dos Maçons, era considerada como o mirto dos antigos iniciados, o gui dos druidas, o buxo dos cristãos, o ramo de ouro da fábula."

Se examinarmos a planta impropriamente chamada de *"Mimosa"* (fig. 106), ela bem poderia ser chamada de *"Ramo de Ouro"* em razão da multidão de suas pequenas flores amarelas. Mas Frazer quer que o "ramo de ouro" seja um ramo de gui:

Fig. 106. A "Mimosa", verdadeira acácia.

"Resta-nos apenas uma pergunta: Por que o gui era chamado de Ramo de Ouro? O amarelo esbranquiçado das bagas do gui não pode bastar para explicar esse nome, pois Virgílio diz que todo o ramo era de ouro, tanto o tronco como os ramos. Talvez o nome venha do belo amarelo dourado que um ramo de gui passa a ter quando, depois de colhido, fica guardado durante alguns meses; essa cor brilhante não se limita às folhas, mas se estende às hastes, de modo que todo o ramo parece, com efeito, ser um Ramo de Ouro. Os camponeses bretões penduram grandes buquês de gui diante de suas casas e, pelo menos no mês de junho, esses buquês são notáveis pelo brilho dourado de sua folhagem[39]."

Para Lanoé-Villène[40], a "giesta", que, por outro lado, ele identifica com a "flor-de-lis", poderia ser famoso "ramo de ouro". Ele diz notadamente:

"Eu também estaria muito inclinado a acreditar que na antiga China do Norte a giesta tenha servido outrora a vários usos sagrados e que tenha sido usada nos funerais para o sepultamento dos mortos, porque no *Tcheou-Li* fala-se de uma planta de flores amarelas (planta-*tou*), usada especialmente para esse fim. Escolhiam-se essas plantas flexíveis e moles a fim de que conservassem por mais tempo a umidade, e forravam com elas o ataúde antes de descê-lo à sepultura: um funcionário (*tchang-tou*) era encarregado de colher esses vegetais de flores amarelas em sua estação. A planta-*tou*, identificada com o *mao-jou*, diz Biot, parece ser a serralha. O simples bom senso indica que não se deita um cadáver em cima da serralha ou de margaridas do campo, mas que o depõem sobre uma camada de giesta."

As razões alegadas por Lanoé-Villène estão longe de serem decisivas; mas isso nos mostra, uma vez mais, a incerteza que reina quando se quer determinar nitidamente as origens de um símbolo. Sempre nos chocamos com uma multidão de opiniões diferentes. É então que é preciso agarrar o fio de Ariadne que pode levar com mais segurança à compreensão do símbolo em questão.

"De que modo a Maçonaria atual, diz F. Chapius, foi levada a adotar a Acácia? E mesmo se não seguimos Lachâtre (*Nouveau Dictionnaire*), que remonta à origem da Maçonaria até os tempos mais remotos e afirma que a Acácia substituiu, na Maçonaria salomônica, o salgueiro da Maçonaria caldaica, o lótus da Maçonaria egípcia, o mirto da Maçonaria grega e o carvalho da Maçonaria druídica, podemos fazer essa pergunta.

"E podemos fazê-la tanto mais que certos rituais do século XVIII não fazem alusão, em momento algum, ao ramo de acácia e afirma-se mesmo que, no começo, esse símbolo nada tinha a ver com a Maçonaria. Com efeito, os antigos rituais não mencionam a Acácia e certa fórmula bem conhecida dos Mestres está ausente. O *Régulateur du Maçom* (Hérédom, 5801) transcreve essa fórmula. Só alguns desses rituais impressos ou manuscritos incluíam estampas anexas, nas quais se reproduziam o Quadro da Loja do Aprendiz-Companheiro e o da Loja do Mestre. Nesse último aparece o ramo de Acácia, quer sobre um montículo, quer sobre um ataúde.

"Só muito mais tarde é que apareceram explicações escritas sobre a Acácia. O *Recueil Précieux de la Maçonnerie Adonhiramite,* de 1787, explica notadamente que a Acácia, tão renomada no grau de Mestre, serve para lembrar a memória da cruz do Salvador, pois ela foi feita dessa madeira, muito abundante na Palestina."

"Na verdade, diz ainda Chapius, podemos dizer que a Acácia nasceu com a Maçonaria especulativa. Com efeito, é sensivelmente na época do estabelecimento das Obediências e da fixação das regras especulativas que a Acácia aparece na Europa. Mas, para o público, trata-se da *Acácia de Farnese,* uma árvore exótica, originária de regiões longínquas e que possui toda espécie de virtudes. Os egípcios consideravam-na, sem dúvida alguma, uma árvore sagrada. E mais ainda: foi com sua madeira que se construiu a arca sagrada. A própria cruz não foi feita com sua essência? E seu lugar não é indicado junto de um ataúde ou de um túmulo?

"E depois, fato mais importante ainda, a Acácia não é o símbolo da inocência? E as Lojas de então não se intitulavam: 'lugar muito esclarecido, asilo da virtude, onde reinam a Paz, a Inocência e a Igualdade'?"

"Não devemos ver nisso o motivo pelo qual os Maçons fizeram da Acácia a árvore sagrada do grau de Mestre?"

É, portanto, com um ponto de interrogação que Chapuis termina o seu estudo.

A Maçonaria, no Ritual do Mestre, deve utilizar a *acácia*, impropriamente chamada de "mimosa", e não o *robinier*, que não é uma acácia.

A simbólica das flores faz da "mimosa" o emblema da "segurança"; isto é, num sentido mais amplo, da "certeza". Certeza de que a morte simbólica de Hiram, como a de Osíris, como a de Cristo, anuncia não uma destruição total do Ser, mas uma renovação, uma metamorfose.

Saindo do túmulo, saindo do ataúde, o Iniciado, que antes era a lagarta ou o verme que rasteja pela terra e na escuridão, torna-se, ao sair de sua crisálida, a borboleta colorida que se lança em vôo rumo ao Sol e à Luz. Esse Sol, essa Luz, são anunciados pela "Mimosa", de flores de um amarelo dourado, símbolo da magnificência e do poder.

4. A CÂMARA DO MEIO

Ragon faz a seguinte pergunta[41]: "O que ocorre com a pessoa depois da morte?" E responde: "De efeito, que ele era, torna-se uma causa, isto é, por sua decomposição, os elementos que formavam seu ser corpóreo, ao se tornarem livres, retornam aos elementos análogos para produzirem novas transformações, pois o que perece são as formas. Quanto ao seu ser intelectual, de acordo com a opinião da antiguidade, sua alma, que nada mais é que uma parcela da alma universal, volta a essa imensa fonte de vida. A *Câmara do Meio* é a imagem do grande laboratório onde se operam essas transformações infinitas".

Ragon acrescenta em nota: "Platão, Thales, Eudóxio, Apollonius e Pitágoras levaram do Egito este princípio: *A vida sai do seio da morte,* tirado do emblema de Osíris (o sol de inverno), que expira para renascer a 25 de dezembro sob o nome de Órus (sol novo). Na economia do universo, os sábios adotaram muito exclusivamente esse princípio que, no nosso entender, não deve ser generalizado, já que *nada começa com a morte,* por ser ela o termo de toda criatura".

Ragon, funcionário público cujos conhecimentos eram sobretudo livrescos, parece ignorar que é absolutamente necessário que o grão apodreça e morra para que o vegetal se desenvolva. "Nada começa com a morte", diz ele; contudo, é exatamente com a morte para a vida profana que o futuro Maçom começa sua iniciação no "Gabinete de Reflexão", e é por uma segunda morte simbólica, a morte de Hiram, que o Iniciado chega ao *Adeptat.*

"A 'Câmara do Meio', diz Marius Lepage[42], é a perda das ilusões, é o atanor hermeticamente fechado com betume no qual se realiza a gloriosa transmutação dos centros do conhecimento, que passam do cérebro para o coração. O conhecimento do coração é a comunicação direta, sem intermediário mais ou menos opaco, com a fonte de toda a vida. É a iluminação intelectual, diante da qual tudo é reduzido à sua verdadeira dimensão, para depois se apagar e desaparecer; é um reflexo da Verdadeira Luz, um eco da palavra perdida."

O major Mérédith acredita que o termo "Câmara do Meio" é devido a um erro cometido na leitura do texto hebraico original[43], onde ter-se-ia lido "câmara" no lugar de "andar". Mérédith alude ao 1º Livro dos Reis, capítulo VI, 8: "A entrada do andar do meio ficava ao lado direito da casa; subia-se por uma escada em espiral ao *andar* do meio e, desse andar do meio, ao terceiro andar".

Fig. 107. Esquadro, Compasso e Estrela Flamejante.

Essa expressão "Câmara do Meio" é encontrada nos rituais mais antigos que conhecemos, e René Guénon observa[44]: "Diz-se que um Mestre Maçom é encontrado sempre entre o Esquadro e o Compasso", isto é, exatamente no "lugar" onde se inscreve a Estrela Flamejante, e que é propriamente o "Meio Invariável". Não é, portanto, sem motivo que a Loja dos Mestres é chamada de "Câmara do Meio"; O Mestre é, portanto, comparado aí ao "homem verdadeiro", colocado entre a Terra e o Céu e exercendo a função de "mediador"; e isso é tanto mais exato pelo fato de, simbolicamente e "ritualmente", pelo menos, senão efetivamente, o grau de

Mestre representa o fim dos "pequenos mistérios", de que o estado de "homem verdadeiro" é o próprio termo".

Compararemos ainda esse "meio" com o que diz o mesmo autor em outro lugar[45]:

"Outrora a Irlanda era dividida em cinco reinos, um dos quais tinha o nome de *Mide* (que, anglicizado, tornou-se *Meath*), que é a antiga palavra céltica *medion*, "meio", idêntica ao latim *medius*. (É bom notar que a China também é designada pelo nome de "Império do Meio".) Esse reino de *Mide*, que havia sido formado de porções tiradas dos territórios dos outros quatro, tornara-se o apanágio do rei supremo da Irlanda, ao qual os outros reis estavam subordinados. Em Ushnagh, que representa com bastante exatidão o centro do país, levantava-se uma pedra gigantesca, chamada "umbigo da terra" ou "pedra das porções", porque marcava o local para onde convergia, no interior do reino de *Mide*, as linhas que marcavam os limites dos quatro reinos. Anualmente, no dia primeiro de maio, reunia-se aí uma assembléia geral em tudo comparável à reunião anual dos druidas no "lugar consagrado central" (*mediolanon* ou *medionemeton*) da Gália, no país dos Carnutos."

*
* *

Em todas as tradições, o "Meio" é o Centro ideal. Alcançar a "Câmara do Meio" é chegar ao centro da "Roda", ao eixo imóvel. É escapar à agitação do mundo profano; mas é também manter essa agitação e tudo fazer para não se afastar de um ponto fixo. Essa imagem da "Roda" mostra-nos os profanos situados no contorno e os "Iniciados" em marcha, sobre os raios, rumo ao Centro onde a velocidade é nula.

A "Câmara do Meio" é também a "Quintessência" dos alquimistas, o ponto de intersecção dos dois braços da Cruz, o ápice da "Pedra Cúbica Pontiaguda".

Chega-se aí por quinze degraus divididos em três grupos: três, cinco e sete. Esses números são o do Aprendiz, o do Companheiro e o do Mestre. Três é o Triângulo; cinco, a Estrela Flamejante; sete, o Selo de Salomão com o ponto central. É o homem que chegou a realizar o equilíbrio perfeito entre a Matéria e o Espírito. Esse "Selo de Salomão" é o hieroglifo da Pedra Filosofal, enquanto a Estrela Flamejante é o símbolo da "Matéria-prima". O "Triângulo" ou "Delta luminoso" é o "Fogo", fogo espiritual, intenso e oculto, que por sua ação sobre o "Pentagrama" ou "Estrela Flamejante", a "Matéria-prima", leva ao "Hexagrama", ou "Selo de Salomão", à "Pedra Filosofal"[46].

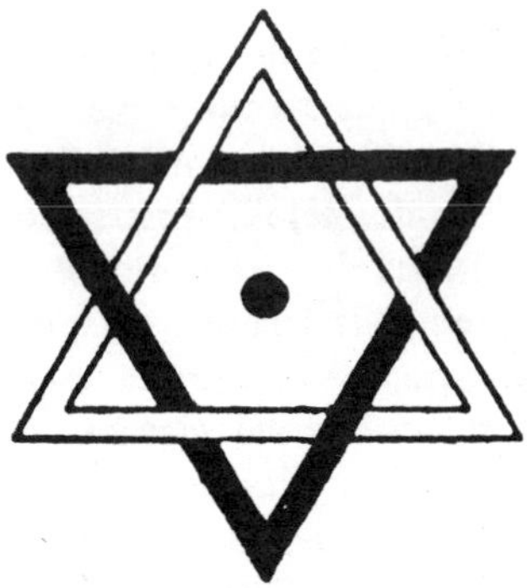

Fig. 108. O Selo de Salomão "centrado".

G. Persigout, associando o Selo de Salomão e a Estrela Flamejante, forma a figura que ele chama de "Hexagrama pentálfico"[47]: a união do Microcosmo com o Macrocosmo. É interessante notar que a soma de *cinco* (pentagrama) e *seis* (hexagrama) dá o total de *onze*. Ora, a largura do cordão do Mestre é precisamente de *onze* centímetros. Onze é dez mais um, isto é, as dez Sephiroth e En-Soph. E os trinta e três graus do Escocismo podem ser divididos em três séries de onze graus.

Encontramos nos Vedas o seguinte texto: "Ó Deuses, que sois em número de onze no céu; que sois em número de onze na terra e que, no número onze, habitais com glória no meio dos ares, possa nosso sacrifício ser-vos agradável[48]".

A "Câmara do Meio" pode ser comparada ao hexágono[49] inscrito no hexagrama. Nessa Câmara, o Homem, o Iniciado, torna-se um adepto.

Os seis triângulos do hexagrama têm dezoito lados; os cinco triângulos do pentagrama têm quinze lados. Somando dezoito com quinze, encontramos de novo o número trinta e três. O 15º grau da Maçonaria é o 1º grau dos "Capítulos" e o 18º grau da "Rosa-Cruz". Esse grau nada mais é que a ampliação do 3º grau. É três multiplicado por seis.

Fig. 109. O Hexagrama Pentálfico.

*
* *

A Loja do Mestre é chamada de "Câmara do Meio" e deve comportar *dois locais* por ocasião das iniciações. Ragon, não compreendendo o motivo desses dois locais, escreve:

"O Ritual oficial exige duas câmaras; por quê? Uma só bastaria. Esse grau retraça, em nosso hemisfério, o grande hieroglifo da natureza, no dia 25 de dezembro; existem então duas espécies de céus? A natureza tem apenas um templo, assim como o Iniciado!"

Seria fácil responder a Ragon que o céu do solstício de inverno não é o mesmo do solstício de verão. O primeiro é o do nascimento do Sol; o segundo, o de seu apogeu e o começo de seu declínio.

Outrora, ainda, separava-se o Templo em duas partes por uma tapeçaria. A primeira parte era o "Hikal"; a segunda, o "Debhir"[50]. O "Hikal" ou "Heykhil" é a câmara onde Hiram morre; o "Debhir", a em que ele ressuscita[51].

O "Hikal" é decorado com tapeçarias negras ornadas de lágrimas brancas; o "Debhir", com tapeçarias azuis salpicadas de ouro, de acordo com o simbolismo tradicional[52].

Hiram ressuscitado! Esse é o objetivo da iniciação ao grau de Mestre. É o Iniciado transformado em Adepto e reluzente de Luz.

5. HIRAM RESSUSCITA

Nos antigos rituais, *nove* Mestres, por grupos de três, partem à procura do cadáver de Hiram. No Rito Francês, o Experto faz três viagens, acompanhado cada vez por dois Mestres; portanto, só *sete* Mestres participam da procura.

Essa divergência provém do fato de os números *sete* e *nove* pertencerem ao grau do Mestre. *Sete* é a idade do Mestre e *Nove* o número da bateria. O Rito Francês observa, assim como o Rito Escocês, a bateria de nove golpes, mas adotou o número de *sete* Mestres em lugar de nove, o que nos parece um erro.

Entre os noves Mestres, apenas três operam a ressurreição de Hiram. Como se convencionou que os três Companheiros "assassinos" representam a *Ignorância*, o *Fanatismo*, a *Inveja*, os três "ressuscitadores" não poderiam deixar de serem qualificados, por antinomia: *Saber, Tolerância, Desprendimento.* Isso constitui somente o exoterismo da lenda e, digamo-lo, um exoterismo bastante grosseiro de que o Mestre, recém-criado, dificilmente poderá se "libertar" se seu espírito não estiver aberto à transcendência do simbolismo.

*
* *

Em seu grafismo, o número 9 representa uma germinação para baixo e, portanto, material; enquanto que o número 6 representa, pelo contrário, uma germinação para cima e, portanto, espiritual. Esses dois números constituem o começo de uma espiral.

Na ordem humana, o número 9 é o dos meses necessários ao acabamento do feto que, aliás, já está completamente formado a partir do sétimo mês.

O número 9 é 3 na segunda potência. Os números 7 e 9 são os fatores de 63, idade climatérica do homem e duração média da vida.

O jogo do Ganso possui 63 casas. O Ganso, ou o Cisne, é o símbolo hindu da libertação kármica, e só se pode chegar à septuagésima terceira casa depois de uma série de peripécias, cujas evoluções, representando o destino, são marcadas pelos dados.

*
* *

Hiram ressuscitado é o Mestre "individualizado", é o "homem verdadeiro", como diz Guénon. Se, por um lado, a Franco-Maçonaria é uma "comunhão" (de *cum,* com, e união) que une os homens mediante uma mesma "liturgia", isto é, mediante ritos comuns, por outro lado, ela tende a criar *homens,* "indivíduos" (*indivis,* indivisível), tendo cada um consciência do próprio valor. Isso explica a hostilidade encontrada pela Maçonaria por parte da Igreja e dos governos ditatoriais. Eles não podem admitir que um único "indivíduo" se distinga do resto do "rebanho", do *servum pecus.* Ora, a "liberdade de pensar" é também a "liberdade de passar", que às vezes é simbolizada por um ponto com as três letras L.·. D.·. P.·., letras que, numa intenção política, foi interpretada pela fórmula latina: *Lilia Pedibus Destrue,* "pisa aos pés os lírios". Essas três letras são as iniciais das palavras: Liberdade, Dever, Poder. A "liberdade" do Maçom, submisso a seus "deveres", dá-lhe o "poder", isto é, a força, a capacidade de agir, a *autoridade* – tendo essa última palavra o sentido de "criador" *(auctor).*

Essa "individuação" é própria da Maçonaria. Cada Obediência tem seu caráter particular; cada Loja tem seu espírito especial; cada Maçom deve conservar e desenvolver suas qualidades pessoais.

Para o Maçom, a Loja é uma Escola, onde ele pode expressar-se livremente diante de um auditório atento e benévolo. O confronto de idéias é feito aí sem choques, com cortesia.

O Aprendiz *(Pedra bruta)*, depois de uma fase de silêncio, durante a qual ela se desbasta, "adquire faces contínuas" e torna-se Companheiro. Essas "faces" *(Pedra Cúbica)* serão polidas e perderão pouco a pouco sua rugosidade. Enfim, o Mestre, na plenitude de seus direitos maçônicos e de seus deveres, verdadeiramente *individualizados*, será na Loja um elemento, uma Pedra perfeita, indispensável à existência dessa Loja.

6. O "CHAPÉU" DOS MESTRES

Na "Câmara do Meio", o Mestre deve conservar o "chapéu" na cabeça; é-lhe proibido ficar descoberto. Nisso reside um dos sinais de suas prerrogativas e de sua superioridade.

"Simbolicamente, diz Wirth[53], todo o interesse do "chapéu" limita-se ao fato de que ele substitui a *Coroa* (Kether, primeira sephira dos kabbalistas). Emblema da soberania, o chapéu tem a finalidade de fazer com que quem o usa compreenda que ele não é um chefe com o poder de comandar arbitrariamente, de acordo com suas apreciações pessoais. Um soberano deve reinar e não exercer o mando. Ora, só se reina quando se traduz a vontade geral. O Mestre não *dirigirá*, portanto, a sua Loja de acordo com as próprias idéias, mas ele se inspirará nas aspirações mais elevadas da coletividade. É esse idealismo coletivo que forma o diadema luminoso, o coroamento da árvore das Sephiroth, que outrora o *tricórnio*[54] do Mestre da Loja devia lembrar."

É preciso notar que a Maçonaria anglo-saxã não observa o uso do "chapéu" no grau de Mestre; é preciso notar também que nas Lojas francesas esse costume está longe de proporcionar um elemento de força e de respeito. Nós nos inclinaríamos, antes, a pensar que poderia ser suprimido, embora, incontestavelmente, o simbolismo inerente ao "chefe coberto" tenha seu valor próprio[55].

Há quem queira ver no "chapéu" dos Mestres a "Coroa" que os Iniciados recebiam nos Mistérios da antiguidade; outros comparavam o "chapéu" do Mestre com a mitra dos bispos[56].

O doutor Henri Allaix[57] parece ter estabelecido, com bastante segurança, que os pêlos grossos e curtos (cílios, barba, bigode, pêlos pubianos) são órgãos "emissores", enquanto que os "cabelos", pêlos finos e longos, são órgãos "receptores". Cobrindo a cabeça, o Mestre mostra que não tem nada mais a receber, isto é, que chegou ao termo final da Iniciação[58].

7. OS "FILHOS DA VIÚVA"

A expressão "Filhos da Viúva" designa os Franco-Maçons e a misteriosa expressão "Viúva", que designa a Franco-Maçonaria, constituiu objeto de muitas pesquisas e de muitos trabalhos.

"Pode-se dizer, escreve Persigout[59], que os Maçons eram os 'filhos da Viúva', isto é, da Natureza sempre virgem e fecunda."

"Dá-se esse nome aos franco-maçons, diz Gédalge[60], em memória da viúva que foi mãe do arquiteto Hiram. Mas Ísis, a "Grande Viúva" de Osíris, procurando os membros esparsos de seu esposo, também é considerada a mãe dos Franco-Maçons que, seguindo-lhe o exemplo, procuram o corpo de seu Mestre Hiram, assassinado pelos três maus Companheiros, que simbolizam os vícios capazes de aniquilar o Ser: a Inércia, a Sensualidade e o Orgulho."

"Quando, portanto, em dezembro, afirma Ragon[61], o sol hibernal parece deixar nossos climas para ir reinar no hemisfério inferior, parecendo, para nós, que ele desce ao túmulo, então a natureza fica *viúva* de seu esposo, daquele de quem ela recebe, todos os anos, alegria e fecundidade. Seus filhos ficam desolados; é, portanto, com muita razão que os Maçons, filhos da natureza, e que, no grau de Mestre, revivem essa bela alegoria, se chamam *filhos da viúva* (ou da Natureza); como no reaparecimento do deus, eles se tornam os *filhos da Luz*."

"Segundo essa interpretação, acrescenta Ragon[62], devemos concluir que Hiram, arquiteto do templo de Salomão, ao se tornar o herói da lenda maçônica, é o *Osíris* (o sol) da nova iniciação; que *Ísis*, sua viúva, é a Loja, emblema da terra, e que *Órus*, filho de Osíris (ou da luz) e filho da viúva, é o Maçom, isto é, aquele que mora na loja terrestre."

Para Wirth[63] "a viúva de quem os Maçons se dizem filhos é Ísis, personificação da Natureza, a mãe universal, mãe de Osíris, o deus invisível que ilumina as inteligências".

Guillemain de Saint-Victor[64] ao fazer esta pergunta: "Por que vos dizeis filhos da Viúva?" responde: "É que depois da morte de nosso respeitável Mestre, os Maçons cuidaram de sua mãe, que era viúva, e de quem eles se disseram filhos; Adonhiram sempre considerou-os irmãos".

Com efeito, na Escritura (Reis, I-VII, 14), lemos: "O rei Salomão mandou procurar Hiram de Tiro. Ele era filho de uma viúva da tribo de Nephtali".

Plantageneta afirma[65]: "Todos nós somos filhos do mesmo pai, Hiram, e ficamos solidários na defesa comum de sua viúva, a Franco-Maçonaria".

Para outros autores, a Franco-Maçonaria é Viúva desde que Jacques de Molay, grão-mestre dos Templários, foi queimado.

*
* *

É preciso notar que o sobrenome de *Viúva* era atribuído, entre os gregos, a *Hera,* que se tornou Juno, a esposa de Júpiter, entre os romanos. Ora, essa divindade merece ser estudada por mais de uma razão.

Geralmente, todos estão de acordo em ver na palavra *Hera* a raiz sânscrita *svar,* o Céu. Ela é a esposa de *Zeus* e ambos são honrados nas alturas, no alto das montanhas. Se Zeus, num sentido, pode representar a Natureza naturante, *Hera* representa a Natureza naturada.

Temenos, de acordo com uma tradição arcádica consignada por Pausânias, havia consagrado três templos a Hera: o primeiro a Hera Virgem (*partênia*); o segundo a Hera Mulher (*teléia*); o terceiro a Hera Viúva (*Khera*).

Primitivamente, não se representava a deusa Hera sob forma humana: encontramo-la sob a forma de uma coluna, em Argos; de um tronco de árvore esquadriado, em Citheron: de uma viga, em Samos, etc. ...

O escultor Policleto, observa-nos Pausânias, representa a estátua da deusa sentada num trono. Uma de suas mãos segura uma romã, a outra o cetro, em cuja ponta está pousado um cuco.

"Cada um desses detalhes, diz P. Decharme[66], tem um sentido mitológico. O trono e o cetro indicam a soberania da rainha do céu. O cuco é uma alusão ao hímen sagrado dos esposos celestes, a essa alegre união que vivifica a natureza e faz eclodir a vegetação primaveril. O fruto da romãzeira é o símbolo do amor conjugal da esposa de Zeus e de sua feliz fecundidade."

É de se notar as comparações singulares que podem ser feitas entre Hera, e suas representações, e a simbólica maçônica. Não as comentaremos aqui; basta, pensamos nós, tê-las assinalado.

*
* *

A palavra *"viúva"* vem do latim *vidua,* e significa propriamente *vazio, privado de.* A palavra *vazio* tem o sentido de espaço e não de vácuo. Nessa acepção, a expressão os "Filhos da Viúva" significaria os "Filhos do Espaço" e, como o Espaço é símbolo de *Liberdade,* os Franco-Maçons seriam igualmente os "Filhos da Liberdade".

Mas a "Viúva" é caracterizada por um "véu negro" e então simboliza as Trevas que, como dissemos acima, são inerentes ao Espaço. Esse é o motivo pelo qual os Maçons são ao mesmo tempo os "Filhos da Viúva" e os "Filhos da Luz". Eles são "Filhos do Mundo das Trevas", mas, no seio do mundo, manifestam-se como os "Filhos da Luz".

*
* *

Kabbalisticamente, o que acabamos de dizer é confirmado pelo duplo *Vav* hebraico que aparece na palavra *Viúva.* O doutor Chauvet diz o seguinte[67]:

"O que confere ao *Vav* um valor muito particular é o duplo papel que essa letra representa como prefixo do verbo. Em certos casos, com efeito, assinalados na linguagem corrente por pontos-vogais apropriados, ela se torna *inversiva,* isto é, transforma o tempo do verbo ao qual está ligada, dando ao passado o sentido de futuro e reciprocamente. Essa curiosa propriedade, que não existe, pelo que sabemos, em nenhuma outra língua, o Vav a deve, certamente, a seu simbolismo esotérico."

"O *Vav* é o símbolo da união em todos os mundos. Sua qualidade de *inversor* é apenas acidental; é uma conseqüência de sua qualidade essencial de *unidor*; no sentido de que, fazendo indiferentemente o futuro de um passado e o passado de um futuro, ele tende a restabelecê-los e a confundi-los num eterno presente."

Fabre d'Olivet fez do *Vav* um símbolo da Luz, que se acende ou se extingue segundo o *Vav* corresponde ao O simples ou se torna U ou V. O doutor Chauvet escreve a esse respeito:

"Foi partindo do termo AOR, Luz, que esse filósofo construiu sua teoria sobre o duplo símbolo da luminosidade e das trevas do Vav; ora, tivesse ele conhecido a verdadeira natureza esotérica desse signo e facilmente se teria percebido que se o AOR corresponde à Luz, não é porque o Vav central contém o ponto-vogal *cholem,* mas porque ele substancializa com sua presença e torna sensível uma modalidade da Energia absoluta simbolizada pela base radical AR. Se, pelo contrário, a raiz ChUB corresponde ao sentido de Obscuridade, também não é porque o Vav dessa raiz tem o ponto *shurek,* mas apenas porque, também nesse caso, ele substancializa a *força escurecedora,* simbolizada pela base GhB."

A indubitável importância da palavra "Viúva", introduzida na simbólica maçônica, pode ser medida, portanto, pelos autores que se ocuparam de seu significado.

*
* *

Existe outra expressão freqüentemente usada: a do "tronco da Viúva"; esse tronco é destinado a recolher as oferendas para as obras de beneficência. Essa designação deve referir-se à parábola do denário da Viúva nos Evangelhos:

"Veio uma pobre viúva que colocou duas pequenas moedas, ou seja, um quarto de ás. Jesus chamou seus discípulos e disse: Em verdade eu vos digo, essa pobre viúva contribuiu mais do que todos para o serviço do Templo. Porque todos deram de seu supérfluo; mas foi de sua indigência que ela deu tudo o que tinha, todos os seus meios de-subsistência" (*São Marcos,* XII, 42-43).

É necessário lembrar que, sobretudo na Maçonaria, a esmola, humilhante para quem a recebe, deve ser banida. É preciso "ajudar" verdadeiramente aqueles que passam necessidades; ajudá-los material e moralmente. Porque, se a Maçonaria se situa num plano extramaterial, ela não pode todavia deixar de tentar remediar as condições desfavoráveis à elevação espiritual que exige de seus filhos.

8. O "QUADRO" DO MESTRE

O "Tapete da Loja do Mestre", colocado sobre um mosaico de losangos, compreende um ataúde coberto com uma tapeçaria negra com uma cruz latina, lágrimas de prata e seis crânios humanos com tíbias cruzadas. Além do mais, são colocados em cima do ataúde: a letra G, dentro de um triângulo, à cabeceira; um Compasso e um Esquadro, aos pés; e um ramo de Acácia no meio.

A orientação do ataúde deve ser tal que os pés fiquem a Leste e a cabeça a Oeste, e, por conseqüência, o lado direito ao Sul e o esquerdo ao Norte.

Deve-se notar que os "Quadros do Aprendiz e do Companheiro" são traçados voltados para o Oriente, enquanto que o "Quadro do Mestre" é traçado voltado para o Ocidente.

Sabe-se que o Ocidente, lugar onde o Sol se põe, é tido como a direção do "país dos mortos" em quase todas as tradições. Ora, o ataúde, pela posição que ocupa, volta as costas para o Ocidente[68].

A marcha do Companheiro, ao entrar no Templo para receber a iniciação ao grau de Mestre é, a esse respeito, característica: ele entra de costas, olhando para o Ocidente[69].

A Cruz latina que aparece em cima do ataúde não deve ser interpretada como um símbolo crístico; ela tem aqui o sentido de "vida", de "imortalidade", de "ressurreição".

Sabe-se que o símbolo da Cruz é anterior à religião cristã. Ela aparece nos Mistérios de Ísis, entre os egípcios, e até na extrema Ásia. A cruz estava entre as letras hierárquicas ou sacerdotais, e figurava entre os símbolos rúnicos dos escandinavos. Os romanos hasteavam-na no alto de suas insígnias e em todos os tempos ela foi objeto da veneração pagã.

"A maioria das doutrinas tradicionais, diz René Guénon[70], simbolizam a realização do Homem Universal por um signo que em toda parte é o mesmo; esse signo é daqueles que estão diretamente ligados à tradição primordial: é o sinal da cruz, que representa muito nitidamente o modo como essa realização é alcançada pela comunhão perfeita da totalidade dos estados do ser, harmonicamente e conformemente hierarquizadas, num desabrochamento integral nos dois sentidos da "amplidão" e da "exaltação". Essa dupla manifestação do ser pode ser encarada como efetuando-se, de um lado, horizontalmente, isto é, num certo nível, num determinado

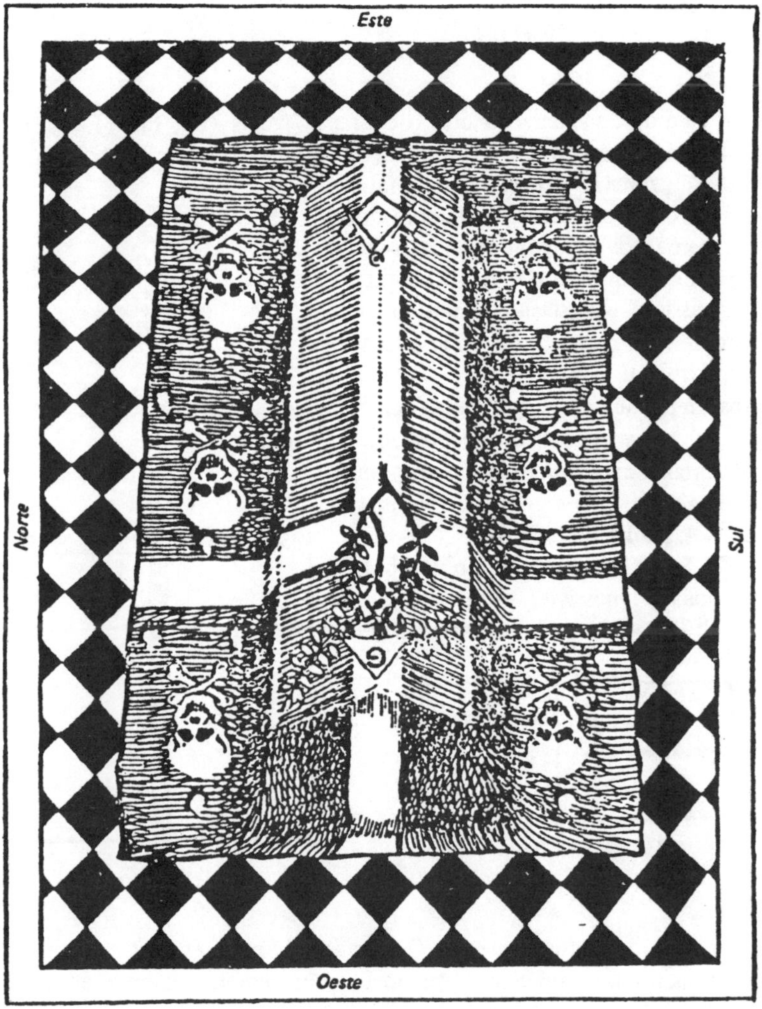

PRANCHA VI. O "Quadro do Mestre".

grau da existência, e, por outro lado, verticalmente, isto é, na superposição hierárquica de todos os graus."

*
* *

Podemos considerar a cruz de braços iguais (fig. 110*a*) como um símbolo macroscópico e a cruz latina (fig. 110*b*) como um símbolo microscópico. A primeira representa os quatro pontos cardeais ou, ainda, a mistura dos quatro elementos. A segunda mostra a evolução, considerando-se o braço horizontal como "passivo" em relação à "matéria", e o braço vertical como "ativo" em relação ao "espírito". E o homem com os braços abertos reproduz o sinal da cruz[71].

Ora, sobre o ataúde, precisamente, o braço mais longo está orientado no sentido leste-oeste, que é o sentido da marcha do Sol, símbolo do Espírito.

O Tau (fig. 111) é um símbolo ainda mais expressivo, porque liga o mundo hílico, o mundo da matéria, ao invisível. Como acontece que, no Quadrado Oblongo, encontra-se um Pilar *invisível,* assim também aqui o braço da cruz que corresponde ao mundo transcendental não aparece aos olhos físicos. Assim, encontram-se marcadas, de uma forma muito nítida para aqueles que não sofreram o domínio total da "matéria", a "realidade" e a *objetividade* até da espiritualidade. A cruz latina indica a evolução com a ajuda do "mental" – a cabeça do Homem – enquanto que o "Tau" indica uma elevação puramente espiritual.

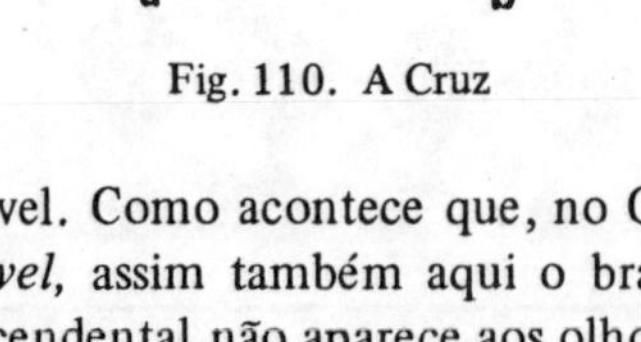

Fig. 110. A Cruz

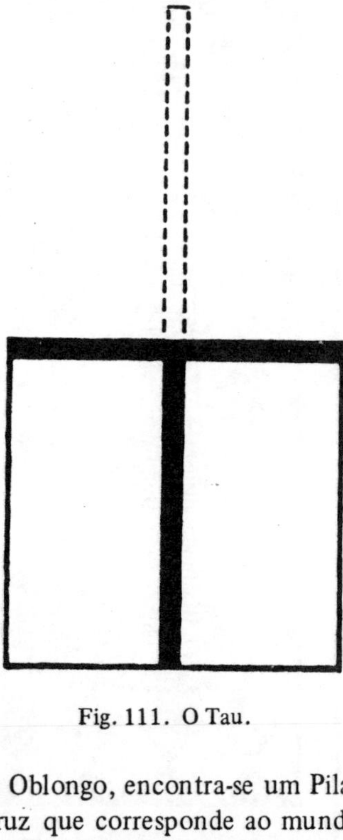

Fig. 111. O Tau.

As lágrimas de prata simbolizam de forma excelente os raios "lunares", que irão ajudar o impetrante a se abstrair da influência "solar" física, da atividade factícia. É durante a noite, na "escuridão mais negra" dos hermetistas, isto é, no silêncio e na meditação que a alma se torna alva. Depois da chamada fase da *caput corvi*, "cabeça de corvo", vem a fase da brancura brilhante.

*
* *

Quanto aos "crânios", que simbolizam efetivamente a morte física, eles são sustentados por duas tíbias cruzadas que reproduzem uma "cruz de Santo André", emblema de vida e de perfeição. O signo "X" (o Khi grego), entre os romanos, representava a década, tão cara aos pitagóricos.

O famoso "crisma" (fig. 112) poderia bem ser, em definitivo, uma simples esquematização do crânio e das tíbias. Esse signo é encontrado em moedas anteriores à época cristã. Durante muito tempo, julgava-se que ele representava um P latino e uma cruz, figurando o Cristo, e era chamado de *"pro Christo"*. Concluiu-se até que ele designava o túmulo dos

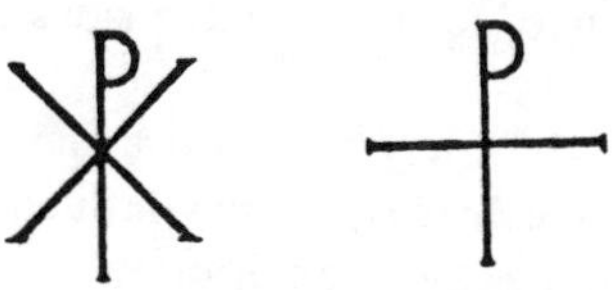

a b

Fig. 112. O "Crisma".

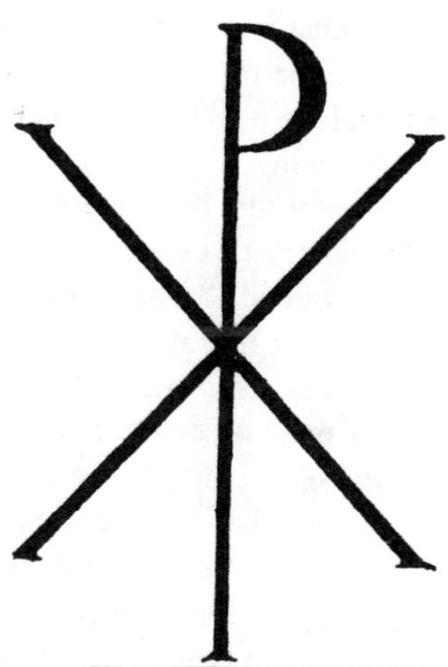

Fig. 113. O Crisma e a Lua.

mártires que haviam sofrido *pro Christo* (pelo Cristo). Somente no século XVI é que se percebeu que as letras P e X eram as primeiras letras da palavra "Christus", isto é, o *khi* e o *rô* gregos. Mas o "crisma" como o da figura 112*b* perde então todo o significado.

O "crisma" mostra, associadas, as imagens dos dois luminares: o Sol e a Lua, e sua interpenetração (fig. 113). Notar-se-á que a Lua fica à *direita* da figura e que ela é representada "crescente", isto é, tal como podemos vê-la no céu desde a neomênia (lua nova) até a lua cheia, pois suas pontas estão voltadas para a esquerda. Essa figura fala por si mesma; não há, portanto, necessidade de insistir mais neste ponto.

9. O GRAU DO MESTRE IDEAL

Ao atingir o terceiro grau da Maçonaria, o Maçom torna-se Mestre e possui – ritualmente – a iniciação integral. Os altos graus não lhe trarão nada de novo, pois nada mais são do que desenvolvimentos, ampliações do terceiro grau. Poderíamos mesmo dizer que, em certos casos, eles podem representar uma diminuição, caso desenvolvam em quem os recebe – mas que não os possui – um sentimento de vaidade.

O Maçom, o Mestre, está livre das contingências; ele evolui num plano puramente espiritual. Se os ritos iniciáticos tiveram sobre ele seu pleno efeito, e ele foi verdadeiramente transformado, ele se tornou um "novo homem".

O grau de Mestre implica uma transformação total e profunda do comportamento. O Mestre deve ser muito orgulhoso de si mesmo para ignorar a vaidade[72], para sentir toda a sua inanidade. Cuidemos, aqui, para não pensar na moral artificial e convencional. O verdadeiro Maçom, o Mestre, em todas a sua transcendência, tende para o conhecimento do Absoluto, junto ao qual desaparecem, pouco a pouco, todas as relatividades da existência material e do pensamento.

"Eis, diz excelentemente Grillot de Givry[73], a prova das provas, aquela em que te esperam, zombeteiras e lívidas, as más influências, na esperança de te ver tropeçar e tornar a cair nas trevas exteriores.

"Se resistes a isso, a Fênix, sucedendo a Alcione, irá eclodir para ti.

"O mundo não tem consciência das superioridades nascentes. Toma, pois, o santo hábito de sofrer o desprezo dos que valem menos do que você.

"Penetra-te dessa verdade, que nunca te será feito justiça senão por ocasião de teu advento na Luz.

"É preciso que te tornes completamente indiferente à opinião dos homens, o que é mais fácil de dizer do que de fazer.

"Que importa se passas entre a multidão como uma vaga unidade, quando tens consciência de tua Realeza intelectual?

"Age segundo tua consciência, sem te preocupares com o resultado.

"Aceita a glória como um fardo, e não a desejes, senão a glória eterna, a dos Filósofos: o Absoluto.

"Se procuras a aprovação dos homens, caminhas para as trevas, estás fora do Caminho.

"Se desejas ser um Santo para que o reconheçam como tal, é certo que nunca conseguirás sê-lo.

"Aniquila-te, meu Discípulo, num abismo de humildade. Sê ínfimo entre os ínfimos.

"Abaixa-te e te transfigurarás um dia, e levantarás, brilhante e radioso, no abraço do Rei da Glória, do Rei oriental que está sentado em seu trono, como dizem os velhos mestres, e entrarás no Mar de púrpura que é o Magistério dos Filósofos[74].

"Mas lembra-te de que, por enquanto, nada mais és do que o mercúrio leproso, que faz morrer o Sol da justiça sobre a efígie do quaternário[75]."

*
* *

O Mestre, o que não usurpou esse título, trabalha incansavelmente num plano que não é mais o plano físico, mas que pode atingir este por "reverberação".

É a esta "transfiguração" do Homem que tendem todas as iniciações, sem executar a iniciação maçônica, embora esta última às vezes pareça terse desviado de seu verdadeiro sentido.

NOTAS AO CAPÍTULO VII

O MESTRE

1. *Dictionnaire Rhéa,* art. "Art. Royal".
2. A mesma autora, Mme. A. Gédalge, acrescenta: "Encontra-se no Baghavad-Gita um 'Yoga do Real-Segredo' e o Escocismo dá ao seu 32º grau o nome de 'Sublime Príncipe do Real Segredo'. O Segredo em questão só pode ser o da Evolução e o da Iniciação".
3. *Les Origines Compagnonniques de la Franc-Maçonnerie, in* revista *"L'Acacia",* 1924.
4. *Ibid.*
5. *Causeries en Chambre du Milieu,* pp. 71-72.
6. *Ibid.,* p. 72.
7. Respeito, do latim *respectus,* atenção, consideração, é o particípio passado substantivado de *respicere,* que significa literalmente "olhar para trás".
8. *Les Mystères de l'Art Royal,* 1932, p. 8.
9. *Bulletin des Ateliers Supérieurs,* 1939, p. 96.
10. *Ibid.*
11. O mesmo ocorre com a Astrologia e a Astronomia; esta última nada mais é que o esqueleto descarnado da Cosmologia.
12. E precisamente a *água real* (mistura dos ácidos azótico e clorídrico) tem esse nome porque dissolve o ouro; real, do latim *regalis,* significa "real" [no sentido de *régio*] .
13. *L'Ocultisme et la Franc-Maçonnerie Ecossaise,* 1928, pp. 154-155.
14. *La Franc-Maçonnerie Ecossaise en France,* pp. 59-60.
15. *Ibid.*
16. Ragon escreve "*Franc-maçonnerie*" e dá a seguinte explicação: "Escrevemos essa palavra e seus derivados sem o traço de união: desde que não se diz mais *franche-maçonnerie,* é uma falta grosseira, contra a lógica e a gramática, escrever *franc-maçon*, *francs-maçons*; como escreverias o plural de *francmaçonne*? Se submeterdes a palavra *franc* à regra dos números, pela lógica, deveis submetê-la também à regra dos gêneros e dizer *franche-maçonnerie.* Pensamos até que, à imitação de muitas palavras francesas, cuja ortografia é abreviada, poder-se-ia suprimir o *c*, e o radical continuaria igualmente sensível". (*Orthodoxie Maçonnique,* p. 2). A ortografia preconizada por Ragon não foi adotada.
17. *Orthodoxie Maçonnique,* p. 30.
18. *Petrônio, Apuléio, Aulo-Gélio,* Obras Completas com a tradução em francês, publicadas sob a direção de M. Nisard, 1842, p. 41.

19. *Des Origines du Grade de Maître*, p. 43 e segs.

20. *Le Pontifical Romain*, 1931, t. II, p. 95.

21. *Les Sociétés Secrètes de Mystères*, 1941, p. 43.

22. *Mystères et Oracles Helléniques*, 1943, pp. 13-14.

23. *Ibid.*, p. 16.

24. Encontra-se na Bíblia (tradução do cônego Crampon) esta nota: "Mestre Hiram, literalmente, *Hiram, meu pai*, a menos que se queira ler um nome próprio: *Hiram-abi*".

25. *Annales Maçonniques universelles*, março-abril, 1933.

26. *Manuel Maçonnique au Tuileur*, 1820, p. 60.

27. Jean Kotska, que não se atrapalha com etimologias, escreve: "*Hiram* é a abreviação de *Hic Jacet Rex Adventurus Mundi*: Neste sepulcro dorme o futuro rei do mundo, o Santo Anticristo". (*Lucifer Démasqué*, p. 234.)

28. *Rituel du Grade de Maître*, p. 9 e segs.

29. *Orthodoxie Maçonnique*, p. 108.

30. *Rituel du Grade de Maître*, p. 14.

31. *Orthodoxie Maçonnique*, p. 102 e segs.

32. JBL é o radical hebraico do verbo *Hobel*, trazer, conduzir, levar; o mesmo radical *Yabal* dá *Yôbel*, que pode ser traduzido por "jubilação".

33. GBL dá Gebal (nome de uma cidade) e *Gibelim* (Ghiblim), homens de Gebal, canteiros.

34. Em francês, a palavra *cercueil* [ataúde] parece derivar de "*sarcophage*" (do grego *sarkophagos*, que come carnes) pelas formas seguintes: *sarcou*, *sarcueil* e, enfim *cercueil*.

    GÊDALGE (Dict. *Rhéa*) diz que o ataúde de Hiram é análogo ao Pastos egípcio, à cruz latina formada pelo cubo desdobrado, ao túmulo de Osíris, ao sepulcro de Cristo, etc.

35. *Le Livre du Maître*, p. 74.

36. *Bulletin des Ateliers Supérieurs*, 1938, pp. 55-58.

37. *Rituel du Grade de Maître*, p. 26.

38. Ver adiante "As Aclamações", *in* cap. X.

39. *Le Rameau d'Or*, edição resumida, 1923, p. 655.

40. *Le Roman du Lys*, 1911, p. 161.

41. *Rituel du Grade de Maître*, p. 32.

42. *Le Symbolisme*, 1933, p. 44.

43. Citado por Leadbeater, *op. cit.*, p. 117.

44. *La Grande Triade*, p. 107.

45. *Le Roi du Monde*, 1930, pp. 110-111.

46. Ver o Relato de PETRUS TALEMARIANUS: *De l'Architecture Naturelle*, já citado. Encontra-se aí um estudo sobre a oposição de 5 e de 6, do pentragrama e do hexagrama. Não podemos deixar de recomendar a nossos leitores a leitura dessa obra considerável e verdadeiramente "iniciática".

47. *Le Symbolisme*, 1939, pp. 116 e 118.

48. *Rig Véda, Adhyaya*, II, *Anuvaka*, XX, *Sukta*, IV, V, II.

49. A abadia de Thélème, descrita por Rabelais, que é a "casa dos Sábios", era de forma hexagonal.

50. Já explicamos acima esses dois termos; ver cap. IV, 1: "O Templo de Salomão e as duas Colunas".

51. De modo algum, diz Ch. Nicoullaud: a lenda de Hiram tem outro sentido. Ela dissimula a morte do homem de bem, cuja alma é assassinada pelos franco-maçons e, por eles, é entregue ao Demônio"!? (*L'Initiation maçonnique*, 1931, p. 223). Uma opinião dessas, aprovada pelo padre Jouin em seu prefácio, dispensa comentários!

52. Jean KOSTKA (*Lucifer démasqué*) vê na palavra "Hikal" as iniciais de *Hic Imperat Kristos, Abominatio Luciferi*, que ele traduz por: Aqui triunfa Kristos, abominação dos filhos de Lúcifer". Ele também vê na palavra "Debhir" as iniciais de *Diaboli Ecclesia Beata Hiram Invocat Reverenter:* "A Igreja bem-aventurada de Lúcifer invoca religiosamente Hiram". Esse autor pretende ter encontrado isso num "manuscrito secreto de instruções maçônicas"; mas acreditamos que foi a sua imaginação vesânica que, com muito trabalho, forneceu-lhe essa interpretação ridícula.

53. *Le Livre du Maître*, pp. 185-186.

54. Houve quem pretendesse que o "tricórnio" tenha sido uma invenção maçônica; ora, o tricórnio é encontrado desde o século XVII. Explica-se essa forma pelo fato de os soldados, a princípio, terem sido obrigados a dobrar o lado direito de seus chapéus, de aba redonda, para poderem atirar com mais facilidade; o lado esquerdo deve ter sido dobrado por simetria; enfim, a parte posterior levantada facilitava o tiro deitado. Esse chapéu tinha uma ponta na frente. Mais tarde, tirou-se essa ponta e o chapéu, embora ficasse com apenas duas pontas laterais, conservou o nome de "tricórnio". Quando era usado com uma ponta na frente e outra atrás, estava "em coluna"; quando as duas pontas estavam colocadas à direita e à esquerda, estava "em batalha". Pode-se notar, nas gravuras da época revolucionária, que os soldados usavam essa espécie de chapéu bicórnio de um modo um tanto oblíquo.

55. Para que o simbolismo do "chefe coberto" conserve o seu valor e sua eficácia, seria preciso que a Maçonaria adotasse um chapéu "ritual" e não um chapéu profano.

56. A *mitra* é um chapéu que tem duas faces opostas de forma pentagonal. O cerimonial dos bispos prescreve três espécies de mitras: 1º a mitra de fundo dourado ou prateado, ornada de pedrarias e de bordados; 2º a mitra de brocado de seda branca bordada de ouro; 3º a mitra simples, de tecido branco. Para a Igreja, a mitra lembra a tiara do grão-sacerdote Aarão; os dois cornos simbolizam os dois Testamentos.

Quanto à *tiara*, é um chapéu de forma cônica que, sucessivamente, foi sendo adornado com uma, duas e, enfim, três coroas. Ela se tornou, assim, o *"triregnum"*, símbolo do tríplice poder paternal, pontifical e real do Papa.

O *barrete* é um chapéu quadrado, ornado de três pontas. O barrete de quatro pontas é reservado, em princípio, aos doutores – de onde o nome de "doutor de quatro pontas" – e aos licenciados em teologia e em direito canônico; não deve ser usado nas funções litúrgicas.

57. *Introduction à l'Étude de la Magie*, 1936.

58. Outrora, o Papa usava o cabelo do alto da cabeça inteiramente cortado; hoje ele usa o solidéu. O sacerdote, pela tonsura, suprime uma parte de suas possibilidades de recepção das emanações psíquicas "profanas"; torna-se menos influenciável. Os missionários que usam barba desenvolvem suas faculdades de emissão e de persuasão. Notemos aqui que o magistrado se cobre no momento de julgar, significando que não aceitará mais nenhuma influência suscetível de fazê-lo mudar seu julgamento.

59. *Annales Maçonniques Universelles*, março-abril, 1933.

60. *Dictionnaire Rhéa*, art. "Veuve".

61. *Rituel du Grade de Maître*, pp. 20-21.

62. *Ibid.*

63. *Le Livre du Maître*, p. 142.

64. *Recueil précieux*, p. 95.

65. *Causeries en Chambre du Milieu*, pp. 89-90.

66. *Mythologie de la Grèce Antique*, p. 71.

67. *Esoterisme de la Genèse*, p. 143.

68. Na Igreja Católica, os corpos dos defuntos são colocados na mesma posição, isto é, com os pés voltados para o altar. A única exceção é para os corpos dos sacerdores, cuja cabeça olha para o Ocidente. Os liturgistas não dão o motivo dessa diferença; mas pode-se pensar que, assim, o sacerdote olha para a nave e para os fiéis pela última vez, como fazia quando oficiava.

69. "Para exprimir o futuro, a língua chinesa usa expressões cujo sentido geral é 'o que está por trás' ou 'depois'. O passado é expresso por locuções que significam: 'o que se encontra na frente' ou 'antes'. Deduzimos daí que, para os chineses, o mundo inteiro prossegue seu caminho pelo infinito, voltando as costas para o futuro, e que seus olhos, imutavelmente, estão fixos no passado. É por esse motivo que o futuro nos é desconhecido." (Louis CHOCHOD, *Occultisme et Magie en Extrême-Orient*, 1945, p. 298.)

70. *Le Symbolisme de la Croix,* 1931, p. 31.

71. Essa cruz é considerada um símbolo de "salvação" e de "redenção". A cruz latina invertida, que representa um homem de cabeça para baixo, é um símbolo "satânico", um símbolo de involução.

72. Distinguimos Orgulho de Vaidade. O orgulho deve ser um sentimento de ufania legítima, todo interior, sem ostentação: a consciência do próprio Eu; a Vaidade, ao contrário, é uma simples aparência artificial, uma ostentação falsa, sem fundamento real, uma hipertrofia do Eu.

73. *Le Grande Oeuvre, XII Méditations sur la voie esotérique de l'Absolu,* 1907, pp. 43-45. Nessa pequena obra de Alquimia espiritual, Grillot de Givry revela-se verdadeiramente "Iniciado". Essa pequena obra, que trata da "Grande Obra", é um "tesouro" inestimável.

74. Não se deve confundir a "Filosofia" em sua acepção corrente com a *Filosofia* no seu sentido hermético. Na Idade Média, os alquimistas eram os "filósofos". Daí as expressões: Mercúrio dos Filósofos, Pedra Filosofal, etc. Os hermetistas ou alquimistas eram os verdadeiros "amigos da Sabedoria" (*philos,* amigo, e *sophia,* sabedoria).

75. O "mercúrio leproso" é a *matéria* próxima, ainda não purificada, que tem em si o "ouro" em potencial; essa matéria já é uma "quintessência".

O "mar de púrpura" ou "magistério dos Filósofos" é a *Pedra Filosofal.*

A Alquimia espiritual ou "mística" sobrepõe-se à Arte transmutatória; da mesma forma, a Franco-Maçonaria se sobrepõe à Arte de construir.

As formas de Iniciação são múltiplas e cada um deve escolher o caminho que mais lhe convém.

VIII

OS "ADORNOS" DO MAÇOM

1. O AVENTAL

O "Avental" constitui o essencial dos "adornos" do Maçom. Ele se compõe de um retângulo e de uma abeta em forma de triângulo. Nos graus de Aprendiz e de Companheiro, o avental é feito de pele branca, sem nenhum enfeite[1]. No grau de Mestre, ele varia de acordo com os Ritos e as Obediências.

O Aprendiz usa o Avental com a abeta levantada.

Ragon, em seu *Rituel de l'Apprenti Maçom,* diz ao neófito:

"Recebei este Avental, que todos usamos, e que os maiores dentre os homens se honraram de usar; ele é o emblema do trabalho; ele vos lembrará que um Maçom sempre deve ter uma vida ativa e laboriosa. Esse avental, que é o nosso hábito maçônico, vos dá o direito de sentar-se entre nós, e jamais deveis apresentar-vos neste Templo sem estardes revestidos dele, com a abeta levantada[2]."

Para Plantageneta[3], o Avental, feito de pele de cordeiro, lembra a "túnica de pele" com que a lenda cobre Adão e Eva obrigados a deixar o Paraíso e condenados ao sofrimento.

"A dor, diz ele, não é uma maldição para o homem: ela é a causa geradora de sua felicidade; aquele que desvendar o mistério das duas colunas não poderá duvidar disso. Ele aprenderá, também, que o 'trabalho' só é um castigo quando realizado com fins egoístas. Para que seja uma fonte inesgotável de alegria, é preciso que seja amado pelo que ele é; é preciso que ele não seja função única de causas degradantes; e é esse o motivo pelo qual o Avental é branco, imaculado e puro. Conservando-o assim, cada um pode, de acordo com seu plano, realizar essa perfeição a que todo iniciado aspira."

"Essa idéia encontra-se potencialmente, diz ele ainda, na lenda persa que nos conta as lutas travadas contra o tirano Zohac pelos obreiros construtores levados pelo ferreiro Kaweh, cujo avental de pele foi o estandarte que os conduziu à vitória[4]."

As idéias de Wirth são as mesmas de Ragon e de Plantageneta: mas ele acrescenta: "O pensador vê aí o símbolo do corpo físico, do invólucro material, de que o espírito se deve revestir para tomar parte na obra da Construção Universal[5]".

François Ménard acha que o Avental de pele que cinge o Maçom adquire um sentido simbólico, como a alva ou a estola do sacerdote.

"Para que pode servir, diz ele[6], o Avental senão para proteger, para cobrir, para afastar de influências nocivas? O Avental Maçônico cobre apenas a parte inferior do corpo e, sobretudo, o baixo ventre. O gesto que isola assim os órgãos do corpo onde a tradição coloca a sede da afetividade, das paixões (plexus solar e genital) significa que a única parte superior do corpo, a que é sede das faculdades da razão e do espírito, deve participar do trabalho."

"O fato de ser o Avental feito de pele, continua ele, também parece-nos sintomático; além de lembrar o amplo avental de couro de certos operários, ele se alia, por sua natureza, com os centros que ele vela, o domínio da animalidade; além do mais, a pele sempre foi considerada um protetor, um isolante, assim como um vetor de certas influências. Com efeito, trata-se de pôr ao abrigo esses centros sutis, não talvez para separá-los do indivíduo, mas para derivar sua eficiência para outros domínios."

*
* *

Exotericamente, o Avental simboliza o trabalho constante a que o maçom se deve dedicar; mas é evidente que não devemos nos limitar a essa única significação.

A abeta levantada do Avental do Aprendiz (fig. 114) protege o epigastro. Diremos, num sentido algo diferente da interpretação dada por François Ménard, que o epigastro está ligado ao plexo solar e que esse plexo corresponde ao *chakra umbilical*[7], de que dependem claramente os "sentimentos" e as "emoções" contra as quais o Aprendiz sobretudo deve se proteger, a fim de conseguir a serenidade de espírito que fará dele um verdadeiro Iniciado. Por outro lado, ficando assim "isolados", os sentimentos próprios e as emoções do dito Aprendiz não correm o risco de prejudicar com suas radiações a paz profunda do Templo no qual ele é admitido. Como se supõe que esse risco não existe mais no Companheiro e no Mestre, estes podem, sem inconveniente, abaixar a abeta de seu Avental.

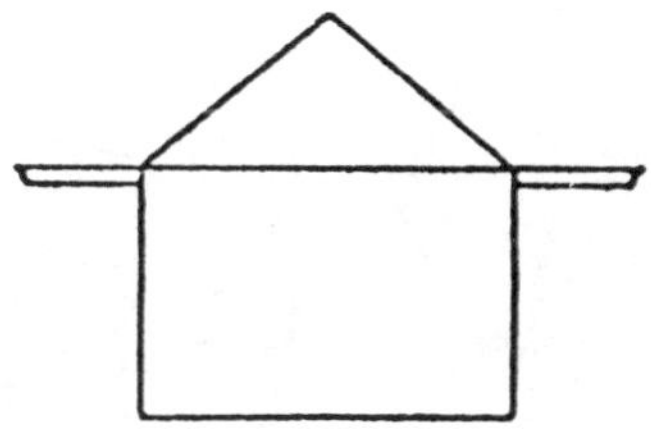

Fig. 114. Avental do Aprendiz.

*
* *

Muitas vezes o Avental do Aprendiz também foi interpretado como uma representação do "quaternário" encimado pelo "ternário".

Wilmsurst (*The Meaning of Masonry*) vê no triângulo formado pela abeta do Avental a alma pairando acima do corpo inferior; e, mais tarde, a abeta abaixada mostra que a alma se encontra no corpo e dele faz seu instrumento[8].

*
* *

"O antigo Avental egípcio era *triangular*, diz Leadbeater[9]; seu ápice tocava a cintura e sua ornamentação diferia sob vários aspectos da que é usada atualmente[10]."

Oswald Wirth, analisando as obras do doutor Churchward[11], observa que este último ficou impressionado mais especialmente com o avental de forma "triangular", usado por muitos personagens egípcios.

"No livro, diz ele, que Churchward publicou em 1915 sob o título de *The Arcana of Freemasonry*, ele reproduz ilustrações da *Histoire Ancienne des Peuples de l'Orient classique*, de Maspero, que fazem imaginar o Franco-Maçom como a pessoa menos disposta a se deixar seduzir por hipóteses arriscadas. Vêem-se aí personagens cujo avental "rígido" afeta a forma de um triângulo equilátero."

Essa dedução parece-nos devida a um erro de interpretação. A imagem mural do templo da rainha Hatshepsowet que reproduzimos[12] na estampa VII parece de fato mostrar um personagem vestido de um "avental triangu-

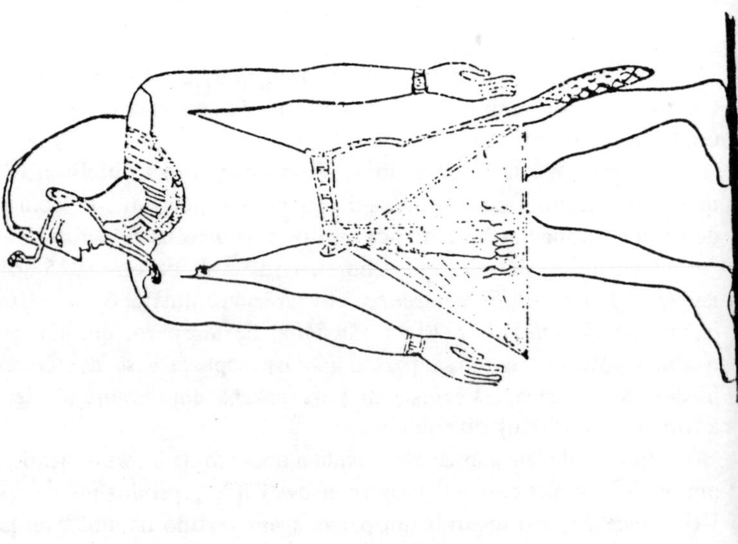

lar"; contudo, não é isso o que ocorre, e René Ménard e Claude Sauvageot não nos deixam nenhuma dúvida a esse respeito:

"A roupa dos homens, dizem eles[13], consiste, na maioria das vezes, numa única peça de tecido branco que dá a volta no corpo, descendo até abaixo dos joelhos. Essa espécie de avental ou de calção era amarrada atrás, na altura dos rins, e uma parte caía na frente. Nas altas classes, o avental era considerado como um cinto, fixado com um nó na frente, e *ele avança para a frente de modo a descrever em sua parte inferior um ângulo agudo às vezes muito acentuado.* Entre os Faraós, essa projeção para a frente parece ser mantida por uma espécie de anquinha, como se usava no século XVIII de nossa era, ou por lâminas de metal análogas às de nossas crinolinas."

Reproduzimos, extraídos da obra desses autores, um Faraó vestido de sacerdote[14] figura na qual se vê nitidamente que o "avental triangular" dos egípcios é uma ilusão... de ótica.

*
* *

Também poderíamos ver uma origem "gaulesa" no Avental Maçônico. Com efeito, encontram-se nas moedas gaulesas um sinal quadrado ou retangular que recebe o nome de "avental".

"Damos o nome de 'peplum' a esse símbolo, escreve Ed. Lambert[15], que se designou pelo nome de quadro, avental, estandarte, que em geral vemos pendurado por meio de um atilho ondulado na frente da cabeça do cavalo de certas espécies armoricanas. Esse emblema em geral é atravessado por duas linhas que vão de um ângulo a outro, cruzando em diagonal no centro, de modo a formar o número cinco, expresso por pontos e glóbulos (fig. 115). Acreditamos que, de acordo com o sistema dos pitagóricos, os druidas deviam atribuir certa importância a essa disposição, que era um composto do número dois, primeiro número par, e do número três,

Fig. 115. O signo do "Avental" em numismática.

primeiro número ímpar; mas o que é mais positivo ainda é que ele deve ter sido considerado um símbolo do ar. Vemo-lo aparecer muito cedo, isto é, antes mesmo da deformação do cavalo, em certas moedas atribuídas aos redons, nas moedas dos baiocássios, nas quais é repetida duas vezes, e nas moedas dos ebuvoricos."

Por que Ed. Lambert teria chamado esse signo de "peplum"[16] e de "avental"? São questões que não temos competência para resolver. Em todo caso, esse símbolo curioso merece ser assinalado.

*
* *

Henri Sérouya diz[17] que o Avental Maçônico parece ter sido tomado de empréstimo aos essênios. Ele escreve: "Os essênios, hebreus que se assemelham aos profetas por seu modo singular de viver, atingiam o mais alto grau do misticismo. Eles descendiam dos *Hassidim* (piedosos ou santos) que existiam antes da revolução dos asmoneus (nos meados do século II). Ninguém podia ser admitido em sua comunidade senão depois de um ano de noviciado. Terminado esse ano, o noviço era autorizado a cumprir as abluções rituais. Entregava-se a cada neófito uma veste branca e um *avental*, que devia cobri-lo, por decência, no banho ou na toalete".

*
* *

"O cinto do Avental, diz Leadbeater[18], era a parte mais importante; era muito mais do que um símbolo. O cinto era um círculo fortemente magnetizado, destinado a conter um disco de matéria etérica que separava a parte inferior da parte superior do corpo, a fim de que as formidáveis energias que o cerimonial maçônico procurava colocar em movimento não pudessem alcançar a região inferior do corpo."

Leadbeater é o único autor que, pelo que sabemos, notou a importância do cinto do avental. Se não aceitamos suas explicações "magnéticas", devemos, pelo menos, reconhecer que o cinto do avental deve constituir motivo de estudo.

No simbolismo cristão, o *cinto de ouro* é um símbolo de pureza.

O padre Auber escreve: "O cuidado de levantar as vestes e de cingir os rins para caminhar ou para qualquer atividade viva e espontânea passava, entre os antigos, por ser uma prova de energia, e, conseqüentemente, de desprezo por qualquer fraqueza; era, portanto, ao mesmo tempo, a marca da castidade dos costumes e da pureza do coração[19]".

O mesmo autor escreve alhures: "Encontra-se no cordão, no *cingulum* que cinge a alva, apertando-a de encontro aos rins e ao peito, uma alusão à recomendação do Salvador: 'Tende o cuidado de cingir vossos rins'. De acordo com São Gregório, ele também é o símbolo da castidade: 'Deus sonda os corações e os rins, sede das paixões carnais'[20]".

De um modo geral, na acepção iconográfica religiosa, o cinto significa o trabalho, a caminhada, a força e a castidade. Vê-se por aí que o simbolismo do cinto reforça o simbolismo do Avental[21].

Sabemos, aliás, que na Idade Média o cinto era usado por todos, e que ser despojado dele era um sinal de degradação, de incapacidade para cumprir certas obrigações, de renúncia a certos direitos. É assim que os devedores insolvíveis eram obrigados a deixar o cinto e que as viúvas depunham o seu sobre o túmulo do marido quando renunciavam à sua sucessão.

*
* *

"O Avental dos Aprendizes Maçons, diz Gédalge[22], era feito de pele de cordeiro e em forma de atanor." É certo que as representações do atanor[23] dos alquimistas têm, às vezes, uma forma pentagonal, como se pode ver num baixo-relevo da portada central de Notre-Dame de Paris[24]. Não pensemos que, pelo menos primitivamente, o Avental Maçônico tenha tido esse significado. Todavia, achamos que essa forma, se não foi dada ao Avental, poderia ser-lhe aplicada, como veremos adiante.

Fig. 116. O Atanor.

*
* *

Se o Avental constitui a roupa essencial do Maçom, é preciso contudo notar que, no século XVIII, a roupa de um Mestre de Loja compunha-se, de acordo com antigos livros, de uma jaqueta amarela e de culotes azuis, simbolizando assim o Compasso, cujas hastes, na parte superior, eram de latão, enquanto na parte inferior eram de aço.

Dissemos acima que o Avental variava de acordo com os Ritos e as Obediências. Com efeito, no Rito Escocês ele é bordado de *vermelho*[25]; no Rito Francês, é bordado de *azul*.

O Convento de Lausanne, em sua assembléia de 15 de setembro de 1875, codificou os ornamentos maçônicos para o Rito Escocês Antigo Aceito:

Para o Aprendiz, o Avental é de pele branca, com a abeta levantada.

Para o Companheiro, o Avental é o mesmo do Aprendiz, mas com a abeta abaixada. Ele pode ser forrado e bordado de vermelho.

Para o Mestre, o Avental é forrado de vermelho. No meio vêem-se as letras M.·. B.·. em vermelho.

Essas indicações são claras e precisas quanto às cores; no entanto, quase sempre os Aventais de Mestre são forrados de preto. Note-se que é costume, nas "baterias de luto", virar aventais e cordões, quando na realidade se deveria usar um crepe. Se o Avental fosse forrado de vermelho, assim como vem prescrito no Convento de Lausanne, o ato de "virar" aventais e cordões não teria razão de ser[26]. Talvez no Rito Francês o Avental pudesse ser forrado de azul[27].

*

* *

Se nos fosse permitido propor um modelo de Avental, ofereceríamos o seguinte (prancha VIII):

Forma trapezoidal, composta de um pentágono truncado, forrado e bordado de vermelho – para o Rito Escocês – com as letras M.·. B.·., segundo o alfabeto maçônico.

Na abeta, três fileiras de pontos; sucessivamente, debaixo para cima, *três, cinco* e *sete,* que são os números do esquadro justo[28], e os do Aprendiz, do Companheiro e do Mestre.

As dimensões indicadas são múltiplos de três: 378 mm, grande base; 225 mm, pequena base; 210 mm, altura. Largura da faixa: 15 mm. Largura do cinto: 30 mm. Os pontos são espaçados sempre de 30 mm.

Esse avental, com a abeta levantada, forma um pentágono perfeito[29].

Reportando-nos à prancha IX, logo após veremos que o Avental se relaciona com as Sephiroth. No grau de Aprendiz, Tiphereth e Iesod estão separados;

enquanto que nos graus de Companheiro e de Mestre, Tiphereth assenta-se sobre Iesod.

O cinto corresponde a Netzah e a Hod.

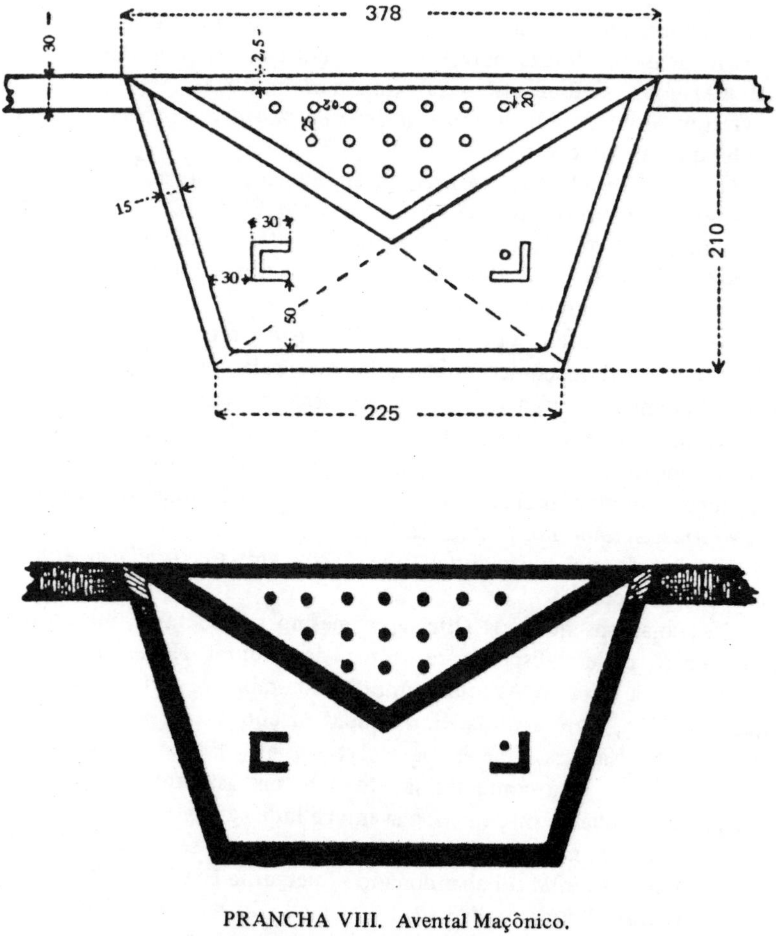

PRANCHA VIII. Avental Maçônico.

O Avental de Companheiro poderia ter a mesma forma e as mesmas dimensões. Mas ele só teria as fileiras de três e de cinco pontos, e a largura do cinto, em vez de ser de 15 mm (3 + 5 + 7) seria de 8 mm (3 + 5).

Enfim, o Avental do Aprendiz, com a abeta levantada, seria igual, mas todo branco, com cinto branco[30].

*
* *

A maioria dos Maçons considera o Avental do Mestre um acessório facultativo, achando indispensável apenas o cordão. Este é um erro contra o qual os Maçons "simbolistas" se revoltaram muitas vezes.

Gaston Moyse publicou um *Plaidoyer en faveur du Tablier Maçonnique*[31], no qual ele observa:

"O desprezo pelo uso do avental, embora mais vulgarizado a partir de mais ou menos um século, não é coisa recente. Em seu início, a Maçonaria especulativa estava ciente dessa ignorância dos princípios iniciáticos, tanto que, muitas vezes as tábuas de convocação traziam a seguinte palavra de ordem: "Favor munir-se do avental".

"Seria muito interessante, diz ainda Gaston Moyse, situar a época em que o Avental maçônico foi abandonado pela quase totalidade dos Mestres. Atualmente, tudo leva a crer que esse abandono é motivado pela dimensão ridícula desse ornamento, que é dado aos Aprendizes por ocasião de sua recepção. Por isso eles o guardam até o término de seu grau de Companheiro, contentando-se em adquirir um cordão uma vez recebidos como Mestres, imitando os anciãos da Loja."

Esse abandono é muito antigo, pois Ragon, em seu *Rituel de l'Apprenti Maçom*[32], já escrevia:

"Há Lojas nas quais os Oficiais, e mesmo o Venerável, julgam que, tendo o colar, podem dispensar-se do uso do Avental de seu grau. Isso é um erro e uma falta: o Avental, símbolo do trabalho, é mais necessário do que o cordão; ele é a verdadeira "roupa" maçônica; o cordão não passa de um enfeite. Nas assembléias, para certos graus, não se usa o Avental, pois o trabalho é tido como terminado; mas nas assembléias simbólicas, onde começa o trabalho maçônico, o avental é indispensável."

Desde Ragon, nada mudou: o Avental continua a ser deixado de lado.

"Por que o Avental foi abandonado?" pergunta F. Chapuis[33].

E responde: "Por simplicidade? Por medo do ridículo? A campanha antimaçônica, que nos acusa de usar "peles de porco", teria tido esse resultado de nos fazer abandonar, na França, esse símbolo? Se o rumor profano deveria se deter às portas do Templo, como teria conseguido mudar nossos costumes? O Franco-Maçom não tem por que se envergonhar de seu Avental. Ele é o emblema do trabalho. Os construtores de catedrais usaram-no com orgulho. Os Construtores do Templo simbólico da Humanidade de amanhã não devem envergonhar-se de usá-lo."

*
* *

O Avental da Grande Loja da Inglaterra é forrado e bordado de azul, e ostenta, pregados à abeta, à direita e à esquerda, duas fitas terminadas, cada uma, por sete fileiras de bolas de prata. Na Maçonaria Mista de Leadbeater, as bolas são de ouro e representam, de acordo com ele, os sete raios da vida e os sete estados da matéria (?).

A Maçonaria anglo-saxã continua fiel ao Avental; nisso ela é superior à Maçonaria francesa.

2. OS CORDÕES

Na Maçonaria, os Cordões são de duas espécies: as Faixas e os Colares.

"A Faixa, diz Gédalge[34], parece relacionar-se muito de perto com a astrologia e parece ligar também a Franco-Maçonaria à Índia, por sua analogia com o 'Cordão' dos brâmanes." Isso, é preciso reconhecê-lo, é perfeitamente exato; mas precisamos ser muito prudentes ao fazer tal tipo de comparação. É verdade que Mme. Gédalge era "teosofista" e que gostava de encontrar pontos de comparação com a Índia. Por outro lado, a Faixa de Mestre também foi comparada à faixa do zodíaco, reportando-se a sua inclinação à da eclíptica em relação ao equador celeste.

A Faixa é usada do ombro direito ao flanco esquerdo, e lembra o talabarte, que segura a espada, usada pelos homens de armas, assim como as faixas de fitas dos gentis-homens da corte.

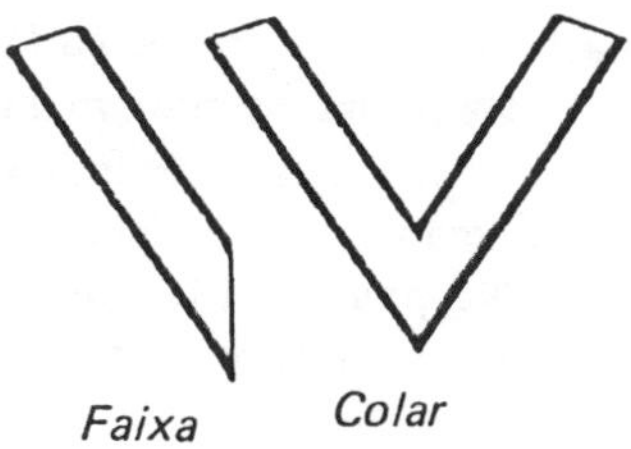

Fig. 117.

Essa Faixa parece datar dos primeiros tempos da Maçonaria "especulativa". Ela estabelecia uma espécie de igualdade entre todos os membros de Loja: nobres e não-nobres, igualando estes últimos aos primeiros.

"As fitas das quais pendiam as insígnias maçônicas, escreve Le Forestier[35], imitaram na cor e na disposição as das condecorações mais ambicionadas. Os escritores franceses que revelaram ao público os costumes da Sociedade comparam a faixa azul usada como faixa pelos Mestre de Loja com a ordem do Espírito Santo, e o chamam de "cordão azul", como se costumava chamar a condecoração instituída por Henrique III."

Outros pretenderam que o cordão azul dos Maçons fosse uma imitação do da Ordem da Jarreteira, instituída na Inglaterra em 1348 por Eduardo III. O Cordão dessa Ordem é, com efeito, uma faixa azul-escuro, usado como faixa e passando sobre o ombro direito.

*
* *

"Os maiores homens, diz Wirth[36], concederam a honra de usar o Avental, o que não impede certos Franco-Maçons de preferir a esse emblema, considerado muito modesto, o cordão de seda azul dos antigos cavaleiros de São Luís[37]. Isso é dar provas de uma vaidade profana, porque não existe Maçom sem Avental[38].

De fato, o uso da Faixa não é obrigatório, enquanto que o do Avental é prescrito pelo Ritual.

Contudo, por ocasião das "Assembléias brancas" e para as festas maçônicas, o uso da Faixa parece-nos bem indicado; parece-nos também que o uso do Avental, nessas mesmas circunstâncias, equivale a uma profanação.

Além do mais, os Aprendizes e os Companheiros, por ocasião das Assembléias brancas, devem "ornar-se" de acordo com o grau de Mestre, isto é, usar a Faixa e não o Avental. Essa sábia prescrição das instruções maçônicas mostra bem o caráter puramente "decorativo" da Faixa.

Os bordados que ornam as faixas são facultativos. Por mais numerosos ou ricos que sejam, não indicam nenhum grau, além do da função de Mestre, ou alguma função particular.

Na prancha IX, damos alguns modelos de Faixas[39] nos quais é fácil reconhecer todos os símbolos maçônicos.

*
* *

A Faixa do Rito Francês é inteiramente azul; a do Rito Escocês é igualmente azul, mas bordada de vermelho.

Esse bordado é um símbolo, definido do seguinte modo por Henri Jullien[40]:

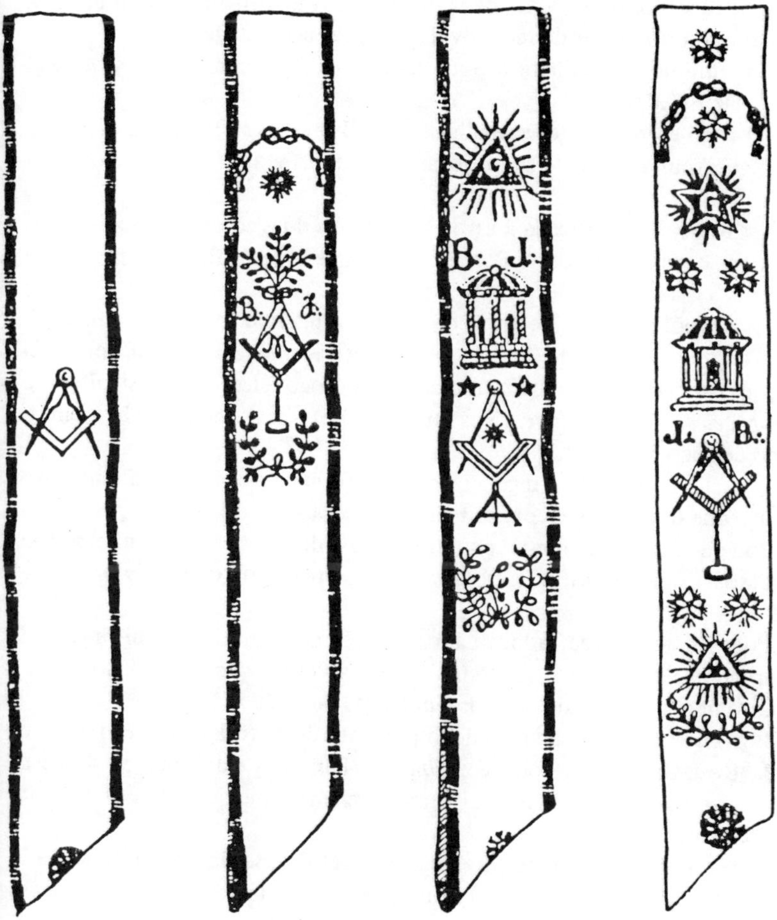

PRANCHA IX. Faixas maçônicas.

"Algumas particularidades do grau de Mestre, no Rito Escocês, parecem-nos superiores a seu equivalente em outros Ritos, como, por exemplo, a dualidade de cor do cordão, que pode ser considerado como a tradução das duas formas, positiva e negativa, da energia telúrica e do magnetismo universal."

Na simbólica dos Elementos, o azul está relacionado com o *ar*[41]. Em astrologia, os signos do ar – Gêmeos, Balança e Aquário – do ponto de vista espiritual, são portadores de receptividade e de sensibilidade.

"O símbolo do Espírito é o ar, assim como sua cor é o *azur*, ou azul celeste", diz Frédéric Portal[42].

"O fogo etéreo, ou o vermelho e o azul reunidos, diz ainda o mesmo autor, figuravam a identificação do amor e da sabedoria no pai dos deuses."

Assim ficaria justificada a associação dessas duas cores no Rito Escocês.

Além do mais, Frédéric Portal fornece-nos outros argumentos quando afirma:

"A simbólica distingue três cores azuis: uma que emana do vermelho, uma outra que emana do branco e a terceira que se junta ao negro. O azul *que emana do vermelho* representa o fogo etéreo; seu significado é *Amor celeste da Verdade.* Nos mistérios, ele está relacionado com o batismo de fogo."

"O *azur* representa a regeneração ou a formação espiritual do homem, enquanto que o vermelho representa a santificação."

Podemos razoavelmente pensar que a adoção dessa cor não se faz por acaso. Como todo o simbolismo maçônico, foi criada intencionalmente.

Pode-se, é verdade, admitir uma espécie de equivalência entre o azul e o vermelho. O primeiro representa o céu, a "cúpula estrelada" dos Templos maçônicos; o segundo, a transcendência, a *excelsion*[43].

Por outro lado, o grau mais importante do Rito Escocês é o 18º., o grau da Rosa-Cruz, cujo colar é *vermelho.* Essa cor, que aparece desde o grau de Companheiro no Avental, mostra claramente que todo o sistema escocês está centrado nesse grau.

Seja como for, as duas cores têm seu valor e, se damos preferência à sua associação, reconhecemos, contudo, que só o azul tem, incontestavelmente, uma verdadeira importância simbólica. Mas o vermelho com que é bordada a Faixa não indica uma *limitação*; pelo contrário, ele torna sensível uma irradiação, uma extensão do sentido espiritual.

*
* *

Na Maçonaria azul, os Colares sempre indicam uma função enquanto nas Oficinas Superiores podem ser insígnias de graus, sem determinar uma função.

A Fita de que são feitos é da mesma cor que a das Faixas, isto é, azul no Rito Francês e azul debruado de vermelho no Rito Escocês.

Todos os Oficiais de Loja devem usar um Colar, que não pode ser usado junto com a Faixa.

Os Conselheiros da Ordem do Grande Oriente da França (Rito Francês) usam um Colar alaranjado, debruado de verde e franjado de ouro; os Conselheiros Federais da Grande Loja de França (Rito Escocês Antigo Aceito) usam um colar branco, debruado de ouro. Em Trajo de Loja, todos esses Conselheiros, como os Oficiais, também "deveriam" usar o Avental de Mestre.

*
* *

Aplicando a árvore das Sephiroth ao homem (invertida em relação à prancha II, ficando o lado direito da figura como o esquerdo do homem representado, e vice-versa), vemos (prancha X) que a Faixa que parte de *Chohmah,* a Sabedoria, termina em *Hod,* a Glória, passando por *Tiphereth,* a Beleza. A Faixa, portanto, é bem um signo da ação do "espiritual" sobre o "material", temperado por *Tiphereth,* que é a sephira que se equilibra entre *Geburah* e *Chesed.* A Faixa marca, efetivamente, os membros "ativos" da Loja: os Mestres.

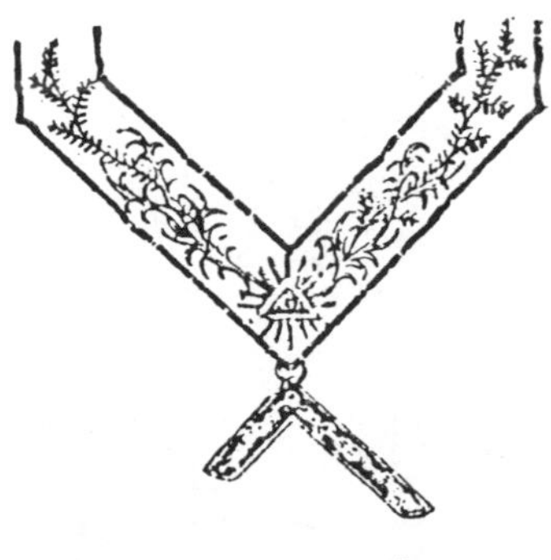

Fig. 118. Colar do Venerável.

O Colar que sai de *Chochmah* e *Binah,* a Sabedoria e a Inteligência, emanadas de *Kether,* a Coroa, termina em *Tiphereth,* a Beleza. Trata-se de um signo equilibrante e centralizador; um signo de autoridade e vetor de forças, por sua terminação em ponta. Trata-se não apenas de um símbolo, mas ainda de um instrumento de real eficiência.

O Esquadro que pende do Colar dos Veneráveis (fig. 118) forma com ele uma "cruz de Santo André" que marca o "brilho" particular que deve

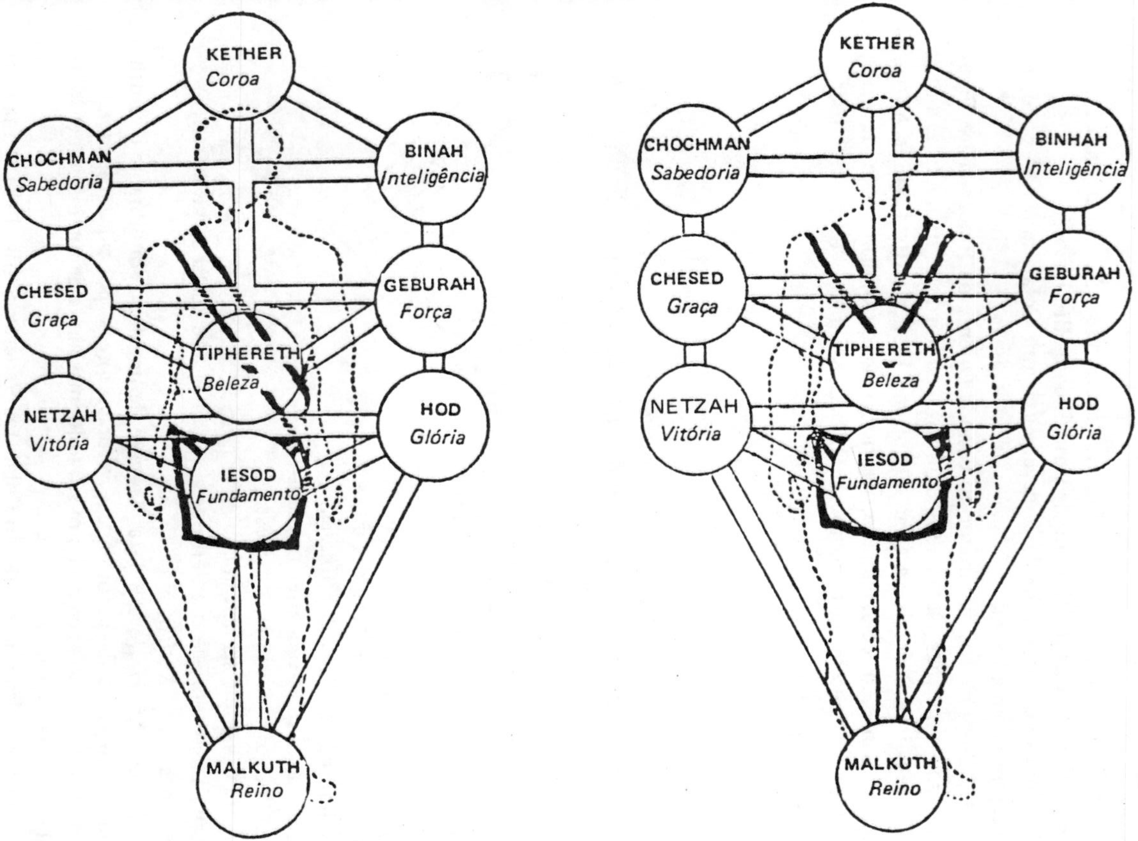

PRANCHA X. Os "Ornatos" maçônicos e as Sephiroth.

caracterizá-los. Com efeito, estes devem representar efetivamente o egrégoro maçônico e a autoridade de que eles foram investidos é temperada pela benevolência (*Tiphereth*) que, naturalmente, deve caracterizar todos os seus atos. Os Veneráveis são ao mesmo tempo "ativos" e "lenitivos"; por um lado, eles devem estimular o zelo dos membros de suas Oficinas; por outro lado, devem resolver e remover todas as dificuldades que possam aparecer.

*
* *

Faixas e Colares são geralmente *forrados de preto.* Ora, o *Tuileur de Lausanne* (1875) nada diz a respeito do forro; por isso remetemos o leitor ao que dissemos a propósito do Avental. Parece-nos que o forro deveria ser *vermelho* no Rito Escocês e *azul* no Rito Francês.

Poderíamos admitir, no primeiro caso, que a cor vermelha "oculta" indica o "fogo secreto" que anima o Maçom e que só aparece nas bordas da Faixa e, no segundo caso, a rigor, que o Maçom se mostra semelhante tanto "por dentro" como "por fora". Achamos que o exoterismo do símbolo aqui indicado será agora facilmente transformado, pelos nossos leitores, em simbolismo esotérico.

*
* *

Nos graus de Eleitos e de Kadosh, encontram-se Faixas que são usadas da esquerda para a direita. Nesses cordões supõe-se que esteja pendurado um punhal, e não uma espada. Os Rituais dizem que esses cordões indicam que "a razão e o coração comandam a mão". Esse sentido invertido indica, antes de mais nada, uma passividade, e a cor negra desses cordões reforça ainda esse simbolismo.

Assinalamos essa "anomalia" porque ela é significativa; mas não analisaremos aqui as faixas e colares dos graus mais elevados. A Maçonaria está "completa", repetimos, em seus três primeiros graus, e é apenas a eles que limitamos nosso estudo da Simbólica Maçônica.

3. AS JÓIAS

As Jóias[44] maçônicas são em número de seis: três recebem o nome de "Jóias Imóveis"; as outras três de "Jóias móveis" ou "Jóias da Ordem".

As *Jóias imóveis* são: a Pedra Bruta, a Pedra Cúbica e o Quadro de Traçar, que correspondem, respectivamente, aos graus de Aprendiz, de Companheiro e de Mestre. Essas "Jóias", isto é, esses objetos preciosos devem figurar em cada Templo. A Pedra Bruta e a Pedra Cúbica, à esquerda e à direita, na parte inferior do estrado; a Prancha de Traçar deveria ficar no meio, na frente do Venerável.

As *Jóias móveis* são: o Esquadro, o Nível e a Perpendicular. Essas jóias adornam os colares do Venerável e dos dois Vigilantes. Chamam-se "móveis" porque passam de um irmão a outro, de acordo com as funções que lhes são atribuídas.

Geralmente, os outros Oficiais não usam jóias. Sobre seus colares é bordado um atributo que corresponde à função de cada um[45]:

Orador: Um livro aberto, com a palavra "Lei" (É bom lembrar que o Orador é o "guardião" da constituição maçônica).

Secretário: Duas penas cruzadas.

Hospitaleiro: Uma bolsa de esmolas.

Experto: Um gládio cruzado com uma Régua e um olho, insígnia de sua vigilância.

Mestre de Cerimônias: Dois gládios cruzados e um bastão.

Cobridor: Um gládio vertical, com o punho para baixo.

Se quiséssemos relacionar o metal das Jóias móveis com o simbolismo planetário, de que já falamos, o Esquadro do venerável deveria ser de *estanho* (Júpiter); o Nível do Primeiro Vigilante, de *aço* (Marte); a Perpendicular do Segundo Vigilante, de *cobre* (Vênus). De um modo geral, essas jóias são de cobre dourado.

Em lugar de atributos bordados em seus Colares, os outros Oficiais, como se faz às vezes, também podem usar jóias nas quais estão gravados os mesmos atributos[46].

*
* *

Na realidade, a jóia é um pentáculo[47] que quebra as influências maléficas emanadas da assembléia e às quais os Oficiais devem resistir, pois são encarregados da direção da Oficina.

O ponto sensível do organismo humano está situado na região do epigastro. Esse é o motivo pelo qual a jóia pendurada no colar dos Oficiais tem uma eficiência real que a jóia dos Mestres não possui. Esta última em geral é formada de um Compasso, aberto a 45°, pousado sobre um Esquadro, tendo no meio a Estrela Flamejante e a letra G; às vezes, ela tem uma cercadura feita de ramos de Acácia (fig. 119).

Fig. 119. Jóia do Mestre.

*
* *

Os Conselheiros Federais e os Membros do Conselho da Ordem usam uma jóia particular, um pentáculo dotado de um brilho considerável, formado de três triângulos entrecruzados e encimado por uma coroa de cinco pontas (fig. 120). Os números sete e nove são os do grau do Mestre perfeito (idade e bateria). Os três triângulos indicam a ação nos três mundos: o material, o psíquico e o divino. Por outro lado, o produto dos números sete e nove é *sessenta e três*, número cuja importância já assinalamos.

Fig. 120. Jóia do Conselheiro Federal.

*
* *

Enfim, não se deve contar entre as jóias maçônicas os berloques, alfinetes de gravata, abotoaduras, etc., usados pelos maçons que não têm medo de exteriorizar a sua condição de maçons. As únicas jóias rituais são as que apontamos acima.

4. AS LUVAS BRANCAS

As luvas brancas dos Maçons, é preciso dizê-lo, são o símbolo da pureza.

O costume de usar luvas brancas ainda não foi abandonado, e muitos Maçons franceses respeitam essa tradição. Seria de desejar que esse costume fosse generalizado. Em certos países, trata-se de uma regra estrita, que não sofre nenhuma exceção.

Em outros tempos, por ocasião de sua recepção, o Aprendiz recebia dois pares de luvas brancas: um para ele e outro que ele devia mandar "à mulher que ele mais amava".

"As luvas brancas, diz Wirth[48], recebidas no dia de sua iniciação, evocam para o Maçom a lembrança de seus compromissos. A mulher que lhas mostrar quando ele estiver a ponto de desfalecer será como uma consciência viva, a guardiã de sua honra. Que missão mais alta poderia ser confiada à mulher que mais se *estima*?"

"O Ritual, acrescenta Wirth, faz notar que nem sempre se trata daquela que mais se *ama,* porque o amor, cego, muitas vezes pode enganar-se a respeito do valor moral daquela que deve ser a inspiradora de todas as obras grandes e generosas[49]."

Na liturgia católica, as luvas brancas também simbolizam a pureza de coração e das obras. Os bispos e os cardeais são os únicos que têm o privilégio de usar luvas. É preciso notar que se, primitivamente, as luvas litúrgicas eram brancas, a partir do século XII sua cor passou a ser combinada com a dos ornamentos sacerdotais.

Diz-se também que a luva branca do Maçom significa que suas mãos estão limpas, pois não participou do assassinato de Hiram.

*
* *

Na Maçonaria, as luvas brancas não são apenas um símbolo, mas objetos rituais.

Sabemos, com certeza, que um magnetismo real emana da extremidade dos dedos e que as mãos enluvadas de branco só podem deixar filtrar um magnetismo transformado e benéfico.

De uma assembléia de Maçons, onde todos usam luvas brancas, desprende-se uma ambiência muito particular, que aliás pode ser sentida muito nitidamente pela pessoa menos atenta. Uma impressão de apaziguamento, de serenidade, de quietude, constituem a sua conseqüência natural.

A modificação proporcionada por esse "signo exterior" é mais profunda do que poderíamos ser tentados a acreditar. Aliás, o mesmo acontece com muitos símbolos que se tornam eficientes quando, do plano "mítico", passam para o plano "ritualístico".

NOTAS AO CAPÍTULO VIII

OS "ADORNOS" DO MAÇOM

1. Temos de lamentar as dimensões exíguas que muitas vezes são dadas aos Aventais dos Aprendizes e dos Companheiros. Esses aventais deveriam ser pelo menos tão grandes quanto o dos Mestres; dizemos "pelo menos" porque, na realidade, nos dois primeiros graus, o *operário*, ainda inábil, deve se proteger mais do que o Mestre.
2. *Rituel de l'Apprenti*, pp. 56-57.
3. *Causerie en Loge d'Apprenti*, pp. 92-93.
4. *Ibid.*
5. *Le Livre de l'Apprenti*, p. 126.
6. *Le Symbolisme*, 1938, pp. 162-163; artigo produzido em *La Chaine d'Union*, 1945, 6º ano, pp. 88-90.
7. A respeito dos "chakras", ver, adiante, no cap. IX, 2.
8. Citado por LEADBEATER em *Le Côté Occulte de la Franc-Maçonnerie*, pp. 88-89.
9. É bom lembrar que Leadbeater conseguiu essas informações tão precisas... por vidência!
10. *Op. cit.*, p. 87.
11. *Le Symbolisme*, 1925, p. 227.

12. De acordo com LEXA, *La Magie dans l'Egypte Antique,* 1925, t. III, pl. XXXI.

13. *La Famille, le Vêtement dans l'Antiquité,* 1912, pp. 246-247.

14. *L'Egypte et l'Asie,* 1912, p. 30.

15. *Essai sur la Numismatique Gauloise du Nord-Quest de la France,* 1844, pp. 76-77.

16. O peplum, entre os romanos, era um manto longo e largo, ornado de pedrarias, para uso das mulheres.

17. *La Kabbale,* p. 110.

18. *Op. cit.,* p. 87.

19. *Hist. et Théorie du Symb. Religieux,* t. II, pp. 150-151.

20. *Id.,* t. IV, p. 169.

21. É, portanto, por erro que certos Maçons usam o Avental debaixo do paletó, julgando inestético o cinto do Avental.

22. *Dict. Rhéa,* art. "Tablier".

23. O Atanor (de *a,* privativo, e *thanatos,* morte) era um forno no qual o carvão, caindo de si mesmo à medida que se consumia, mantinha por longo tempo um fogo suave.

24. Reproduzimos o "atanor" de um desses baixo-relevos de acordo com um desenho de Fulcanelli no livro *"Le Mystère des Cathédrales",* 1926.

25. Algumas Lojas do Rito Escocês Antigo Aceito adotaram um Avental com um bordado azul, debruado de vermelho, que é semelhante ao cordão do Mestre. A este respeito, A. LANTOINE escreve no *Bull. des Atel. Sup.* (1927, p. 133): "Ao contrário do que foi adotado em certas Oficinas, o Avental não deve ter um bordado semelhante ao do cordão. Isso não é tão importante assim, concordo. Mas se se pretende seguir ou reproduzir um costume, pelo mesmo motivo deve-se obedecê-lo em seus mínimos detalhes – tanto mais que, do ponto de vista simbólico, esses detalhes tiveram e ainda devem ter uma razão de ser".

26. É preciso notar que os Maçons, ocupados em deslocar e em recolocar corretamente seus adornos raramente pensam no objetivo da bateria de luto.

27. A respeito da cor dos dois Ritos, ver adiante "Os Cordões e os Colares".

28. Ver o "Depoimento de Petrus Talemarianus: *De l'Architecture Naturelle".*

29. Mandamos fazer, para nosso uso pessoal, um Avental desse modelo nas oficinas de nosso I.˙. Ed. Gloton, 7, rue Cadet, Paris. Ele poderia, eventualmente, fornecê-lo aos que o desejassem.

30. Muitas vezes dá-se ao Avental do Aprendiz uma forma semicircular, forma que se relaciona, diz-se, com o *hemisfério inferior,* no qual, supõe-se, o Aprendiz deve evoluir durante seu estágio.

31. *Le Symbolisme,* 1939, p. 90.

32. Pp. 24-25.

33. *Bulletin des Ateliers Supérieurs,* 1934, p. 153.

34. *Dict. Rhéa,* art. "Cordon".

35. *L'Occultisme et la Franc-Maçonnerie Ecossaise,* 1928, p. 165.

36. *Les Mystères de l'Art Royal,* p. 129.

37. *L'Ordre Royal et Militaire de Saint-Louis,* instituída por Luís XIV, na França, em 1693, adotava uma fita achamalotada cor de *fogo,* e não azul.

38. Acrescentaríamos, até, que um Maçom, seja quem for, sem seu Avental ainda não está "adornado"; e se os Veneráveis estivessem compenetrados do espírito maçônico, proibiriam o acesso de suas Oficinas a todo dignitário, fosse ele Membro do Conselho Federal, que não tivesse tido o cuidado de vestir sua insígnia maçônica por excelência... supondo-se, bem entendido, que eles próprios não tenham cometido a mesma falta (J. B.).

39. Esses modelos são extraídos do catálogo de nosso I.'. Ed. Gloton, 7, rue Cadet, Paris, que, amavelmente, permitiu a sua reprodução.

40. *La Chaîne d'Union,* 1946-1947, p. 104.

41. Recordemos ainda uma vez aqui as cores dos Elementos: Negro, Terra; Verde, Água; Azul, Ar; Vermelho, Fogo.

42. *Des Couleurs Symboliques dans l'Antiquité, le Moyen Age et les Temps Modernes,* reedição, 1938, p. 90 e segs.

43. Não se deve confundir o "vermelho" de que se trata aqui com o vermelho que simboliza a Coluna B.'. por oposição ao branco que simboliza a Coluna J.'.; sempre é preciso levar em conta a "relatividade" dos símbolos.

44. Sabe-se que a palavra francesa "bijou" deriva do bretão *bizou,* anel, raiz: *biz,* dedo. Por extensão, essa palavra significa todo objeto precioso usado na toalete de uma pessoa.

45. Esses atributos são de extrema simplicidade; a este respeito não deveria haver hesitação ou confusão, como às vezes acontece.

46. No Rito Escocês Retificado, os Colares de Oficiais são azul-claro, lisos, sem nenhum bordado. As jóias penduradas nesses Colares indicam apenas as funções. Essas jóias são de *prata,* e não de *ouro.* É portanto um erro, cometido por certas Oficinas desse Rito, quando usam Colares bordados, mesmo quando esses bordados são feitos com fio de prata. Deve-se notar também que, nesse rito, não existe cordão de Mestre.

47. A grafia certa [em francês] é *"pantacle"* (do grego *pan,* tudo) e não *"pentacle"* (do grego *penta,* cinco). MARQUES-RIVIÈRE, em *Amulettes, Talismans et Pantacles dans les traditions orientales et occidentales* (1938, p. 11), escreve: "O pentáculo torna-se um "emissor fluídico"; ele não se limita mais a proteger, como o amuleto; ele irradia a força mágica, a "coisa santa", como o talismã. Mas, enquanto este último age *per se,* porque contém uma substância sagrada (texto, letras, objetos), ou analogicamente favorável, o pentáculo age de acordo com as forças do Cosmos. Ele é essencialmente ativo; é um emissor de energia fluídica".

48. *Le Livre de l'Apprenti,* p. 128.

49. Outrora dava-se o nome de "clandestina" à mulher julgada "a mais digna" pelos Maçons.

Wirth observa que Goethe, iniciado em Weimar a 23 de junho de 1780, homenageou com luvas simbólicas Mme. Von Stein, observando-lhe que, se o presente, pela aparência, era ínfimo, tinha esta singularidade de não poder ser oferecido por um Franco-Maçom senão uma única vez durante toda a vida.

IX

AS ATITUDES E OS GESTOS

1. AS MARCHAS

Cada um dos três graus simbólicos tem sua marcha particular. A marcha, acompanhada dos sinais especiais em cada degrau, é obrigatória para todos os Maçons que entram num Templo quando os trabalhos são abertos. Praticamente, isso ocorre quase sempre no grau de Aprendiz; as marchas de Companheiro e de Mestre não são usadas, ou melhor, "rememoradas" senão por ocasião das iniciações a esses graus.

*
* *

A *Marcha do Aprendiz* comporta três passos iguais, retilíneos, com os pés em esquadro. No Rito Escocês, a marcha se inicia com o pé esquerdo; no Rito Francês, com o pé direito.

Até agora, diz Wirth[1], nenhum motivo, bom ou mau, foi apresentado em favor do pé esquerdo. Quanto à marcha do pé direito, ela se justifica pelo fato de que a direita representa a atividade, a iniciativa, o raciocínio, enquanto que a passividade, a obediência e o sentimento relacionam-se com a esquerda. É, portanto, o pé direito que, logicamente, deve ir em frente apoiado pelo esquerdo, cujo papel é segui-lo[2]."

Plantageneta é pródigo de considerações no mesmo sentido que Wirth. Ele escreve[3]:

"A marcha do pé esquerdo parece-nos inexplicável; não é concebível que na Maçonaria possa existir, seja em que grau for da hierarquia, uma passividade cega ou um abandono absoluto às reações afetivas justificando o simbolismo da esquerda. Sabemos, pelo contrário, que a própria fecundi-

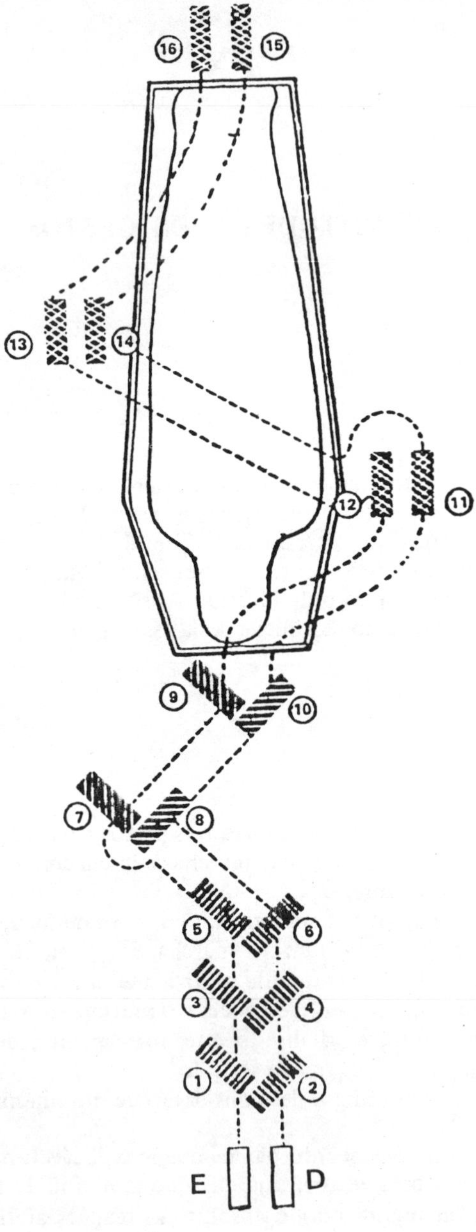

PRANCHA XI. A marcha do Mestre no Rito Escocês.

dade da iniciação repousa inteiramente sobre a intensidade do trabalho pessoal, consciente, deliberado. Aliás, a marcha afirma-se inconciliável com esse início com o pé esquerdo e, a partir daí, não vemos como se poderia justificar racionalmente semelhante prescrição."

"Não há dúvida alguma, diz ele ainda, de que essa alteração dos ensinamentos tradicionais propaga um erro flagrante: a 'marcha escocesa' prescreve a partida com o pé esquerdo, lado da afetividade passiva e sentimental."

Responderemos que a marcha do pé esquerdo se justifica facilmente porque precisamente então nos apoiamos no pé direito. A direita, isto é, a razão, permanece estável, enquanto a esquerda, isto é, o sentimento, é a única que se move. Inversamente, iniciando a marcha com o pé direito, lançamos à frente a razão e, sendo o ponto de apoio o pé esquerdo, pareceria mostrar que nos apoiamos sobre a afetividade "passiva e sentimental". O pé direito, ao se apoiar no esquerdo, "retifica" os erros que a esquerda pode ter cometido. Vê-se como é fácil refutar os argumentos "racionais" dos adversários da marcha iniciada com o pé esquerdo; tais argumentos, aliás, precisemo-lo, são puramente "sentimentais"[4].

*
* *

"Notemos, escreve Plantageneta[5], como essa marcha ritual é penosa: brutalmente interrompida por três vezes, ela quebra o nosso impulso; a cada vez ela nos constringe a um novo esforço para reiniciar a caminhada."

"Não foi por acaso que a marcha se introduziu em nosso ritual. Não se trata de uma invenção, de um símbolo construído com todas as peças ao sabor da feliz inspiração de um espírito familiarizado com abstrações. Com efeito, a marcha, e suas três etapas, não correspondem, como ritmo e significação, com os três primeiros signos do zodíaco?"

"Estes são, como sabemos, o Carneiro, o Touro e Gêmeos. Eles correspondem aos meses de março, abril, maio e junho, isto é, à primavera, e estão de acordo com o ano maçônico que começa no primeiro dia de março."

"A astrologia nos diz que o signo do Carneiro está sob a influência do planeta Marte e, por conseqüência, evoca a idéia de "luta", que é confirmada pelo renascer do sol. Touro, que inspira o segundo passo, exprime o trabalho perseverante e desinteressado. Quanto a Gêmeos, que está sob a influência planetária de Mercúrio, é considerado como o signo da fraternidade."

Devemos aceitar ou rejeitar esse simbolismo astrológico, sobre o qual Plantageneta se estende com tanta complacência? Podemos aceitá-lo, considerando que, como já o dissemos, todos os simbolismos *verdadeiros* se sobrepõem e se verificam uns nos outros. Se nos reportarmos aos Elementos, o Carneiro é o signo do *Fogo,* o Touro o signo da *Terra* e Gêmeos o signo do *Ar.* O primeiro passo indicaria, então, o *ardor,* o segundo a *concentração* e o terceiro a *inteligência.*

A marcha do Aprendiz é retilínea e é feita com a ajuda do Esquadro, porque ele foi colocado no "caminho certo", porque ele foi "iniciado". Sua marcha lembra-lhe as dificuldades que irá encontrar e a necessidade em que se encontra de não se afastar de seu caminho.

*
* *

A *marcha do Companheiro* comporta os três passos do Aprendiz e dois passos especiais.

O primeiro desses dois passos são dados *para a direita* nos dois Ritos: o Escocês e o Francês; o segundo passo leva o Companheiro de volta à linha inicial.

Como a marcha do Rito Escocês é feita a começar do *pé esquerdo,* seria lógico que, nesse rito, o desvio seja feito *à esquerda,* e não *à direita.* Com efeito, o desvio *para a esquerda* mostra uma possível desordem da afetividade, enquanto que, o que é mais grave, o desvio para a direita mostra uma eventual aberração da razão.

"Por que, pergunta Wirth[6], a marcha do Companheiro comporta um passo para o lado?" Ele responde: "Para indicar que um Companheiro não precisa seguir imutavelmente a mesma direção. A fim de perseguir a verdade onde quer que ela se esconda, é-lhe permitido afastar-se do caminho traçado normalmente. Mas a exploração do mistério não deve desorientá-lo, e todo desvio momentâneo da *imaginação* deve ser seguido de um pronto retorno à retidão *racional.*

Assim, pois, para Wirth, como, aliás, para nós, o Companheiro pode permitir-se afastamentos passageiros para o lado da *imaginação* (lado esquerdo) e deve voltar imediatamente para o lado da *razão* (lado direito).

O Rito Escocês mostrar-se-ia bem inspirado se decidisse que o desvio seja feito *para a esquerda* e não *para a direita* na marcha do Companheiro, como se pode ver na prancha XI.

*
* *

"De que modo viajam os Companheiros, pergunta Guillemain de Saint-Victor[7] ? – Do Ocidente para o meio-dia, do meio-dia para o norte, e do norte para o meio-dia." (fig. 121).

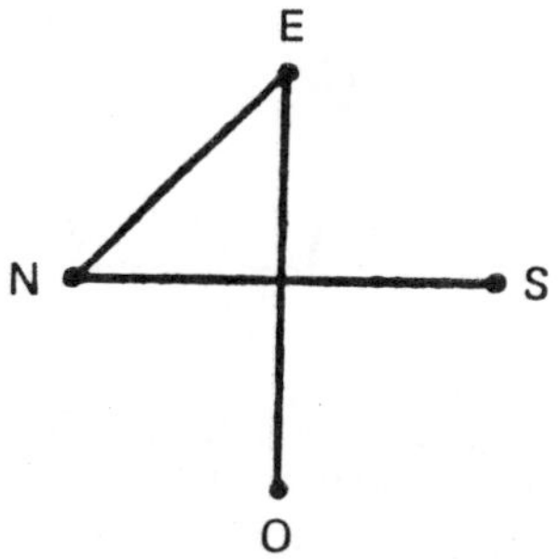

Fig. 121. A marcha do Companheiro durante sua iniciação.

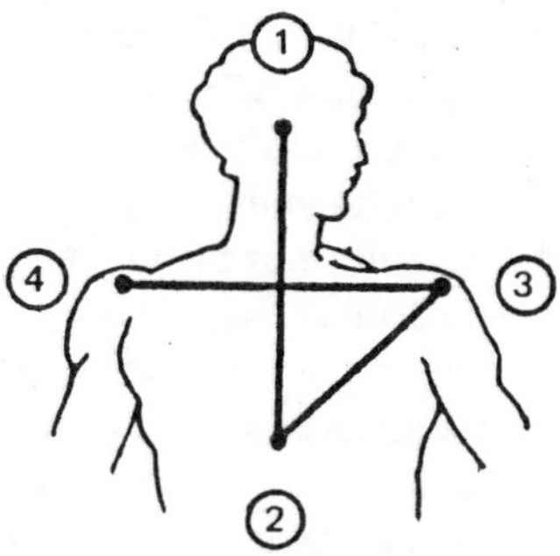

Fig. 122. O "sinal da Cruz".

Esse traçado da marcha dos Companheiros reproduz o número 4. É curioso notar que ela é exatamente o contrário do sinal da cruz dos católicos (fig. 122).

O número 4 é encontrado na maioria das marcas de livreiros e de gráficos a partir do século XIV. Léon Gruel vê nesse signo o símbolo da Redenção. "Primeiro, diz ele[8], ele forma um triângulo, símbolo da Trindade; depois, pode-se atribuir ao número 4 a idéia da formação do novo mundo, representada materialmente pelos quatro elementos, pelas quatro estações, pelos quatro pontos cardeais e, moralmente, pela origem da religião cristã cuja base, depois de Jesus Cristo, são os quatro Evangelhos e representa a vida."

*
* *

A *marcha do Mestre* comporta os três passos do Aprendiz, os dois passos do Companheiro e três passos especiais.

Os três passos do Mestre são feitos pulando-se um ataúde imaginário. O primeiro passo à direita, o segundo à esquerda, o terceiro na linha mediana. Esses passos são parecidos nos Ritos Francês e Escocês.

A marcha descrita por Oswald Wirth, para pular o ataúde, é mais rápida; ela só junta os pés no último passo. (fig. 123).

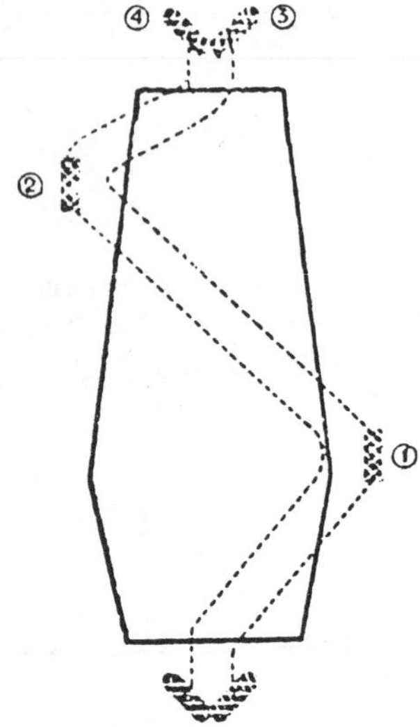

Fig. 123. A marcha do Mestre, de acordo com Wirth.

"Partindo da cabeça, que ele contorna, o Mestre pula sobre o peito, pousando o pé direito junto ao braço direito do morto. Em seguida, o pé esquerdo executa o mesmo movimento, mas, sem se deter, vai adiante, descrevendo um arco de círculo acima do abdômen, para se deter junto à perna esquerda. O pé direito alcança imediatamente o esquerdo, mas só se detém na frente do pé direito do cadáver, onde vem se colocar imediatamente o pé esquerdo, formando um esquadro oblíquo[9]."

"Essa marcha, diz Plantageneta[10], caracteriza-se por três passos, que são acrescentados à marcha do Companheiro e que o Mestre executa pulando três vezes por cima do "cadáver de Hiram". O Mestre Maçom, portanto, jamais poderá penetrar no lugar santo, onde se elaboram os planos sublimes da Grande Obra, sem se lembrar de que, antes de ser Mestre, ele fora Aprendiz e Companheiro; sem se lembrar de que, antes de ter adquirido a Sabedoria, ele também praticara a crítica fácil dos que não sabem, tudo ignoram; sem se lembrar de que ele comete os erros daqueles que sabem mal e que lhe incumbe, por conseqüência, não apenas mostrar-se de uma extrema indulgência a respeito das faltas de seus irmãos, mas ainda de "propagar a Luz", não pelo brilho de seu título, ou pelo orgulho de sua ancianidade, mas pela nobreza de seu exemplo. O Mestre não tem que exigir o respeito de ninguém, mas deve conquistar o afeto e a estima de todos."

"Os três passos específicos do grau de Mestre lembram-lhe que o pensamento dos Sábios desafia a Morte. Nascido no passado, ele frutifica no presente e fecunda o futuro. Assim como, sem hesitação e sem medo, ele passa por cima do cadáver simbolicamente estendido a seus pés, o Mestre Maçom, confiante em sua consciência sem mancha, prosseguirá sua obra pela obra, sem se preocupar com as armadilhas mortais que se abrem a seus pés. Ele não precisa se deter para vencê-las, mas para ultrapassá-las. Esse é o motivo pelo qual sua marcha não comporta nenhum hiato."

*
* *

A marcha do Aprendiz e a do Companheiro é feita no *plano*, enquanto que a do Mestre, isto é, os três últimos passos, é feita no *espaço*.

Voltando à prancha II (as Sephiroth), vemos que os três primeiros passos do Aprendiz correspondem a *Malkuth, Iesod* e *Tiphereth*; partindo das profundezas do mundo hílico, o Aprendiz primeiro chega a *Iesod*, que ele domina em seguida no brilhante resplendor de *Tiphereth*.

O Companheiro, dando um passo à esquerda, alcança *Geburah*, a Força, e, dando um passo à direita, leva-o até a *"Ciência"*, entre *Chochmah* e *Binah*.

O Mestre, enfim, apoiando-se sucessivamente sobre *Chochmah* e *Binah*, chega a *Kether*, o coroamento supremo.

*
* *

Notemos também que a marcha do Mestre esquematiza a letra hebraica *"lamed"*, cujo valor esotérico parece estar relacionado com o terceiro grau da Maçonaria.

"O hieroglifo primitivo de onde se origina esse signo (*lamed*), diz o doutor Chauvet[11], simboliza o braço estendido; e é por esse motivo que, esotericamente, ele corresponde ao movimento de *extensão* e de *expansão*: movimento que é levado ao *infinito*, de forma absoluta, mas que é trazido de volta ao *indefinido* e mesmo ao mais concreto dos *finitos* nos universos criados. Por causa dessa propriedade, regido pelo signo do Absoluto: *aleph*, ele se torna o símbolo da *exaltação* e da *supremacia* em si e então é tomado como um dos nomes do próprio Deus. Em sânscrito, encontramos a raiz AL, com o mesmo sentido de *altura* e de *exaltação*."

*
* *

Por outro lado, podemos dizer também que, se o Companheiro tem a faculdade de se desviar para *um único lado,* o Mestre também pode ir *para a direita e para a esquerda,* para afinal voltar à linha axial.

Na prancha XI, representamos a marcha do Mestre no Rito Escocês; os números indicam os movimentos sucessivos, que são em número de dezesseis. As diferentes hachuras mostram os diferentes passos do Aprendiz, do Companheiro e do Mestre.

No Rito Escocês, o primeiro passo do Companheiro é dado para a direita, como dissemos, e a posição dos pés está invertida.

2. OS SINAIS

Certos Maçons poderiam acusar-nos de revelar impunemente os "segredos" maçônicos ao explicar os sinais dos três primeiros graus numa obra que pode ser lida por profanos. A isso respondemos que nossa obra *deve* ser lida pelos profanos, *por* muitos motivos essenciais que não iremos dar aqui, e que, por outro lado, essa divulgação já foi feita tantas vezes que eles, não mais que os inimigos da Maçonaria, nada têm a aprender com nossas "revelações" (?) e que até, pelo contrário, importa que eles conheçam o simbolismo subjacente que anima nossos sinais maçônicos, para que assim não possam pretender (de má fé) que eles não passam de "vãs caretas" ou de "ridículas momices".

*
* *

O *Sinal do Aprendiz,* como todos os sinais maçônicos, compreende dois gestos distintos: o *sinal de ordem* e o sinal propriamente dito.

"Colocar-se em ordem" é colocar a mão direita *estendida* sob a garganta, os quatro dedos cerrados e o polegar afastado formando o Esquadro. A mão esquerda permanece abaixada.

"Fazer o sinal" é levantar a mão perpendicularmente à garganta, levá-la até o ombro direito e fazê-la voltar à posição normal ao longo do flanco direito.

Esse sinal é chamado comumente de "gutural". Ele é interpretado de uma forma absolutamente exotérica, sendo-lhe atribuído o seguinte significado:

"Eu preferiria ter a garganta cortada a revelar os segredos que me foram confiados."

Wirth diz[12]: "A mão direita, colocada em Esquadro sob a garganta, parece conter o fervilhamento das paixões que se agitam no peito, preservando, assim, a cabeça de toda exaltação febril, suscetível de comprometer nossa lucidez de espírito. O sinal do Aprendiz significa, dentro desse ponto de vista: 'Estou de posse de mim mesmo e me proponho a julgar tudo com imparcialidade'."

"Convém lembrar, diz Plantageneta[13], que, de acordo com as correspondências do zodíaco fisiológico dos antigos iniciados, vemos que a garganta é regida pelo signo de Touro, símbolo complexo da impulsividade passional suscetível, não de ser domada, mas de ser afastada de seus fins bestiais e transmudada, sob a influência das forças psíquicas superiores do indivíduo, em firmeza, amor ao trabalho, perseverança no bem. A partir daí, o alto significado do signo aparece muito claramente: no momento de penetrar no Templo, o Maçom afirma, pelo seu gesto, que isolou seu pensamento das influências exteriores, que não existe mais nenhum dos turvos sentimentos "inferiores" que possa "subir-lhe à cabeça"; seu espírito é lúcido, sua alma está liberta, e é sem hesitação, francamente, que ele irá ocupar seu lugar 'marchando' como deve fazê-lo um Aprendiz silencioso."

É exato que o Maçom, ao fazer esse gesto, cobre-se com o Esquadro, signo da retidão e que, por outro lado, de acordo com os catecismos ritualísticos, o Maçom vai à Loja "para vencer suas paixões, sujeitar sua vontade e fazer novos progressos na Maçonaria". O gesto é o sinal exterior dessa volição[14].

Cada vez que um Irmão toma a palavra na Loja, ele deve "colocar-se em ordem". Ninguém está isento dessa obrigação. Independentemente do valor real do signo, é preciso notar que este gesto, aparentemente tão simples, impede qualquer outro gesto e, conseqüentemente, qualquer veemência. Quantos oradores – profanos – falam mais, talvez, com as mãos do que com a voz!

É preciso não esquecer também que o Aprendiz, durante seu estágio nesse grau, deve ser "silencioso", e que seu sinal, apoiando-se na garganta, indica seu mutismo, não por incapacidade de falar, mas por sua própria vontade.

*
* *

Ao entrar na Loja, o Aprendiz deve dar os três passos estando "em Ordem". Em seguida, saúda sucessivamente, com o seu sinal, o Venerável, o Primeiro e o Segundo Vigilantes. Estes retribuem-lhe a saudação.

Os sinais muitas vezes são mal executados, porque os segundos Vigilantes não instruíram corretamente os Aprendizes. Todo símbolo, todo rito – que são os símbolos em ação – perdem seu valor e não passam de "afetação" desde que deixam de ser respeitados exatamente como deveriam sê-lo[15].

*
* *

Convém abrir aqui um parêntese para dar algumas indicações a respeito da fisiologia humana oculta. Não se trata, é preciso notar, de redigir um tratado completo dessa questão, mas apenas de mostrar algumas analogias.

Embora o Ocidente não tenha ignorado essa ordem de conhecimentos, como o testemunha, por exemplo, a prancha que ilustra a "*Theosophia Practica*", de Gichtel[16], nós nos serviremos dos termos sânscritos.

"O homem possui centros de força, que são os *nadis*. Esses nadis pertencem ao corpo astral. O *prâna* é o elo vital que une os corpos físico e astral. O *prâna* circula em "tubos", que são os *nadis*. Há três *nadis* principais: *Sushumnâ, Idâ* e *Pingâlâ*. A sushumnâ está situada dentro da medula espinhal. Idâ e Pingâlâ sobem dos dois lados, num movimento serpenteante, e passam à direita e à esquerda da sushumnâ. É em sushumnâ que passa a *kundalini*, a força mágica. Os três nadis e a kundalini nascem na região sacra. Sushumnâ, idâ e pingâlâ representam o caduceu de Mercúrio: uma vara, em torno da qual se entrelaçam duas serpentes. No trajeto dos nadis encontram-se os *Chakras*[17]."

Os "chakras" (ou rodas) são bastante numerosos, mas podemos contar sete principais. São os geradores prânicos.

Eis, de baixo para cima, a enumeração dos chakras[18]:

1) *Mûladhâra*, entre o ânus e os órgãos genitais. Sua cor dominante é o *amarelo*. A forma geométrica que se relaciona com ela é o *quadrado*. Seu prâna é de *terra*.

2) *Svâdhishthâna*, acima e atrás dos órgãos genitais. Sua cor dominante é o *branco*. A forma geométrica relacionada com ela é o *crescente lunar*. Seu prâna é de *água*.

3) *Manipûra*, à altura do umbigo. Sua cor dominante é o *vermelho*. A forma geométrica relacionada com ela é o *triângulo*. Seu prâna é de *fogo*.

4) *Anâhata*, à altura do coração. Sua cor dominante é o *moreno*. A forma geométrica que se relaciona com ela é o *hexágono*. Seu prâna é de *ar*.

5) *Vishuddha*, à altura da garganta. Sua cor dominante é o *branco*. A forma geométrica que se relaciona com ela é o *círculo*. Seu prâna é de *éter*.

6) *Ajnâ*, entre as duas sobrancelhas. Sua cor dominante é *lunar*. A forma geométrica que se relaciona com ela é o círculo.

7) Acima, depois de uma série de chakras cada vez mais sutis, encontra-se o *Brahmarandhra* de um brilhante esplendor.

Existem diferenças notáveis entre os diversos autores que se ocuparam dessa questão, relativamente à localização, ao valor, à função e à forma dos chakras.

Leadbeater também enumera sete chakras: *1*, o chakra-raiz, na base da coluna vertebral; *2*, o chakra do baço; *3*, o chakra umbilical; *4*, o chakra do coração; *5*, o chakra da garganta; *6*, o chakra da fronte; *7*, o chakra do alto da cabeça[19].

*
* *

Pode-se notar que o quinto chakra corresponde ao sinal do Aprendiz e que sua cor é o "branco", de acordo com Marquès-Rivière.

"Ele contém, diz Leadbeater[20], uma certa quantidade de 'azul', mas seu aspecto é prateado e brilhante."

"O texto tântrico, diz Marquès-Rivière[21], afirma que esse chakra é a porta da grande libertação para aquele cujos sentidos são puros e controlados. Essa libertação é conseguida pelo despertar desse centro que permite ver 'as três formas do tempo', isto é, o passado, o presente e o futuro; esse texto simboliza a realização do ser além do tempo, na manifestação informal de que esse chakra, de algum modo, é a porta de entrada."

É inútil, pensamos nós, fazer notar analogias evidentes entre o sinal do Aprendiz e o chakra por ele designado. Esse sinal, que os católicos antimaçons qualificam de "contra-sinal da cruz", surge-nos assim com um alcance insuspeito[22].

*
* *

O *Sinal do Companheiro* difere nos dois Ritos, o Francês e o Escocês.

No Rito Francês, consiste em colocar a mão direita sobre o coração, com o polegar em esquadro.

No Rito Escocês, coloca-se a mão direita sobre o coração, mas ligeiramente abaulada, como para agarrá-lo e, simultaneamente, levanta-se o antebraço esquerdo, com a mão aberta e a palma voltada para a frente.

Esse sinal também é chamado de "peitoral", e é interpretado exotericamente por estas palavras: "Que meu coração seja arrancado se eu trair os segredos..."

Wirth escreve[23]: "Levando a mão direita sobre o coração, tomo a obrigação de amar meus irmãos com fervor e devotamento; levantando a mão esquerda, afirmo a sinceridade de minha promessa e, descrevendo um esquadro com a mão direita, mostro que todos os meus atos se inspiram na justiça e na eqüidade".

E acrescenta: "A mão esquerda levantada parece apelar para as forças exteriores, as energias captadas, que a direita crispada esforça-se, em seguida, por conter no coração, onde elas se acumulam. O iniciado, prestes a arrancar o próprio coração, proclama, além do mais, que soube domar seus sentimentos e que não cederá a um arrebatamento irrefletido".

"O sinal do Companheiro, diz Plantageneta[24], nada mais é que uma transposição do sinal do primeiro grau e se reveste de idêntica significação quanto à conservação do 'segredo maçônico' e aos sentimentos de eqüidade e de justiça que, em todas as circunstâncias, devem presidir aos atos de cada Maçom."

Ele cita também a seguinte definição, de acordo com um Ritual de 1860: "Que significa essa ordem? – Que um coração virtuoso é como um vaso cheio de um licor precioso; é preciso mantê-lo sempre voltado para o céu, pois a virtude se esvai se o coração se inclina para a terra[25]".

O quarto chakra corresponde ao sinal do Companheiro. O nome desse chakra: *Anahata*, diz Marquès-Rivière, provém do fato de que os Sábios podem ouvir, desse centro, "o som que nasce no Silêncio", o som da Vida. É aí que reside a alma vital[26]. Ora, é precisamente nesse grau, e apenas nele, que o Franco-Maçom adquire a palavra.

No Rito Escocês, a mão levantada não é, como diz Wirth, um apelo às forças invisíveis, mas um sinal de "projeção" mental, se a mão está retesada, ao passo que pode ser um sinal de "captação" caso a mão fique simplesmente aberta.

*
* *

Existem três *Sinais do Mestre*: o Sinal ordinário, o Sinal de horror e o Sinal de angústia ou de socorro.

O *Sinal ordinário* consiste em apoiar a mão direita, com o polegar afastado, contra o flanco esquerdo, à altura do umbigo. No Rito Escocês, coloca-se a mão estendida; no Rito Francês, coloca-se a mão perpendicularmente, de tal modo que somente a extremidade do polegar se apóie contra o flanco esquerdo.

Esse sinal corresponde ao terceiro chakra. Seu nome, *Manipûra*, diz Marquès-Rivière[27], se origina do fato de que, sendo o centro das energias do fogo, ele brilha como uma jóia. E acrescenta: "A Mãe do chakra é azul e está sentada sobre um lótus vermelho; ela tem quatro braços e empunha o símbolo dos ascetas, dos Mestres do fogo[28]."

Encontramos as cores azul e vermelha do Rito Escocês. Também neste caso parece que o vermelho não foi escolhido ao acaso, como pretendem alguns, apenas para se diferenciar do Rito Francês.

No Rito Francês, o sinal é feito retirando-se a mão e deixando-a cair para formar o Esquadro. No Rito Escocês, ele é combinado com o "sinal de horror".

O *"sinal de horror"* é feito levantando-se as duas mãos, com as palmas para a frente e os *dedos separados.* No Rito Escocês, diz-se, ao se fazer esse sinal: "Ah! Senhor, meu Deus!"

"Esse sinal, diz Plantageneta[29], traz ao iniciado a lembrança da morte de Hiram e lembra-lhe todos os ensinamentos que ela lhe proporcionou."

É com esse sinal que termina a marcha do Mestre. Ele é efetuado rapidamente; na realidade, é um sinal de libertação e de terror admirativo diante do En-Soph, o Infinito, que reina além de Kether, a Coroa.

O *"sinal de angústia"* consiste em levantar as duas mãos enlaçadas, com as palmas voltadas para fora, acima da cabeça, dizendo: *"A mim os Filhos da Viúva".*

Fazendo esse gesto, forma-se um triângulo cuja base é constituída pelos dois ombros.

"Esse sinal é convencional, diz Plantageneta[30], embora seja acompanhado de palavras que nos lembram que todos somos filhos do mesmo pai, Hiram, e que ficamos solidários na defesa comum de sua Viúva, a Franco-Maçonaria."

O mesmo autor assinala que certas Lojas não consideram esse sinal como pertencendo ao grau de Mestre e que elas o comunicam a seus membros desde o primeiro grau[31].

Wirth nota uma variante desse sinal que pode, diz ele, ser executado com uma só mão colocada, fechada, sobre a cabeça, abrindo-se, depois, dedo por dedo, enquanto se pronuncia: *"Sem, Cham, Japhet"*.

"Pois os filhos de Noé são os ancestrais das diversas raças humanas às quais se estende a Franco-Maçonaria em sua universalidade[32]."

*
* *

Os sinais do Aprendiz, do Companheiro e do Mestre fazem-se sempre por *Esquadro, Nível* e *Perpendicular.*

O próprio Esquadro é formado pelo Nível (horizontal) e pela Perpendicular (vertical).

A horizontal sempre é feita da esquerda para a direita, e a vertical de baixo para cima. A primeira indica uma ação voluntária e racional; a segunda, a ascendência do espiritual sobre o material.

*
* *

Assinalemos, para terminar, dois sinais hoje fora de uso: o sinal *vocal*, para pedir a palavra, e o sinal de *aprovação*.

O primeiro é feito batendo-se no Avental com a mão direita, que é depois estendida horizontalmente.

O segundo é feito estendendo-se a mão direita aberta e deixando-a cair de encontro ao Avental.

Por que esses dois sinais foram abandonados? Não há dúvida de que o sinal *vocal* chamava mais a atenção que o simples gesto de levantar a mão direita.

É fácil notar que esses dois gestos são exatamente o inverso um do outro. No primeiro caso, é o *Compasso* que se abre até o *Esquadro*. Pede-se a palavra para corrigir ou para completar alguma coisa, e esse gesto indica uma "desaprovação" relativa. Quanto à complementação da resposta recebida, faz-se o sinal de *aprovação*, fecha-se o Compasso.

Esses dois sinais, especificamente maçônicos, mereceriam ser recolocados em uso em todas as Lojas.

3. OS TOQUES

O *toque do Aprendiz* é feito com a mão direita, pressionando com o polegar, e por três vezes, o índex daquele a quem se quer conhecer. Não podemos dar aqui detalhes mais amplos.

A falange unguífera do polegar corresponde à Vontade e a mesma falange do índex à Religião[33].

O *toque do Companheiro* difere nos Ritos Francês e Escocês.

No Rito Francês, pressiona-se por três vezes o índex e por duas vezes o dedo médio.

Como o índex corresponde à Religião e o dedo médio à Filosofia, não há necessidade de nenhum comentário para compreender o simbolismo desses toques.

O *toque do Mestre* compõe-se de cinco partes, chamadas de os *cinco pontos do grau de Mestre*. A ordem desses "pontos" é diferente nos dois Ritos; geralmente observa-se apenas o aperto de mão chamado "garra do Mestre".

Os cinco pontos, de acordo com a Ordem do Rito Escocês, são os seguintes:

1º) Pé direito contra pé direito.
2º) Joelho direito contra joelho direito.
3º) Peito contra peito.
4º) Mão esquerda sobre o ombro direito.
5º) Garra do Mestre.

No Rito Francês, além disso, muda-se de posição, por três vezes, as mãos entrelaçadas.

Numa antiga coletânea[34], encontramos a seguinte enumeração dos *cinco pontos perfeitos do grau de Mestre:*

"O pedestre, a flexão dos joelhos, a junção das duas mãos direitas, o braço esquerdo sobre o ombro, o beijo da paz."

Eis a explicação:

"1º) O *pedestre* significa que estamos sempre prontos a ir em socorro de nossos irmãos."

"2º) A *flexão dos joelhos,* que sempre devemos nos humilhar diante daquele que nos deu o ser."

"3º) *A junção das duas mãos direitas,* que devemos assistir a nossos irmãos em suas necessidades."

"4º) O *braço que lhe passamos sobre o ombro,* que lhe devemos conselhos ditados pela sabedoria e a caridade."

"5º) Enfim, o *beijo da paz* anuncia a doçura e união inalteráveis que constituem a base de nossa Ordem."

*
* *

As correspondências com as Sephiroth mostram os Maçons, partindo de *Malkuth* (o mundo hílico), unidos em *Netzah* e *Tiphereth* (a Vitória e a Beleza), trocando *Chochmah* e *Binah* (a Sabedoria e a Inteligência).

Quanto à "Garra do Mestre", ela é feita apoiando-se a extremidade do índex e do dedo médio (religião e filosofia) sobre o punho, o *bracelete.* As linhas encontradas nesse local recebiam, entre os gregos, o nome de braceletes da Saúde, da Fortuna e da Felicidade. Significa, portanto, de um lado, o tríplice desejo trocado pelos Mestres; e, de outro lado, a insistência no ideal maçônico, que deve "ir além" da religião e da filosofia.

4. AS ACOLADAS

A *acolada* é um sinal de amizade fraterna dado ao Maçom por ocasião de sua admissão na Ordem pelo Venerável.

A acolada maçônica é tríplice e geralmente precedida de três batidas dadas com a mão direita sobre o ombro esquerdo.

A acolada é dada, habitualmente, na face direita, na face esquerda e outra vez na face direita. Na realidade, deveria ser dada do modo como vem descrito num vocabulário maçônico[35]: 1º na face direita; 2º na face esquerda; 3º na testa.

No primeiro caso, é respeitado o ritmo ternário; no segundo caso, acrescenta-se a esse ritmo a forma triangular e o beijo na testa, que caracteriza uma *excelsion* que os beijos familiares na face não possuem.

De acordo com alguns intérpretes, a acolada seria uma adaptação à Maçonaria dos ritos da antiga Cavalaria; ela também é encontrada entre os primeiros Cristãos sob a forma do "beijo da paz"[36].

Quase todas as cartas de São Paulo terminam por esta fórmula: *Salutate invicem in osculo sancto* (Saudai-vos uns aos outros por um ósculo santo). O último versículo da primeira epístola de São Paulo exprime o mesmo convite e exatamente nos mesmos termos.

Esse sinal de caridade, de paz, de fraternidade, usado a princípio na vida comum dos primeiros cristãos; esse beijo santificado pela fé, temperado pelo pudor, logo se transformou numa cerimônia religiosa, que era praticada nas sinaxes (assembléia de fiéis), no batismo, nas núpcias, etc.[37].

O beijo fraterno dos Maçons é o sinal exterior do afeto que os une. Trata-se de um "abraço" no sentido geralmente dado a essa palavra, e não de uma simples "acolada", se considerarmos uma simples aproximação, com ou sem contacto.

*
* *

Diremos ainda aqui que o tratamento fraterno de *você* é geralmente adotado pelos Maçons.

"Não há dúvida, diz excelentemente Fritz Uhlmann[38], que o tratamento cerimonioso do mundo profano levanta uma barreira entre os homens e também entre os Irmãos. O ideal seria a introdução obrigatória do tratamento coloquial na Loja, porque só isso garante a igualdade de todos os Irmãos e permite o nascimento de um verdadeiro sentimento de união. Os argumentos que se fazem valer contra esse tratamento carecem de fundamento, porque em toda parte onde o tratamento coloquial obrigatório foi introduzido fizeram-se excelentes experiências. Se uma pessoa julgou-se digna de ser recebida como Franco-Maçom, ela é igualmente digna de ser colocada em pé de igualdade com todos os seus irmãos. Se ela se mostra indigna dessa familiaridade, é igualmente indigna de permanecer na Loja. Aquele que se nega a ser chamado de você dá provas de uma vaidade deveras deslocada em nosso meio."

*
* *

A acolada maçônica é dada cada vez que um Oficial titular de um cargo retoma o seu lugar, provisoriamente ocupado por um substituto. Ela também é dada ao Orador por um Irmão conferencista que ocupa momentaneamente o seu estrado; quando o primeiro volta a seu lugar, troca-se novamente a acolada.

A acolada também é dada entre Irmãos que se deixam ou que se reencontram depois de uma longa ausência; ou, ainda, por ocasião de certas festas.

A acolada, quando trocada com sinceridade, prova, melhor do que qualquer outra coisa, a verdadeira fraternidade maçônica.

5. AS BATERIAS

As baterias manuais parecem ignoradas pela Maçonaria anglo-saxã; elas são executadas com a ajuda do Malhete pelo Venerável e os Vigilantes.

A bateria do Aprendiz é de *três* batidas; a do Companheiro, de *cinco*; a do Mestre, de *nove*[39].

O número dos toques de cada bateria é o mesmo nos dois Ritos, o Francês e o Escocês, mas sua divisão é diferente. Eis um quadro das baterias nos dois Ritos:

	Rito Escocês	*Rito Francês*
Aprendiz:	o – o – o	oo – o
Companheiro:	o – o – o – o – o	oo – o – oo
Mestre:	o-o-o – o-o-o – o-o-o	oo – o – oo – o – oo – o

No Rito Escocês, a bateria do Aprendiz é feita por três toques, regularmente espaçados, dados com as mãos; no Rito Francês, por dois toques seguidos e um toque espaçado.

Afirma-se que, no Rito Francês, essa bateria mostra primeiro, o zelo do Maçom e, depois, sua reflexão. Se é mesmo esse o sentido dos dois toques seguidos, preferimos, sem dúvida, a ponderação contínua simbolizada pela bateria do Rito Escocês.

No Rito Francês e, sobretudo, no Escocês, é costume *triplicar-se* a bateria do Aprendiz. Isso é um erro apontado muitas vezes, o que não impede as Oficinas desse grau de "tirar", freqüentemente, "*uma tríplice e calorosa*" bateria.

Vuillaume já escrevia em seu "Telhador"[40]: "Comete-se um grande erro quando, abrindo-se ou fechando-se a Loja do Aprendiz, triplica-se essa bateria, dando três vezes três toques. Deve-se dar apenas três toques com o malhete e, para a aclamação, três toques com as mãos."

A tríplice bateria pertence apenas ao grau de Mestre, e constitui um modo estranho de honrar os dignitários dar em sua honra uma bateria errada!

A bateria é acompanhada da "aclamação" de que falamos acima.

*
* *

Oswald Wirth, em seu Catecismo do Mestre, pergunta: "Como é a bateria dos Mestres?" E responde: "De três toques, o último dos quais é reforçado para lembrar a morte de Hiram; mas quando essa bateria passou a ser atribuída aos Aprendizes, os Mestres, para se diferenciarem, repetem-na por três vezes[41]".

No mesmo local, Wirth diz, sem indicar as fontes nas quais se apóia: "A bateria deveria sempre ser de três toques:

Aprendiz:	o – o – O
Companheiro:	o – o – O
Mestre:	O – o – o

A tradição – repetimo-lo – quer que as baterias sejam de três, de cinco e de nove toques respectivamente para os graus de Aprendiz, de Companheiro e de Mestre.

*
* *

Dá-se regularmente uma bateria na abertura e no encerramento dos trabalhos. Além do mais, dá-se uma "*bateria de alegria*" por ocasião de um acontecimento feliz, para honrar os irmãos visitantes, ou outros.

"*Cobrir uma bateria*" é responder a uma bateria com outra. Não se "cobre" uma bateria dada por dignitários, e os Oficiais, quando de sua instalação, também não devem "cobrir" a bateria dada em sua honra.

*
* *

A "*bateria de luto*" é ritmada, como a bateria comum, mas é feita batendo-se no antebraço esquerdo; ela é acompanhada pelas palavras "*Gemamos*", repetidas da seguinte forma:

> Gemamos,
> Gemamos, Gemamos,
> Gemamos, Gemamos, Gemamos, mas Esperemos!

Deve-se notar que as duas palavras "*mas Esperemos*" só são usadas no Rito Escocês.

Essa bateria é dada por ocasião da morte de um Irmão ou de seus parentes próximos; ela também é dada quando uma condenação maçônica atinge um dos Irmãos.

A bateria de luto sempre deve ser seguida de uma bateria de alegria, que a "cobre".

*
* *

Os toques da bateria de abertura constituem o sinal da "consagração" do Templo; o deslocamento do ar espanta tudo o que possa haver de "profano" e cria um novo ambiente. Em contrapartida, as batidas do encerramento permitem que os Irmãos deixem o plano "sagrado" no qual, em princípio, devem estar colocados.

Não aprovamos o uso das baterias de alegria senão quando dadas no final dos trabalhos; caso contrário, romperão inopinadamente o ambiente do Templo.

6. A CADEIA DE UNIÃO

A "*Cadeia de União*" é uma tradição que se encontra ao mesmo tempo nas Associações de Operários e na Maçonaria. Ela consiste em formar uma cadeia, dando-se mutuamente as mãos, depois de cruzados os braços.

O novel Iniciado é convidado, desde sua admissão, a formar um elo dessa Cadeia.

Na maioria das vezes, forma-se a Cadeia de União no final dos trabalhos.

"Dizer que essa Cadeia simboliza, escreve Plantageneta[42], a universalidade da Ordem e lembra a cada um que "todos os Maçons, seja qual for a sua Pátria, formam uma única família de Irmãos espalhados pela superfície de terra" é, imagino, supérfluo. A Cadeia de União também aproxima efetivamente todos os corações, ao mesmo tempo em que reanima nas consciências o sentimento da solidariedade que nos une e a interdependência que nos liga. Podemos fazer essa experiência, e não há dúvida de que quem participa conscientemente, e sem reticências, da Cadeia ritual, sente – na falta de uma transmissão correta do vizinho – os efeitos sugestivos e reconfortantes. Foi, portanto, intencionalmente que essa cerimônia foi introduzida no Ritual. Ela parece preparar de um modo feliz o ambiente propício para fazer do encerramento dos trabalhos algo mais do que uma simples formalidade."

Algumas Oficinas, desprezando o valor ritual e "mágico" da Cadeia de União, só a formam duas vezes por ano, para a comunicação das palavras semestrais.

Marius Lepage expôs excelentemente os princípios essenciais que fazem da Cadeia de União algo mais do que um simples gesto sem importância. Ele escreve[43]:

"Os ritos, entre outras funções essenciais, unem o visível ao invisível. Eles constituem o elo fluídico que une o corpo maçônico, constituído pelo espírito maçônico que se desprende das lojas materiais. Não deve, portanto, constituir causa de admiração ver esse espírito retirar-se pouco a pouco das Lojas onde ninguém o possui mais. E a mais surpreendente das descobertas é encontrar ainda, no caos de pretensos Rituais hoje em uso, uma fagulha de fé.

"As mãos continuam entrelaçadas, mas o espírito não se comove mais com o valor e as repercussões do ato realizado. No entanto, de todos os Ritos, a Cadeia de União é, talvez, o mais importante, tanto do ponto de vista oculto quanto do ponto de vista simbólico. E todo Venerável que se preocupa com a prosperidade material e moral de sua Loja não deveria deixar de repetir essa verdadeira "invocação" a cada assembléia.

"O princípio da Cadeia de União deve ser provavelmente procurado na "teoria do ponto ou sinal de apoio". Toda vontade que quer se manifestar no mundo material tem necessidade de um intermediário, que seja ao mesmo tempo uma sólida base de partida.

"O segredo da Cadeia Mágica, escreve Stanislas de Guaïta[44], resume-se num aforismo cujos termos são os seguintes: criar um ponto fixo onde se possa tomar apoio; estabelecer aí sua bateria psicodinâmica; e, desse ponto, escolhido como centro, fazer brilhar através do mundo a luz astral, fortalecida por uma vontade nitidamente definida e formulada.

"Ao mesmo tempo criadora e receptiva, a Cadeia de União representa junto ao Maçom o duplo papel de escudo protetor e de aparelho receptor de influências benéficas.

"Toda coletividade, toda associação tem o seu correspondente nos mundos invisíveis. O espírito de um grupo é um ser vivo mais poderoso[45], salvo raras exceções, que cada uma das pessoas que o compõem. Além do mais, o Egrégoro[46], para designá-lo pelo nome que lhe é atribuído comumente, tende a diminuir sua autoridade e a aumentar seu domínio às expensas do Egrégoro vizinho.

"Ai do indivíduo isolado que, orgulhoso de sua vontade oscilante, quer entrar em luta contra a formidável força do Egrégóro. Ele logo será varrido, submergido... E o menos que lhe poderá acontecer é ver desabar sobre ele os males materiais mais variados, sem que ele consiga se defender.

"Quantas cadeias de ódio são assim tramadas no invisível contra os Maçons por seus adversários ignorantes ou de má fé! Para resistir a esses ataques, também temos de formar a nossa Cadeia, tomando sempre o cuidado de não responder ao ódio com o ódio, porque então os dois Egrégoros celebrariam uma forte aliança para nosso maior dano.

"Algumas questões de ordem ritual podem ser colocadas quanto à formação da Cadeia de União. Por que cruzar os braços sobre o peito, e não dar-se as mãos, simplesmente, como crianças brincando de roda? Nosso modo de proceder, aproximando os corpos e comprimindo o peito, parece facilitar a concentração de vontade necessária à elaboração de uma Cadeia eficaz.

"Um Irmão, partidário das Lojas mistas, queria que, ao formar nossa Cadeia, se alternassem as malhas, masculinas e femininas. Isso é o mesmo que dizer que toda Cadeia formada por indivíduos do mesmo sexo seria menos eficaz do que as Cadeias eventualmente bissexuadas. A prática revela-nos que não é nada disso, e a teoria confirma a prática. Com efeito, trata-se, no caso, de uma ação de inteligência e de vontade, e não de sexos[47].

"Para atingir o máximo, escreve ainda Stanislas de Guaïta[48], é preciso agrupar certo número de elementos negativos – inteligências mais intuitivas e reflexivas do que expansivas e espontâneas – sob a predominância de um elemento absolutamente positivo, isto é, sob o influxo de um homem rico de qualidades de organização, acrescidas de uma vontade enérgica e dominadora. É então que, perfeitamente disposta, a bateria psicofluídica fornece seu máximo de rendimento. Pois os pensamentos, mesmo os mais rudimentares, as reminiscências, fossem elas as mais vagas, que povoavam nebulosamente os cérebros negativos, se desenvolvem e se tornam claros – que é o que se quer – sob a reação do espírito positivo.

"É aqui que se manifesta em toda a sua força, diz Marius Lepage, o papel unificador do Venerável, daquele que dirige a Oficina, da qual é a emanação e a síntese. Entre ele e os Irmãos, estabelece-se uma dupla corrente, e suas forças são decuplicadas para, depois, serem usadas da melhor forma, segundo os interesses espirituais da Ordem em geral e dos membros da Loja em particular.

"Contudo, parece possível afirmar que nenhuma Loja, hoje, pode formar uma Cadeia de União eficiente[49].

"Todavia, nunca insistiríamos bastante com os Veneráveis para que restabeleçam, onde puderem, o rito tradicional da Cadeia de União no fim de cada assembléia. Quando, com as mãos juntas, o Venerável, antes de encerrar os trabalhos, evoca a união de todos os Maçons, quando ele invoca sobre todos os Irmãos a descida do verdadeiro espírito maçônico, parece que um sopro mais puro perpassa pela atmosfera da Loja.

"Nenhuma de nossas aspirações para o Bem fica perdida. As vontades individuais são fracas, desfalecentes. Quem sabe, contudo, se, ampliadas, acumuladas, um dia elas não sacudirão o mundo, de acordo com os mais caros desejos dos verdadeiros Maçons."

Henry Thiriet, que antes de qualquer coisa deseja tomar posição como "positivista", escreve no entanto[50] :

"Sem ser taxado de espiritualista, não é legítimo considerar a Maçonaria como um centro produtor de *Idéias-Forças,* que irão pelo mundo provocar nos cérebros uma atividade nova, fecunda, de onde resultará a concepção de uma sociedade mais bem equilibrada e o desejo de realizá-la? A idéia-força não tem, exatamente, a mesma realidade que a força mecânica, puro conceito deduzido da constatação do movimento?

"Seria temerário, acrescenta ele, ver, num grupo de homens que trabalham em segredo, no aperfeiçoamento de suas faculdades e na procura da Verdade, algo semelhante ao poste emissor cujas ondas invisíveis irão, acima dos obstáculos aparentes, comover os cérebros receptivos, sacudir suas energias individuais, mediante um trabalho, senão idêntico, pelo menos dirigido quase no mesmo sentido?"

Ora, é evidente que a Cadeia de União cria um "campo magnético" turbilhonante, devido ao cruzamento dos braços, e a tensão desse campo será tanto mais forte quanto mais ativa for cada malha. Trata-se, aqui, não apenas de um símbolo, mas de uma eficiência real.

É preciso, ainda, que o Venerável saiba orientar a Cadeia para um determinado fim...

A ruptura da Cadeia de União efetua-se mediante uma ordem, depois de uma tríplice pressão das mãos e de um tríplice balanço dos braços. É nesse instante que ocorre a "projeção", depois de uma "concentração" mais ou menos longa[51].

Seria, portanto, necessário, para que a Cadeia de União seja realmente eficaz, que uma finalidade determinada lhe seja atribuída; desse modo, ela deixaria de ser uma mera cerimônia.

Se cada Maçom tivesse consciência de seu papel, não apenas toda a Maçonaria seria transformada, mas o próprio mundo receberia a influência benéfica que emanaria das Lojas. Para ser "eficiente", a ação não tem nenhuma necessidade de publicidade exagerada; ao contrário, é no silêncio e na meditação "ativa", e não passiva, que os pensamentos se transformam em idéias-força, e é pela Cadeia de União que essas idéias podem ser projetadas no mundo profano.

Esse é o motivo pelo qual seria de desejar e seria necessário que cada Oficina terminasse seus trabalhos por uma Cadeia de União, concentrando-se *sobre uma única idéia* relacionada com o Ideal Maçônico.

NOTAS AO CAPÍTULO IX

AS ATITUDES E OS GESTOS

1. *Le Livre du Compagnon*, p. 151.
2. Contudo, a expressão, "começar com o pé esquerdo" [em francês] significa, na linguagem corrente, no sentido próprio e no figurado: "pôr-se resolutamente a caminho". Por outro lado, é verdade, falando-se de um cavalo, diz-se que ele galopa bem quando levanta primeiro o pé direito.
3. *Causeries en Loge d'Apprentis*, p. 146-147.
4. Interpretações fantasiosas a respeito do simbolismo maçônico foram dadas muitas vezes; mas uma das que merecem a palma é relatada por Albert LANTOINE no *Bulletin des Ateliers Supérieurs* (1934, p. 154):

   "De acordo com os estudos de questões militares que fiz, escreve R. Vonka, creio que os passos do primeiro grau foram copiados do *ataque à baioneta.* O soldado que avança com a baioneta dá os mesmos passos que o aprendiz maçom. A baioneta tornou-se moderna por volta de 1700, como a Franco-Maçonaria especulativa, cuja primeira grande Loja foi criada em 1723. Não haveria aí, em vez de uma coincidência, uma correlação?"

   "Confesso, diz Albert Lantoine, que se essa pergunta me tivesse sido feita por um desconhecido, eu teria hesitado muito em reproduzi-la aqui. Mas R. Vonka, em Praga, é um dos exegetas mais reputados de nossa Ordem. Suas obras sobre Amos Coménius são cotadíssimas em todos os países. E então? – Então, como o campo do simbolismo não me é muito familiar e, por outro lado, como a verdade pode não ser verossímil, submeto o caso ao mestre em ciências rituais, Oswald Wirth, e a todos os que forem capazes de nos esclarecer a respeito da marcha do Aprendiz."

   Oswald Wirth responde em *Le Symbolisme* (1935, p. 19): "Quanto a fazer derivar a marcha do pé esquerdo da esgrima com a baioneta, que deve ter-se inspirado nessa arma da infantaria, é fazer alarde de uma hipótese bem frágil". Isso é dar uma resposta educada ao I.·. Vonka, de Praga. Nós não teríamos tido, somos honestos em confessá-lo, essa delicadeza!...
5. *Causeries en Chambre du Milieu*, pp. 90-91.
6. *Le Livre du Compagnon*, p. 103.

7. *Recueil Précieux*, p. 63.

8. *Recherches sur les origines des marques anciennes qui se rencontrent dans l'art et dans l'industrie du XVᵉ au XIXᵉ siècle, par rapport au chiffre Quatre.* 1926, p. 105.

9. *Le Livre du Maître*, p. 72.

10. *Causeries en Chambre du Milieu*, pp. 90-91.

11. *Esotérisme de la Genèse*, 1946, p. 148.

12. *Le Livre de l'Apprenti*, p. 148.

13. *Causeries en Loge d'Apprenti*, p. 66.

14. R. Vonka, de Praga, que via na marcha do Aprendiz, como já observamos acima, a marcha do soldado ao atacar com a baioneta, escreve:

"Na Inglaterra, os huguenotes franceses haviam adquirido o costume de se reunirem em segredo. O meio pelo qual se reconheciam entre si era uma pequena medalha escondida no forro do manto na altura do lado esquerdo do peito. Para mostrar essa medalha à pessoa que vigiava à entrada das reuniões, eles mostravam o avesso do manto bem em *cima do coração*. E, como Désaguliers, o célebre professor francês, foi um dos principais fundadores da Ordem, é bem possível que, por seu intermediário, essa tradição huguenote tenha sido adotada pela grande Loja nascente."

Basta notar aqui como esse tipo de interpretação é fruto da mais exaltada fantasia. Além do mais, o gesto indicado "bem em cima do coração" não pode se referir ao signo do Aprendiz, que é feito "sobre o pescoço".

É de se lamentar o fato de Albert Lantoine ter dado guarida, no *Bulletin des Ateliers Supérieurs* (1934, pp. 154-155), a semelhantes elucubrações.

15. E o mais das vezes eles não são respeitados *porque não são compreendidos.*

16. Jean-George Gichtel, místico alemão, nascido em Ratisbona em 1638 e morto em Amsterdã em 1710. Esse autor faz parte da raça dos "Teósofos", como Jacob Boehme, Robert Fludd, Louis-Claude de Saint-Martin, etc. É preciso não confundir esses *verdadeiros* teósofos, e sua "teosofia", com a moderna Teosofia, que não passa de uma mistura heteróclita de noções diversas expostas com terminologia hindu.

17. J. B., *Manuel de Magie Pratique*, 1941, p. 190.

18. Segundo J. MARQUÉS-RIVIÈRE, *Le Yoga tantrique hindou et thibétain*, 1938, pp. 55-56.

19. *Les Centres de forces dans l'Homme*, 1927.

20. *Op. cit.*, p. 23.

21. *Op. cit.*, p. 52.

22. O Mestre de Obras, Petrus TALEMARIANUS, em sua monumental obra: *De l'Architecture Naturelle*, dá uma enumeração dos diversos "chakras" e de sua correspondência com os poliedros regulares platônicos. Podemos confiar inteiramente nesse trabalho.

23. *Le Livre du Compagnon*, p. 99.

24. *Causeries en Chambre de Compagnon*, p. 117.

25. *Ibid.*

26. *Op. cit.*, p. 48.

27. *Op. cit.*, p. 47.

28. *Ibid.*, p. 48.

29. *Causeries en Chambre du Milieu*, p. 90.

30. *Causeries en Chambre du Milieu*, pp. 89-90.

31. Consideramos, aliás, que essas Lojas têm razão. O "sinal de aflição", útil a todos os irmãos de todos os graus, deveria ser autorizado para todos os graus.

32. *Le Livre du Maître*, p. 141.

33. Eis as correspondências gerais atribuídas aos dedos e às falanges:

POLEGAR	:	base do polegar: *instinto vital* (Vênus). primeira falange: *lógica.* falange unguífera: *vontade.*
ÍNDEX	:	*Dedo de Júpiter.* primeira falange: *volúpia.* segunda falange: *glória.* falange unguífera: *religião.*
MÉDIO	:	*Dedo de Saturno.* primeira falange: *economia.* segunda falange: *ciências.* falange unguífera: *filosofia.*
ANULAR	:	*Dedo de Apolo* (Sol). primeira falange: *gosto pelo jogo.* segunda falange: *talento.* falange unguífera: *ideal estético.*
MÍNIMO	:	*Dedo de Mercúrio.* primeira falange: *comércio.* segunda falange: *ciência do comércio.* falange unguífera: *eloqüência.*

Indicações quirognomônicas são fornecidas pelas falanges de acordo com seus respectivos comprimentos, sua espessura, sua coloração, etc. Cf. Maryse CHOISY, *La Chirologie*, 1927.

34. Guillemain de SAINT-VICTOR, *Recueil Précieux*, p. 92.

35. *Petit Mémento Maçonnique Rédigé en Forme de Dictionnaire,* Grand-Orient, 1921, p. 15.

36. Essa tradição é conservada na Igreja Católica e é observada de acordo com um rigoroso ritual:

"A não ser nas missas de réquiem e durante os três últimos dias da semana santa, dá-se o beijo de paz em todas as missas cantadas com ministros sagrados. Os clérigos trocam-no sob a forma de *acolada,* mas ele só é dado aos leigos com a ajuda de um *instrumento* (jamais com uma patena, consagrada ou não). Para trocar o beijo da paz pela acolada, eis como se faz: quando chega o que *traz a paz,* o que deve recebê-la volta-se para ele e o saúda. O primeiro não se inclina, mas coloca as mãos nos ombros do segundo, aproxima sua face esquerda da sua, sem contudo tocá-la, e diz: *Pax tecum* (a paz esteja contigo). Aquele que recebe a paz coloca as mãos sob os cotovelos do outro; ele responde: *Et cum spiritu tuo* (e com o teu espírito). Enfim, os dois se saúdam. Contudo, quem dá a paz ao bispo coloca as mãos sob os cotovelos do bispo. Se a paz é dada com um instrumento, o que a dá beija-o primeiro como se fosse uma relíquia e, depois, apresenta-o para ser beijado." (Mons. KIEFFER, *Précis de Liturgie Sacrée,* trad. pelo padre R. Guillaume, 1937, p. 28.)

37. "Os fiéis davam o beijo da paz aos neobatizados, como um sinal da fraternidade que acabava de se travar, pelo batismo, entre os antigos cristãos e os recentes, e da admissão destes ao seio da Igreja. E esse costume também era observado no batismo das crianças; como prova, temos uma curiosa anedota contada por São Cipriano (Epist. LXIV): "Havia em seu tempo um bispo chamado Fidus, que afirmava que não se devia batizar as crianças recém-nascidas antes do oitavo dia, porque, estando as crianças até esse dia vermelhas e imundas, ninguém poderia beijá-las sem repugnância". A resposta do bispo de Cartago não é menos singular: *"Tudo é puro para os puros,* diz ele, e nenhum de nós tem o direito de sentir repugnância por aquilo que Deus se dignou fazer". (Padre MARTIGNY, *Dict. des Antiquités chrétiennes,* 1865, pp. 65-66.)

38. *Petit Manuel de la Franc-Maçonnerie,* pp. 268-269.

39. "Na Maçonaria, diz Leadbeater, os toques têm um duplo sentido e uma utilidade bem definida; esta tem como base o fato de que esses toques constituem um modo de comunicação reconhecido com determinadas categorias de espíritos da natureza cuja atenção é assim despertada e cujo serviço se coloca imediatamente à disposição das pessoas devidamente qualificadas para lançar esse apelo; em contrapartida, esses espíritos não levam em conta o apelo de uma pessoa não regularmente acreditada junto a eles... Esses espíritos acabam sendo extraordinariamente hábeis; eles respondem instantaneamente à bateria e com uma rapidez e precisão realmente militares... Os próprios espíritos da terra obedecem ao apelo da bateria e voltam tranqüilamente à sua morada normal quando outra bateria anuncia o fim de sua tarefa. Deve-se notar que seres semelhantes se comprazem em anunciar sua presença mediante pancadas dadas numa sessão espírita." (*Le Coté Occulte de la Franc-Maçonnerie,* p. 128.)

Tal arrazoado traz em si o seu próprio julgamento, sem que haja necessidade de mostrar todo o seu absurdo!

40. *Manuel Maçonnique ou Tuilleur*, 1820, p. 44.

41. *Le Livre du Maître*, p. 142.

42. *Causeries en Loge d'Apprenti*, pp. 85-86.

43. *Le Symbolisme*, 1935, p. 41 e segs.

44. *La Clef de la Magie Noire*, 1897, p. 390.

45. Mais forte, talvez, mas mentalmente inferior, pretendem justamente o Grande Gustave Le Bon e também Jules Romain, o Unanimista (J. B.).

46. O agrupamento "unânime".

47. Não é a nossa opinião (J. B.).

48. *Op. cit.*, pp. 285-286.

49. E por quê?... insuficiência psíquica de cada um de seus membros? (J. B.).

50. *Esquisse d'une Doctrine Positive de la Franc-Maçonnerie*, 1927, p. 221.

51. A "concentração" no plano mágico corresponde ao monoideísmo no plano psicodinâmico. Uma idéia-força deve ser paciente e perfeitamente formada; enquanto ela permanece nesse estágio, ela é um "puro conceito" e não tem nenhuma possibilidade de se "realizar". É preciso que ela seja "projetada" para que se torne eficiente, e essa "projeção" não pode ser feita de forma válida se não forem preenchidas determinadas condições.

Esse o motivo pelo qual as vontades, os desejos alimentados durante muito tempo se realizam, pelo que se observa, no momento *em que menos se espera*. É que nesse momento foi feita a "projeção". Enquanto a pessoa permanece "ligada" à sua idéia, ela não pode ser "projetada".

A Cadeia de União permite precisamente que se realize essa projeção, muito difícil de se realizar pelo indivíduo isolado.

X

AS PALAVRAS

1. AS DIVISAS

Pensar bem, Dizer bem, Fazer bem. Essa divisa representa o ternário: Pensamento, Palavra, Ação e corresponde ao *Compasso*, ao *Esquadro* e à *Regra.* Ela é fundamental na Maçonaria. Costumamos encontrá-la escrita nos três ângulos do Delta Luminoso.

Faze o que deves, aconteça o que acontecer. Essa máxima completa a precedente. Ela é infinitamente superior, como o faz notar Ed. Gloton[1], ao provérbio: *Não faças a outrem o que não queres que façam a ti,* ou ainda a este: *Faze aos outros o que gostarias que fizessem a ti.* Esses dois provérbios, com efeito, contêm implicitamente um egoísmo inexistente na máxima: "Faze o que deves, aconteça o que acontecer".

Essas duas divisas são puramente morais e, primitivamente, cada Loja tinha a sua, que devia ser a divisa de cada um de seus membros.

*
* *

Ordo ab Chao – "a Ordem saída do Caos" – é uma divisa especificamente maçônica. O Caos, a matéria-prima, é organizada pelo Maçom. As pedras tiradas da mina são talhadas e servem para construir edifícios. Por outro lado, o homem comum, o profano, é o "caos", até que receba a Iniciação, até que ingresse na Ordem.

Deus meumque Jus: "Deus e meu Direito". Essa divisa é a do Supremo Conselho do Rito Escocês Antigo Aceito. No Grande Oriente da França, ela foi substituída pelas palavras: *Suum cuique Jus,* cujo sentido não é muito nítido. Literalmente, isso quer dizer: "E a este o seu direito"[2].

Encontramos no desenho de um selo maçônico: *Deus meumque Jatr...* Trata-se, provavelmente, de um erro do gravador, pois nenhuma palavra latina começa pelas letras *Jatr.*

René Guénon, falando a respeito da divisa *Post Tenebras Lux* – "A Luz depois das Trevas"[3] – escreve: "No simbolismo tradicional, as trevas sempre representaram o estado das potencialidades não desenvolvidas que constituem o 'caos'; e, correlativamente, a luz é relacionada com o mundo manifestado, isto é, com o 'cosmos' no qual essas potencialidades são atualizadas, sendo essa atualização determinada, ou "medida", a cada momento do processo de manifestação, pela extensão dos "raios solares" que partem do ponto central onde foi proferido o *Fiat Lux* inicial".

2. AS ACLAMAÇÕES

As palavras: *Liberdade, Igualdade, Fraternidade* constituem ao mesmo tempo uma divisa e uma aclamação. Elas são pronunciadas, com o braço direito estendido horizontalmente, depois da bateria de abertura dos trabalhos, tanto no Rito Francês quanto no Escocês.

Um "velho filósofo" propôs judiciosamente que a palavra "Igualdade" fosse substituída pela palavra "Eqüidade". Ele escreve[4]:

"Se, à primeira vista, pode parecer incontestável que somos todos iguais diante da morte, o que, aliás, ainda está para ser provado – porque toda filosofia real e digna de ser enunciada nada mais é do que a constatação de nosso humilde e muito imperfeito conhecimento das coisas – a igualdade, digo, não existe nem em potência, nem em valor, nem em dimensão, nem em duração. Na Floresta, a haste de uma erva não pode ter pretensões aos mesmos privilégios e à mesma importância do carvalho centenário; nossa sociedade é constituída por pessoas de uma idade diferente; a despeito da instrução que, excelentes pessoas, talvez demasiado temerárias, querem que seja obrigatória, na minha humilde opinião, um indivíduo verdadeiramente limitado e rudimentar – e é grande o seu número – jamais terá o mesmo valor, a mesma influência que a pessoa dotada de inteligência apenas pela natureza; ele nunca será mais do que um imbecil instruído, cuja imbecilidade terá sido multiplicada pela soma de conhecimentos que, penosamente, terá adquirido, e temos muitos exemplos para provar nosso ponto de vista.

"Fica evidente que, nas sociedades, há elites que se sobrepõem e, portanto, existe uma necessidade de graus. Poderíamos dar exemplos ao infinito dessa desigualdade flagrante dos homens e das coisas.

"Creio que, em sua redação, o inventor da famosa divisa, cheio de entusiasmo criador numa época de grandes transformações, muito simplesmente enganou-se de termo quanto à Igualdade e que, em seu espírito, ele quis dizer: *Eqüidade*. Ambos os termos têm uma etimologia e, conseqüentemente, uma origem idênticas. Substituam uma pela outra as duas palavras, e a divisa, assim modificada: *Liberdade, Eqüidade, Fraternidade* – representará bem melhor o ideal inatacável, quase tão grande quanto a tríade das virtudes teologais.

"Com efeito, um espírito cândido – e eu acho que ele teria razão – confessaria preferir modestamente a bela tríade: Fé, Esperança, Amor – sempre viva e tão viva que é imortal, como o tríplice ideal a que aspira, ideal jamais atingido, a não ser por raras individualidades, o que não impede, de forma alguma, sua perenidade."

Aprovamos plenamente esse autor e, mais ainda, proporíamos a substituição da palavra "Fraternidade" pela palavra "Amizade".

"A amizade real, digna desse nome, dizem Renouvier e Prat[5], dá-nos, em nosso próprio sexo, o companheiro de vida cujo caráter se adapta ao nosso, essa pessoa que é um harmônico da nossa pessoa, sem lhe ser semelhante ou mesmo contrastante, com o qual nos relacionamos habitualmente em pé de reciprocidade."

A "fraternidade" não tem esse caráter; ela implica apenas numa aproximação acidental: dois "irmãos" (nascidos da mesma mãe) podem muito bem não sentir nenhuma amizade um pelo outro.

Propomos, assim, a seguinte divisa:

Liberdade, Eqüidade, Amizade

Todas essas três palavras compõem-se de *três* sílabas e são a verdadeira expressão do ideal maçônico.

*
* *

"A Maçonaria tem como divisa "Liberdade, Igualdade, Fraternidade" – lemos num *Mémento Maçonnique*[6]. Seu autor foi Claude de Saint-Martin e ela era conhecida nas Oficinas martinistas do século XVIII, antes que a República, em 1792, a cedesse à Maçonaria."

Esse erro repetiu-se muitas vezes; parece ter sido cometido, pela primeira vez, por Louis Blanc, quando escreveu[7]:

"Pelos caminhos da alegoria (Louis-Claude de Saint-Martin) conduzia seu leitor ao seio do reino misterioso que, em seu estado primitivo, os homens haviam habitado... E a palavra do grande enigma, que ele colocava diante da nação francesa, era: Liberdade, Igualdade, Fraternidade! – fórmula que, em seu estilo simbólico, ele chamava de ternário sagrado e de que falava sempre num tom solene..."

Ora, no trecho de Saint-Martin citado por Louis Blanc, encontramos apenas o texto seguinte:

"A natureza indica que existem apenas três dimensões nos corpos; que há três divisões possíveis em todo ser inteligente; que só existem três figuras na geometria; que só existem três faculdades inatas nas criaturas, sejam elas quais forem; que só existem três mundos temporais; ou três graus na verdadeira Franco-Maçonaria; numa palavra que, sob qualquer aspecto que se olhem as coisas criadas, é impossível encontrar nelas qualquer coisa que seja acima de três[8]."

Lamentamos constatar que Saint-Martin não usou, uma única vez, as palavras: Liberdade, Igualdade, Fraternidade.

O que não impediu Malapert, Orador do Supremo Conselho do Rito Escocês, de escrever[9]:

"Para a prática da vida, procuramos uma fórmula capaz de reunir todas as condições desejáveis. Ela é a que melhor corresponde às aspirações dos Maçons... e foi estabelecida claramente por um de nossos irmãos, chamado Saint-Martin. A força da verdade é tão grande que a divisa revelada por Saint-Martin deslumbrou os olhos. As três palavras: Liberdade, Igualdade, Fraternidade, dispostas nessa ordem, indicam o que deve ser uma sociedade bem organizada. Todas as Oficinas aceitaram-nas, e os grandes Homens da Revolução escolheram-nas como divisa da República Francesa."

*
* *

Huzza! *Huzza*! *Huzza*! – é uma velha exclamação escocesa. Albert

Lantoine fez algumas pesquisas a esse respeito, e é nele que iremos buscar primeiro a nossa documentação.

Ele diz[10]: "Eis o que escreve Delaunay, nas páginas 3 e 5 de seu *Thuilleur des Trente-Trois degrés de l'Ecossisme* (1815):

"Acrescenta-se a tríplice aclamação *Houzé,* que é preciso escrever *Huzza,* palavra inglesa que significa *Viva o rei* e que substitui o nosso *Vivat.*"

Vuillaume, em seu *Manuel Maçonnique* (1820), diz:

"Grita-se em seguida, por três vezes, *Huzza*! (pronunciar *houzé*). Essa palavra nos vem dos ingleses; eis a causa da diferença entre a ortografia e a pronúncia; ela é usada em sinal de alegria e corresponde ao *Vivat* dos latinos. Os antigos árabes serviram-se da palavra *Uzza* em suas aclamações; este é também um dos nomes de Deus em sua língua."

O *Dictionnaire Maçonnique* de Quantin, publicado anonimamente em Paris, em 1825, é mais explícito, mas apenas confirma a opinião de Delaunay:

"*Houzé (huzza),* grito de alegria dos Maçons do Rito Escocês. Quer dizer: *Viva o rei*! Assim os Maçons, denunciados como inimigos do trono, manifestam sua alegria pelo grito de *Viva o rei*!"

"Quanto a mim, diz Albert Lantoine, a palavra *Huzza* (Houzé!) é apenas um sinônimo de *Hurra*! Existe também na língua francesa o verbo *to huzza,* que quer dizer aclamar. A bateria de alegria sempre era feita em honra de um acontecimento feliz para uma Loja ou para um Irmão; era muito natural que os Maçons escoceses fizessem uso dessa aclamação[11]."

*
* *

Em hebraico, *Oza* significa "força", e é nessa palavra, pensamos nós, e não em outra que devemos procurar a origem da palavra *huzza;* por extensão, essa palavra significa "Vida", como a palavra *Vivat.*

*
* *

Vivat, Vivat, Semper Vivat é uma aclamação que foi usada durante muito tempo nas Lojas, antes que fosse adotada a fórmula "Liberdade, Igualdade, Fraternidade".

Contrariamente à opinião geral, pensamos que essa última divisa foi adotada pela Franco-Maçonaria depois da Revolução Francesa, e que não foi a Franco-Maçonaria que deu essa divisa à Revolução.

A Franco-Maçonaria manifestava assim uma espécie de oportunismo, de que infelizmente não ficou isenta durante sua existência.

3. PALAVRAS SAGRADAS E PALAVRAS DE PASSE

Cada grau possui certo número de palavras sagradas e de palavras de passe.

A palavra de passe é dada, primeiro ao telhador, e a palavra ou palavras sagradas são dadas por ocasião dos cumprimentos.

Nos Ritos Escocês e Francês, a palavra sagrada do grau do Aprendiz não é pronunciada, mas apenas *soletrada,* porque o Aprendiz ainda não sabe *nem ler nem escrever e só pode soletrar.*

Não existe "palavra de passe" para o Aprendiz no Rito Escocês, como ocorre no Rito Francês.

Parece que, neste caso, o Rito Escocês é perfeitamente lógico. Com efeito, o Aprendiz "vem" do mundo profano e não pode ter uma palavra de passe, que não lhe pode ser dada por esse mundo.

*
* *

As *palavras semestrais,* como o nome indica, são renovadas a cada seis meses. Ambas começam pela mesma letra e são pronunciadas ao ouvido durante uma "Cadeia de União". As duas palavras circulam, uma da esquerda para a direita, a outra da direita para a esquerda; elas devem voltar ao Venerável, que lhas comunicou, "justas e perfeitas". Se o Venerável constata algum erro na volta da palavra, deve fazê-la circular de novo.

É proibido anotar as palavras semestrais ou comunicá-las aos que as esqueceram. Só o Venerável pode transmiti-las aos que não estavam presentes por ocasião de sua comunicação na Loja.

Diz-se que o costume das palavras semestrais data do dia da instalação de Felipe de Orleans, duque de Chartres, como Grão-Mestre do Grande Oriente da França, a 28 de outubro de 1773.

4. DICIONÁRIO DAS PALAVRAS SAGRADAS E DAS PALAVRAS DE PASSE

Damos a seguir o significado das principais palavras sagradas e de passe, de acordo com Vuillaume (*Manuel Maçonnique* ou *Tuileur,* 1820) e também de acordo com outros autores.

Como é fácil compreender, não podemos indicar os graus aos quais elas se referem.

A

AABRÃO, Irmão mais velho de Moisés e que foi constrangido a mandar esculpir o Veado de Ouro. Ele foi o primeiro Grão-Sacerdote.

ABADDON, "Exterminação". Há Lojas onde se diz *Apolyon,* do grego *apolluon,* dando-lhe o mesmo sentido.

ABBRAAK, ver *Abra.*

ABDAMON, "Servidor da multidão".

ABIBALAG ou ABIBALA, "Destruidor do Pai"; nome suposto de um dos assassinos de Hiram. *Abibalc* está errado.

ABIRAM, ver *Abi-Ramah.*

ABI RAMAH, "Matando o Pai". *Abiram,* nome de um dos assassinos de Hiram, é uma palavra truncada: o certo é *Abi Ramah.*

ABRA ou ABRAC, palavra que é interpretada como: "Rei sem mancha" e que poderia significar: "Meu Pai". *Abbraak* e *Albra* estão erradas.

ABYSSUS, raiz *abad,* "ele desespera"; nome do anjo do abismo.

ACHAL ou ACAL, "Ele devora".

ACHAR, "Perturbador".

ACHIRAB, ver *Achitob.*

ACHITOB, "Irmão de Bondade". Achirab está errado.

ACHIZAR, A torre chamada *Achizar* era chamada de GEZER ou de EZER (de socorro).

ADAM, "Terrestre" ou "Vermelho".

ADAR, Nome do décimo mês do ano hebraico.

ADONAI, "Senhor", "O Soberano Mestre". Esse nome é usado em lugar do nome sagrado de Deus: IEVE, Jehovah ou Yahweh, que os hebreus, por respeito, não pronunciam.

É um erro a tradução dessa palavra por *Dii,* os deuses; para os hebreus, isso seria uma blasfêmia; eles usavam no plural o nome de Deus - ADON - para mostrar sua excelência e não para indicar uma pluralidade.

AGEU, "De festa". Profeta menor, do século VI antes de Cristo.

ALBRA, ver *Abra.*

ALETHE, palavra grega que significa "Verdade".

ALELUIA, "Louvai o Senhor!"
AMAL SAGGHI, "Grande Trabalho".
AMAR-IAH, "Verbo do Senhor". Há capítulos nos quais acrescenta-se a palavra *Emerek* ou *Emereh*, que se traduz da seguinte maneira: Homem verdadeiro ou verídico. Essa palavra está errada: é preciso dizer *Amar-Iah*.
AMEN, "Assim seja", ou "Isso é verdade".
ANIGAM ou GANIGAM, "Aflição do povo".
APOLYON, ver *Abaddon*.
ARDAREL ou ARDRIEL, Anjo do Fogo.
ARTAXERGES, "Luz" ou "Maldição". Rei da Pérsia, filho de Xerces.
ARTHIRSATHA ou ATERSATHA, "Examinado o Ano ou o Tempo".
AVREGA ADONAI RECOLGETHO THAMITH REPHI, ver *Evarechah*.
AZARIAH ou GAZARIAH, "Ajuda de Deus".

B

BAGUIKAL, ver *Begogal-Chol*.
BAHABAH AHHALLEK IM HEANI, "Dividirei, em amor, com o pobre". *Banahmel jon hamey* está errado.
BALTHAZAR ou BELTASSAR, "Bel distribui as riquezas". Nome dado por Nabucodonosor a Daniel.
BAMEARAH, ver *Bea-Macheh Bamearah*.
BANAHAMEL JON HAMEY, ver *Bahabah*.
BEA-MACHEH BAMEHARAH, palavras cuja interpretação é a seguinte: "Deus seja louvado, encontramos o assassino da caverna". Essas palavras se corromperam muito na tradição; há Rituais em que encontramos: *Macmaha rababak*, palavras absolutamente sem sentido.
BEGOAL-CHOL, ver *Begogal-Chol*.
BEGOGAL-CHOL ou BEGOAL-CHOL, "Na abominação de todos". Em certos Rituais lê-se: *Bagulkal;* a palavra foi transmitida na forma errada.
BELBA, anagrama de *Babel* (em confusão), que se interpreta como "Torre de confusão".
BENAIAS, ver *Ben-Iah*.
BEN-AKAR, "Filho estéril". Nome dado à caverna onde se havia refugiado um dos assassinos de Hiram.
BEN-CHORIM, "Filho de Nobre".
BENDAKA, "Filho banal". Nome de um intendente de Salomão.
BEN-GABEL, Corruptela de *Ben-Gheber*.
BEN-GHEBER, "Filho do Homem". Nome de um intendente de Salomão.
BEN-IAH, "Filho de Deus". Filho de Joiada, que se tornou general do exército de Salomão depois da morte de Joab.
BENJAMIN, "Filho da direita ou filho do tempo". Nome do último dos doze filhos de Jacó e pai da tribo que leva seu nome.
BERITH, "Aliança".

BESELEEL ou BETSALEL, "Na sombra de Deus". Nome de um dos operários empregados por Moisés na construção do Tabernáculo.
BETH-GABARA ou BETH-ABARA, "Casa da Passagem".
BOOZ ou BOGAZ. Deve-se pronunciar Bo'az, mas a pronúncia Booz, conforme à tradução latina, prevaleceu na França. Essa palavra significa "em força".

C

CANA, "Zelo", "emulação".
CASMARAN, Anjo do ar.
CHAM ou HHAM, "Quente" ou "Negro", um dos três filhos de Noé: Sem, Cham e Japhet.
CHIBULLUM, ver *Zabulon*.
CHIVI, pronunciar *kivi*. "Inclinar", palavra que se traduz por "dobrai o joelho".
CYRUS, "O Sol".

D

DANIEL, "Juízo de Deus".
DARIUS, "Que procura".
DAVID, "Bem-amado".

E

EDUL-BEN-CAGU, "Faze o que querias que te fizessem".
EHEIAH, "Eu serei". Nome de Deus e um dos nove primeiros arquitetos.
ELAI BENI EMETH, ver *Li Beni Emeth*.
ELEANAM, ver *El-Hhanan*.
ELIHANAN, ver também *El-Hhanan*.
EL-HHANAN, "Graça de Deus", "Misericórdia de Deus". Nome de Deus e um dos nove primeiros arquitetos. As palavras *Eleanan* e *Elehanan* estão erradas.
ELIAB, ver *Ooliab*.
ELIAH, "Força". Nome de Deus e um dos nove primeiros arquitetos.
ELIAL, ver *Ooliab*.
ELIAM, ver *Eligam*.
ELIEL, "Força de Deus".
ELIGAM ou ELIAM, "Povo de Deus".
EMENETH, "Verdade".
EMEREH, ver *Amar-Iah*.
EMMANUEL, "Deus conosco".
EMOUNAH, "Fé", "Solidez".
EN-CHANAN, ver *El-Hhanan*.
EUBULUS, do grego *Euboulos*, prudente.

EVARECHAH ETH ADONAI BECHOL-GETH THAMID THEHILLATHO VEPHI, "Quero bendizer a Deus em todo tempo; constantemente seu louvor estará em minha boca" (Salmos XXXIV, I). *Avrecca adonaï recolgetho thamith rephi* está errado.

EZECHIEL, "Força de Deus".

EZER, ver *Achizar.*

F

FEIX FEAX, interpretado como "Academia ou Escola de Virtudes".

FURLAC, Anjo da terra.

G

GABAON, "Colina". Entre os gabaonitas é que foi depositada a arca da aliança, à espera da construção do templo de Salomão.

GABAON-NOTEL. Lê-se muitas vezes *Gabaon-Notade.* Traduz-se por "Gabaon, amigo perfeito, amigo eleito".

GABRIEL, "Força de Deus".

GALAAD, "Monte do Testemunho".

GANIGAM, ver *Anigam.*

GAZARIAH, ver *Azariah.*

GETH, ver *Magachah.*

GEZER, ver *Achizar.*

GHEMOUL BINAH THEBOUNAH, "Retribuição, inteligência, prudência".

GHETH, ver *Magachah.*

GHIBLIM, "Talhador de pedra"[12].

GIBLIM, ver *Ghiblim.*

GOBED ou OBED, "Servo".

H

HABABUC, "Abrasamento".

HABBAMAH, "Santuário elevado". *Jabamiah* está errado.

HAVOTH-JAIR, "Vilas de iluminação".

HELIOS, em grego, "O Sol".

NHAI, "Vivo".

HHAMALIEL, "Indulgência de Deus".

HOSCHEA ou HOSCHEE, "Salvador".

HUR, "Liberdade".

I

IEVE, O grande nome de Deus é inominável. Trata-se de um dos mistérios do interior do Templo, e sua verdadeira pronúncia não é conhecida. Somente o grão-sacerdote tinha permissão para pronunciá-lo, e uma única vez durante o ano: no dia da expiação, 10 da lua de Thischri. Com o ruído que faziam, os levitas impediam que ele fosse ouvido pela multidão. É o nome que o Senhor deu a si mesmo, falando com Moisés no alto do monte Horeb.

J

JAABOROU-HAMMAIM, "As águas correm". Lemos em certos Rituais: *Ya vaurum hamen,* o que é uma corruptela.

JABAMIAH, ver *Habbamiah.*

JABULUM, ver *Zabulon.*

JAH ou IAH, nome de Deus e um dos nove primeiros arquitetos. *Jea* está errado.

JAHEB, "Condescendente", nome de Deus e um dos nove primeiros arquitetos.

JAHO ou IAHO, ver *Jehovah.*

JAKIN, "firme", "estável". Embora se deva escrever Jachin e pronunciar o ch com o k, a ortografia Jakin é muito usada.

JAKINAI, plural de Jachin.

JAPHET, "Belo". Um dos três filhos de Noé: Sem, Cham e Japhet.

JEA, ver *Jah.*

JEHOVAH. As palavras *Jvah* ou *Jaho* não são hebraicas; trata-se de corruptelas da grande palavra *Jehovah.* Ver *Ieve.*

JHAOBEN, ver *Jahoben.*

JIBELLUM, ver *Zabulon.*

JOBEL, "Jubiloso", nome de Deus.

JOCABER, ver *Johaben.*

JOD ou IOD, "Princípio". Nome de Deus.

JOHABEN, *Jhaoben,* "filho de Deus". Dever-se-ia pronunciar Jhaoben, mas o uso consagrou Johaben. As palavras *Johaber* e *Jocaber* estão erradas.

JOHABULON, ver *Zabulon.*

JOHANNES RALP, nome do fundador da Ordem dos Cavaleiros da Serpente de Bronze.

JORAM, "Criado".

JSCH'GI, "Minha Salvação".

JUDA, "Louvor".

JVAH, ver *Jehovah.*

JZRACH-IAH, "Senhor do Oriente".

K

KADOSCH ou KODESCH, "Santo", "Consagrado", "Purificado".

KAI ou KI, "Ele permanece de pé", que se traduz por "levantai-vos".
KYRIE, do grego *kurios,* Mestre.

L

LAMNA SABACTANI, "Por que me abandonar".
LI ou ELAI BENI EMETH, "A mim os filhos da Verdade".
LÍBANO, "Branco", "Incenso". Sabemos que nas florestas do Líbano é que foram cortadas e preparadas as madeiras usadas na construção do Templo de Salomão.

M

MAACHAH, ver *Magachah.*
MAC-BENAC, ver *Moabon.*
MACHEM, ver *Nokem.*
MACHOBIM, "Dores", palavra que é interpretada da seguinte forma: "É ele, ele está morto". *Mahabin* e *Makobin* estão erradas.
MACMAHA RABABACK, ver *Bea-Mached Bamearah.*
MAGACHAH ou MAACHAH, "Comprimido", rei ou príncipe do país de Gheth (prensa) e não Geth; a pronúncia francesa não permite tornar duro o g quando não é seguido de h.
MAHABIN, ver *Machobim.*
MAK-BENAH, "A carne deixa os ossos". Mac-Benac está errado. Ver *Moabon.*
MAKOBIM, ver *Machobim.*
MALACHIAS, "Enviado do Senhor".
MATHOC, "Doce".
MENAHHEM, "Consolador".
MENE, "A Lua".
MICHAEL, "Quem é semelhante a Deus" (Quis ut Deus?)
MI-CHAMICHAH BEALIM ADONAI, "Quem é semelhante a Ti, entre os poderosos, Senhores?"
MISCHTAR, "Ministro".
MOABON, Raiz "Moab", que vem do pai. Traduz-se a palavra "Moabon" por "apodrecido até os ossos". Essa interpretação conviria melhor a MAK-BENAH (e não Mac-Benac) que quer dizer "filho da putrefação".
MOISÉS, "Tirado da água".

N

NECHAH, Dever-se-ia dizer *Hichah,* ele fere, mas o uso contrário prevaleceu. Em todo caso, *Nekar* está errado.
NECUM, ver *Nekam.*
NEDER, "Voto", "promessa".

NEHEMIAH, "Ajuda de Deus".
NEKAM, "Vingança", e não *Nekum* e *Necum.*
NEKAM ADONAI, "Vingança, Senhor!"
NEKAMAH, "Vingança".
NEKAMAH-BEALIM, "Vingança contra os traidores".
NEKAMAH BEALIM ADONAI, "Vingança contra os traidores, Senhor!"
NECHAM-MACCHAH, "Vingança que fere".
NEKAR, ver *Nechah.*
NEKUM, ver *Nekam.*
NEPHTALI, "Meu Combate".
NOE, "Repouso".
NOKEM, "Vingador". *Machen* está errado.

O

OBED, ver *Gobed.*
OHEB-ELOAH, "Que ama Deus".
OHEB-KEROBO, "Que ama seu próximo".
OOLIAB, "Pai do Tabernáculo". Operário empregado por Moisés na construção do Tabernáculo. *Eliab* e *Elial* estão errados.
OURIEL ou URIEL, "Fogo de Deus".

P

PHAGAL-CHOL ou PHAAL-CHOL, "Tudo está feito".
PHALEGH, "Divisão".
PHARASCH-CHOL, "Tudo está explicado". *Pharas-Chol* está errado.

R

RABACIM, ver *Rab-Banain.*
RAB-BANAIN, "Mestre dos edifícios". *Rabacim* está errado.
RAPHAEL, "Medicina de Deus".
RAPHODON, derivado de *Rephidim,* "repositórios". É o nome dado ao lugar em que os israelistas fizeram seu último acampamento depois da saída do Egito, sob Moisés.
RAZABASSI, ver *Razah-Betsijah.*
RAZA-BETSIJAH, "Aridez da Solidão". Lê-se, às vezes, *Razabassi,* corruptela.

S

SABBAL, "Fardo".

SALOMÃO, "Pacífico"; filho de Davi e de Betsabéia, mulher de Urias.
SCHADDAI, "Todo-Poderoso". Nome de Deus.
SCHALAL ACHALOM ABI, "Ele destrói a paz do Pai". Lê-se, às vezes, *Schilo schalom abi*; isso está errado.
SCHELEMOTH, "Íntegro", "puro".
SCHEM-HAMM-PHORASCH, ver *Sehem-Hamm'Phoras.*
SCHIBBOLETH, "Espiga", palavra que se traduz por: "numerosos como as espigas de trigo". Essa palavra, que significa espiga e rio servia de senha aos galaaditas, na guerra que travaram sob Jephté contra os efraimitas; estes não conseguiam pronunciar o schin, e diziam *sibboleth* em vez de *schibboleth.*
SCHILO, ver *Schalal.*
SCHOR-LABAN, "Boi branco".
SEHEM-HAMM'PHORAS, "O nome explicado". Perífrase para não pronunciar o nome de Deus. *Schem-Hamm-Phoras* está errado.
SEM, "Que está colocado". Um dos três filhos de Noé: Sem, Cham e Japhet.
SIDONIUS, "Caçador". Nome do povo de Sidon, que era considerado por sua ciência no corte de madeiras.
SIGE, palavra grega: "Ciência".
SOPHONIAS, "Contemplação do Senhor".
STIBIUM, palavra latina: "Antimônio, metal".
STOLKIN, palavra que se interpreta como "Água corrente".
SYLPHES, Espíritos do ar.

T

TALLIUD, Anjo da água.
TEBETH ou TEVETH, nome do décimo mês lunar.
TETRAGRAMMATON, IEVE, Jehovah, Deus. Nome de Deus formado de quatro letras.
THUBALKAIN, "Posse do Mundo".
TITO, Príncipe dos Harodim (presidentes). Assim eram chamados os chefes que Salomão havia estabelecido sobre os operários do Templo. Diz-se, mas não é certo, que Tito era o chefe deles, ou o príncipe. Esse nome não é de origem hebraica.
TOUB BAGANI GAMAL ABEL ou TOUB BAANI AMAL ABEL, que se traduz por: Tende bom coração, coragem! A expressão *Toub baani amalabec* está errada.
TSAPHIEL, "Espelho de Deus".
TSEDEKAH, "Justiça" e "Caridade".

Y

YA VAURUM HAMEN, ver *Jaaborou-Hammaim.*

Z

ZABULON, "O céu, a morada de Deus". As palavras *Johabulum, Jibulum, Jubellum, Chibullum,* etc., estão erradas.
ZACHARIAS, "Memória do Senhor".
ZERBAL, "Que prevalece com o Senhor". É o nome suposto de um dos guardas de Salomão.
ZIZA, "resplendor". Diz-se, às vezes, "*Zizon*", o que está errado. Esta palavra também é traduzida por "balaustrada", o que parece sem fundamento, a menos que se considerem os raios da glória de Deus, aos quais poderia ser aplicada a significação verdadeira, *resplendor,* como uma balaustrada que garante a sua aproximação.
ZOROBABEL, "Dispersão da confusão".

NOTAS AO CAPÍTULO X

AS PALAVRAS

1. *Instruction Maçonnique aux Apprentis*, 1934, p. 91 et sq.
2. Paul ROSEN, em *Satan et Compagnie*, 1888, interpreta *Ordo ab Chao* como: "Morte aos inimigos da Ordem"; e *Deus meumque Jus* como "A nós, todos os nossos direitos".
3. *Aperçus sur l'Initiation*, pp. 298-299.
4. *Réflexions d'un vieux Philosophe sur une devise célèbre*, na revista *La Chaine d'Union*, 1946-1947, pp. 377-378, artigo assinado P.P.
5. *La Nouvelle Menadologie*, 1899, p. 193.
6. *Petit Mémento Maçonnique rédigé en forme de dictionnaire*, 1921, p. 43.
7. *Histoire de la Révolution Française*, 1847, t. II, p. 101.
8. *Des erreurs et de la Vérité*, 1782, t. I, p. 125.
9. *La Chaîne d'Union*, 1874, p. 85.
10. *Bulletin des Ateliers Supérieurs*, 1936, p. 176.
11. Deixamos a Albert Lantoine a inteira responsabilidade dessa interpretação; ele também poderia muito bem ter visto na bateria no Rito Francês a aclamação *Hip*, Hip, *Hourrah*, em razão dos dois toques aproximados da bateria desse rito!

APÊNDICE

Para terminar esta obra, transcrevemos a bela lenda maçônica e kabbalística, profundamente esotérica, que merece ser conhecida e compreendida pelos "iniciáveis". Não lhe acrescentaremos nenhum comentário, que só poderia tornar insípido seu sentido tão profundo.

Lenda dos Três Magos
Que Visitaram a Grande
Abóbada e Descobriram o Centro da Idéia

Muito tempo depois da morte de Hiram e de Salomão e de todos os seus contemporâneos, depois que os exércitos de Nabucodonosor destruíram o reino de Judá, arrasaram a cidade de Jerusalém, derrubaram o Templo, levaram em cativeiro o resto da população que não havia sido massacrada, quando a montanha de Sião nada mais era que um deserto árido onde pastavam algumas cabras magras guardadas por beduínos famélicos e saqueadores, certa manhã, três viajantes chegaram ao passo lento de seus camelos.

Eram Magos, iniciados de Babilônia, membros do Sacerdócio Universal, que vinham em peregrinação e para explorar as ruínas do antigo Santuário.

Depois de uma refeição frugal, puseram-se a percorrer o recinto em ruínas. A destruição das paredes e os fustes das colunas permitiram-lhes determinar os limites do Templo. Eles se puseram depois a examinar os capitéis jogados por terra, a recolher as pedras para nelas descobrir inscrições e símbolos.

Enquanto procediam a essa exploração, sobre um pedaço de parede em ruínas e no meio das sarças, eles descobriram uma escavação.

Tratava-se de um poço situado no ângulo sudeste do Templo. Eles cuidaram de limpar o orifício, depois do que um deles, o mais idoso, o que parecia ser o chefe, deitando-se às bordas do mesmo, examinou o seu interior.

Era meio-dia, o *Sol brilhava em seu zênite* e seus raios mergulhavam quase que verticalmente no interior do poço. Um objeto brilhante feriu os olhos do Mago. Ele chamou pelos companheiros, que se colocaram na mesma posição que ele e olharam. Evidentemente, havia ali um objeto digno de atenção, sem dúvida uma jóia sagrada. Os três peregrinos resolveram apoderar-se dela. Desamarraram os cintos que lhes cingia os rins, ataram-nos uns nos outros e lançaram uma de suas extremidades no poço. Então, dois dentre eles, inclinando-se, encarregaram-se de suster o peso do que descia. Este, o Chefe, empunhando a corda, desapareceu pelo orifício. Enquanto efetua sua descida, veremos qual era o objeto que havia atraído a atenção dos peregrinos. Para tanto, devemos remontar vários séculos atrás, até a cena da morte de Hiram.

Quando o Mestre, diante da porta do Oriente, recebeu o golpe de alavanca do segundo mau Companheiro, ele fugiu para alcançar a porta do Sul; mas, enquanto corria para lá, teve medo quer de ser perseguido, quer, como aconteceu, de encontrar um terceiro mau Companheiro. Ele tirou de seu pescoço uma jóia que dele pendia segura por uma corrente de setenta e sete anéis, e lançou-a no poço que se abria no Templo, no canto dos lados Este e Sul.

Esta jóia era um *Delta* de um palmo de lado, feito do mais puro metal, sobre o qual Hiram, que era um iniciado perfeito, havia gravado o nome inefável que carregava sobre si, na face interna, ficando à vista apenas uma face lisa.

Enquanto, ajudando-se com os pés e as mãos, o Mago descia até as profundezas do poço, ele constatou que a parede deste estava dividida em zonas ou anéis feitos de pedra de cores diferentes de cerca de um côvado de altura cada um. Quando chegou ao fundo, ele contou essas zonas e viu que elas eram em número de *dez*. Abaixou então os olhos para o chão, viu a jóia de Hiram, recolheu-a, observou-a e constatou com emoção que nela estava escrita a palavra inefável que ele conhecia porque também ele era um iniciado perfeito. Para que seus companheiros, que não tinham, como ele, a plenitude da iniciação, não a pudessem ler, ele pendurou a jóia em seu pescoço pela pequena corrente, deixando voltada para a frente a face lisa, assim como fizera o Mestre.

Olhou, depois, a seu redor e constatou a existência, na muralha, de uma abertura pela qual podia penetrar um homem. Entrou por ela, caminhando às apalpadelas na escuridão. Suas mãos encontraram uma superfície que, por tato, julgou ser de bronze. Então, ele recuou, voltou ao fundo do poço, avisou para que seus companheiros mantivessem firme a corda e subiu.

Vendo a jóia que ornava a peito do chefe, os dois Magos inclinaram-se diante dele, percebendo que ele acabava de ser submetido a uma nova consagração. Ele revelou-lhes o que vira, falou-lhes da porta de bronze. Eles pensaram que ali devia haver um mistério; deliberaram então fazer juntos a descoberta.

Colocaram uma extremidade da corda feita com os três cintos sobre uma pedra chata que havia junto do poço e sobre a qual lia-se ainda a palavra "*Jachin*". Rolaram para cima dela um fuste de coluna em que se via a palavra "*Boaz*", asseguraram-se depois que, assim fixada, a corda podia suportar o peso de um homem.

Dois dentre eles fizeram em seguida o *fogo sagrado* com a ajuda de um bastonete de madeira dura rolado entre as mãos no interior da cavidade de um pedaço de madeira tenra. Quando a madeira tenra se incendiou, eles sopraram sobre ela para provocar uma chama. Enquanto isso, o terceiro Mago havia ido buscar, nos fardos amarrados na corcova dos camelos, três tochas de resina que eles haviam levado para afastar os animais selvagens de seus acampamentos noturnos. As tochas foram sucessivamente aproximadas da madeira em chama e elas próprias se inflamaram do fogo sagrado. Cada Mago, segurando sua tocha com uma mão, deixaram-se deslisar ao longo da corda até o fundo do poço.

Uma vez aí, eles se introduziram, sob a conduta do chefe, no corredor que levava à porta de bronze. Chegados à frente dela, o velho Mago examinou-a detidamente sob a luz de sua tocha. E constatou, no meio, a existência de um ornato em relevo com a forma de uma *coroa real,* em torno da qual havia um círculo composto de pontos em número de *vinte e dois.*

O Mago absorveu-se numa meditação profunda, pronunciou depois a palavra "*Malkuth*" e, de repente, a porta se abriu.

Os exploradores viram-se então diante de uma escada que mergulhava no solo; meteram-se por ela, sempre empunhando as tochas, contando os degraus. Após terem descido *três* degraus, encontraram um *patamar triangular,* a cujo lado *esquerdo* começava outra escada. Meteram-se por ela e, depois de *cinco* degraus, encontraram outro patamar com a mesma forma e as mesmas dimensões. Dessa vez, a escada continuava pelo lado *direito* e se compunha de *sete* degraus.

Depois de passar por um *terceiro* patamar, eles desceram *nove* degraus e se encontraram diante de uma segunda porta de bronze.

O velho Mago examinou-a como a precedente, e constatou a existência de outro ornamento em relevo, representando uma pedra angular, também rodeada de um círculo de vinte e dois pontos. Pronunciou a palavra "*Iesod*" e, por sua vez, esta porta se abriu.

Os Magos entraram numa vasta sala abobadada e *circular*, cuja parede estava ornada com *nove* fortes nervuras que partiam do solo e se encontravam num ponto central do vértice.

Eles a examinaram à luz de suas tochas, deram a volta para ver se não havia outra saída além daquela pela qual haviam entrado. Como nada encontrassem, pensavam em se retirar; mas seu chefe voltou atrás, examinou uma a uma as nervuras, procurou um ponto de referência, contou as nervuras e, de repente, chamou. Num canto escuro, ele encontrou outra porta de bronze. Esta tinha como símbolo um *Sol radiante*, sempre inscrito num círculo de vinte e dois pontos. Tendo o chefe dos Magos pronunciado a palavra *"Netzah"*, ela se abriu ainda e deu acesso a uma segunda sala.

Sucessivamente, os exploradores franquearam cinco outras salas igualmente dissimuladas e passaram por novas criptas.

Sobre uma dessas portas, havia uma *Lua resplandecente*, uma *cabeça de leão*, uma *curva doce e graciosa*, uma *régua*, um *rolo da lei*, um *olho* e, enfim, uma *coroa real.*

As palavras pronunciadas foram, sucessivamente, *Hod, Tiphereth, Chesed, Geburah, Chochmah, Binah* e *Kether.*

Quando eles entraram sob a nova abóbada, os Magos pararam surpresos, deslumbrados, amedrontados. Essa ala não estava mergulhada na escuridão; pelo contrário, estava brilhantemente iluminada. No meio, estavam colocados *três lampadários* de uma altura de *onze* côvados, cada um com três ramos. Essas lâmpadas, que queimavam há séculos, cuja extinção não pôde ser provocada nem pelo extermínio do reino de Judá, nem pela destruição de Jerusalém ou pelo desmoronamento do Templo, brilhavam vivamente, iluminando com uma luz ao mesmo tempo doce e intensa todos os recantos, todos os detalhes da maravilhosa arquitetura daquela cúpula sem igual talhada na rocha viva.

Os peregrinos apagaram suas tochas, pois não tinham mais necessidade delas, colocaram-nas junto à porta, tiraram suas sandálias e ajustaram seus chapéus como num lugar sagrado, e depois avançaram, inclinando-se por nove vezes na direção dos gigantescos lampadários.

Na base do triângulo formado por estes, levantava-se um altar de mármore branco de forma *cúbica* de dois côvados de altura. Numa das faces, a que estava voltada para o vértice do triângulo, estavam representadas, em ouro, os instrumentos da Maçonaria: a *Régua,* o *Compasso,* o *Esquadro,* o *Nível,* a *Trolha,* o *Malhete.* Sobre a face lateral esquerda, viam-se figuras geométricas: o *Triângulo,* o *Quadrado,* a *Estrela de Cinco Pontas,* o *Cubo.* Sobre a face lateral direita, liam-se os números: 27, 125, 343, 729, 1331. Enfim, na face posterior, estava representada a *Acácia simbólica.* Sobre esse altar estava colocada uma *pedra de ágata* de três palmos de lado; acima, lia-se, escrita em letras de ouro, a palavra "Adonai".

Os dois Magos discípulos, inclinaram-se, adoraram o nome de Deus; mas seu chefe, levantando ao contrário a cabeça, disse-lhes:

"Já é tempo de saberdes o último ensinamento que fará de vós Iniciados perfeitos. Esse nome não passa de um símbolo que não exprime de forma real a idéia da *Concepção Suprema."*

Ele segurou então com as duas mãos a pedra de ágata, voltou-se para seus discípulos, dizendo-lhes: "Olhai a Concepção Suprema: ei-la. Estais no *Centro da idéia*".

Os discípulos soletraram as letras *Iod, Hé, Vau, Hé* e abriram a boca para pronunciar a palavra, mas ele gritou para eles: "Silêncio! É a palavra inefável que não deve sair de nenhum lábio".

Em seguida, repousou a pedra de ágata sobre o altar, tomou a jóia do Mestre Hiram que pendia de seu pescoço e mostrou-lhes como as mesmas letras estavam gravadas ali.

"Aprendei, agora, disse-lhes, que não foi Salomão quem mandou cavar esta abóbada hipogéia, nem construir as oito que a precedem, nem foi ele quem escondeu aqui a pedra de ágata. A pedra foi colocada por Henoch, o primeiro de todos os Iniciados, o Iniciado Iniciante, que não morreu, mas sobrevive em todos os seus filhos espirituais. Henoch viveu muito tempo antes de Salomão, antes mesmo do dilúvio. Não se sabe em que época foram construídas as oito primeiras abóbadas e esta, cavada na rocha viva." Contudo, os novos grandes Iniciados desviaram sua atenção do altar e da pedra de ágata, contemplaram o céu da Sala, que se perdia numa altura prodigiosa, percorreram a vasta nave, na qual suas vozes despertavam ecos repetidos. Chegaram, assim, diante de uma porta, cuidadosamente dissimulada, e cujo símbolo era um *vaso quebrado.* Chamaram seu Mestre e lhe disseram: "Abre-nos também esta porta: deve haver um novo mistério por trás dela. – Não, respondeu-lhes ele, não se deve abrir esta porta. Há por trás dela um mistério, mas é um mistério terrível, um mistério de morte. – Oh, queres esconder de nós alguma coisa, reservando-a para ti; mas queremos saber tudo; nós mesmos abriremos essa porta".

Eles então puseram-se a pronunciar todas as palavras que haviam ouvido da boca do Mestre; depois, como essas palavras não produzissem nenhum efeito, eles disseram todas as que lhes passaram pela cabeça. E já iam desistir, quando um deles pronunciou: "Não podemos, contudo, continuar até o *infinito*". A essa palavra: *En Soph,* a porta se abriu com violência, os dois imprudentes foram derrubados ao chão, um vento furioso soprou pela abóbada, as lâmpadas mágicas se apagaram.

O Mestre correu para a porta, abaixou-se, chamou os discípulos em seu socorro; eles acorreram à sua voz, inclinaram-se com ele, e seus esforços reunidos chegaram afinal a fechar a porta.

Mas as luzes não tornaram a se acender e os Magos foram mergulhados na mais profunda treva. Eles se reuniram à voz de seu Mestre. Este lhes disse: "Ai, este acontecimento terrível era de se prever. Estava escrito que cometeríeis essa imprudência. Eis-nos agora em grande perigo nestes lugares subterrâneos ignorados pelos homens. Tentemos, contudo, sair daqui, atravassar as oito abóbadas e chegar ao poço pelo qual descemos. Daremos as mãos uns aos outros e caminharemos até encontrar a porta de saída. Recomeçaremos em todas as salas até chegarmos ao pé da escada de vinte e quatro degraus. Esperemos chegar até ela."

Assim fizeram. Passaram horas de angústia, mas não se desesperaram. Chegaram até o pé da escada de vinte e quatro degraus. Subiram, contando 9, 7, 5 e 3, e se viram de novo no fundo do poço. Era *meia-noite,* as *estrelas brilhavam no firmamento*; a corda feita de cintos pendia lá ainda.

Antes de deixar que seus Companheiros subissem, o Mestre mostrou-lhes o círculo recortado no céu pela boca do poço e lhes disse: "Os dez círculos que vimos ao descer representam também as abóbadas ou arcos da escadaria; o último corresponde ao número *onze*, aquele de onde soprou o vento do desastre: é o céu *infinito,* com *luminárias fora de nosso alcance que o povoam.*"

Os três Iniciados voltaram ao recinto do Templo em ruínas; rolaram de novo o fuste de coluna sem perceber nele a palavra *"Boaz"*, desamarraram seus cintos, cingiram-nos, montaram em seus camelos; depois, sem trocar uma só palavra, mergulhados em profunda meditação sob o céu estrelado, no meio do silêncio noturno, afastaram-se ao passo lento de seus camelos na direção de Babilônia.

ÍNDICE DOS AUTORES CITADOS E DE SUAS OBRAS

(A abreviatura C.M.V. significa "citado muitas vezes".)

A. OBRAS SOBRE A FRANCO-MAÇONARIA

Págs.

ANDERSON, James. – As Constituições dos Franco-Maçons, 1723. 81
BEDARRIDE, Armand. – Os Mistérios da Estrela Flamejante. A Letra G, 1929. 255
CHAPUIS, F. – Abreviaturas Maçônicas. *Boletim das Oficinas Superiores*, 1937. 76
– A Acácia. *Boletim das Oficinas Superiores*, 1938. 283
– O Avental. *Boletim das Oficinas Superiores*, 1934. 320
CORNELOUP, J. – Defesa do Grande Arquiteto do Universo. *O Simbolismo*, 1945. 220
FISCH, J.-C.-A. – Iniciação à Filosofia da Franco-Maçonaria baseada nos Mistérios, nos Cultos e nas Mitologias da Antiguidade, 1863. 76
GÉDALGE, Améilie-André. – Manual interpretativo do Simbolismo Maçônico. Primeiro grau. Grau do Aprendiz, s. d. 44, 47, 50, 53
– Artigos diversos no *Dicionário Rhéa*, 1921. . . . . C.M.V.
GLOTON, Ed. – Instruções Maçônicas aos Aprendizes, 5934. . . . . 120, 216, 364
– Maçonaria Anglo-Saxã e Maçonaria Latina. *A Cadeia de União*, 1936-3. 137
– A Decoração do Templo. *A Cadeia de União*, 1937-38. 98
GOBLET D'ALVIELLA. – Sobre as Origens do Grau de Mestre na Franco-Maçonaria, Bruxelas, 1928. . . . . 235, 273
GRAY, Henri. – As Origens do Grau de Mestre na Franco-Maçonaria. Bruxelas, 1928. . . . . 235, 268
GRAY, Henri. – As Origens Corporativas da Franco-Maçonaria. *A Acácia*, 1924-1926. . . . . 228, 268
GUÉNON, René. – Breve notícia sobre a Iniciação, 1946. . . . 16, 71, 219, 365
– A Grande Tríade, 1946. . . . . 127, 255, 290

GUILLEMAIN DE SAINT-VICTOR. – Preciosa Antologia da Maçonaria Adonhiramita. Filadélfia, ed. Philaleto, rue de l'Equerre-à-l'Aplomb, 1787 . . . . C.M.V.

JULLIEN, Henri. – O Simbolismo Escocês. *A Cadeia de União*, 1946-1947 . . . . 210, 323

LANTOINE, Albert. – A Franco-Maçonaria na intimidade, 1925 . . . . 16, 205, 220, 263 (N. 3)

– O Rito Escocês Antigo Aceito, 1930. . . . . 205, 210, 271

– A Franco-Maçonaria no Estado, 1935 205

– Sobre a palavra "Huzza". *Boletim das Oficinas Superiores*, 1936 368

– A propósito do Avental. *Boletim das Oficinas Superiores*, 1934 . . . . .332 (N. 25)

LEADBEATER, C.-W. – O Lado Oculto da Franco-Maçonaria, 1930 . . . C.M.V.

LECOMTE. – História da Loja "A Amizade Clemente", 1905 . . . . 221 (N. 8)

LE FORESTIER, R. – O Ocultismo e a Franco-Maçonaria Escocesa, 1928. . . . . 271, 322

LEPAGE, Marius. – O Livro sobre o Altar. *O Simbolismo*, 1931 135

– O Coração e o Espírito. *O Simbolismo*, 1933 290

– A Cadeia de União. *O Simbolismo*, 1935 355

– A Espada Flamejante. *O Simbolismo*, 1939 73

LÉTI, Joseph. – Carbonarismo e Maçonaria no despertar do nacionalismo italiano. Ensaio de crítica histórica, 1928. Trad. Louis Lachat . . . 142 (N.21)

MARTIN SAINT-LÉON. – As Corporações de Obreiros, 1901 226

MÉNARD, François. – O Simbolismo do Avental. *O Simbolismo*, 1938, e a *Cadeia de União*, 1945-46 312

MOYSE, Gaston. – Defesa em favor do Avental. *O Simbolismo*, 1939 320

NAGRODSKY, W. – Do quadrado oblongo à Estrela Flamejante. *O Simbolismo*, 1937 112

– A Ferramenta Desconhecida. *O Simbolismo*, 1933 186

– O Segredo da Letra G., 1935 256

PALINGENIUS (René Guénon). – O Grande Arquiteto do Universo. *A Gnose*, 1911. . . . . .222 (N. 26)

PAPUS. – O que deve saber um Mestre Maçom, 1910 215

PARVUS. – Sobre o Simbolismo do Esquadro na Franco-Maçonaria. *A Iniciação*, 1894. . . . . 40 (N. 8)

PAVILLY, Jean de. – Abreviaturas Maçônicas. *Boletim das Oficinas Superiores*, 1938 76

PERDIGUIER, Agricol. – O Livro das Sociedades, 2 vols. 1841 228

– Memórias de um Companheiro, Nova Edição, com prefácio e notas de Jean Follain, 1943 . . . . 263 (N. 6)

PERSIGOUT, G. – Os Filhos da Viúva, *Anais Maçônicos Universais*, 1933 . . . . 277, 296

– O Hexagrama Pentálfico. *O Simbolismo*, 1939 292

– O Gabinete de Reflexão, 1946 . . . . 85 (N. 1)

PLANTAGENETA, Edouard E. – Palestras Iniciáticas para o Trabalho em Loja de Aprendizes, 1929 . . . . C.M.V.
– Palestras Iniciáticas para o Trabalho em Câmara de Companheiros, 1929 . . . . C.M.V.
– Palestras Iniciáticas para o Trabalho na Câmara do Meio, 1931 . . . C.M.V.

P. P. – Reflexões de um velho Filósofo sobre uma divisa célebre. *A Cadeia de União*, 1946-47 . . . . 378 (N. 4)

QUARTIER-LA-TENTE, Ed. – Os Graus e os Ritos Maçônicos, Berna, 1915 . . . . .221 (N. 12)

RAGON, J.-M. – Ritual do Aprendiz Maçom, 1860 . . . . C.M.V.
– Ritual do Grau de Companheiro, 1860 . . . . C.M.V.
– Ritual do Grau de Mestre, 1860 . . . . C.M.V.
– Curso Filosófico e Interpretativo das Iniciações Antigas e Modernas, 1841 . . . . C.M.V.
– *Idem*. Edição sagrada. Nancy, 5842 . . . . C.M.V.
– Ortodoxia Maçônica, 1853 . . . . C.M.V.
– Ritual de adoção dos Jovens Lobinhos, 1860 56

RIBAUCOURT, E. De. – A Letra G, 1907 255

THIRIET, Henry. – Resumo de uma Doutrina positiva da Franco-Maçonaria, 1927 . . . . 13, 358

UHLMANN, Fritz. – Pequeno Manual da Franco-Maçonaria. Trad. de Henri-Jean Bolle, Bâle, 1933 . . . . 188, 210, 351

VONKA, R. – O passo do Aprendiz. *Boletim das Oficinas Superiores*, 1934 . . . . 359 (N. 4)
– O sinal do Aprendiz. *Boletim das Oficinas Superiores*, 1934 . . . . C.M.V.

WINTER. – A Era Maçônica. *Boletim das Oficinas Superiores*, 1937 81

WIRTH, Oswald. – O Livro do Aprendiz, 1931 . . . . C.M.V.
– O Livro do Companheiro, 1931 . . . . C.M.V.
– O Livro do Mestre, 1931 . . . . C.M.V.
– O Simbolismo Hermético em suas relações com a Alquimia e a Franco-Maçonaria, 2ª ed., 1931 . . . . 19, 29
– Quem é regular? O Maçonismo puro sob o Regime das Grandes Lojas inaugurado em 1717, 1938 . . . . 135, 138, 217, 218
– O Septenário da Loja Justa e Perfeita. *A Luz Maçônica*, 1910 . . . 122
– A Arte Real. *Boletim das Oficinas Superiores*, 1939 269
– A Bordadura rendada. *O Simbolismo*, 1913 180
– R.·. L.·. "Os Aprendizes". – Das possibilidades e dos meios de aproximação das diversas Forças Maçônicas do mundo, 1938 135

GRANDE ORIENTE. – Pequeno Memento Maçônico redigido em forma de dicionário para uso das Lojas do Grande Oriente, 1921 . . . . .249, 362 (N. 35), 367

CÓDIGO MAÇÔNICO das Lojas Reunidas e Retificadas da França. Convento Nacional de Lyon, 5778. .146 (N. 65)

B. *OBRAS CONTRA A FRANCO-MAÇONARIA*

BATAILLE, Doutor (Pseudônimo do doutor Hacks). – O diabo no século XIX ou os Mistérios do Espiritismo. A Franco-Maçonaria luciferiana, etc., 1892-1895, 2 vols. . . . . 199 (N. 16)

DOINEL, Jules. – Pseudônimo de Jean Kotska.

GAUME, Mons. – Os Mistérios do Diabo revelados, 1880 249

KOTSKA, Jean. – Lúcifer desmascarado, 1895 20, 74, 247, 307 (N. 27), 308 (N. 52)

LECANU, Padre. – A Estrela dos Franco-Maçons. *Revista Católica,* Tomo XI. 248

MEURIN, Mons. Léon. – A Franco-Maçonaria, sinagoga de Satanás, 1893 248

NICOULLAUD, Ch. – A Iniciação Maçônica, 1931, 4ª ed. . . . . 308 (N. 51)

RIBET, Padre. – A Mística Divina distinguida das contrafações diabólicas e das analogias humanas, 4 vols. 1902 69

ROSEN, Paul. – Maçonaria Prática. Curso de Ensino Superior da Franco-Maçonaria. Rito Escocês Antigo e Aceito pelo Mui-Poderoso Grão-Comendador de um dos Supremos Conselhos Confederados em Lausanne em 1875. Edição sagrada dirigida exclusivamente aos Franco-Maçons regulares. Publicada por um Profano, 1885, 2 vols. . . . . 264 (N. 22)

– Satanás e Companhia. Associação Universal para a destruição da ordem social. Revelações completas de todos os Segredos da Franco-Maçonaria pelo Mui Ilustre Soberano Grão-Inspetor Geral do 33º e último grau da Franco-Maçonaria, Paul Rosen, 1888 . . . . 264 (N. 22), 378 (N. 2)

C. *OBRAS SOBRE O SIMBOLISMO, A KABBALA, O HERMETISMO, ETC.*

ALLENDY, Doutor R. – O Simbolismo dos Números. Ensaio de Aritmosofia, 1921 . . . . 170, 178

ALLOTE DE LA FUYE. – O Pentagrama Pitagórico, sua difusão, seu emprego no silabário cuneiforme, 1934 240

BÉLIARD, Doutor Octave. – Carta ao autor . . . . 77, 89 (N. 32)

BENOIST, Luc. – Arte do Mundo, 1941 104

BURNOUF, Emile. – O Vaso Sagrado e o que ele contém na Índia, na Pérsia, na Grécia e na Igreja Católica, 1896 . . . . 91 (N. 48)

CAZALAS, General E. – Quadrados Mágicos no grau *n*. Séries numerais de G. Tarry. Com uma breve notícia histórica e uma bibliografia das figuras mágicas, 1934 191

– Os Selos planetários de C. Agrippa. *Revista da História das Religiões,* Tomo CX, nº 1, julho-agosto 1934 191

CHAUVET, Doutor A.-E. – Esoterismo da Gênese, Tomo I, 1946. . 255, 298, 341

CUMONT, Franz. – Pesquisas sobre o Simbolismo funerário dos romanos, 1942 183

ENEL. – A Língua Sagrada, 1934 240

EVOLA, Jules. – A Lenda do Graal e o "Mistério" do Império. *Estudos Tradicionais,* 1939 66

FULCANELLI. – O Mistério das Catedrais e a interpretação esotérica dos Símbolos herméticos da Grande Obra, 1926 . . . . .332 (N. 24)

– As Moradas Filosofais e o Simbolismo Hermético em suas relações com a Arte Sagrada e o esoterismo da Grande Obra, 1930 . . . . 47, 66, 91 (N. 51), 267 (N. 63)

GHIKA, Matila C. – O Número de Ouro. Ritos e ritmos pitagóricos no desenvolvimento da civilização ocidental, 2 vols., 1931 111

– Ensaio sobre o Ritmo, 1938 112

GICHTEL. – Teosofia Prática. Curta abertura e instrução sobre os três princípios e os três mundos no homem, 1897 344

GOBLET D'ALVIELLA – Crenças, Ritos, Instituições, 1911, 3 vols. 126

GRILLOT DE GIVRY. – XII Meditações sobre a via esotérica do Absoluto, 1907 304

GRUEL, Léon. – Pesquisas sobre as origens das marcas antigas que se encontram na arte e na indústria do século XV ao XIX em relação ao Número Quatro, 1926 339

GUAÏTA, Stanislas de. – A Chave da Magia Negra, 1897 . . . . 91 (N. 51), 356

GUBERNATIS, Angelo DE. – Mitologia das Plantas, 1882, 2 vols. . 160, 161, 162

GUÉNON, René. – O Rei do Mundo, 1930 . . . . 308 (N. 45)

– O Simbolismo da Cruz, 1931 300

J. B. – Manual de Magia Prática, 1953 . . . . . .144 (N. 46), 147 (N. 88), 360 (N. 17)

KHUNRATH, Henri. – Anfiteatro da Eterna Sabedoria, traduzido pela primeira vez para o francês da edição de 1609, 2 vols., 1898 68

LACURIA, Padre. – As Harmonias do Ser expressas pelos números, ou leis da Ontologia, da Psicologia, da Ética e da Física explicadas umas pelas outras e reduzidas a um único princípio, 1847, 2 vols. 262

LAJARD, Félix. – Pesquisas sobre o culto de Mitra no Oriente e no Ocidente, 1867 62

LANOÊ-VILLÈNE. – O Romance do Lírio, 1911. . . . . 162, 287

– O Livro dos Símbolos, T. V, 1933 241

LEVI, Eliphas. – Os Mistérios da Kabbala, 1920 62

MARQUÈS-RIVIÈRE. – Amuletos, Talismãs e Pentáculos, 1938 . . . . . .333 (N. 46)

– O Yoga Tântrico hindu e tibetano, 1938 346

MARTIN, Dom Jacques. – Explicação de diversos Monumentos singulares que têm relação com a Religião dos povos mais antigos, 1739 . . . 184

OTTO, R. – O Sagrado. O elemento não-racional na idéia do Divino e sua relação com o racional, 1929 100

PETRUS, Talemarianus. – Da Arquitetura Natural ou Relação de Petrus Talemarianus sobre o estabelecimento, de acordo com os princípios do Tantrismo, do Taoísmo, do Pitagorismo e da Cabala, de uma "Regra de Ouro" que serve para a realização das Leis da Harmonia Universal e que contribui para a realização da Grande Obra, 1948 . . . . C.M.V.

PIETTE, J. – Carta ao autor 285

PORTAL. – Sobre as cores simbólicas na antiguidade, na Idade Média e nos tempos modernos, 1938 324

ROUHIER, Doutor Alexandre. – Os perfumes da Ásia (Índia, Tibete, China, Japão). Sua proveniência, sua composição, seus efeitos; sua utilização ritual, mística, erótica, terapêutica e divinatória. Allahabad, 1940 . . . . .147 (N. 85)

SAINT-MARTIN, Louis-Claude DE. – Quadro natural das Relações existentes entre Deus, o Homem e o Universo, 1782 49

– Acerca dos Erros e da Verdade, 1782, 2 vols. 367

– Sobre os Números. Obra póstuma, 1913 . . . . 170, 179

SÉROUYA, Henri. – A Kabbala. Suas origens, sua psicologia mística e sua metafísica, 1947 . . . . .145 (N. 61), 316

WARRAIN, Francis. – As Sephiroth e a Kabbala, 1948 . . . . .145 (N. 61)

WIRTH, Oswald. – O Tarô dos Imaginários da Idade Média, 1927 187

D. OBRAS SOBRE OS RITOS E O SIMBOLISMO DA RELIGIÃO CATÓLICA

AUBER, Padre. – História e Teoria do Simbolismo Religioso, 1884, 4 vols. . . . . C.M.V.

BARBIER DE MONTAULT, Mons. – Tratado de Iconografia Cristã, 1890, 2 vols. . . . . C.M.V.

BAREILLE, G. – Dicionário de Teologia Católica, Tomo II, 1905, Art. "Cabala" . . . . .145 (N. 61)

BERTAUD, Padre E. – Estudos de Simbolismo no Culto da Virgem, 1947 . . . . 12, 252

CORBLET, Padre. – Vocabulário dos Símbolos, 1877 . . . . 30, 200 (N. 30)

HUYSMANS, J.-K. – A Catedral, 1908 . . . . 12, 103, 161

IRENEU, Santo. – Tratado contras as Heresias 63

KIEFFER, Mons. – Epítome de Liturgia Sagrada, 1937 . . . . .146 (N. 78)

KREUZER. – O Santo Sacrifício da Missa exposto historicamente 47

LECLERCQ, H. – Ascia e Labirinto. *Dicionário dè Arqueologia Cristã,* 1924-1928 . . . . 143 (N. 44), 184

MARTIGNY, Padre. – Beijo de Paz, Dicionário das Antiguidades Cristãs, 1865 . . . . .362 (N. 37)

PUNIET, Dom Pierre de. – O Pontifical Romano, 1931 275
TRAVERS, Jean C.M. – Valor Social da Liturgia de acordo com Santo Tomás de Aquino, 1946 12

E. OBRAS DIVERSAS

ALLAIX, Doutor Henri. – Introdução ao estudo da Magia, 1936 296
APULÉIO. – A Metamorfose 273
BERGMANN, F.-G. – A Fascinação de Gulfi, 1871 . . . . 42 (N. 32)
BERNARDIN DE SAINT-PIERRE. – Estudos da Natureza . . . . 222 (N. 23)
BLANC, Louis. – História da Revolução Francesa, 1847 367
BOLL, Marcel. – O Mistério dos Números e das Formas, 1941 106
BRIEM, O.-E. – As Sociedades Secretas de Mistérios, 1941 275
CAILLET. – Manual bibliográfico das Ciências Psíquicas ou Ocultas, 1912, 3 vols. . . . . 89 (N. 32)
CARTON, Doutor Paul. – A Ciência Oculta e as Ciências Ocultas, 1935 61
CHAMBERTRAND, Gilbert DE. – Para compreender e praticar a Astrologia Moderna, 1947 194
CHARDIN. – Diário do Cavaleiro Chardin na Pérsia, 1711 . . . . 147 (N. 82)
CHOCHOD, Louis. – Hué, a Misteriosa, 1943 98
– Ocultismo e Magia no Extremo-Oriente. 1945 . . . . 309 (N. 69)
CHOISY, Maryse. – A Quirologia, 1927 . . . . 361 (N. 33)
CHRISTIAN, P. – História da Magia, do Mundo sobrenatural e da fatalidade através dos tempos e dos povos, 1870 . . . . 89 (N. 32)
CONTENAU. – Manual de Arqueologia Oriental, 1927, 3 vols. 151
CRAMPON, Cônego. – A Santa Bíblia, 1939 . . . . C.M.V.
CRÉPIN, Henri. – A Liberdade de trabalho na antiga França, 1937 98
DECHARME, P. – Mitologia da Grécia antiga . . . . 87 (N. 25), 297
DÉCHELETTE. – Manual e Arqueologia Pré-Histórica, Céltica e Galo-Romana, 1924, Tomo II 183
DOTTIN, G. – A Religião dos Celtas, 1904 . . . . 42 (N. 31)
DUPINEY DE VOREPIERRE. – Enciclopédia Universal, 1867, Art. "Reveses" 168
DUPUIS. – Origem de todos os cultos ou Religião Universal, 1835, 10 vols. 64, 282
ERMONI. – A Bíblia e a Assiriologia, 1903 . . . . 92 (N. 59), 93 (N. 61)
FABRICIUS, Jean-Albert. – Teologia da Água ou Ensaio sobre a Bondade, a Sabedoria e o Poder de Deus manifestados na criação da Água, 1743 195

FAYE, Eugène DE. – Gnósticos e Gnosticismo. Estudo crítico dos documentos do Gnosticismo cristão nos séculos II e III, 1925 . . . . . .142 (N. 22)

FLACELLIÈRE, Robert. – Sobre o E de Delfos de Plutarco. Texto e tradução, com introdução e notas, 1941 259

FLAVIUS, Josepho. – Antiguidades Judaicas, Liv. VIII. Tradução francesa de Julien Weill, 1926. 155

FOURREY, E. – Processos originais de construções geométricas, 1923 . . . . .265 (N. 27)

FRAZER, Sir James George. – O Ramo de Ouro. Edição resumida. Trad. francesa de Lady Frazer, 1923 287

GATTEFOSSÉ, R.-M. – Aromaterapia, 1937 . . . . .147 (N. 89)

GUÉNIN. – Inquérito sobre os machados e as pedras nas práticas bretãs. *Corpus do Folklore Pré-histórico,* T. II, 1934 184

HAAB, François. – Adivinhação do Alfabeto Latino, 1948 254

HENRY, Victor. – A Magia na antiga Índia, 1909 126

HOGBEN, Lancelot. – As Matemáticas para todos. Trad. francesa de H. Larrouy, 1939 106

KRAPPE, Alexandre Haggerty. – A Gênese dos Mitos, 1938 . . . . 204 (N. 100)

LAMBERT, Ed. – Ensaio sobre a numismática gaulesa do noroeste da França, 1844 315

LEADBEATER. – Os Centros de força no Homem (Os Chakras), 1927 . . . . .332 (N. 12)

LEXA, Francois. – A Magia no Egito do Antigo Império até a época copta, 1925, 3 vols. 315

MANDESLO. – Viagem da Pérsia até as Índias Orientais. Trad. de Wicquefort, Amsterdã, 1727 132

MÉNARD, René e SAUVAGEOT. – A Família, a Roupa na Antiguidade, 1912 315

– O Egito e a Ásia, 1912 315

PAPUS. – O Tarô dos Boêmios, 1889 187

PICARD, Eudes. – Manual Sintético e Prático do Tarô, 1909 187

PIERRET, Pe. Th. – Manual de Arqueologia Prática, 1864 103

PLANCK, Max. – Iniciações à Física, 1941 219

PLÍNIO. – História Natural, 1782, 12 vols.

– Sobre a Esmeralda . . . . 90 (N. 45)

– Sobre os dados dos antigos 183

POE, Edgar. – O duplo assassinato na rua Morgue. Trad. francesa de Baudelaire 168

RABELAIS. – Gargantua e Pantagruel . . . . 86 (N. 23), 91 (N. 49), 257

REGNAULT, Doutor Jules. – Os Calculadores Prodígios, 1943 . . . . . . 96 (N. 88)

RENOUVIER e PRAT. – A Nova Monadologia, 1899 366

RICCIOTI, G. – História de Israel. Trad. francesa de P. Auvray, 1947 . . . . 151, 155, 266 (N. 48)

ROUSE-BALL. – História das Matemáticas, 1927, Tomo I . . . . 203 (N. 83)

SAINTYVES. – A Astrologia popular e a influência da Lua, 1937 . . . . 204 (N. 101)
SCALIGER, Joseph-Juste. – Calendário 83
THASSILO DE SCHEFFER. – Mistério e Oráculos Helênicos, 1943 . . . 275
VAN GENNEP. – Os Ritos de Passagem, 1909 275
VOLNEY. – As Ruínas, 1791 137
WESTPHAL. – Jehovah, as Etapas da Revelação na História do Povo de Israel, 1924 107

ÍNDICE DAS ILUSTRAÇÕES

CAPÍTULO I

		Pags.
1.	O Esquadro	19
2.	O Tau Grego	19
3.	A Cruz formada por dois Esquadros	20
3.	*Bis.* O Quadrado formado por quatro Esquadros	20
4.	*Gammadia*, Cruz formada por quatro Esquadros	20
5.	Esquadro do Venerável	21
6.	Esquadro do Venerável de Honra	21
7.	Gamma grego	22
8.	Gnomos quadrados	22
9.	Pentagrama	23
10.	As letras "Vau" e "Resch"	23
11.	O Compasso	24
12.	O "Rebis" de Basile Valentin	24
13.	Os Setores do Conhecimento 45°	25
14.	– – – – 60°	25
15.	– – – – 90°	25
16.	O Esquadro sobre o Compasso	25
17.	O Compasso e o Esquadro entrecruzados	25
18.	O Compasso sobre o Esquadro	25
19.	O Esquadro e o Compasso: Selo de Salomão	26
20.	Os dois "X" ligados	26
21.	O Monograma da Virgem e da Sagrada Família	26
22.	O Pentagrama no Compasso e no Esquadro	27
23.	O Malho e o Cinzel	27
24.	Sucellos, o deus com o martelo	28
25.	O signo de Júpiter e o relâmpago	29
26.	A Perpendicular	32
27.	O Nível	32
28.	O Signo do Enxofre	33
29.	A Trolha	37

CAPÍTULO II

30. A Esfige tetramorfa (perfil) 60
30. *Bis.* – – (frente) 62
31. A Espada flamejante 72
32. Os Três Pontos 76
33. Chave do alfabeto maçônico 80
34. O alfabeto maçônico 80
35. Hieroglifos da Loja 80

CAPÍTULO III

36. Triângulo equilátero 104
37. Triângulo Isósceles 104
38. Triângulo Escaleno 105
39. Triângulo retângulo 105
40. Triângulo de Pitágoras 105
41. Triângulo "sublime" 105
42. O "Tetragrama" no Triângulo 107
43. O "Olho divino" no Triângulo 107
44. O Ternário Cósmico: Luz, Trevas, Tempo 109
45. Formas diversas de triângulos 109
46. O Tríplice Triângulo recruzado 110
47. O Delta, o Pentágono e o Pentagrama 110
48. O Retângulo de Pitágoras 111
49. O Retângulo de Ouro 112
50. O Quadrado e a "Secção de Ouro" 112
51. O Quadrado Duplo e a "Secção de Ouro" 112
52. Os Três Pilares: Sabedoria, Força e Beleza 114
53. Os Três Pilares e os Oficiais 116
54. Os Oficiais e o Selo de Salomão 123
55. Os Oficiais e o Pentagrama 123
56. O Homem e o Templo (Rito Escocês) 124
57. Lugar do 2º Vig.·. (Maç.·. anglo-saxã) 124
58. O Homem e o Templo (Maç.·. anglo-saxã) 124
59. Movimento da esquerda para a direita 125
60. Movimento de Oeste para Leste 125
61. Sentido dextrocêntrico e sinistrocêntrico 126
62. Sentido "estelar" ou sinistrocêntrico 128
63. Sentido "solar" ou dextrocêntrico 128

64. Circulação sinistrocêntrica no Templo 128
65. Candelabro ou "Estrela" 131
66. Caçoila ou defumador 134

CAPÍTULO IV

67. Coluna do Templo 155
68. Colunas dos Vigilantes no Rito Escocês 157
69. – – – no Rito Francês 157
70. Colunas externas e lugar dos Vig∴ 158
71. O Piso Mosaico 167
72. As Três janelas do Templo 172
73. Secção hexagonal do Cubo 175
74. A duplicação do Cubo 176
75. O Cubo desdobrado e os números 178
76. O Cubo desdobrado e os seis aspectos do mundo manifestado 179
77. A Pedra Cúbica Pontiaguda e o Machado 180
78. A Pedra Cúbica Pontiaguda e os Quatro Elementos 181
79. Os "laços do amor" 186
80. Cristo e as duas Luminárias 193

CAPÍTULO V

81. O Pentagrama e as Cores 213
82. A Cruz e as Cores 214
83. O Delta Luminoso e as Cores 214

CAPÍTULO VI

84. Pentagrama e Hexagrama 239
85. Desenhos de Paul Rosen 264
86. O *Ankh* inscrito no Pentagrama 241

87. Hathor apresentando o "signo da vida" 241
88. O "nó" isíaco 241
89. Pentagramas "benéfico" e "maléfico" 242
90. O nó de papel 265
91. A "proporção dourada" 242
92. Divisão do "todo" 244
93. Traçado da "menor" 244
94. Traçado da "maior" 245
95. Pentagrama e Quadrado 245
96. Traçado 3-5 do Pentagrama 246
97. A Estrela Flamejante 247
98. Traçado "iniciático" do Pentagrama 250
99. Inscrições sucessivas do Pentagrama 251
100. Caixão "pentagonal" 252
101. A Estrela Flamejante e a letra "G" 253
102. O "Sal" e a "Letra G" 254
103. A Estrela Flamejante e o Gamma grego 255
104. A Letra "G" formada por um nó 256

CAPÍTULO VII

105. O *Robinier*, falsa acácia 285
106. A "Mimosa", verdadeira acácia 287
107. Esquadro, Compasso e Estrela Flamejante 290
108. O Selo de Salomão centrado 292
109. O Hexagrama Pentálfico 292
110. A Cruz 302
111. O Tau 302
112. O "Crisma" 303
113. O "Crisma" e a Lua 303

CAPÍTULO VIII

114. Avental do Aprendiz 313
115. O signo do "avental" na numismática 315
116. O Atanor 317
117. Faixa e Colar 321

118. Colar do Venerável 325
119. Jóia do Mestre 329
120. Jóia do Conselheiro Federal 329

CAPÍTULO IX

121. A Marcha do Companheiro durante sua iniciação 339
122. O "Sinal da Cruz" 339
123. A Marcha do Mestre de acordo com Oswald Wirth 340

ÍNDICE DAS PRANCHAS

I. Os Símbolos do Gabinete de Reflexão 45
II. As Sephiroth 115
III. As três Ordens da Arquitetura Grega: a Dórica, a Jônica e a Coríntia . . 116
IV. O "Quadro do Aprendiz" 150
V. O "Quadro do Companheiro" 261
VI. O "Quadro do Mestre" 301
VII. Personagens Egípcios 314
VIII. Avental Maçônico 319
IX. Faixas Maçônicas 323
X. Os "Ornatos" Maçônicos e as Sephiroth 326
XI. A Marcha do Mestre no Rito Escocês 336

Impressão e acabamento:

Orgrafic
Gráfica e Editora
tel.: 25226368